운동과 영양

머리말

Preface

운동영양학은 얼마 전까지만 해도 생리학 책에서 하나의 장을 차지하는 운동생리 분야 중에서도 그 일부로 다루어져 왔다. 하지만 이제 운동영양학은 독립된 새로운 학문으로서, 그 중요성이 날로 높아지고 있다. 이는 우리나라와 같은 선진국들에서 신체적 비활동성과 식생활의 변화로 비만 관련 합병증이 증가하고 있고, 인구 노령화로 건강하지 못한 인구 비율이 높아지면서, 현대 사회에서 운동과 식생활에 대한 관심이 나날이 증가함에 따라 운동 전후 및 도중에서의 영양소 대사와 그에 따른 식사요법의 중요성이 운동선수뿐 아니라 대중에게도 크게 인식되었기 때문이다.

'운동이 곧 약'이라고 함은 건강을 위해서 운동이 필수적이지만 무조건 많이 하면 약물의 오남용처럼 건강에 오히려 해가 될 수 있다. 특히 비만, 고혈압, 이상지질혈증, 당뇨병 및 근골격계 질환자들과 같이 건강에 취약한 사람에게는 올바른 운동 프로그램에 대해 제대로 알고 이를 수행하는 것이 더욱 중요하다. 이 책은 신체적으로 건강한 운동선수의 운동수행능력을 최대화하는 영양 전략은 물론 만성질환의 관리를 위한 운동과 영양, 그리고 그 상호작용에 대해 기술함으로써 운동과 건강 분야를 함께 다루었다. 또한 특수 집단의 운동에서 영양관리지침을 별도의 한 장으로 구성하여 자세히 다루었다.

2010년에 개정된 한국인을 위한 영양섭취기준을 토대로 각종 영양소 섭취에 대한 기준량을 설명하였지만, 우리나라 사람을 대상으로 한 운동과 영양에 관한 연구는 그다지 많지 않아서 구체적인 실험연구의 정리는 외국의 문헌을 더 많이 참고하였다.

향후 연구 결과나 운동 및 영양과 관련하여 도움되는 내용들을 기회가 닿는 대로 보완하여 이 책을 더욱 발전시킬 계획이다. 이 책이 발간되기까지 많은 도움을 주신 분들과 파워북 김재원 실장, 그리고 관계자분들께 특히 감사드리며, 본서가 영양 · 체육 · 보건 분야의 학생은 물론 현장 실무자에게 유용한 지침서가 되기를 기대한다.

저자 일동

차례

Contents

Chapter 05 운동과 비타민

Chapter 06 운동과 무기질

Chapter 07 수분과 전해질

Chapter 08 체중조절과 운동

Chapter 11 근육골격계 질환 관리를 위한 운동과 영양

Chapter 12 특수 집단을 위한 운동과 영양

01

운동과 건강

들어가기 전에

인체는 끊임없이 움직이며 살아가고 있다. 넓은 의미로 이러한 모든 움직임을 운동이라 정의할 수 있으며, 운동을 수행할 때의 인체의 생리적인 계통을 밝히고, 그 기전을 이해하는 것은 대단히 중요하다.

01 · 운동의 이해

1) 운동의 중요성과 신체변화의 이해

운동의 사전적 의미는 동물의 몸 일부 또는 전부를 움직이는 동작을 의미한다. 생물학적으로는 세포 하나하나의 미세한 움직임까지도 운동이라고 하지만, 일반적으로 운동은 심신의 단련을 위한 계획적이고 체계적인 신체활동으로, 조직적이고 경쟁적인 경기 스포츠와 신체단련을 위한 체육활동 모두를 포함하고 있다.

(1) 규칙적인 운동의 효과

일반적으로 규칙적인 운동을 실시하게 되면 신체 전체적으로 긍정적인 변화가 일어난다. 우선 국소적으로는 근육세포 비대에 의하여 근육의 부피가 증가하고, 근육세포 내 산소 및 수많은 산화효소의 함유량이 많아진다. 근육세포의 에너지 연료, 특히 글리코겐 저장량 및 수분 함유량이 증가하고, 인대와 건과 같은 결합조직이 단단해지고 굵어지며, 총혈액량이 증가하고, 지방 연소가 증가됨에 따라 체지방 축적을 감소시킨다.

운동을 수행할 때에는 안정 시에 비해 산소요구량이 많아져 심박출량을 증가시키며, 운동강도가 높아질수록 산소섭취량이 많아지고, 호흡능력과 1회 심박출량의 증가를 가져오게 된다. 또한 근육들이 주위 정맥을 압박하기 때문에 정맥환류가 증가하여 심장으로 들어가는 정맥혈의 양이 늘어나게 되고, 이와 같은 현상들은 근섬유의 비대, 근육의 면적, 근 혈류량, 근육의 모세혈관수를 증가시킨다. 심장근육의 모세혈관이 발달하면 지구력이 향상되고, 심근의 벽도 두꺼워져 수축력은 증가되며 전체적으로 심장의 크기도 커진다. 따라서 심박출량, 심박수, 산소섭취량 등이 전반적으로 좋아지지만 안정 시 심박수는 상대적으로 감소하게 된다. 규칙적으로 운동하는 사람은 운동하지 않는 사람에 비해 안정 시의 심박출량이 약 2배가량 증가한다.

(2) 규칙적인 운동과 지질 대사

규칙적으로 운동할 때는 근육에서 유리지방산이 사용되어 지질의 이용과 산화능력이 증

표 1-1 / 비만인에게 운동을 부하하였을 때 얻는 운동의 효과

① 에너지 소비의 증대와 지방조직의 분해에 의한 감량
② 기초대사의 증가
③ 인슐린 감수성의 향상
④ 지방합성의 억제
⑤ 동맥경화성 혈관장애의 개선
⑥ 심폐기능의 강화, 근력과 근지구력의 증가, 체력과 운동 능력의 향상
⑦ 스트레스의 해소

가하고 전체적으로 지질 대사가 늘기 때문에 자연히 혈당 및 혈중 지방이 낮아지며 지질의 연소로 몸에 좋지 않은 저밀도 지단백 콜레스테롤(LDL-콜레스테롤)이 줄어들고, 몸에 좋은 고밀도 지단백 콜레스테롤(HDL-콜레스테롤)이 증가하게 된다. 이는 콜레스테롤의 혈관 내 침착을 막아 관상동맥질환을 예방하고 고혈압이나 당뇨병, 뇌졸중 등을 예방하는 데 도움이 된다. 이 외에도 내분비계, 소화기계, 근골격계뿐만 아니라 정신적인 면에서도 긍적적인 영향을 미치는 것으로 알려졌다. 인간은 동물動物로서, 말 그대로 움직이기 위하여 태어난 것이다. 인간이 계획적이고 체계적인 신체활동을 계속할 수 있다면 신체 전반에 걸쳐 긍정적인 효과로 건강을 유지하며 오래 살 수 있을 것이다. 표 1-1 은 비만인에게 운동을 부하하였을 때 얻는 운동의 효과를 나타내고 있다.

2) 유산소운동

유산소운동이란 신체활동 시 산소를 소모하면서 운동하는 것으로 폐와 심장 및 혈관계의 활동을 활발하게 하여 신진대사를 왕성하게 한다. 숨이 차지 않으며 큰 힘을 들이지 않고도 할 수 있는 운동으로, 몸 안에 최대한 많은 양의 산소를 공급함으로써 심장과 폐의 기능을 향상시키고 강한 혈관조직을 갖게 하는 효과가 있다. 유산소운동의 경우 장기간에 걸쳐 규칙적으로 실시하면 고혈압, 동맥경화, 이상지질혈증, 허혈성 심장질환, 당뇨병 등의 성인병을 적절히 예방할 수 있다. 특히 유산소운동은 에너지 소비 비율이 높으므로 비만 개선에 큰 도움이 된다.

(1) 유산소운동의 특성

이러한 운동 특성에 따른 에너지 소비를 이해하기 위해서는 인체의 에너지생성 시스템에 대한 이해가 필요하며, 이는 '제3장 운동과 에너지'에서 상세하게 다룬다. 간략하게 설명하자면, 운동이라는 신체의 움직임은 해당 부위의 근육 수축에 의해서 이루어지며, 이를 위해서는 근육으로의 에너지 공급이 반드시 필요하다. 이때에는 인체의 고에너지 분자인 ATP(아데노신3인산)가 ADP(아데노신2인산)와 Pi(인산)로 분해될 때 만들어지는 에너지가 이용

되는데, 불행하게도 인체 내 ATP는 운동을 하면 단 몇 초 사이에 없어져 버릴 정도의 극소량만이 근육 중에 축적되어 있다. 따라서 운동 중에는 다른 쪽에서 얻어지는 에너지를 이용하여 다량의 ATP를 재합성해야 한다. 대부분의 ATP 재합성은 산소가 풍부하게 공급된 상태에서 식사를 통해 섭취한 3대 영양소인 탄수화물, 지질, 단백질로부터 만들어진다. 산소의 공급이 충분하다면 탄수화물인 포도당과 지질인 유리지방산, 단백질인 아미노산이 각각 산화과정을 거쳐 최종적으로는 물과 이산화탄소로 분해되면서 ATP를 생성한다. 이 경우에는 젖산이라는 피로물질이 축적되지 않기 때문에 에너지원이 고갈되지 않는 한 장시간 운동을 계속할 수 있다. 포도당의 경우 아래의 설명과 같이 일부 무산소운동 시의 에너지원으로 이용되나 지질과 단백질은 오직 유산소운동 시에만 에너지원으로 이용된다. 더욱이 지방의 경우는 체내에 다량으로 축적되어 있기 때문에 보다 장시간에 걸쳐서 운동을 계속할 수 있다.

(2) 유산소운동의 종류

유산소운동의 종류에는 산보, 속보, 달리기, 수영, 자전거타기, 에어로빅댄스 등이 있으며, 산보나 가벼운 달리기와 같이 강도가 낮은 운동에서는 이 유산소 시스템이 중요한 에너지공급 시스템이 된다. 다시 말하자면 무산소운동은 산소의 공급이 제때에 이루어지지 않는 단시간의 고강도 운동, 유산소운동은 산소가 부족해지지 않는 저강도의 운동으로 해석할 수 있다. 이것은 운동종목에 따라서 무산소운동인지 유산소운동인지가 정해지는 것이 아니라 운동을 하는 본인의 체력수준과 운동방식에 따라 정해진다는 것을 의미한다. 따라서 대부분의 운동은 체력에 따라 숨이 차지 않을 정도로 서서히 지속적으로 할 수 있다면 유산소운동이 된다. 그림 1-1은 유산소운동으로 기대되는 효과를 나타내고 있다.

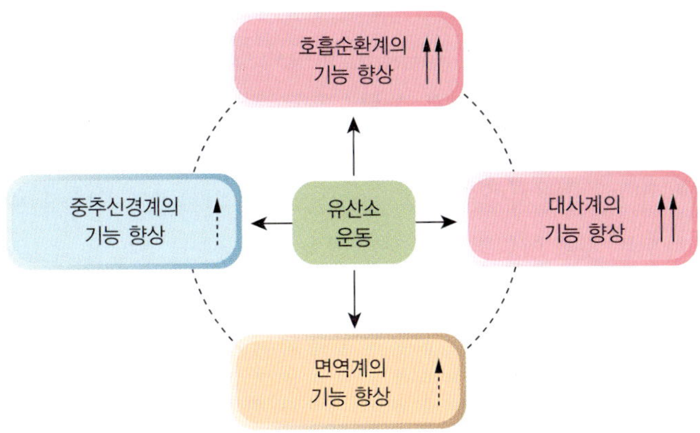

그림 1-1 유산소운동으로 기대되는 효과

3) 무산소운동

유산소운동과는 달리 무산소운동은 운동 시 근육에 에너지를 공급하는 형태가 다르다. 유산소운동은 산소를 공급받아 세포 내 미토콘드리아에서 에너지를 발생시키는 것이며, 무산소운동은 산소 공급이 없는 상태에서 에너지를 발생시키는 것을 말한다. 유산소성과 무산소성의 차이는 특히 '운동과 영양'에서 중요한데, 왜냐하면 에너지를 생산하기 위해 사용되는 에너지원, 즉 영양소가 다르기 때문이다. 유산소운동을 시행할 경우 탄수화물과 지질, 단백질의 3대 영양소 모두를 에너지원으로 사용한다. 반면에 무산소운동 시에는 일부 크레아틴인산을 이용하거나, 탄수화물인 포도당만을 에너지원으로 이용할 뿐이다.

(1) 무산소운동의 특성

신체활동에 필요한 영양을 이해하고, 운동수행력을 증가시키기 위한 영양을 공부하는 '운동과 영양'에서는 이 두 가지 운동 특징에 대하여 잘 이해해야 한다. 그러면 어떤 운동이 무산소운동에 해당될까? 모든 운동이 무산소운동이 될 수 있고, 또 모든 운동이 유산소운동이 될 수도 있다. 무산소운동은 근육 내에서 산화작용에 의한 에너지 공급 비율이 50% 이하일 때를 말한다. 따라서 유산소운동으로 잘 알려진 수영이나 달리기도 단거리로 시행할 경우 운동 강도가 커지므로 무산소운동이 될 수 있고, 무산소운동으로 많이 알려진 웨이트트레이닝도 아주 가벼운 중량으로 많은 횟수를 시행할 경우 유산소운동이 될 수 있다. 또한 유산소운동으로 시작했지만 운동부하가 많이 걸려 산소를 공급받을 여유가 없어서 무산소운동으로 전환되는 경우도 있다. 이 시점을 무산소역치라고 한다. 이렇게 무산소운동의 경우 근육에 걸리는 부하가 대개 크기 때문에 순발력, 근육 및 인대의 강화에 효과적이다.

(2) 운동의 종류

웨이트트레이닝은 잘 알려진 무산소운동 중 하나로 웨이트트레이닝을 시행할 때에는 다음 사항에 유의해야 한다. 첫째로, 성격, 체력, 건강상태 등 개인마다 차이가 있으므로 운동계획이 개개인에게 적합해야 한다. 적합하지 않은 운동의 경우 어떤 사람은 운동 강도가 너무 낮아서 효과가 없고, 어떤 사람은 너무 높아서 고통이 따르기도 한다. 둘째로, 운동의 효과는 단기간에 나오는 것이 아니며 장기간에 걸쳐 정기적으로 운동을 계속해야 좋은 결과를 얻을 수 있다.

4) 파워-지구력운동

(1) 파워-지구력운동의 특성

실제 운동종목을 보면 유산소성과 무산소성의 두 가지로 분류하기에 어려운 종목들이 너무나 많다. 축구를 예를 들자면, 상대방의 골 앞에 공이 떨어져 맹렬하게 돌진해 들어가는 선수의 경우에는 무산소성에 의해 ATP를 생성할 것이고, 골라인 밖으로 공이 나가 수비 진영으로 천천히 돌아갈 때에는 유산소성에 의해 ATP를 생성할 것이다. 즉, 운동종목에 따라 또한 운동양식에 따라 에너지 공급 방법이 달라지며, 에너지 공급 방법이 다르다면 이용되는 에너지원, 즉 영양소도 다를 가능성이 있다. 따라서 유산소성과 무산소성이 명확하게 구분되지 않으면서 두 가지 양식 모두가 이용되는 운동형식을 파워-지구력운동으로 부르고 있다.

(2) 운동의 종류

예를 들어, 다이빙 종목과 농구, 배구, 아이스하키와 같은 구기 종목의 경우 ATP 생성기여도로 본다면 ATP 생성기여도의 80% 이상이 무산소성이다. 그러나 이들 종목의 경기력 결정요인이 스프린트 또는 파워라고 단정하기에는 다소 무리가 있다. 또한 레슬링, 복싱, 유도와 같은 전형적인 투기 종목의 경기력 결정 요인은 근지구력을 바탕으로 한 스피드와 파워라고 할 수 있으며, 대부분의 중거리 종목(800~1,500m 달리기, 500m, 1,000m 카누, 스피드 스케이팅 등)들이 이에 속한다. 표 1-2 에는 최근의 운동종목과 유전자 관련 논문에서 새롭게 제안된 에너지 기여도와 종목별 특성을 고려한 운동종목이 제시되어 있다. 이 표에 따르면 운동 특성에 따라 스프린트 집단(무산소운동), 파워-지구력 집단, 지구력 집단(유산소운동)으로 구분하였으며, 파워-지구력 집단은 다시 종목의 특성에 따라 투기 종목과 중거리 종목으로 세분하였다.

표 1-2 / 에너지 기여도와 종목별 특성을 고려한 운동종목 구분

구분		내용
스프린트 집단(무산소운동)		역도, 필드경기(던지기, 뛰기, 도약 종목 등), 100m 및 200m, 400m 달리기, 스키점프, 50m 및 100m 수영, 110m 허들, 단거리 사이클, 펜싱, 알파인스키, 쇼트트랙≤500m, 스피드 스케이팅≤500m 등
파워-지구력 집단	투기 종목	레슬링, 유도, 복싱 등
	중거리 종목	400m<육상≥800m, 200m≤수영≥800m, 1,000m≤스피드 스케이팅≥3,000m, 1,000m≥카누≥2,000m 등
지구력 집단(유산소운동)		장거리 사이클, 수영>800m, 장거리 달리기≥5,000m, 크로스컨트리스키, 바이애슬론, 마운틴 바이크, 트라이애슬론, 근대5종 등

출처 : 박동호 등. 체육과학연구, 2006

5) 트레이닝 방법

트레이닝은 심폐기능이나 근력의 발달을 목적으로 시행하며, 트레이닝 효과를 얻기 위해서는 강도, 시간, 기간 등 방법의 결정이 중요하다. 또한 갑작스럽게 트레이닝 효과를 얻기 위해 무리하게 운동한다면 오히려 역효과를 낼 수 있기 때문에 연령이나 성별, 체력, 목적에 알맞게 운동해야 한다. 이러한 트레이닝 방법에는 심폐지구력 및 근지구력을 위한 컨티뉴티트레이닝, 전신지구력을 발달시키는 인터벌트레이닝, 스피드 능력을 높이는 리피티션트레이닝, 체력을 전반적으로 향상시키는 서킷트레이닝, 근육을 발달시키는 웨이트트레이닝 등이 있다 표 1-3 .

(1) 컨티뉴티트레이닝 continuity training

컨티뉴티트레이닝은 최대산소섭취능력과 지구력, 체력을 향상시키는 것을 목적으로 실시하며, 운동을 시작하여 쉬지 않고 지속적으로 실시하는 방법으로 걷기, 조깅, 달리기, 수영, 사이클 등 저 · 중 운동 강도로 장시간 실시한다. 최대산소섭취량의 75% 이상의 강도에서 가장 운동 효과가 높으며, 달리기의 경우 보통 처음 1/3은 약간 느린 속도로, 그 후 3/1은 속도를 높여 거의 최대에 가깝게 달린 다음, 마지막 1/3은 중간 속도로 달리는 것으로 구성한다. 다른 트레이닝에 비하여 훈련 강도가 낮아 부상 위험이 적은 장점이 있으나 내용이 단조롭고 장시간 지속되므로 쉽게 지겨워지고, 흥미 유지에 어려움이 있는 단점이 있다.

(2) 인터벌트레이닝 interval training

인터벌트레이닝은 순간적인 전력 질주가 반복되는 축구, 농구 등의 종목에 효과적인 훈련 방법으로, 높은 강도의 운동 사이에 불완전 휴식을 넣어 운동을 반복하는 신체 훈련 방법이다. 짧은 시간에 부하를 주었다가 피로를 회복하기 전 다시 부하를 주어 트레이닝하는 방법으로, 불완전 휴식 시 숨을 가다듬는 동안 혈액 순환에 의해 피로물질인 젖산을 제거하여 젖산에 대한 내성을 증가시킬 목적으로 한다. 강도가 높은 만큼 근력 증강 효과도 크기 때문에 기초 체력 향상에 효과적이다.

(3) 리피티션트레이닝 repetition training

리피티션트레이닝은 최대 강도에 이르는 고강도의 운동을 반복적으로 실시하는 트레이닝으로, 운동 중간에 불완전 휴식을 취하는 인터벌트레이닝과 달리 충분히 휴식한 뒤 다시 운동을 되풀이한다. 즉 운동 강도는 최고 강도로 하여 완전 휴식(2~10분)을 사이에 두고 반복하는 훈련 방법이다. 휴식은 처음 상태와 같은 정도의 능력으로 다시 운동할 수 있을 만

표 1-3 / 트레이닝의 종류

종류	효과	내용
컨티뉴티트레이닝 continuity training	심폐지구력 및 근지구력 향상	운동을 시작하여 쉬지 않고 지속적으로 실시하는 훈련 방법
인터벌트레이닝 interval training	전신지구력 발달	높은 강도의 운동 사이에 불완전 휴식을 넣어 반복하는 훈련 방법
리피티션트레이닝 repetition training	스피드 능력 향상	최대 강도에 이르는 고강도의 운동을 반복적으로 실시하는 훈련 방법
서킷트레이닝 circuit training	전반적인 체력 향상	여러 가지의 체력 부하방식의 운동을 조합하여 하나의 세트로 하고 이를 반복하는 훈련 방법
웨이트트레이닝 weight training	근육 발달	자기 체중 및 덤벨, 바벨 등의 중량물을 이용하여 이에 저항하며 근력을 키우는 훈련 방법

큼 취해야 한다. 이 훈련은 근력의 조화와 함께 파워와 스피드 향상에 효과적이다.

(4) 서킷트레이닝 circuit training

심혈관계 및 근육, 호흡 등의 발달을 목적으로 하여 체력 트레이닝에 시간이라는 요소를 더한 종합적인 체력 트레이닝 방법이다. 서킷트레이닝은 예를 들어 헬스장에서 웨이트 운동을 할 경우 상체운동과 복부운동을 한 세트로 정하여 대흉근, 어깨, 복부 운동순으로 반복하는 것처럼, 여러 가지 체력 부하방식의 운동을 하나의 세트로 조합하여 이를 반복해서 실행한다. 서킷트레이닝은 돌림노래와 같이 여러 사람이 세트 내에 있는 각기 다른 운동으로부터 시작하여 같은 순차대로 시행할 경우, 같은 세트에서 여러 사람이 동시에 트레이닝을 할 수 있다.

(5) 웨이트트레이닝 weight training

근육 발달과 근력 향상을 목적으로 하는 저항훈련으로 자기 체중을 기본으로 덤벨, 바벨 등의 중량물에 저항하며 근력을 키우는 훈련 방법이다. 육상, 수영에서 골프까지 모든 스포츠가 근력을 이용하기 때문에 대부분의 종목에서 근력, 지구력 강화를 위한 트레이닝 방법으로 이용되고 있다. 또한 일반인들이 건강유지 및 체력증강을 위해, 그리고 재활훈련에 이르기까지 다양하게 이용하고 있다. 최근에는 유산소운동과 함께 체중감량을 위한 운동 프로그램으로 각광받고 있다. 이는 당초에는 일반적으로 웨이트트레이닝은 무산소운동이기에 지방을 연소(유산소성)시켜야 하는 체중감량운동으로는 적합하지 않을 것이라는 생각이 지배적이었으나, 웨이트트레이닝에 의한 근육량의 증가가 기초대사량을 증가시켜 전체적인 에너지소비량을 높이므로 체중감량에 효과가 크다는 사실이 밝혀졌기 때문이다.

02 · 건강과 운동처방

1) 운동처방의 정의 및 목적

(1) 운동처방의 정의

산업 기술과 기계 문명의 발전으로 노동이 감소하고 일상생활에서의 신체활동도 줄어들게 되면서 신체의 생리기능을 유지하는 데 필요한 절대 운동량의 부족이 야기되고 있다. 최근 증가 일로에 있는 소아비만 및 청소년기의 근력부족, 성인의 고혈압, 당뇨병 등 만성질환의 주요 원인 중 하나가 바로 운동부족으로 밝혀졌다. 이에 따라 운동선수들의 체력 향상을 위한 훈련뿐만 아니라 일반인들의 건강 증진, 질병 예방을 위한 개개인의 체력과 건강상태에 특화된 훈련의 필요성이 대두되었다. 사람마다 신체조건이 다르기 때문에 개개인이 하는 운동의 질과 양이 다를 수밖에 없으며, 적절히 선택할 때 최상의 결과를 얻을 수 있다. 즉 운동처방이란 체력 향상 및 건강 증진, 질병 예방을 위하여 개개인에게 적합한 운동의 종류와 양을 선택하여 운동을 설계하고 관리하는 것이다.

(2) 운동처방의 목적

운동처방의 목적은 신체운동을 통해 운동기술을 향상시킬 뿐만 아니라 체력을 강화시켜 건강의 유지 증진을 도모하는 데에 있다. 운동기술의 향상은 각각 동작의 반복을 통해 하나의 운동기술이 부드럽고 효율적으로 나타날 때 이루어지며, 체력의 향상은 운동의 반복을 통해 근력, 민첩성, 근파워, 지구력 등이 신장되는 것으로 나타난다. 청소년기 운동처방의 목표는 신체운동을 통하여 성장을 돕고 체력을 발달시키는 것이고, 중 · 장년기는 신체운동을 통하여 체력의 저하를 방지함으로써 건강의 유지 및 증진을 도모하는 것이다.

2) 운동처방의 원리

운동처방은 지속적인 신체훈련을 통한 근력, 근지구력, 유산소성 지구력, 유연성, 민첩성 등의 체력 향상 및 신경 발달, 통증 완화, 스트레스 해소에 이르기까지 다양한 목적으로 시행되고 있으며, 적절한 운동처방을 통하여 이러한 목적을 원활하게 달성하기 위해서는 아래에 제시하는 4가지 훈련 원리에 유념해야 한다.

(1) 과부하의 원리

근력을 포함한 운동수행능력을 향상시키기 위해서는 일상적인 수준 이상으로 훈련을 해야 하며, 또한 훈련을 시작하여 일정 기간이 지나 체력 수준이 어느 정도 궤도에 오르면 다시 부하를 높여 운동을 해야 효과를 얻을 수 있다. 이때 운동의 빈도, 강도 및 시간을 증가시킴으로써 신체에 과부하를 주어야 한다. 약자로 FIT로 표현하는데 F는 빈도frequency, I는 강도intensity, T는 시간time이다.

빈도는 얼마나 자주 운동을 하는가를 나타내며, 일주일에 최소 3회 이상은 실시해야 한다. 강도는 얼마나 운동을 강하게 하는지이며, 남아 있는 힘이 없을 때까지 운동을 하는 것이 필요하다. 즉 신체의 심박수를 높이고, 관절을 스트레칭하고 신체에 충분한 체중부하weight bearing를 주는 것이 강도이다. 시간은 운동시간을 나타내며, 보통 심폐지구력을 향상시키기 위해서는 20~60분의 유산소운동이 필요하다.

(2) 점진성의 원리

운동에 대한 의욕만 앞서 처음부터 무리한 부하를 받으면 신체는 견딜 수 없고 피로해지며, 부상의 위험도 있으므로 처음에는 가벼운 부하로 운동을 시작하는 것이 좋다. 그러나 운동기능의 향상을 이루기 위해서는 부하를 점점 늘려 가는 것이 중요하며, 신체가 과도하게 피로하지 않고 부상의 위험이 없는 범위 내에서 적당량의 운동 강도를 높여 나가야 한다. 이를 점진성의 원리라 한다.

(3) 반복성의 원리

훈련의 효과는 반복적으로 지속될 때 나타나며, 이를 반복성의 원리라 한다. 신체의 발달을 위해서는 개인의 체력, 건강, 기호, 그 밖의 특수한 조건을 고려해야 하며, 일정한 운동량을 지속적으로 반복할 때 트레이닝 효과를 얻을 수 있다. 일회성의 집중적인 운동은 체력의 향상을 얻기 힘들며 부상의 위험도 많다.

(4) 개별성의 원리

신체는 개인에 따라 체격, 체력, 건강 등의 조건이 다르고 운동을 선택하는 기준도 차이가 있기 때문에 그러한 각 개인의 조건을 고려해야 한다. 따라서 획일적인 운동 프로그램보다는 개별적인 신체적 특성을 파악하고 그것에 맞춰 트레이닝할 때 더 높은 운동 효과를 얻을 수 있다.

3) 운동처방의 과정

운동처방은 각 개인의 신체적 기능과 운동능력검사를 기초로 하여 접수 및 개인기록카드 작성, 건강검사, 운동부하검사, 체력검사, 운동처방, 운동지도의 단계를 거치며, 3개월 후에는 재평가를 실시하여 운동부하 강도 및 시간, 빈도 등을 수정 처방한다 그림 1-2. 건강검사와 운동부하검사 시 이상이 발견되면 담당 의사와 상의하여 의학적 처치를 받게 한다.

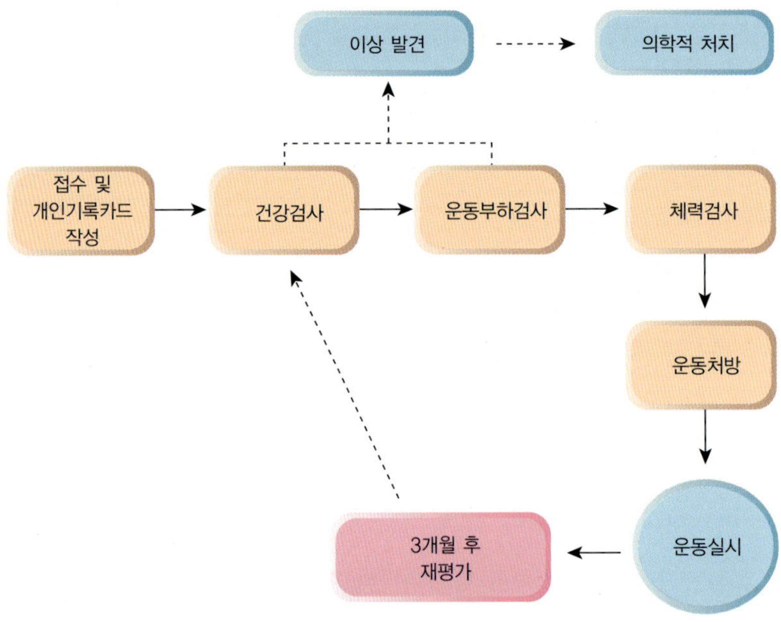

그림 1-2 운동처방 과정

(1) 건강검사

신체의 이상과 질환 유무를 일부 의학적 검사를 통하여 평가하고 향후 운동이 건강에 해가 되는 상태가 아닌지를 평가한다. 일반적으로 문진이나 개인기록카드를 통해 병력이나 생활 습관을 평가하고 혈액검사 및 소변검사 등을 시행한다.

(2) 운동부하검사

평상시에는 호흡 및 심혈관계의 이상 증세가 없지만, 급격한 운동이나 운동 강도가 높아짐에 따라 이상이 나타나는 경우가 있다. 특히, 운동 중에 일어날 수 있는 급성심장마비 등의 불행한 사고를 방지하기 위해서는 운동부하 심전도 진단이 필수적이며, 특히 40세 이후 지속적인 운동을 실시하는 경우에는 안정 시 심전도보다 운동부하검사를 통한 심전도검사가 필수적이다. 또한 운동처방의 필수인 심폐지구력의 상대적 강도를 결정하기 위해서는 그 기준이 되는 최대산소섭취량($\dot{V}O_2max$)이 필요하며, 경우에 따라서는 운동부하검사 시에 가스분석기로 $\dot{V}O_2max$를 동시에 측정하여 심폐체력의 지표로 사용한다. 운동부하검사의 주요 목적은 ❶ 잠재성 심혈관질환의 진단 ❷ 허혈성 심질환의 감별 ❸ 심장질환 환자의 운동능력 평가와 수술 후 약물효과의 판정 ❹ 운동유발 부정맥의 검출 및 치료 효과의 판정 ❺ 심폐체력의 평가 및 운동 전후의 효과판정 등이다.

(3) 체력(운동능력)검사

체력검사는 체력의 기본 요소인 근력, 순발력, 민첩성, 지구력, 유연성 및 교치성에 대하여 테스트를 실시하여 어느 부분이 강하고 약한지를 파악한 후, 앞서 측정한 심폐지구력 평가 결과와 함께 개인의 운동 프로그램을 작성하는 기본 자료로 활용한다. 경우에 따라서는 각 측정 결과를 각 성별 및 연령의 표준치와 비교하여 피험자의 체력 수준을 평가하는 지표로 사용한다. 근력을 평가하기 위하여 악력 또는 배근력을 측정하며, 순발력 평가로는 제자리높이뛰기 또는 멀리뛰기, 유연성 평가를 위하여 윗몸 앞으로 굽히기, 평행성 평가를 위하여 눈 감고 외발 서기, 민첩성 평가를 위하여 사이드스텝 등을 측정한다. 표 1-4는 체력검사 시 주의해야 할 점을 나타내고 있다.

표 1-4 / 체력검사 시 주의점

항목	내용
타당성	테스트 목적에 맞는 종목으로, 테스트 내용이 명확해야 한다.
신뢰성	측정치의 재현성이 높은 종목이어야 하며, 반복해서 측정해도 같은 결과가 나타나야 한다.
객관성	측정자가 바뀌거나, 다른 장소에서 측정해도 같은 결과가 나타나야 한다.
안전성	테스트에 의한 안전사고가 발생하지 않아야 한다.
표준성	평가에 의한 기준치를 얻을 수 있는 종목이어야 한다.

(4) 운동처방의 작성

의학검사와 운동검사 그리고 체력검사를 통하여 얻은 자료를 가지고 건강상태, 체력 특성 및 운동능력의 한계 등을 평가한다. 이때 의사의 건강진단서 및 개인기록카드, 운동처방사의 운동부하 테스트 결과 및 심혈관계 관련 의사 소견서, 체력테스트 결과, 임상병리사의 혈액 및 소변검사 결과 등을 종합하여 평가하고, 체력 기준표, 임상검사 기준표 등과 비교하여 운동처방전을 작성한다. 이때에는 운동의 가부와 강도에 관한 안전한계 및 유효한계를 결정한 후 개인에게 알맞은 강도, 시간, 빈도, 종목 등을 포함한 운동처방 프로그램을 작성한다. 운동의 종류는 개인의 취향에 맞춰 종목을 선택하는 것이 바람직하며 입문 및 초급, 중급, 상급 과정으로 나누어 처방하는 것이 좋다.

4) 운동처방의 실제

운동처방은 조깅, 자전거, 수영 등 어떤 형태의 운동을 할 것인가(운동형태)와 어느 정도 강한 운동을 할 것인가(운동 강도), 운동을 얼마나 지속적으로 할 것인가(운동시간), 그리고 1주일에 며칠 운동을 할 것인가(운동빈도) 등의 요소로 구성되어 있다.

(1) 운동 형태 type

일반적으로 유산소운동으로는 대근군의 근육을 부드럽고 다이내믹하게 하는 걷기, 하이킹, 달리기, 수영, 자전거타기, 크로스컨트리, 수영, 에어로빅스 등의 운동이 추천된다. 자전거타기와 수영은 무릎 관절 부위의 충격을 방지하여 노약자나 비만인에게 유익한 운동형태이다. 배드민턴, 배구, 농구, 탁구 등의 레크리에이션 활동이 운동 프로그램에 포함되면 흥미를 줄 수 있고 참여를 유도하기 쉽다.

(2) 운동 강도 intensity

운동 강도의 결정은 심폐체력 및 최대 근력을 평가하여 결정한다. 심폐체력의 운동 강도는 최대산소섭취량($\dot{V}O_2max$)과 최대심박수(HRmax), 자각인지도(RPE), 대사당량(MET)의 상대적 비율로 결정할 수 있다.

❶ 최대산소섭취량 maximal oxygen uptake, $\dot{V}O_2max$

$\dot{V}O_2max$는 단위체중당 분당 산소소비량을 나타낸 값으로, 더 이상 운동을 수행하지 못할 정도의 최대 운동 시 산소소비량을 최대치로 하여 운동 강도(%$\dot{V}O_2max$)를 결정한다. 즉 $\dot{V}O_2max$가 60ml/kg/min인 사람의 70% 운동 강도는 42ml/kg/min를 소비하는 운동 강도로 계산할 수 있다. 달리기의 경우, 속도를 점차적으로 증가시키면서 산소소비량을 측정

하여 42ml/kg/min에 달하는 달리기 속도를 그 사람의 70%$\dot{V}O_2$max로 결정할 수 있다.

❷ 최대심박수 maximal heart rate, HRmax

심박수는 산소소비량과도 정비례 관계에 있다. HRmax도 $\dot{V}O_2$max와 비슷하게 최대 운동 시 심박수를 측정한 것으로, 상대적 운동 강도(%HRmax)를 결정하여 사용한다. HRmax가 180회/분인 사람의 70% 운동 강도는 126회/분으로 달리는 경우 속도를 점차적으로 증가시키면서 심박수를 측정하여 126회/분에 달하는 달리기 속도를 그 사람의 70%HRmax로 결정할 수 있다. 일반적으로 HRmax는 220에서 대상자의 나이를 뺀 수치, 즉 40세의 경우는 180회/분으로 사용하기도 한다.

❸ 자각인지도 rating of perceived exertion, RPE

RPE는 운동을 할 때 변화되는 느낌을 숫자로 표기한 척도를 말하는 것으로 스웨덴의 보그 교수가 개발하여 보그 척도라고도 한다. RPE는 총범위를 6~20으로 설정하고 6, 7(매우 편하다), 8, 9(편하다), 10, 11(보통이다), 12, 13(약간 힘들다), 14, 16(힘들다), 17(매우 힘들다), 18, 19(더 이상 못하겠다) 등으로 구분한다. 이 수치에 10을 곱하면 심박수와 유사한 수치가 계산되도록 구성되어 있다. 즉 위에서 제시한 70%HRmax인 126회/분의 운동 강도는 RPE로는 '약간 힘들다' 정도의 강도가 된다.

❹ 대사당량 metabolic equivalents, MET

MET는 산소소비량을 기준으로 일상생활에서 쉽게 운동 강도를 결정할 수 있는 방법으로 제안된 것으로 신체활동을 하지 않는 안정 시 산소소비량(3.5ml/kg/min)을 1MET으로 하여 각 신체활동의 강도를 결정한다. 예를 들어 테니스는 약 6MET이고, 걷기가 4MET라 한다면 각각 안정 시와 비교하여 6배와 4배의 강도로 운동을 하고 있다고 평가할 수 있다. MET는 산소소비량을 기준으로 하므로 운동 시의 에너지 소비량을 계산할 수 있다.

예를 들어 60kg인 사람이 4MET의 운동을 30분간 지속한다면
'소비된 산소소비량 = 3.5 × 4 × 60 × 30 = 25,200ml' 로 계산할 수 있으며
산소소비 200ml는 약 1kcal의 열량을 소비하므로
'운동 시 소비 칼로리 = 25,200 ÷ 200 = 126kcal' 로 계산할 수 있다.

일반적으로 운동처방 시 운동 강도 설정에서 운동 프로그램 초기 단계에는 최대산소섭취량의 40~60% 정도의 강도로 진행한다. 운동경험이 없는 사람일 경우 약 40~50%에서 운동을 시작하며, 운동에 참가한 경험이 있는 대상자는 50~60%의 보통 강도의 운동을 시작하여 점진적으로 운동 강도를 높여 나간다. 10~15일 간격으로 점차적으로 높여야 상해를 방지할 수 있다.

(3) 운동시간 time

유산소운동의 경우 운동을 시작하여 호흡순환계가 항정상태에 도달하는 데는 가벼운 운동은 3분, 강한 운동은 5분 이상 걸리며, 항정상태에 도달한 후 10분 이상 계속해야 운동의 효과가 있다. 초보자의 경우에는 적어도 15~20분 이상 지속하는 것이 중요하다. 운동 강도가 강할수록 운동시간은 감소되며, 강도가 낮을수록 시간이 길어진다. 운동 강도를 높이려고만 하지 말고 강도를 낮게 해도 장시간 하면서 에너지 소비량을 증가시키는 것이 효과적이다. 따라서 상해의 위험을 무릅쓰고라도 운동 강도를 높여야만 효과가 나타날 것이라는 인식을 바꾸어야 한다.

(4) 운동빈도 frequence

운동빈도의 결정은 유산소운동과 저항성 운동에 따라 달라진다. 유산소운동의 경우에는 주 3회 이상일 때 그 효과가 나타난다. 주 1회 운동은 근육통과 피로만 발생시키며, 주 2회는 약간의 운동효과가 나타나지만 미비하고, 주 3회 이상부터 운동효과를 나타내므로 주당 3~5회의 빈도를 선택하여 처방한다. 질병이 있거나 장거리 지구력운동을 처방할 때는 하루건너 하루씩 체력을 조정하는 것이 필요하며, 매일 격렬한 운동을 할 경우 근골격계가 충분히 휴식할 시간이 없어져서 상해가 발생하기 쉽다.

저항성 운동의 경우 근비대 또는 근력 향상을 목적으로 하므로 적당한 강도와 적절한 휴식이 필요하다. 따라서 주 2~3회 이내의 빈도가 추천되며 한 부위의 운동이 끝나면 적어도 2~3일 정도 휴식을 취해야 한다. 근육을 키우는 보디빌더의 경우 매일 운동하는 것처럼 인식될 수 있으나, 실제로는 분할훈련으로 상체와 하체, 몸통 부분으로 나누어 격일로 운동을 하고 있다.

tip 비만인의 운동처방 사례

사전 운동부하검사에 따른 결과

- 이름 : 이동근(가명), 연령 : 40세
- 체중 : 90kg, 신장 : 170cm
- BMI : 31.1kg/m^2
- 최대심폐운동부하검사 결과
  최대산소섭취량(VO_2max) : 30ml/min/kg
  최대심박수(HRmax) : 168회/분
  안정 시 심박수(HRrest) : 90회/분
- 위험인자 : 비만과 신체활동 부족 → 중간 위험 범주
- 참고요인 : 10년간 신체활동 부족 및 체중 증가, 운동 시 심전도(ECG) 정상 반응, 심장질환 가족력 있음
- 목표(의사 지시 사항) : 5개월 후 체중 80kg 도달(10kg 감량)

1단계 운동 종류의 결정

대상자는 비만과 운동 습관이 없는 사람이므로 준비가 덜된 상태에서의 달리기는 무릎 등의 관절에 무리를 줄 수 있기 때문에 처음에는 걷기부터 시작하여 가벼운 조직 운동이 권장되며, 이틀에 한 번 20~30분 걷기에서 시작하여 매일 목표시간까지 점차적으로 증가시키도록 한다.

2단계 운동 강도의 결정

3개월 이상 운동 습관이 없지만 심전도에서는 이상 소견이 없으므로 운동 강도는 저·중 강도인 최대심박수의 50~80% 수준으로 결정하여, 운동 초기에는 50%HRmax, 중기 이후에는 80%HRmax로 한다.

3단계 지속시간 및 빈도의 결정

현재 체중 90kg으로, 비만 개선을 위한 의사의 지시 사항은 5개월 후 체중 80kg에 도달하라는 것이다. 따라서 총체중 감소 목표량은 10kg으로 목표체중 도달 기간은 약 20주간이다. 따라서 적당한 주당 체중 감소량을 계산하면 다음과 같다.

5개월 = 약 20주, 10kg÷20주 = 약 0.5kg/주

일반적으로 체지방 1kg을 연소시키는 데 발생하는 열량은 약 7,700kcal이므로 주당 감소 열량을 계산하면 다음과 같다.

7,700×0.5kg = 약 3,850kcal/주

따라서 1일 감소 열량은 다음과 같다.

3,850kcal÷7일 = 약 550kcal/일

일반 남성의 조깅 시 에너지 소비량은 1분에 약 10kcal이므로, 550kcal를 소비하기 위한 운동시간을 계산하면 다음과 같다.

550kcal÷10 = 55분

즉 하루에 55분씩 1주일에 7회 조깅을 계속한다면 하루 약 550kcal와 1주일에 약 3,850kcal, 그리고 약 0.5kg의 지방을 감소시킬 수 있으며, 5개월에 약 10kg의 체중을 감량할 수 있다.

4단계 식사요법의 병행

한편, 현대인의 바쁜 생활을 감안하여 운동시간을 1시간으로 제한할 때에는 식이요법을 병행하여 효율적으로 체중감량을 할 수 있다. 즉, 운동으로는 10kcal×30분 = 하루 약 300kcal를 소비하고 나머지 250kcal에 대해서는 식이요법을 활용한다.

요약 및 연습문제

Sum-up

1. 운동의 종류에 있어 크게 유산소운동과 무산소운동으로 나눌 수 있으며, 유산소운동이란 장거리 달리기와 같이 신체활동 시 산소를 소모하면서 운동하는 것으로 폐와 심장 및 혈관계의 활동을 활발하게 하여 신진대사를 왕성하게 한다.
2. 무산소운동은 세포 내에서 산소를 사용하지 않고 에너지 기질만 사용하여 에너지를 발생시키는 운동형태를 의미하며, 역도나 100m 달리기와 같이 짧은 시간에 큰 힘을 발휘하는 운동형태를 말한다.
3. 운동처방이란 체력의 향상 및 건강 증진, 질병의 예방을 위하여 개개인에게 적합한 운동의 종류와 양을 선택하여 운동을 설계하고 관리하는 것으로, 운동 및 영양적 접근이 동시에 이루어질 때 효과가 크다.

Practice

01 유산소운동과 무산소운동, 파워–지구력운동의 특징을 설명하시오.

02 운동처방의 목적, 운동처방에 필요한 운동의 강도와 빈도, 시간 및 기간 등 결정 방법에 대하여 설명하시오.

02 운동생리의 이해

1 | 골격근과 운동
2 | 호흡계와 운동
3 | 심혈관계와 운동
4 | 체온조절과 운동

들어가기 전에

운동은 인체의 각 기관계들의 유기적인 조절을 통하여 일어난다. 근 수축을 위하여 호흡기계에서는 산소를 공급하고 이산화탄소를 배출하며, 심혈관계는 근육조직으로의 가스 운반과 함께 에너지 생산에 필요한 영양분을 공급한다.

01 · 골격근과 운동

인체의 움직임은 근육의 수축이라는 형태의 결과물이다. 근육은 크게 골격근과 내장근(평활근), 심장근의 3가지로 구분된다. 내장근은 내장기관의 벽이나 혈관 등에 존재하는 근육으로 인간의 의지와는 달리 자율적으로 수축한다. 골격근은 뼈에 붙어 있는 근육을 의미하며, 관절을 사이에 두고 수축함으로써 인체의 외형상의 운동을 만들어 내고 있다. 골격근은 강한 수축에 용이하도록 일렬로 배열되어 있어 현미경상 구조로 줄무늬가 있는 횡문근의 특징을 가지고 있고, 인간의 의지에 따라 수축할 수 있는 수의근이다. 심장근은 하루 24시간 쉬지 않고 자율적으로 수축을 반복하는 조직으로 때로는 2~3배에 달하는 수축을 통하여 혈액과 산소를 온몸으로 전달한다. 따라서 골격근의 횡문과 내장근의 불수의적 특징을 모두 가지고 있다. 표 2-1 은 골격근 및 심장근, 평활근의 특징을 나타내고 있다. 운동을 수행할 때 골격근은 수축하기 위하여 ATP라는 에너지를 사용하고, 이 ATP를 생성하기 위해 인체는 영양소가 필요하다. 따라서 운동과 영양의 관련성을 이해하기 위하여 인체의 움직임, 즉 운동을 만들어 내는 골격근의 구조와 기능을 살펴보고 에너지를 사용한 근수축 기전을 이해하는 일은 대단히 중요하다.

표 2-1 / 골격근, 심근, 평활근의 비교

구분	골격근	심근	평활근
기능	골격의 운동, 자세 유지, 수축 시 열생성	혈액 펌프를 위한 심장 운동	내장 기관과 혈관의 운동
근필라멘트(횡문)	있음(횡문)	있음(횡문)	불규칙(민무늬)
신경지배	운동신경	자율신경	자율신경
운동성	수의적	불수의적	자율적(불수의적)
신경전도 속도	300~400cm/초	20~30cm/초	2~3cm/초
수축시간	0.3msec	3msec	100msec(위장근)
피로도	쉽게 피로함	쉽게 피로해지지 않음	쉽게 피로해지지 않음
에너지 공급	유산소성과 무산소성	유산소성	유산소성

1) 골격근의 구조

골격근은 수축을 통하여 운동 및 호흡뿐만 아니라 자세 유지, 체온 유지를 위한 열생산 등의 역할을 수행하고 있다. 인체는 430여 종의 골격근을 가지고 있으며 체중의 40%를 차지하고 있다. 하나의 골격근 세포를 근섬유라고 부르며, 이러한 근섬유 이외에도 신경조직, 혈액, 결합조직 등에 의해 골격근이 구성된다. 그림 2-1은 골격근의 간단한 구조를 나타내고 있다. 근육은 마치 굵은 전선줄같이 그 안에 또 다른 가는 근섬유로 구성되어 있으며 각각 막에 의하여 서로 분리되어 있다.

■ 근세포의 구성

세포 단위인 근섬유는 근내막 endomysium에 둘러싸여 평행으로 나열되어 있으며, 서너 개에서 수십 개씩 묶여 다발을 이루어 근다발막 perimysium에 감싸여 있다. 이를 근다발(근속)이라 부른다. 이러한 근다발이 모여 하나의 근육을 이루게 되는데, 이들은 근외막 epimysium으

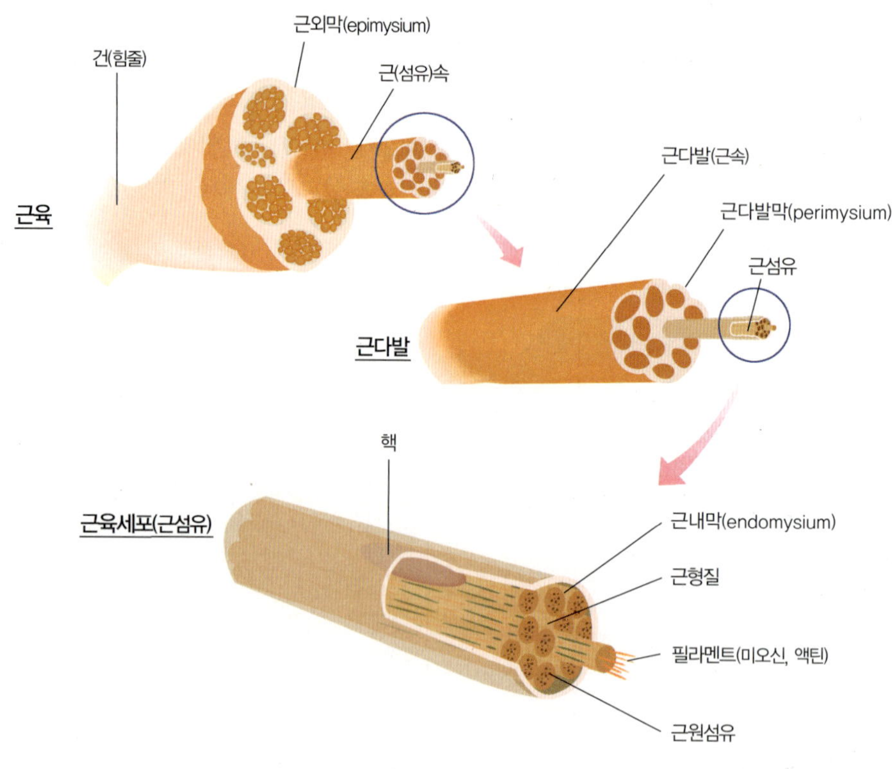

그림 2-1 골격근의 단계적 구조

출처 : 이연숙 외. 인체생리학, 2011

로 둘러싸여 있다. 근육세포인 근섬유는 가늘고 긴 원주상의 다핵세포로서 0.1~30cm 정도까지 부위에 따라서 다양한 길이가 존재하며, 굵기는 10~150㎛이다. 근섬유는 근내막으로 덮여 있으며, 근내막의 내부를 근형질이라 한다. 근형질 속에 핵, 미토콘드리아, 리소좀 등의 세포소기관을 가지고 있으며 섬유상의 수축단백질인 다수의 근원섬유가 장축 방향으로 달리고 있다. 근원섬유에는 굵은 필라멘트(미오신)와 가는 필라멘트(액틴) 등으로 구성된다.

2) 근수축 기전

골격근을 현미경으로 관찰하면 섬유의 장축과 직각 방향으로 밝게 보이는 명대(I-밴드), 어둡게 보이는 암대(A-밴드)가 형성되어 있으며 그것이 2~3㎛의 주기로 서로 교대로 반복하면서 횡문을 형성하고 있다. I-밴드는 액틴필라멘트에 해당하며 중앙에 Z선이 있다. Z선에서 Z선까지를 근절sarcomere이라 한다. A-밴드는 미오신필라멘트에 해당하며, 일부 진하게 보이는 부분은 액틴필라멘트와 겹치는 부분이고, 액틴필라멘트와 겹치지 않는 부분은 H-지역이라 한다 그림 2-2. 현미경을 이용해서 근육의 수축 시 횡문구조의 변화를 관찰하면 근육을 수동적으로 길게 신장할 때나 단축할 때도 I-밴드의 길이만 변화하고 A-밴드의 길이는 변하지 않는 것을 알 수 있다. 즉, 근육이 수축할 때 액틴 및 미오신의 각 필라멘트의 길이는 변하지 않은 채, 이 두 가지 필라멘트끼리 서로 미끄러져 안으로 들어가면서 수축이 일어나며 이를 '근수축 활주설'이라 한다 그림 2-2. 근육의 이완상태와 수축상태를 비교하면 액틴 및 미오신 필라멘트가 서로 미끄러져 겹쳐질 뿐 필라멘트 자신의 길이는 변하지 않는다. 횡문구조의 변화를 보아도 Z선에서 H-지역의 끝까지의 길이가 일정한 것을 알 수 있다.

근육이 수축하는 과정을 이해하기 위해서는 우선 미오신머리myosin head가 액틴분자와 결합하도록 뻗어 있다는 구조적 사실을 알아야 한다. 수축이 진행될 때 각각의 미오신머리를 액틴필라멘트에 연결시키고(교차다리), 머리를 구부림으로써(이때 ATP를 사용) 노를 젓듯이 액틴필라멘트를 근절의 중심부로 이동시킨다. 근육 전체적으로는 수축신호에 따라 수많은 미오신 교차다리가 형성되며 에너지를 소모하면서 수축을 일으키는 것이다. 이러한 현상은 마치 줄다리기 시합에서 사람들의 손과 손을 거쳐 긴 줄이 한쪽 방향으로 끌려 나오는 현상과 비슷하다. 그림 2-3은 이와 같은 근수축 과정을 설명하고 있다.

이처럼 근육이 수축할 때마다 근육 내의 수많은 곳에서 ATP를 사용하고 있다. 그러나 불행하게도 우리 몸안에 만들어져 있는 ATP는 불과 수초 정도 사용하면 고갈될 정도로 아주 미약하며, 생명을 유지하고 움직이기 위해서는 바로바로 사용되는 ATP를 만들어 내야 한다. 따라서 섭취하는 영양소 대부분은 이 ATP를 생성하는 데 사용된다.

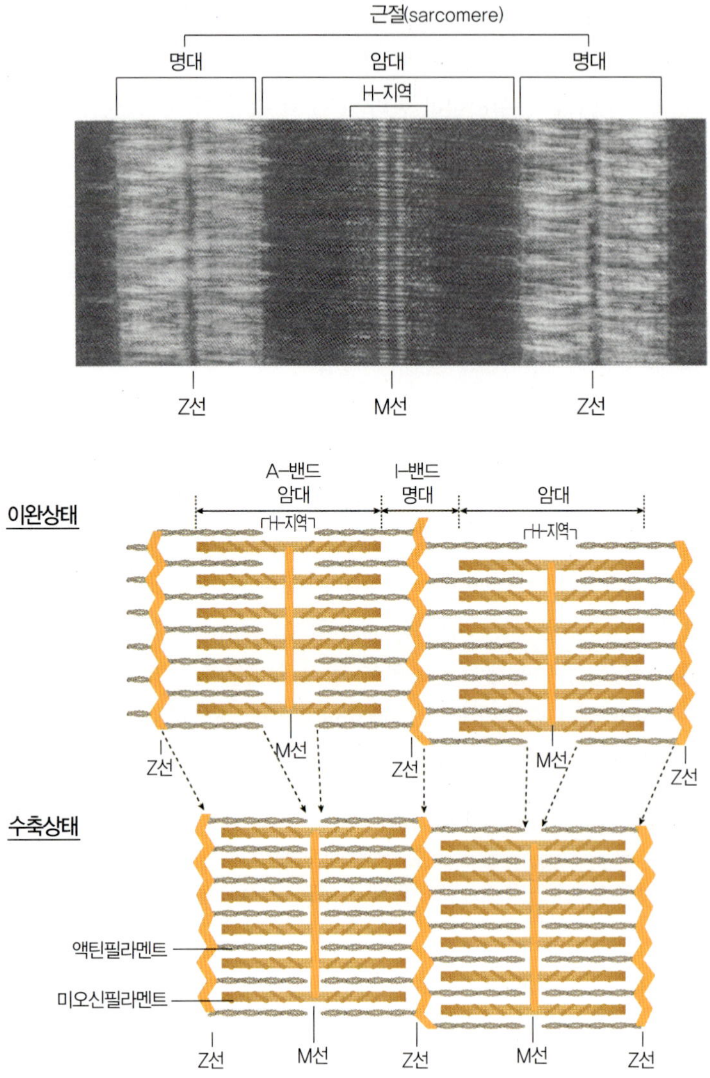

그림 2-2 근수축 활주설 모식도

출처 : 이연숙 외. 인체생리학, 2011

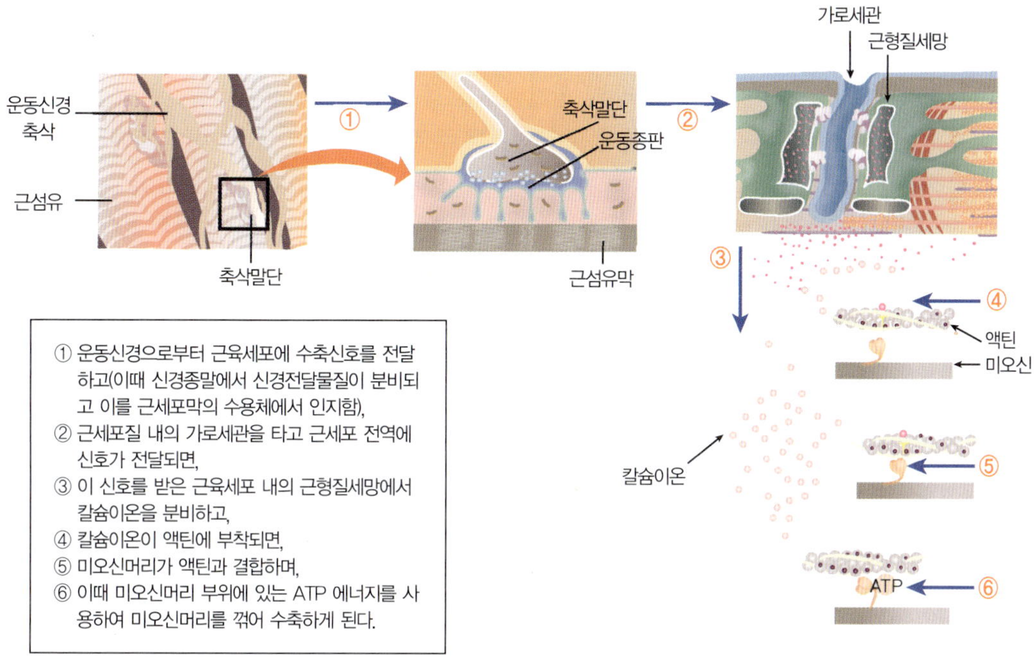

그림 2-3 근수축 과정

출처 : 이연숙 외. 인체생리학, 2011

3) 근섬유 타입

근육세포인 근섬유는 수축하는 특성에 따라 천천히 수축하되 지속적으로 수축할 수 있는 지근섬유 Slow-twitch, ST와, 빨리 수축하되 오래 지속할 수 없는 속근섬유 Fast-twith, FT로 나누어진다. 보통 양쪽의 특성을 지닌 중간 근섬유도 있지만, 이 책에서는 속근섬유와 지근섬유, 둘로 나누어 설명한다.

■ 지근과 속근의 특성

표 2-2 는 지근(적근)과 속근(백근)의 특성을 나타내고 있다. 지근섬유는 수축속도가 느리고 수축력도 약하지만 피로에는 강해 쉽게 피로해지지 않는다. 속근섬유는 수축속도가 빠르고 수축력도 근섬유 중 가장 크지만 피로에 대해서는 저항하지 못하고 급격히 피로해진다.

지근섬유는 유산소적으로 많은 효소를 사용하여 에너지를 생산하는 섬유이므로 미토콘드리아와 모세혈관의 수도 많아 현미경 관찰 시 빨간색으로 보여 적근이라 불린다. 속근섬유는 대부분 반대의 성질을 나타내므로 무산소성 능력이 우수하며 혈관 분포가 적고, 흰색을 띠고 있어 백근이라 불린다. 지근섬유는 사용 연료로 탄수화물, 지질, 단백질의 모든 에너지 영양소를 사용하며 주로 마라톤, 장거리 육상 종목 선수같이 장시간에 걸쳐 운동을 지속하는 종목의 선수들에게 발달한다. 속근섬유는 주로 탄수화물에 의존하여 빠르게 에너지를 생산하며, 이에 적합한 운동종목, 즉 단거리 육상이나 투척, 역도 종목과 같이 순간적으로 큰 힘을 발휘해야 하는 운동종목 선수들에게서 발달해 있다.

표 **2-2** / 지근과 속근의 특성

구분	지근	속근
수축속도	느림	빠름
흥분 정도	약함	강함
수축력	약함	강함
지속시간	긴 시간	짧은 시간
피로도	쉽게 피로해지지 않음	쉽게 피로해짐
혈관분포	많음	적음
색깔	빨간색(적근)	흰색(백근)
주된 에너지원	탄수화물, 지질, 단백질	주로 탄수화물에 의존
발달한 운동종목	마라톤, 장거리 육상	단거리, 투척

4) 근피로

근력이 저하하여 기대되는 힘을 계속해서 발휘할 수 없는 상태, 즉 일정한 근력 발휘를 유지하지 못하는 상태를 일컬어 근피로라 한다. 근수축 기전에서 근육세포는 신경으로부터의 수축신호를 시작으로 몇 가지 경로를 거쳐 최종적으로 ATP를 사용하여 수축하므로 이러한 전 과정에서 하나라도 문제가 발생하면 수축을 지속하지 못하고 피로 현상을 일으키게 된다. 근육 내에서 발생되는 피로 외에 심리적인 피로나 중추신경계의 피로와 같은 중추성 피로는 그 부위와 원인이 복잡하고 불확실하다. 근육 내 피로의 원인은 다양하지만 그중에서도 자주 발생하는 근피로의 요인은 크게 두 가지로 구분할 수 있는데 우선 대사산물의 축적에 의하여 수축하는 기능에 문제가 생기는 경우와, 에너지를 제때 합성하지 못하여 에너지 고갈에 의해 일어나는 경우이다.

(1) 대사산물에 의한 피로

대사산물의 축적에 의한 수축기능의 문제 발생 원인으로 쉽게 떠올릴 수 있는 것이 젖산이라는 피로물질이다. 무산소성으로 운동을 지속할 경우 해당과정에서 생성되는 피루브산이라는 물질이 젖산으로 변화하면서 근육에 축적되어 근수축을 억제하는 것이다. 이때 근육 중의 수소이온 농도가 상승하여 산성화를 일으키면 에너지 합성계의 반응을 촉매하는 효소활성을 억제하고 에너지 생성을 제한하게 되어 결과적으로 수축을 지속할 수 없게 된다. 젖산의 축적으로 초래되는 산성화는 근육 내 포스포프락토키나아제 phospho fructo kinase, PFK 효소를 억제하여 젖산 시스템에 의한 에너지 생산을 감소시키고 근수축 과정을 방해한다. 뿐만 아니라 혈액에서 해리되거나 뇌와 반응하여 통증, 메스꺼움, 어지러움 등을 유발한다.

또한 장시간 운동 시 발생되는 암모니아도 중추신경계의 피로를 유발하는 것으로 알려졌다. 한편, 이러한 에너지 생성 억제는 근형질세망에서의 칼슘 방출과 재흡수에 이상이 발생할 때에도 일어난다. 선행된 연구에 의하면 장시간의 고강도 근육운동 시 미토콘드리아 내의 칼슘 농도가 증가하며 이에 따라 액틴과 미오신 작용에 사용되는 칼슘이온이 적어져 근수축이 제한된다고 보고되었다.

(2) 에너지 고갈에 의한 피로

에너지 고갈에 의한 피로는 그 재료가 되는 에너지원이 부족하여 발생한다. 예를 들어 단시간의 고강도 운동 시에는 근육 내의 ATP와 PC의 고갈이 운동능력을 저하시키는 주된 요인으로 작용하며, 장시간의 저강도 운동 시에는 혈중 글루코스와 근육 글리코겐의 고갈이 주된 피로의 원인이 된다. 또한 운동 중에 ATP와 PC가 고갈되면서 축적되는 인산염도 수소이온과 매우 비슷한 기전으로 근피로를 유발하는 것으로 알려졌다.

그 외에도 운동은 세포 내 전해질이나 칼슘이온, 그리고 혈액의 pH, 혈장량, 글루코스, 유리지방산 수준, 호르몬 수준, 삼투압, 체온 등 여러 요소들의 항상성을 혼란시킴으로써 신체의 전반적인 기능저하를 초래한다.

02 · 호흡계와 운동

운동을 수행하기 위해서는 에너지가 필요하며, 이 에너지의 대부분은 산소와 영양물질의 화학작용에 의하여 만들어지고 이때 노폐물로서 이산화탄소가 발생한다. 호흡계는 대기 중으로부터 산소를 획득하고 내부에서 발생한 이산화탄소를 밖으로 배출하는 경로를 일컫는다. 운동과 영양의 관련성을 좀 더 원활하게 이해하기 위해서는 에너지 생성에 필수적인 산소가 어떠한 경로로 체내에 출입하고, 세포 내로는 어떠한 과정을 거쳐 들어오게 되는지를 이해할 필요가 있다. 또한 운동 시 호흡계의 반응을 살펴보고 이러한 호흡 내용을 분석하여 각 운동 강도에서 이용되는 영양소를 추측하는 일은 매우 중요하다.

1) 호흡계의 구조

호흡계에 포함되는 조직에는 코, 인두, 후두, 기관, 기관지, 세기관지, 폐 그리고 호흡과 관련된 근육 등을 들 수 있다 그림 2-4 . 이 중 코에서부터 후두까지를 상부기도, 기관부터 폐까지를 하부기도로 구분한다. 코 안은 혈관이 풍부하고 점막으로 싸여 있어 흡입된 공기가 따뜻해지며, 인두와 후두를 거치면서 수분을 머금어 가스교환을 유리하게 한다. 기관의 길이는 약 10cm 정도로 반지 모양의 연골로 간격을 두고 둘러싸여 있어 주위 근육에 눌리지 않고 항상 개방될 수 있는 특수한 구조로 되어 있어 공기의 흐름을 원활하게 한다. 기관은 가슴 중앙에서 좌우 기관지로 나뉘어 양쪽 폐로 뻗어 다시 수차례 가지를 쳐서 세기관지로 나누어진다. 폐는 외관상으로는 크기가 좌우 동일하게 보이지만, 실제로는 오른쪽 폐가 3엽으로 좀 더 크고, 왼쪽 폐는 2엽으로 좀 더 작아, 총환기량도 오른쪽 약 55%, 왼쪽 약 45%로 차이가 난다. 폐를 이루고 있는 것은 사실은 허파꽈리로 불리는 폐포로 모세혈관이 발달하여 외부로부터 유입된 공기와 혈액으로 수송해 온 가스를 교환한다. 폐포의 수는 약 5억 개로 하나로 연결하여 펼쳐 놓으면 그 면적이 약 100㎡에 달해 배드민턴 코트 면적보다 더 크다.

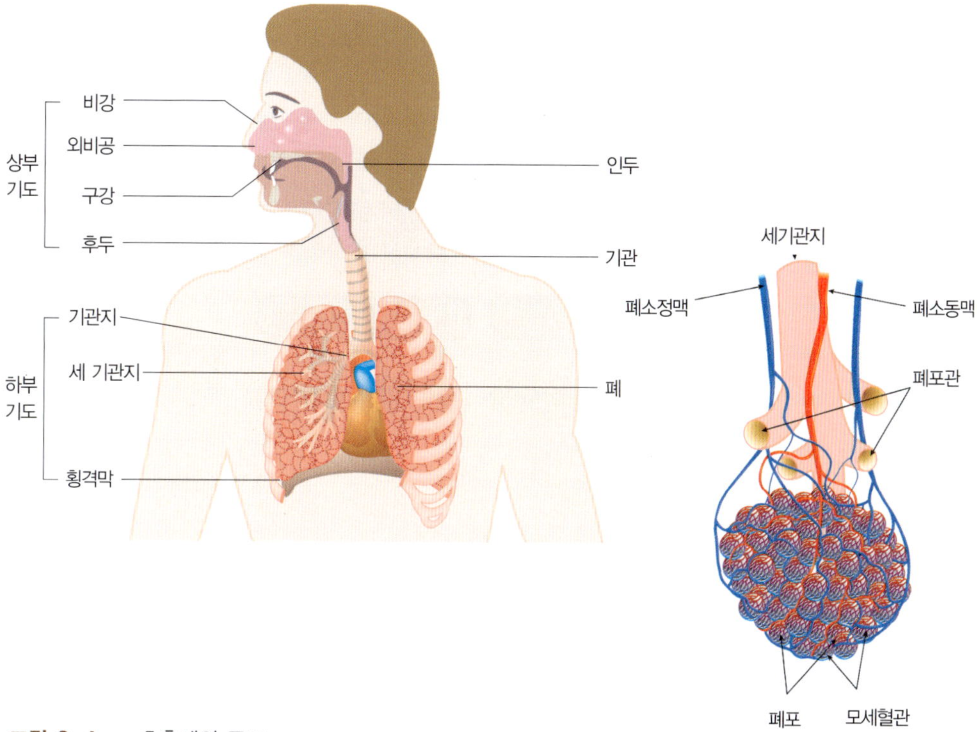

그림 2-4 호흡계의 구조

출처 : 이연숙 외. 인체생리학, 2011

2) 호흡조절

호흡계의 기능은 이러한 조직들을 통하여 가스 교환을 위한 공기의 이동 경로를 제공하는 한편, 가스 교환을 위한 넓은 면적을 제공하고, 공기와 접촉하는 부분의 탈수 및 온도 변화 등 환경으로부터 보호하는 역할을 한다. 또한 외부 공기 중 많은 세균이 아무 안전장치 없이 직접 들어오므로 많은 면역세포가 작용하여 보호한다.

공기는 압력이 높은 데서 낮은 데로 이동하므로, 호흡조절은 이러한 인체 내부 · 외부의 압력을 조절하는 것에서 시작된다. 외부로부터 공기가 체내로 들어오기 위해서는 인체 내부의 압력이 대기보다 낮아야 한다. 코를 시작으로 기관, 기관지, 폐에 이르기까지의 조직은 근육조직이 아니기 때문에 스스로 수축할 수 없다. 따라서 이러한 압력조절은 폐를 둘러싸고 있는 근육조직에 의하여 일어난다.

그림 2-5는 흡기와 호기의 과정을 나타내고 있다. 흉곽과 횡경막에 의해 폐의 압력을 조절하여 흡기(들숨)와 호기(날숨)를 조절한다. 외늑간근의 수축으로 흉곽을 들어 올리며 횡격

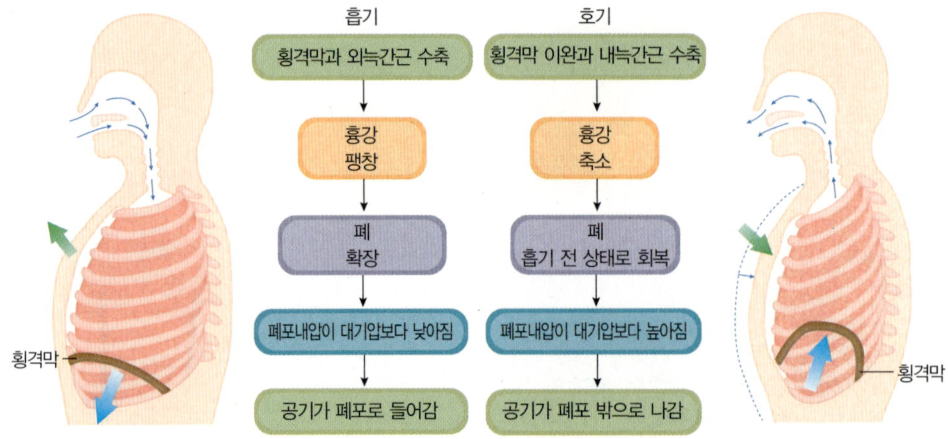

그림 2-5 흡기와 호기의 과정

출처 : 이연숙 외, 인체생리학, 2011

막을 수축시키면 흉강이 팽창하여 폐가 확장되고 폐포내압이 음압을 띠게 되는데 이때 대기압(약 760 mmHg)과 폐포내압이 동등해질 때까지 공기가 유입되며 이를 흡기라 한다. 호기는 내늑간근의 수축과 횡경막의 이완에 의하여 흉강의 기압을 높여 폐포 내 압력이 대기압보다 높아지면 대기로 공기가 나가게 된다.

의식적인 호흡조절은 호흡 관련 근육의 수축작용에 의하여 가능하다. 그러나 일상적인 호흡을 포함한 무의식적인 호흡과 동맥혈액 중의 산소 농도 및 이산화탄소 농도 사이의 항상성이 깨질 때에는 자율신경계에 의하여 불수의적으로 호흡조절이 이루어진다. 이를 조절하는 중추는 뇌간의 연수라는 부위와 뇌교에 위치하며, 호흡의 수와 깊이를 조절한다. 연수의 표면에는 혈액 중 또는 뇌척수액 중의 산소 및 이산화탄소의 농도 변화를 감지하는 수용체가 존재하는데, 이것의 작용에 의하여 폐의 환기를 높이거나 호흡수를 변화시키며 가스교환을 조절하고 있다.

3) 가스교환

대기 중의 공기는 몇 가지 가스의 혼합물로 대부분이 질소(약 79%)로 이루어져 있고 나머지가 산소(약 21%)와 이산화탄소(약 0.04%), 소량의 불활성 가스 등으로 이루어져 있다. 인체가 호흡을 할 때에는 이러한 공기를 흡입(흡기, 들숨)하는 것이고, 폐조직에서 가스를 교환하여 다시 역순에 의하여 밖으로 배출(호기, 날숨)한다. 호기 중의 각 가스 농도는 산소가 약 16%로 감소하고, 이산화탄소가 약 5%로 증가하며, 질소는 약 79%로 흡기와 차이가 없

표 2-3 / 대략적인 흡기와 호기의 가스 농도

구분	흡기(%)	호기(%)	차이
산소	21	16	5
이산화탄소	0.04	5	5
질소	79	79	0
기타	0.0001	1	0

다 표 2-3 . 가스 교환은 반투과막을 통한 가스의 분압 차이에 의하여 일어난다. 즉, 호흡에 의하여 인체의 각 조직에 약 5%의 산소를 공급하고, 약 5%의 이산화탄소를 배출하는 것이다.

우선 흡기에 의해서 폐로 들어온 공기는 폐포에서 교환되며, 이를 환기라고 한다. 폐포에서는 대기 중 산소와 모세혈관의 이산화탄소가 확산에 의해 서로 교환되며, 이 과정을 외호흡 또는 폐포호흡이라 한다. 새롭게 충만된 산소는 혈액에 의해 혈관을 타고 근육조직으로 운반된다. 근육조직에서는 모세혈관을 통해 혈액이 흐르면서 다시 혈액과 조직 사이의 확산에 의해 산소와 이산화탄소가 교환되며, 이 과정을 내호흡 또는 조직호흡이라 한다. 혈액 중의 산소 운반은 혈장 중에 용해되어 운반되거나 적혈구의 헤모글로빈이라는 단백질과 화학적으로 결합하여 운반되므로 혈액 중 헤모글로빈 농도는 산소운반능력과 정적(+) 상관관계에 있어 헤모글로빈의 농도가 높을수록 산소운반능력이 뛰어나다. 이산화탄소 대부분은 혈장 중 중탄산이온(HCO_3^-)의 형태로 운반되며, 일부는 혈장 중에 용해되어 운반되고 일부는 산소를 해리시킨 헤모글로빈과 가볍게 결합하여 폐로 운반된다.

4) 운동 시 호흡계의 반응

운동 중에는 근육활동에 의한 산소섭취량과 근육조직에서의 이산화탄소 생성량이 증가하며 환기량도 증가한다. 운동 중의 환기량은 운동 강도에 따라 달라지며 운동 전, 운동 중 그리고 운동 후에도 다르게 나타난다. 운동 전 안정 시 환기량은 연수의 호흡조절 신경에 의해 일정하게 조절된다. 한편 실제로 운동을 하지 않지만, 운동을 시작하기 위해 긴장할 때에는 대뇌피질의 수의적 자극만으로 환기량이 변화한다. 즉, 이제 운동을 시작한다는 생리학적 긴장은 중추 내 호흡신경을 자극하고, 이에 따라 호흡이 빨라지며 환기량을 증가시킨다.

운동 중에는 시간적 차이를 보이게 되는데 운동 시작 후 처음 몇 초 동안에는 대뇌피질영역의 중추 명령에 의하여 환기량이 빠르게 증가한다. 그 후 점차 환기량 증가는 억제되며 완만한 증가가 나타난다. 이는 중추 명령과 화학적 자극에 의해서 발생하며, 화학적 자극은 대뇌척수액 혹은 동맥혈의 이산화탄소분압과 수소이온 농도의 변화에 대한 반응으로 나타난다. 최대 강도 수준의 운동 중에는 안정 시에 비해 약 15~30배 정도(분당 150~200L) 증가하며 운동이 끝날 때까지 지속적으로 증가한다.

운동 종료 후에는 시간 경과에 따라 변화 패턴이 다르게 나타난다. 우선 운동 직후에는 중추 명령의 감소로 환기량은 급격하게 감소한다. 그 후 안정 시에 다다를 때까지 점진적으로 느리게 감소하고, 수행한 운동 강도가 높을수록 안정 시 수준을 회복하기까지 더 많은 시간이 소요된다. 이것은 대뇌척수액과 혈액의 이산화탄소 농도가 운동 전 수준으로 되돌아감에 따라 수용기의 자극이 감소하기 때문이다.

03 · 심혈관계와 운동

호흡에 의하여 획득한 산소와 음식으로부터 얻은 영양소는 혈관을 타고 전신으로 이동되어 필요한 조직에서 사용된다. 각 조직에서 산소와 영양소가 부족해지면 생체의 항상성을 유지하기 어렵게 되며 조직 손상이 일어난다. 심혈관계는 혈액을 전신에 지속적으로 공급하고 각 조직에서 생성된 노폐물을 처리장소로 운반하여 생체를 일정하게 유지하게 한다. 특히 운동 시에는 안정 시와 비교하여 근육에서의 산소요구량이 많게는 20배에 가깝게 증가하여 평소보다 많은 혈액을 공급해야 하므로 운동의 연구를 위해 심혈관계를 이해하는 것은 매우 중요하다.

1) 심혈관계의 구조와 기능

심혈관계는 전신의 모든 조직에 혈액을 공급하기 위하여 펌프질하는 심장과 혈액을 심장으로 되돌려주는 혈관으로 구성된다. 심혈관계의 주요 기능은 크게 5가지로 산소와 영양소를 신체의 모든 세포에 운송하는 운송기능, 모든 세포로부터 이산화탄소와 대사 노폐물을 제거하는 제거기능, 호르몬을 분비선에서 목표 수용체로 운반하는 운반기능, 체온을 유지하고 체내의 pH를 조절하는 조절기능, 세균이 침입한 기관의 감염을 방지하는 방어기능이 있다. 심장은 혈액을 받는 2개의 심방과 혈액을 내보내는 2개의 심실로 구성되어 있으며, 혈관조직을 통해 혈액을 순환시키는 중요한 펌프 역할을 한다. 각 조직에서 사용된 혈액은 대정맥을 통하여 우심방에 모이고 다시 혈액은 삼첨판막을 통과하여 우심실로 이동하고 심장 박동 시 좌우의 폐로 보내져 이산화탄소와 산소가 교환된다. 산소를 공급받은 혈액은 폐를 떠나 폐정맥을 통해 좌심방으로 들어가고 승모판을 통과하여 다시 좌심실로 모이며 심장 박동 시 대동맥을 통하여 전신으로 보내진다. 그 후 체순환을 통해 각 조직과 세포에 산소와 영양을 공급하고 다시 노폐물과 이산화탄소를 받아 심장으로 되돌아온다 그림 2-6.

혈관은 크게 심장에서 나오는 동맥과 심장으로 들어가는 정맥으로 나뉜다. 대동맥은 좌심실로부터 전신에 혈액을 운반하는 가장 큰 동맥혈관이고, 대정맥은 전신으로부터 우심방에 혈액이 되돌아오게 하는 가장 큰 정맥혈관이다. 상대정맥은 심장보다 위쪽에서 내려오는 정맥, 하대정맥은 심장보다 아래쪽에서 올라오는 정맥혈관이다. 가장 가는 혈관으로, 혈액과 조직 사이의 교환이 이루어지는 혈관을 모세혈관이라 한다. 심장은 심장근이라 불리는 근육으로 이루어져 있으며, 심장근의 두

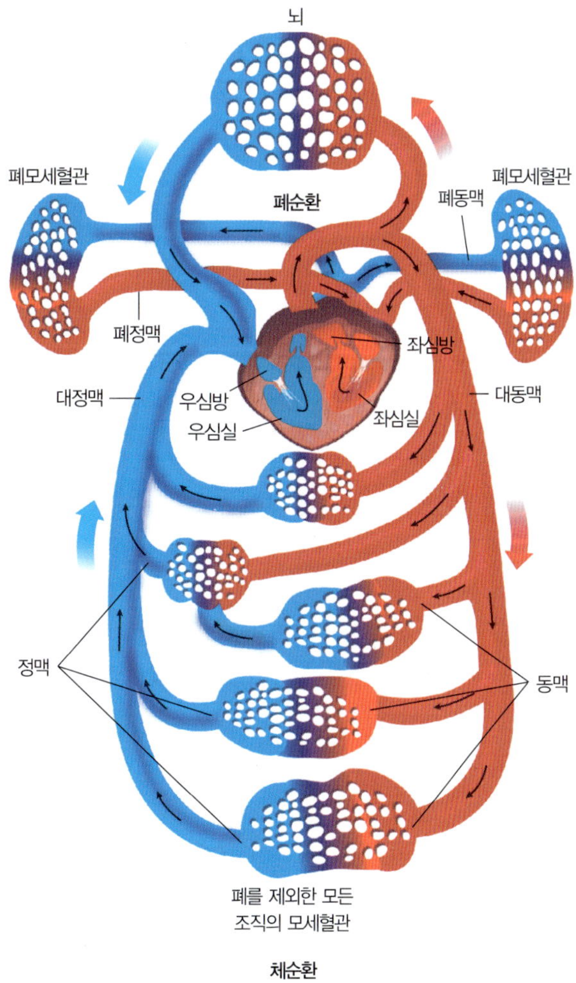

그림 2-6 심혈관계의 구조

출처 : 이연숙 외. 인체생리학, 2011

께는 위치와 기능에 따라 다르다.

특히 좌심실은 심장근 중 가장 근육층이 발달한 곳으로, 이는 대동맥을 통하여 중력을 이기고 전신으로 혈액을 공급할 뿐 아니라 운동 시에는 활동하는 근육으로의 혈류량 수요가 증가하기 때문이다.

2) 심박수와 심전도

심장은 규칙적인 리듬으로 박동하며, 1분 동안 박동하는 횟수를 심박수라 한다. 안정 시 성인의 심박수는 약 60~80회/분에 이르지만 운동 경험이 없거나 신체활동이 부족한 경우에는 100회/분에 이르기도 하고, 규칙적인 운동을 하거나 장거리 육상 종목과 같이 지구력을 요하는 종목의 선수는 심박수가 30~40회/분으로 매우 낮다. 이는 반복되는 운동에 의하여 심장 용적이 커지거나 심장근이 발달하여 1회 박출량이 증가했기 때문이다. 어린이와 청소년이 성인보다 낮으며, 연령이 증가하면서 안정 시 심박수는 감소하는 경향을 나타내고 여성이 남성의 심박수보다 약간 높게 나타난다. 환경적인 측면에서 기온과 고도에 따라 심장의 박동수가 달라질 수 있으며, 수면 시에는 가장 낮게 나타난다. 앉아 있는 자세보다 서 있는 자세에서 높아지며, 걷거나 뛸 때 심박수는 더욱 높아진다. 즉, 운동 중의 심박수는 운동 강도에 비례해서 증가한다. 특히 최대산소섭취량의 40~90%의 운동에서는 산소섭취량(운동 강도)과 심박수 사이에 정적(+) 비례관계가 성립한다. 이 관계를 이용해서 심박수에 의한 운동처방이 행해진다. 또 최대산소섭취량을 추정할 때도 이 관계가 이용된다. 운동 강도의 증가에 따른 심박수와 산소섭취량의 관계를 그림 2-7에 제시하였다. 운동 강도가 증가하면 이에 비례하여 산소소비량이 증가하며, 이에 정비례하여 심박수가 증가한다.

운동의 강도가 높아지면 에너지의 소모가 증가하고 인체 내에서 산소요구량과 호흡 빈도도 늘어나면서 심박수도 증가한다. 그러다가 더 이상 운동을 지속할 수 없는 탈진 상태에 이르면 심박수는 변화가 없는 일정한 상태에 머물게 되는데 이를 최대심박수라 한다. 최대심박수는 체력의 정도, 연령 등에 따라 서로 다르게 나타나며 일반적으로 심박수가 높을수록 체력이 좋다고 평가된다.

심장근육은 스스로 전기적 신호를 발생시키는 독특한 능력을 가지고 있어 신경 자극이 없이도 주기적으로 수축할 수 있다. 이러한 전기적 신호를 파형으로 기록할 수 있는데, 심장의 수축과 이완을 전기적 신호로 바꾸어 그림으로 표현하는 것을 심전도라 한다. 심전도는 심장의 전기-생리학적 이해를 바탕으로 심장의 움직임을 파악하고 때로는 부정맥 같은 심장 이상을 판단하는 방법으로 사용된다.

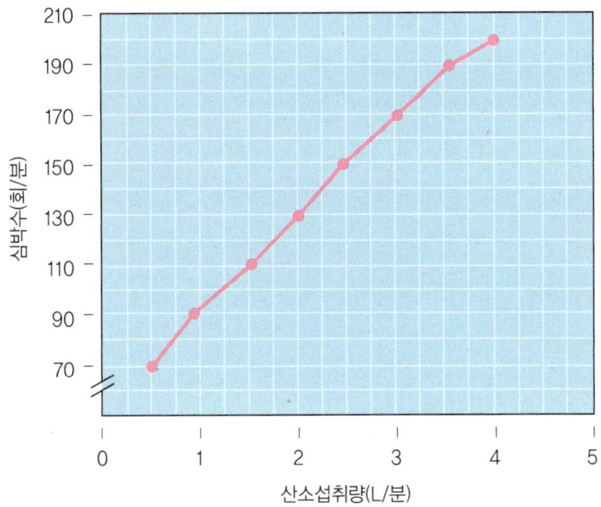

그림 2-7 점증적 운동에 따른 심박수와 산소섭취량의 관계

3) 운동 시 혈압 변화

혈압은 혈액이 혈관벽에 주는 압력을 의미하며, 일반적으로 동맥혈압을 가리킨다. 심장의 박동에 대해 혈압이 변동하여 가장 높은 수치를 최대혈압(수축기혈압), 가장 낮은 수치를 최소혈압(이완기혈압)이라고 한다. 즉, 수축기혈압은 심실의 수축 시 발현되는 압력을 말하며, 이완기혈압은 심실의 이완 시 동맥에서의 혈압을 말한다.

운동 중의 수축기혈압은 운동 강도가 증가함에 따라 상승한다. 이것은 주로 심박출량이 증가하기 때문이다. 또 운동의 종류에 따라 수축기혈압 상승의 정도가 달라진다. 지구력 전신운동에서는 그다지 상승하지 않지만, 국소적인 저항성 운동에서는 급격한 상승이 나타난다. 이러한 차이는 운동의 종류에 따라 혈관의 저항이 달라지기 때문이다. 강한 운동의 경우 수축기혈압이 200mmHg 이상 증가하는 경우가 많으며, 고령자는 혈관의 탄력성이 낮기 때문에 강한 운동 중 혈압이 위험할 정도로 증가할 수 있어 주의가 필요하다. 그림 2-8은 점증적 자전거 운동에 따른 혈압의 변화를 나타내고 있다. 안정 시를 1로 하여 점증적으로 운동 강도를 높여 주면 강도에 비례하여 혈압이 증가하는 것을 알 수 있다. 이러한 운동 시 혈압의 증가 원인 가운데 하나가 운동 중 혈류의 변화인데, 격렬한 운동 시의 근육혈류량은 안정 시에 비하여 약 20배까지 증가하고 심박출량 또한 약 5배 이상 증가한다. 즉, 안정 시에 근육으로 가는 혈류량은 근육 100g당 약 3~4ml/분 정도이지만, 운동 시에는 근육 100g당 50~80ml/분 정도까지 증가한다.

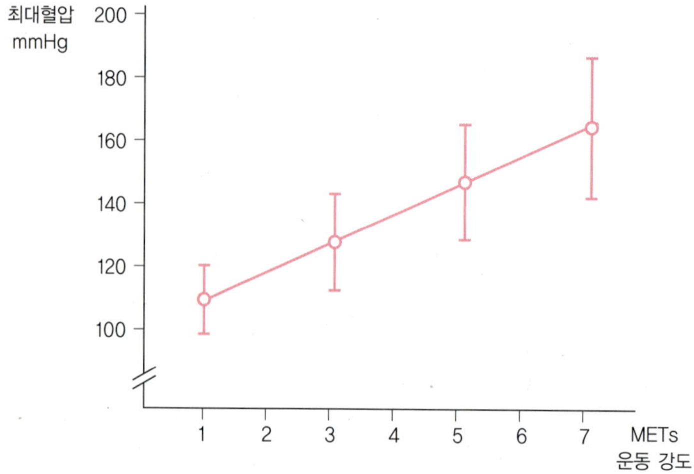

그림 2-8 점증적 자전거 운동에 따른 혈압의 변화

4) 심혈관계에 미치는 운동 효과

일시적인 운동은 심박수를 증가시켜 심박출량을 늘리는 한편, 근육 내 혈류량을 증가시켜 혈압을 상승시킨다. 이러한 변화는 운동 시의 환경 조건이나 운동의 종류, 강도, 지속시간에 따라 차이가 있지만, 대체로 운동 강도와 시간에 비례하여 심박수와 혈압이 증가한다. 그러나 규칙적으로 운동을 지속하게 되면 트레이닝 효과에 의해 반대로 이러한 변인의 감소가 나타난다. 지속적인 운동은 일정한 운동 강도에서 심박출량과 말초혈관저항을 감소시킬 뿐만 아니라 골격근 내의 혈관의 밀도 및 굵기, 탄력성의 증가 등을 통한 구조적 적응을 통해 심박수와 혈압을 감소시킨다. 이러한 변화는 고혈압 증상을 개선하는 데 효과가 있어 고혈압 치료방법으로 매우 유용하게 사용된다. 그렇다고 모든 운동에서 긍정적인 효과가 있다는 것은 아니다. 운동은 크게 지구력운동과 저항성 운동으로 나눌 수 있으며, 운동 종류에 따른 효과를 다음에서 살펴본다.

(1) 지구성 운동 효과

지구성 운동이란 유산소운동을 지속적으로 실시하는 운동 형태를 의미하는 전신운동으로서, 심폐지구력과 근골격계를 강화하는 데 도움이 된다. 또한 혈중 지질 성분을 낮추고 HDL-콜레스테롤을 높여 관상동맥질환의 위험을 감소시킨다. 속보, 조깅, 자전거, 수영 등의 지구력운동은 고혈압 또는 고혈압 위험성이 있는 사람들에게 가장 효과적인 운동 중 하나로 알려졌다. 성인 남녀를 대상으로 중강도의 지구력운동을 실시한 결과 안정 시 혈압에서 약 10mmHg 정도가 감소하였다는 보고도 있다. 최근 연구에 의하면 1일 운동시간을 1시간으로 하여 지속적으로 실시할 때 혈압의 감소가 나타났지만, 같은 시간을 10분씩 나누어 간헐적으로 실시해도 지속적으로 1시간 한 만큼 혈압강하 효과가 있었다는 보고도 있다. 그러나 장기간 유산소운동을 실시해도 혈압의 감소 효과가 나타나지 않는 경우도 적지 않다. 이는 혈압에 대한 운동의 효과는 개인차가 크고, 유전적 요인에 크게 영향을 받기 때문이다. 운동의 강도는 젖산역치나 무산소역치 이하의 강도인 최대산소섭취량의 40~60% 정도의 중강도가 적당한 것으로 알려졌다. 운동빈도는 생리학적으로 볼 때 주 4~5회 이상, 운동시간은 1회 30~60분 정도가 적당하다. 혈압 개선을 위한 운동을 실시할 때에는 사전에 운동부하검사를 통하여 운동 중 혈압 변화를 관찰하고 운동 중 최고혈압과 최고심박수를 파악하여 환자의 능력을 측정한 후 그 결과를 바탕으로 한 유산소운동 프로그램을 적용하는 것이 중요하다.

(2) 저항성 운동 효과

저항성 운동은 일반적으로 웨이트 운동으로 불리는 것으로 일정 무게를 들어 올리며 근육에 저항을 가하는 운동 형태이다. 운동 특성에 따라 심혈관계의 반응을 살펴보면, 지구력 운동 시에는 비교적 높지 않은 혈압에서 많은 혈액을 박출하는 반면, 저항성 운동 시에는 비교적 혈액 박출량이 많지 않으면서도 혈압은 높아진다. 이러한 현상은 일시적인 운동에 대한 반응으로, 장기간의 트레이닝 시 심혈관계에서 저항성 운동은 지구성 운동과는 다른 효과를 나타낸다. 물론 실시하는 운동의 강도와 양에 따라서 그 반응의 정도는 다르겠지만, 대략적으로 정리하면 표 2-4 와 같다. 즉, 안정 시의 심박수는 장기간의 저항성 트레이닝에 의하여 약 5~12%의 유의한 감소가 보고되었으며, 몇몇 연구는 통계적인 유의성을 인정하지 않는 경우도 있다. 혈압에서는 대부분 연구 결과가 저항성 트레이닝을 실시한 선수들의

표 **2-4** / 안정 시 심혈관계 지표에 있어서의 저항성 운동에 따른 일시적 및 장기적인 반응

항목	일시적인 반응	장기적인 반응
심박수	증가	감소 또는 변화 없음
혈압		
수축기	증가	감소 또는 변화 없음
확장기	증가	감소 또는 변화 없음
1회 박출량	증가 또는 변화 없음	증가 또는 변화 없음
심장기능		
수축	증가	변화 없음
확장	증가 또는 변화 없음	증가 또는 변화 없음
심실벽의 두께	-	증가 또는 변화 없음

경우 평균 또는 평균 이하의 수축기 및 확장기혈압을 유지하고 있다. 이러한 심박수 및 혈압 강하는 일반적으로 교감신경 자극의 감소와 부교감신경의 활성에 의한 것으로 알려졌다. 한편, 저항성 트레이닝은 심장의 1회 박동에 의해 박출되는 혈액량을 의미하는 1회 박출량과 심장벽의 두께를 증가시킨다는 견해도 있는데, 이는 운동 시 간헐적으로 증가하는 혈압에 대한 적응 현상으로 보고 있다.

5) 스포츠심장

운동을 하는 동안에는 혈압이 올라간다. 특히 운동 강도가 높을수록 수축기혈압 및 확장기혈압을 증가시킨다. 이러한 혈압의 증가가 반복적으로 지속되면 이에 대한 적응 현상으로 심장벽의 두께가 증가하며 특히 심장 박동에 의하여 대동맥으로 혈액을 박출하는 좌심실의 근육층의 두께와 심실 중격의 두께가 증가하는 현상이 일어난다. 또한 운동에 의한 순환 혈액량의 증가는 심장으로 귀환하는 혈액량을 증가시키며, 따라서 심장 방실의 부피도 증가하게 된다. 이렇듯 심방 부피와 심실벽 근육층의 증가에 의하여 심장이 전체적으로 커지는 현상을 스포츠심장athletic heart이라 한다.

스포츠심장은 심장이 비정상적으로 비대해지는 것으로 의학적으로는 심장질환의 하나로 판단할 수 있으나, 의학적 심장질환에 의한 심장비대의 경우는 골격근의 증가는 나타나지 않고 심장만 비대해지는 반면 스포츠심장은 근육비대와 함께 일어나는 현상으로 신체 표면적 또는 근육량을 고려하여 환산하면 일반인들의 비율과 다르지 않음을 알 수 있다. 즉, 운동에 의한 근육량 증가와 동반하여 심장비대가 일어나는 것을 말한다.

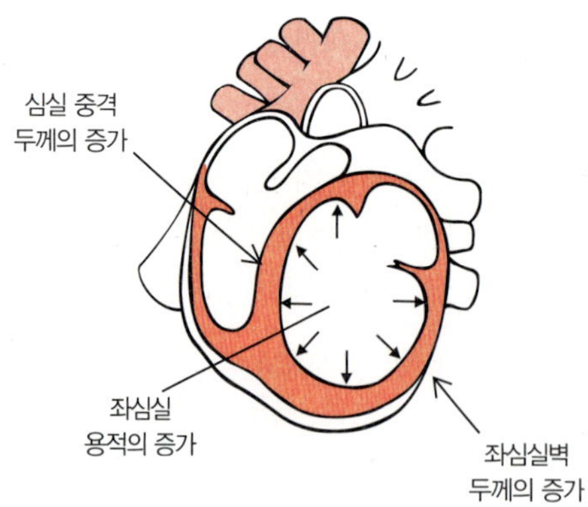

그림 2-9 스포츠심장의 이해도

그림 2-9에서 보는 바와 같이, 스포츠심장은 심실 중격과 심실벽의 근육층이 발달한 것을 알 수 있다. 심실 용적의 변화는 대부분 지구력운동 선수에게서 많이 나타나며, 저항성 운동의 경우에는 심실 크기의 척도인 좌심실 내부 용적은 변화가 일어나지 않는다는 보고도 있다. 즉, 마라톤과 같은 지구력운동의 경우 심실 용적의 증가와 함께 심장 부피가 증가하는 스포츠심장이 많이 나타난다. 이러

한 심장 부피 및 심실벽의 증가는 1회 박출량을 증가시키고 심박출량 증가를 가져와 같은 강도의 운동을 수행할 때보다 혈액을 효율적으로 공급할 수 있도록 해준다. 따라서 스포츠 심장을 가진 선수는 낮은 심박수와 혈압을 유지하면서 더 많은 혈액을 수송할 수 있으며 더 높은 강도의 운동을 무리 없이 수행할 수 있다. 즉, 같은 강도에서 예전보다 심혈관계 스트레스를 덜 받게 된다.

04 · 체온조절과 운동

신체는 세포의 기능 유지에 필요한 에너지를 공급하기 위하여 영양소를 분해하고 이 과정에서 많은 양의 열에너지가 생성된다. 이러한 열에너지에 의해 약 37℃의 체온을 유지한다. 운동을 하면 에너지 요구량이 증가하여 영양소 분해 속도가 빨라지며 열의 발생이 증가하므로 열의 체외 배출이 더욱 중요하다. 인체 세포는 자동차 엔진과 비슷하다. 가솔린이 엔진에서 분해될 때 많은 양의 에너지가 열로 발산된다. 자동차에는 엔진의 과열을 방지하기 위한 냉각 시스템이 장치되어 있다. 인체는 근육세포와 그 밖의 다른 세포에서 만들어진 열이 밖으로 배출되지 않으면 체온의 상승으로 신체의 단백질 구조 변화와 함께 인체 내 화학적 반응을 조절하는 효소들이 파괴된다. 운동 중 땀의 분비로 체액이 2~3L 손실되면 체내 수분 보유를 위하여 땀 분비가 감소되면서 체온이 상승한다.

1) 체온조절 기전

정상적인 체온인 약 37℃는 세포 내에서 일어나는 여러 생화학적 반응을 촉매하는 효소들의 활성이 최적의 상태를 유지하며, 세포의 생존과 기능 유지에 가장 적합한 온도이다.

인체는 체온의 항상성에 의하여 체내의 열을 발산하거나 억제하고 있으며 이러한 체온조절 반응을 통하여 인체 내부의 온도를 일정하게 유지한다. 체온이 35.4℃까지 떨어지면 뇌 및 기타 조직 내의 효소 활성도가 현저히 떨어지며 결국 세포 내 대사활동이 억제되어 호흡 및 심장 기능이 저하된다. 인체 심부 체온이 26℃ 이하이면 심부전으로 사망하며, 43℃ 이상이면 인체를 구성하는 신경세포의 변성이 초래되어 생명을 잃거나 영구적인 손상을 입는다. 따라서 체온은 중추신경계인 간뇌의 시상하부에서 엄격하게 조절되고 있다. 체온조절중추는 마치 에어컨의 자동 온도조절기와 같은 역할을 하고 있으며 설정되어 있는 기준값에 따라 체열을 발산하거나 체열생산을 촉진하여 조절하고 있다. 즉 체온조절중추에서는 말초 및 중추의 온도수용기로부터 전달된 정보를 기준점(37℃)과 비교하여 열손실을 할 것인지 열생산을 할 것인지에 대한 명령을 내리게 된다. 외부의 열자극이나 운동에 의해 체온이 상승할 경우 주로 심부온도, 특히 시상하부를 관류하는 혈액의 온도에 대한 정보가 체온조절중추에 전달되고, 체온조절중추는 이를 기준점과 비교하여 체온을 설정온도로 낮추기 위한 열방출 기구를 가동시킨다. 즉 피부의 혈관을 확장시키고 땀샘을 자극하여 발한량을 증가시킴으로써 열의 손실을 늘리도록 한다. 반대로 추위에 체온이 손실될 경우 이를 감지한 시상하부는 교감신경을 자극하고, 이에 의하여 몸떨림 현상을 일으켜 체열을 발생시켜 체온을 올린다. 추운 겨울에 외투를 벗으면 몸이 심하게 떨리는 것이 좋은 예이다.

그림 2-10은 체온조절중추인 시상하부의 위치를 나타내고 있다. 체온조절중추는 대뇌의

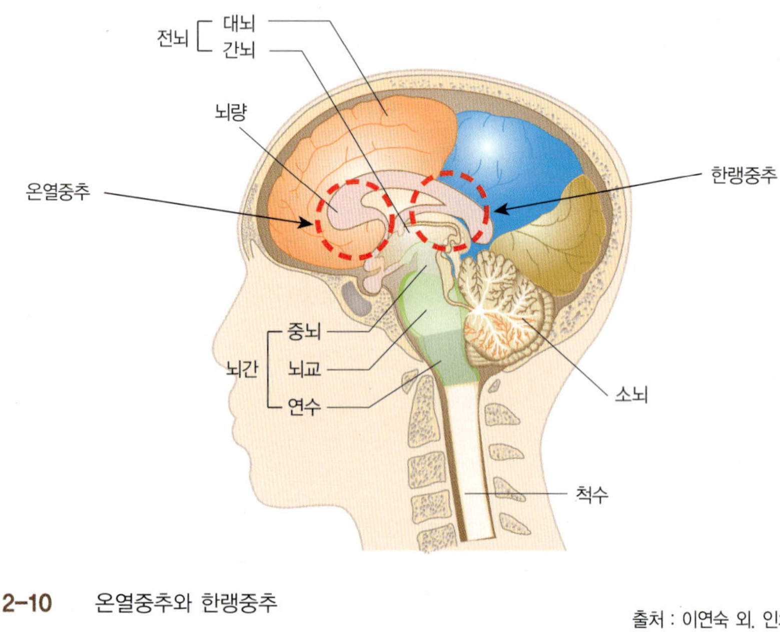

그림 2-10 온열중추와 한랭중추

출처 : 이연숙 외, 인체생리학, 2011

시상하부에 있으며, 그중 온열중추는 앞 시상하부 영역, 한랭중추는 뒤 시상하부 영역에 위치한다.

2) 운동 시의 체온변화

(1) 고온 환경에서의 운동

일반적인 기온에서의 운동 시 체온조절중추에 의하여 일정하게 체온이 유지되며, 이는 주로 혈관의 수축과 확장에 의해 이루어진다. 즉 운동에 의한 체열 발생은 혈관의 확장과 발한으로 체온을 낮추어 조절되고 있는데, 피부혈관이 확장하면 피부온도가 상승하고 피부에서의 열방산이 증가한다. 또한 발한은 증발열의 방산을 촉진하여 체온을 낮춘다. 체내에서 가장 열 생산량이 많고 물질대사가 격렬한 조직은 골격근이므로 운동을 하면 골격근의 열생산이 높아진다. 이때 혈액 순환량이 증가하면서 근육 중의 열을 빼앗아 온도를 낮추어 온몸의 온도가 일정해진다. 이렇게 혈액으로 전달된 열은 체표면에서 방출된다.

일정 수준을 넘는 고온에서는 이러한 조절이 더 이상 불가능하다. 일반적으로 신체는 고온에 노출되면 불쾌감을 느끼고 운동능력도 저하된다. 이러한 고온 노출이 장기화되면 불쾌감이 증가하고 어지럼증 또는 구토 증세가 일어나며 심박수 증가와 체온 상승이 나타난다. 또한 발한작용은 고온 환경 아래서의 유일한 열방출 수단이므로 발한량이 점차 증가하면서 땀의 염분 함유량은 감소하여 희석된 땀이 분비되어 탈수상태에 빠지기 쉽다.

그림 2-11은 고온에서의 체온조절 기전을 나타내고 있다. 고온에 의하여 체온조절중추가 자극되면 우선 자율신경계에 의하여 교감신경을 자극하고, 이에 따라 아드레날린이 분비되어 땀 분비를 촉진하는 한편 체성신경계는 근육활동을 저지하여 운동작용을 억제한다. 또한 뇌하수체 후엽을 자극하여 항이뇨호르몬 antidiuretic hormone, ADH 방출을 촉진하고, 이에 의하여 신장에서의 수분 재흡수를 촉진해 체내의 수분량을 일정하게 유지한다.

그림 2-12는 고온 환경에서 일정한 강도로 운동을 수행할 때의 산소소비량의 변화를 나타내고 있다. 고온에서 운동을 하면 산소소비량이 점진적으로 증가하므로 똑같은 운동 강도라 하더라도 체온을 일정하게 유지할 수 없다. 따라서 운동 지속시간은 물론 항피로 작용 등 운동수행능력 전반에 걸쳐 체력적 저하가 나타난다.

그러나 인체는 환경에 대한 적응력이 높아 일정 기간이 지나면 고온 환경에 적응하게 되어 이들 증상이 점차 경감되는 고온순화 반응이 나타난다. 즉, 장기간 고온에 노출되어도 직장온도와 심박수를 낮추면서 발한량을 높이는 생체적 반응을 통하여 체온을 유지하고 인체의 전반적인 항상성 유지를 위한 적응을 하게 된다.

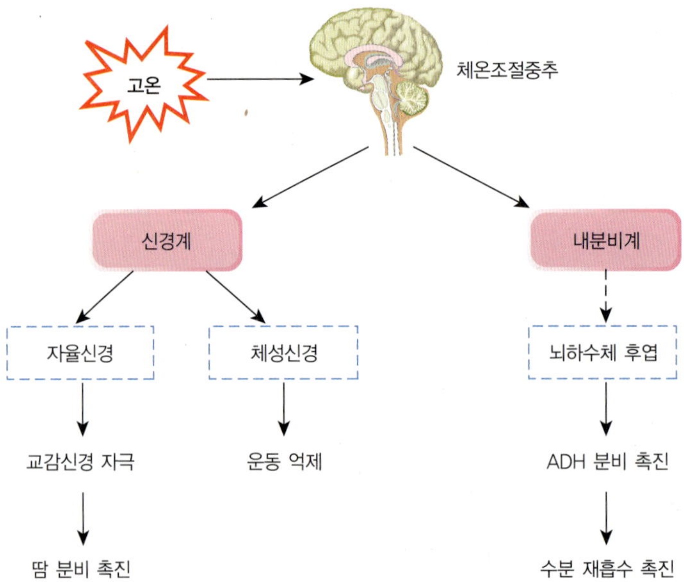

그림 2-11 고온에서의 체온조절 기전

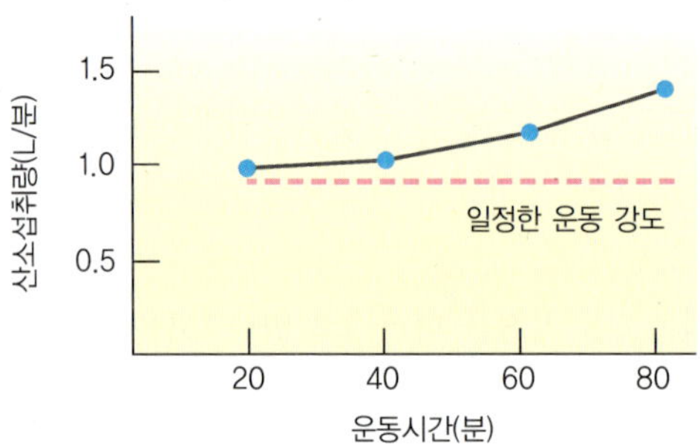

그림 2-12 고온에서 운동 시 산소소비량 변화

(2) 저온 환경에서의 운동

저온에서도 고온과 마찬가지로 체온의 항상성 유지를 위하여 체온조절중추가 작용하지만, 반대 작용을 통하여 열방산을 억제하며 체온을 조절한다. 즉, 저온으로의 노출은 자율신경계의 부교감신경을 자극하여 피부의 모세혈관을 수축시켜 땀 분비를 억제하는 한편, 체성신경을 자극하여 근수축을 촉진함으로써 몸떨림을 통하여 체열을 생산하게 한다. 또한 뇌하수체 전엽을 자극하여 부신피질에서 코르티솔 같은 호르몬을 방출하여 체열생산을 촉진하고, 갑상선으로부터 티록신 분비를 촉진하여 체내 대사를 활성화시켜 체온을 유지하게

한다. 그림 2-13은 저온 환경에서의 체온조절 기전을 나타내고 있다.

저온 환경에서의 운동에 대한 반응에 관한 연구 결과는 그다지 많지 않지만, 대체로 저온 환경에서는 산소소비량이 증가하는 것으로 알려졌다. 즉, 근육 내 온도가 37℃ 이하로 떨어지면 유산소운동능력이 저하되고, 36℃ 이하로 떨어지면 산소소비량의 증가로 운동수행력이 떨어지며, 저체온증은 심박수를 떨어뜨리고 심박출량 감소를 초래하는 것으로 알려져 있다. 한편 혈중 젖산 농도는 고온보다 저온에서 낮은 수치를 나타내며, 근육 내 글리코겐 저장량은 저온 환경에서 더 크다. 이는 저온에서 지방을 에너지원으로 더 많이 이용하고 있으며 근피로에 대한 내성은 더 좋을 가능성을 내포하는 것이다. 한편 저온 환경에서는 열보존을 위해 혈관이 수축하고 말초로의 혈액 공급이 크게 줄어들기 때문에 얼굴과 손, 발 등 외부에 노출되는 부위는 체온 유지가 어려워져 동상 등의 피해를 입을 수 있다.

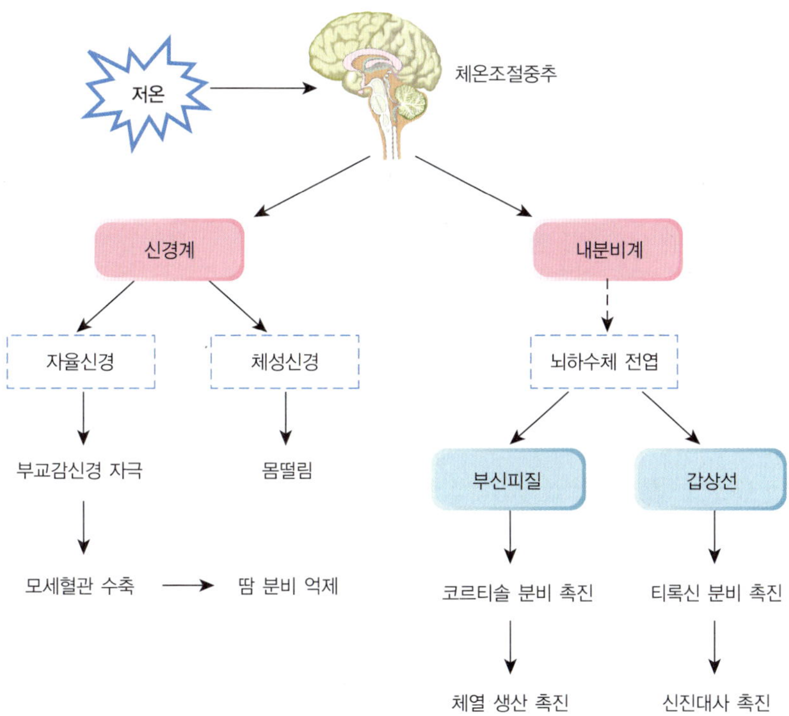

그림 2-13 저온에서의 체온조절 기전

• 요약 및 연습문제

Sum-up

1. 골격근은 관절을 사이에 두고 수축하는 근육으로 직접적인 인체의 운동을 만들어 낸다. 운동을 수행할 때 골격근은 수축하기 위하여 ATP라는 에너지를 사용하고 ATP를 생산하기 위하여 인체는 영양소를 필요로 한다.
2. 기관과 폐 등의 호흡계는 운동수행에 필요한 에너지를 생산하기 위하여 산소를 대기 중으로부터 획득하고 내부에서 발생한 이산화탄소를 밖으로 배출하는 역할을 한다.
3. 호흡에 의하여 획득한 산소와 음식으로부터 얻은 영양소는 혈관을 타고 전신으로 이동되어 필요한 조직에서 사용되는데, 심장과 혈관 등의 심혈관계는 혈액을 지속적으로 공급하고 각 조직에서 생성된 노폐물을 처리장소로 운반하여 생체를 일정하게 유지하는 역할을 한다.
4. 인체는 운동수행을 위한 근수축 시 많은 양의 열에너지가 생성되지만 생체 내의 엄격한 체온조절 작용에 의하여 발한을 증가시키고 수분을 유지하여 약 37℃의 체온을 항상 유지하게 된다.

Practice

01 골격근의 특징과 근수축 기전 및 근섬유 타입에 대하여 설명하시오.

02 호흡계의 특징과 호흡조절 기전 및 운동 시 호흡계의 반응에 대하여 설명하시오.

03 심혈관계의 특징과 운동 시 혈압 변화 및 심혈관계에 미치는 지구력운동의 효과에 대하여 설명하시오.

04 체온조절 기전과 고온 및 저온 환경에서의 운동 시 체온 변화에 대하여 설명하시오.

3 운동과 에너지

1 | 인체의 에너지 대사

2 | 운동과 에너지

3 | 운동 시 에너지원의 변화

4 | 운동과 피로

들어가기 전에

인체는 식품으로부터 공급된 탄수화물, 지질, 단백질을 이용하여 소화 흡수 및 에너지 대사과정을 거치면서 화학 에너지인 ATP를 생성하고 이를 이용하여 근육이 수축과 이완을 통한 운동을 하게 된다. 인체가 소비하는 에너지는 기초대사량, 활동을 위한 에너지 소모량, 식품 이용을 위한 에너지, 적응대사량 등이 있으며 개인차가 가장 큰 것이 활동을 위한 에너지 소모량이다. 인체에 저장된 에너지원은 ATP, 포스포크레아틴, 글리코겐, 체지방, 체단백질, 혈액 내 포도당, 지방산 등이며 운동 수행 중에 어떤 에너지원을 사용하는가는 운동의 강도와 지속시간에 좌우된다.

01 · 인체의 에너지 대사

1) 인체의 에너지 대사 개요

에너지란 일을 할 수 있는 능력을 말한다. 우주에는 위치, 운동, 전기, 열, 빛, 화학 에너지 등 다양한 형태의 에너지가 존재하며 이들 에너지는 상호 전환이 가능하다.

그중 인체가 사용하는 에너지의 근원은 태양으로부터 오며 식물은 광합성을 통하여 태양 에너지를 탄수화물, 지질 및 단백질의 화학결합 에너지로 변환시킨다. 동물은 식물을 섭취하고 화학적 에너지를 지질과 단백질 형태로 변화시켜 저장한다. 인간은 동물과 식물로부터 저장된 에너지를 음식의 형태로 섭취하여 자신의 저장과 활용을 위하여 이용한다.

인체가 체내에서 실제 이용하는 에너지의 형태는 아데노신삼인산 adenosine triphosphate, ATP이며 이를 생성하기 위해서는 식품의 탄수화물, 지질, 단백질의 화학결합 에너지를 ATP로 바꾸는 인체의 에너지 대사과정이 필요하다. 인체의 에너지 대사는 섭취한 식품의 에너지 영양소가 전자 공여체로 작용하여 이들의 전자를 산소에 전달(산화)함으로써 물과 이산화탄소를 만드는 과정이다 그림 3-1. 이때 전자전달반응은 여러 단계를 거치면서 일어나며, 그 중 일부가 유용한 형태의 에너지인 ATP로 저장되고 나머지는 열로 발산되어 체온 유지에 사용된다. 일반적으로 에너지 영양소의 ATP 전환율은 25~40%이다. 인체는 생성된 ATP를 이용하여 근육의 수축운동이나 막의 이온이동, 단백질 및 지질 등 고분자물질의 합성 등을 수행한다.

식품의 탄수화물, 지질, 단백질은 인체에서 각각 단위 g당 4, 9, 4kcal의 에너지를 생성한다. 같은 1g이라도 지방은 탄수화물의 2배 이상의 에너지를 생성하는데, 그 이유는 팔미트산인 $C_{16}H_{32}O_2$가 포도당인 $C_6H_{12}O_6$보다 분자구조식에서 탄소나 수소에 비해 산소의 비율이 훨씬 적기 때문이다. 따라서 지방이 포도당보다 훨씬 더 환원된 형태로 식품에 존재하기 때문에 체내에서 더 많이 산화될 수 있어 더 많은 에너지를 내게 된다.

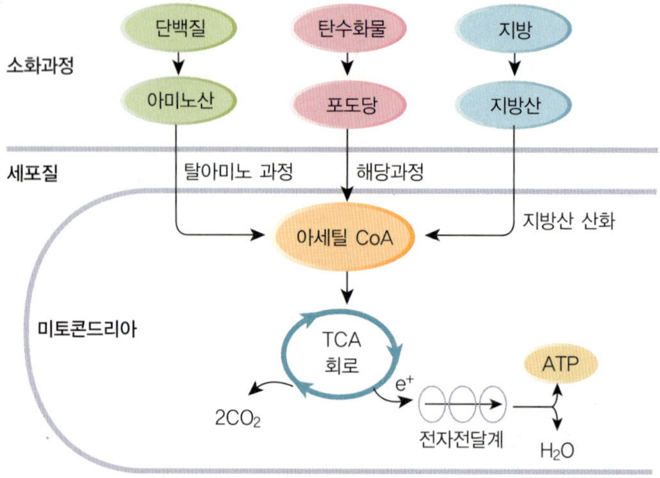

그림 3-1 인체의 에너지 영양소의 ATP 생성 개요

2) 인체의 에너지 소비

인체가 하루에 필요한 에너지로는 기초대사량, 활동을 위한 에너지, 식품의 소화 · 흡수 · 분배 · 저장과 같은 식품 이용을 위한 에너지가 있다. 추위에 노출될 때나 과식을 할 때 열 발생에 사용되는 적응을 위한 에너지도 필요하다.

(1) 기초대사량

기초대사량은 정상적인 신체기능과 체내 항상성을 유지하고 자율신경계의 활동을 위한 최소한의 에너지, 즉 생명을 유지하는 데 필요한 최소한의 에너지를 의미한다. 일반적으로 기초대사량은 식사 후 적어도 12시간이 지난 후에 식사성 발열 효과의 영향을 배제한 완전한 휴식상태일 때 심리적 · 신체적 스트레스가 전혀 없는 쾌적한 환경에서 측정한다. 일반적으로 기초대사량 대신 휴식대사량을 측정하는 경우가 많은데, 그 이유는 휴식대사량은 식후 3~4시간 이후에 편하게 휴식을 취한 상태에서 쉽게 측정할 수 있기 때문이다. 휴식대사량은 기초대사량보다 에너지 소모량이 약간 크나, 그 차이가 10% 이하로 나타나 서로 혼용하여 사용하기도 한다.

기초대사량은 소모 열량의 약 60~70%를 차지하며 개인 간의 차이가 크다. 기초대사량은 대부분 체지방을 제외한 제지방량에 의존하며 이런 제지방은 심장, 간, 뇌, 콩팥, 근육 등 대사활동량이 많은 조직을 포함하기 때문에 이들을 위해 소모되는 열량이 크다.

tip 기초대사량 계산 공식

1. 성별, 연령별 산출 공식

성인 남자(kcal/일) = 204 − 4.0 × 연령(세) + 450.5 × 신장(m) + 11.69 × 체중(kg)
성인 여자(kcal/일) = 255 − 2.35 × 연령(세) + 361.6 × 신장(m) + 9.39 × 체중(kg)

2. 간이법

성인 남자(kcal/일) = 1kcal/kg/hr × 체중(kg) × 24kcal
성인 여자(kcal/일) = 0.9kcal/kg/hr × 체중(kg) × 24kcal

(2) 활동을 위한 에너지 소모량

활동을 위한 에너지 소모량은 인체의 기본적인 대사 외에 신체활동을 위하여 사용되는 에너지, 즉 의식적인 근육활동을 위하여 사용되는 에너지를 의미한다. 이는 신체활동의 종류에 따라 에너지 소비량에 있어 개인 간에 가장 차이가 큰 부분이다. 활동량이 적은 사람은 기초대사량의 절반에도 못 미치고 활동량이 많은 운동선수는 기초대사량의 2배 이상을 활동 에너지로 소모한다. 중 정도의 활동을 하는 사람의 경우 총에너지소비량의 15~30%가 활동을 위한 에너지 소모량이다.

개인의 에너지 소비량을 산출할 때에 활동에 필요한 에너지 소모량은 주로 신체활동수준physical activity level, PAL으로 표시된다. 최근 새롭게 도입된 이중표시수분방법으로 측정한 총에너지소비량을 기초대사량으로 나누어 신체활동수준을 구한다. 신체의 활동 정도에 따라 비활동적, 저활동적, 활동적, 매우 활동적의 4단계로 나누고 있다.

(3) 식품 이용을 위한 에너지 소모량

식품 이용을 위한 에너지 소모량은 식품을 섭취한 후에 식품의 소화 · 흡수 · 대사 · 이동 · 저장 및 이 과정에서 자율신경계의 활동 증진 등에 기인하는 열발생 에너지를 말하며, 식사성 열발생 에너지diet-induced thermogenesis를 의미한다. 식사 후 몇 시간 동안 휴식대사량 이상으로 에너지가 소모되며 주로 에너지가 열로 발산되므로 체온의 상승효과를 가져온다.

식품 이용을 위한 에너지는 영양소의 종류에 따라 다르며 혼합식이의 경우에는 섭취 에너지의 약 10% 정도가 식품 이용을 위한 에너지로 사용된다. 지방은 흡수 · 분해 · 저장이 쉬워서 식품 이용을 위한 에너지가 0~5% 정도이고 탄수화물은 5~10%이며, 단백질이 15~30%로 가장 크다.

(4) 적응대사량

적응을 위한 에너지는 사람이나 동물이 스트레스, 온도, 심리상태, 영양상태 등 환경 변화에 적응하는 데 필요한 에너지 대사량을 말한다. 특히 추운 환경에 노출되었거나 지나친 과식을 했을 때와 창상 및 기타 여러 가지 스트레스 상황에서 자율신경과 호르몬 변화에 따라 열 발생이 증가하여 소모될 수 있는 에너지를 의미한다. 그러나 실제로 적응대사량은 총에너지 소비량의 7% 정도이며 실제 사람의 하루 에너지 필요량을 계산하는 데 사용되지는 않는다.

3) 에너지필요추정량

에너지필요추정량 estimate energy requirement, EER은 한국인영양섭취기준에서 1일 총에너지 소비량 계산식을 이용하여 산출된 값이다. 이는 이중표시수분방법을 이용하여 측정한 1일 에너지소비량의 결과값을 토대로 공식을 이용하여 계산한다. 자신의 연령, 체중, 신장과 신체활동단계별 계수를 대입하여 총에너지소비량을 계산할 수 있다.

신체활동단계별 계수 physical activity coefficient, PA는 신체활동수준에 따라 성별 · 연령별 수치가 달라진다. 연령은 증가할수록 에너지 소모량이 줄어들고, 체중과 신장 및 신체활동수준은 증가할수록 에너지 소모량이 커진다.

tip 성인의 성별 에너지필요추정량

남자(kcal/일) = 662 − 9.53 × 연령(세) + PA[15.91 × 체중(kg) + 539.6 × 신장(m)]
PA = 1.0(비활동적), 저활동적(1.11), 활동적(1.25), 매우 활동적(1.48)

여자(kcal/일) = 354 − 6.91 × 연령(세) + PA[9.36 × 체중(kg) + 726 × 신장(m)]
PA = 1.0(비활동적), 저활동적(1.12), 활동적(1.27), 매우 활동적(1.45)

표 3-1 / 신체활동단계의 구분 및 신체활동단계별 계수

신체활동단계	신체활동수준(PAL)	신체활동단계별 계수(PA)			
		아동 및 청소년		성인	
		남자	여자	남자	여자
비활동적	1.00~1.39	1.00	1.00	1.00	1.00
저활동적	1.40~1.59	1.13	1.16	1.11	1.12
활동적	1.60~1.89	1.26	1.31	1.25	1.27
매우 활동적	1.90~2.50	1.42	1.56	1.48	1.45

출처 : 한국영양학회. 한국인영양섭취기준, 2010

02 ·운동과 에너지

1) 인체의 에너지 저장

인체가 다양한 형태의 에너지 중 화학적 에너지를 저장하고 있는 이유는 빠른 속도로 달리거나 갑작스런 동물의 위험으로부터 피해야 하는 상황에 처할 경우 신속히 에너지를 생성해야 하기 때문이다. 인체는 식품으로부터 공급받은 탄수화물, 지질, 단백질과 알코올로부터 각각 4, 9, 4, 7kcal의 에너지를 생성하며 사용하고 남는 잉여 에너지는 다시 글리코겐, 지방, 단백질의 형태로 저장된다. 이때 글리코겐은 간과 근육에 소량 저장되며, 가장 많은 양의 농축된 에너지 형태로 저장되는 것은 지질이다. 그 외 ATP나 포스포크레아틴 phosphocreatine, PC도 일시적인 에너지원으로 조직에 소량 존재한다. 따라서 근육의 운동 시 사용할 수 있는 인체의 잠재적인 에너지원으로는 ATP, PC, 혈당, 간 및 근육의 글리코겐, 혈청 유리지방산, 근육 및 지방 조직의 중성지질, 근육의 단백질 등이다 그림 3-2.

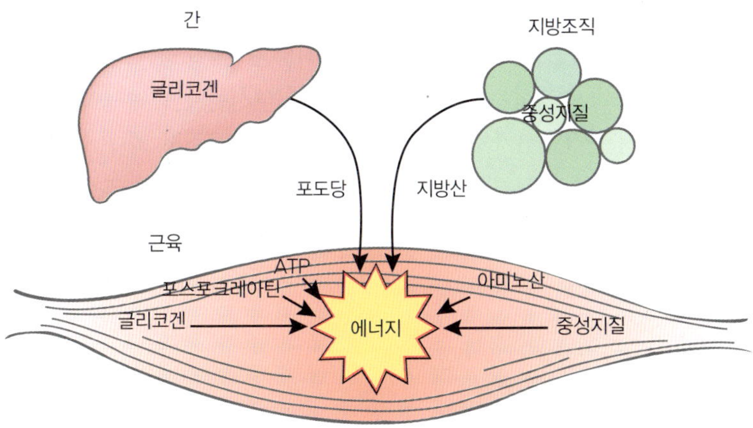

그림 3-2 운동에 이용되는 주요 에너지원

출처 : Jeukendrup A & Gleeson M. Sport Nutrition, 2010

실제 이들 영양소의 저장량과 이를 이용하여 달리기를 할 경우 이동할 수 있는 거리를 표 3-2에 제시하였다. 이 수치는 체지방량, 체력수준, 식이 및 개인의 치수에 따라 차이를 보일 수 있다.

표 3-2 / 인체의 주요 에너지 저장량

에너지원	주요 저장 형태	에너지(kcal)	이동거리(m)
ATP	조직	1	15.9
PC	조직	4	63.7
탄수화물	혈당	20	318.5
	간 글리코겐	400	6,436.0
	근육 글리코겐	1,500	24,135.0
지질	혈청 유리지방산	7	111.9
	혈청 중성지질	75	1,206.8
	근육 중성지질	2,500	40,225.0
	지방조직 중성지질	80,000	1,287,200.0
단백질	근육단백질	30,000	482,700.0

2) 운동과 에너지 체계

인체의 에너지 저장 형태는 ATP, PC, 글리코겐, 지방, 단백질 등 다양하며, 이러한 에너지가 근육 수축과 운동을 수행하는 과정에 이용되기 위해서는 근육에서 화학적 반응을 거쳐야 가능하다. 화학적 반응은 3가지, 즉 ATP-PC 체계, 무산소성 해당계(젖산 에너지 체계), 유산소성 에너지 체계 등으로 구분할 수 있다. 인체의 에너지 체계의 주요 특징을 표 3-3에 제시하였다.

표 3-3 / 인체의 에너지 체계의 주요 특징

구분	ATP-PC	무산소성(젖산)	유산소성	
주요 에너지원	ATP, 포스포크레아틴	탄수화물	탄수화물	지방
운동 강도 수준	매우 높음	높음	낮음	매우 낮음
ATP 생성률	매우 높음	높음	낮음	매우 낮음
파워 생성	매우 높음	높음	낮음	매우 낮음

총 ATP 생성능력	매우 낮음	낮음	높음	매우 높음
지구력	매우 낮음	낮음	높음	매우 높음
산소요구량	없음	없음	있음	있음
무산소성/유산소성	무산소성	무산소성	유산소성	유산소성
트랙종목	100m 단거리 경주	200~800m	5,000m	초장거리
시간요인	1~10초	30~120초	5분 또는 이상	장시간

출처 : Williams MH. Nutritoin for Health. Fitness & Sport, 2010

(1) ATP-PC 체계

근육의 수축에 사용되는 직접적인 에너지원은 ATP이나 근육의 ATP 함량은 최대 강도의 운동을 수행할 때 약 1초 정도만 지속할 수 있을 정도로 제한적이다. 따라서 그 이후 근육의 운동을 계속하려면 근육에서 ADP로부터 ATP를 지속적으로 재합성해야 한다.

포스포크레아틴은 고에너지결합물질로 ATP가 빠르게 사용됨에 따라 ATP를 재생하는 데 도움을 준다. 즉 PC는 근육 내에 소량 저장되어 있고 고에너지결합의 분리과정에서 에너지가 생성되며, 그 에너지가 ADP와 인산으로부터 ATP를 재합성하는 데 사용된다 그림 3-3. 따라서 ATP와 PC는 함께 ATP-PC 체계라 불린다. 이러한 체계는 스프린팅 sprinting과 같이 1~10초 범위에서 지속되는 신속한 최대 운동과정의 에너지원으로 사용된다.

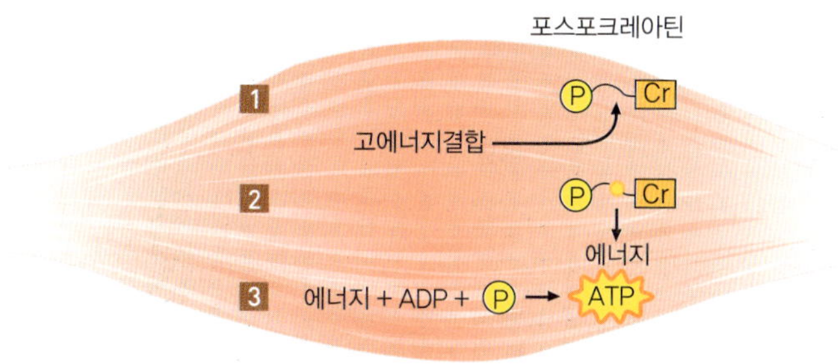

그림 3-3 포스포크레아틴의 ATP 생성 기전

(2) 무산소성 해당계(젖산 체계)

무산소성 해당계는 젖산 체계라고도 하며 근육 수축을 위한 직접적인 에너지로 이용될 수는 없지만 신속하게 ATP를 생성할 수 있다. 고강도의 운동을 수행할 경우 ATP-PC 체계의 다음 단계에서 이용될 수 있는 에너지원은 포도당이다. 포도당은 혈액으로부터 근육으로 들어올 수도 있고, 근육에 저장된 글리코겐이 포도당으로 분해되어 사용될 수도 있다. 이때 포도당은 산소 이용 없이도 분해가 가능하며 이 과정을 무산소성 해당과정 anaerobic glycolysis이라고 한다 그림 3-4. 포도당이 무산소성 해당과정을 통하여 에너지를 생성할 경우 1분자의 포도당으로부터 기질 수준 인산화 substrate level phosphorylation에 의해 2 ATP만 생성되나 그 속도는 매우 빠르다. 그러나 이 과정 중에 부산물로 젖산이 생성되며, 이는 근육 피로의 원인물질이 된다. 젖산 에너지 체계는 200m 또는 800m 달리기와 같이 30~120초 동안 최대 효율을 발휘하면서 매우 높은 강도의 운동을 해야 하는 종목에서 주로 이용된다.

젖산 에너지 체계는 급속히 ATP를 생성하는 데 유리하게 이용되나 그 능력은 유산소성 해당과정과 비교하면 아주 제한적이고 근육의 글리코겐으로부터 생성되는 총 ATP의 5%에 불과하다. 대사과정의 부산물로 생성되는 젖산은 근육세포 내의 산성화를 유발하는 수소이온을 방출하여 정상적인 세포 내 환경을 교란시킨다. 근육세포 내의 에너지 생성이나 근육 수축 등은 세포 내의 여러 효소의 작용에 의해 조절되는데, 세포 내 pH의 감소에 의해 그 활성이 방해받게 된다. 그러나 젖산은 수소이온을 잃어버린 후에 여전히 상당한 에너지 함량을 가지고 있고, 특히 간에서 포도당 신생합성의 전구체로 이용될 수 있다.

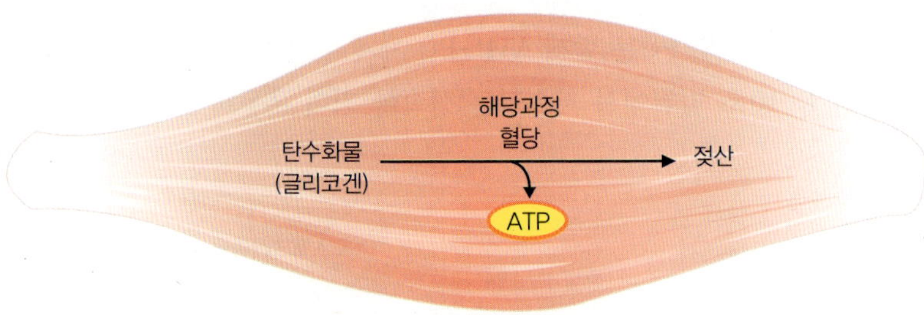

그림 3-4 무산소성 해당과정과 젖산 생성

3) 유산소성 에너지 체계

유산소성 에너지 체계는 무산소성 해당계와 마찬가지로 근육 수축을 위한 직접적인 에너지원으로 사용할 수는 없으나 무산소성 해당계보다 많은 양의 ATP를 생성한다. 근육의 글리코겐, 간 글리코겐, 혈당, 근육 중성지질, 혈중 유리지방산 및 중성지질, 지방조직의 중성지질, 체내 단백질 등 모두 ATP 생성이 가능하여 근육 수축을 위한 궁극적인 에너지원이 될 수 있다 그림 3-5.

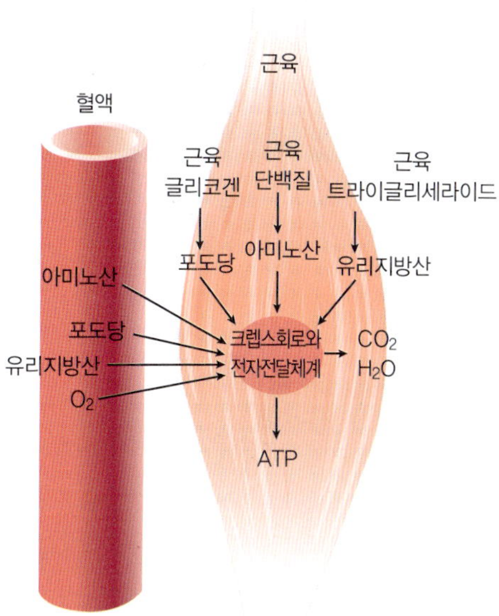

그림 3-5 유산소성 에너지 대사 체계

세포 내의 산화적 에너지 생성과정은 미토콘드리아에서 일어나며, TCA 회로와 전자전달계를 통하여 포도당, 아미노산, 유리지방산이 유산소 과정에 의해 이산화탄소와 물로 전환되면서 ATP를 생성한다. 유산소성 에너지 체계는 ATP의 생성 속도는 느리지만 많은 양의 ATP를 합성할 수 있는 장점이 있다. 그러나 호흡을 통하여 들어온 산소가 근육세포 속으로 들어가 미토콘드리아 내로 들어갈 수 있어야 유산소성 에너지 체계가 작동할 수 있다. 이러한 에너지 체계는 가볍고 적당한 강도의 운동 시에 적절히 진행될 수 있으며, 격렬하고 높은 강도의 운동에서는 그 요구량만큼 충분히 공급될 수 없다. 따라서 5km 달리기나 마라톤, 그 이상의 장거리 달리기같이 지구력이 필요한 운동에 주로 유산소성 에너지 체계가 이용된다.

유산소성 에너지 체계는 근육 글리코겐과 혈당 등 탄수화물을 이용하는 유산소성 해당과정과, 근육 중성지질과 혈중 유리지방산 등 지질을 주로 이용하는 유산소성 지질분해작용으로 나눌 수 있다. 고강도의 운동 시에는 탄수화물이 더욱 효율적인 에너지원으로 이용되지만, 더 낮은 강도의 운동을 할 경우에는 지방이 우선적으로 이용된다. 즉 유산소성 해당과정은 5km나 10km와 같이 고강도의 유산소운동 시에 많은 에너지를 공급하는 반면, 유산소성 지질분해작용은 50km 또는 100km와 같이 더 긴 거리의 마라톤에서 더 많은 양의 에너지를 공급할 수 있다. 그림 3-6은 위의 3가지 에너지 체계를 단순화하여 하나의 그림으로 나타내고 있다.

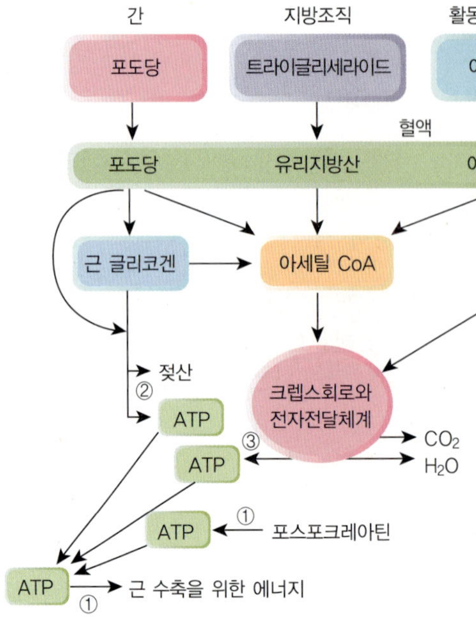

그림 3-6 근 수축을 위한 에너지 생성 체계

03 · 운동 시 에너지원의 변화

운동 중의 에너지원 선택은 운동의 강도와 지속시간에 의해 주로 좌우된다. 그러나 그 외에도 다양한 요인이 운동 시 에너지원에 영향을 미친다. 호르몬, 훈련된 상태, 식이구성, 경기 전 음식섭취 시기, 운동 중 영양섭취, 영양상태, 환경온도 및 약물 등이 중요한 고려사항에 포함된다. 따뜻한 환경온도에서는 탄수화물의 이용이 증가할 가능성이 높고, 카페인을 많이 섭취하면 지방의 이용을 활성화시킬 가능성 등이 제기되고 있다.

1) 운동의 경과시간

중간 정도의 운동 강도로 혼합식이를 먹은 피험자가 운동을 시작하면 초기에는 호흡상이 올라간 후, 시간이 경과함에 따라 서서히 내려가게 된다. 이는 운동 초기에는 포도당이 에너지원으로 사용되다가 시간이 지날수록 지방산이 에너지원으로 사용되기 때문이다. 그림 3-7은 중강도에서 운동시간 경과에 따른 혈장 포도당, 혈장 유리지방산, 근육 글리코겐의 농도 변화를 나타내고 있다. 근육의 글리코겐은 초기 운동 시 에너지원으로 사용되었고, 시간이 경과함에 따라 혈장 유리지방산의 농도가 상승하여 근육에서 에너지원으로 많이 사용되었음을 알 수 있다. 따라서 중강도(60% VO_2max)의 운동을 30분 정도 할 경우 근육 글리코겐으로부터 50%의 ATP가 만들어지고, 지방과 혈당으로부터 각각 25%의 ATP가 생성된다. 반면, 운동을 지속하여 약 120분이 지나면 근육 글리코겐의 사용량은 줄어들고 62%의 ATP가 지방으로부터 생성된다 그림 3-8.

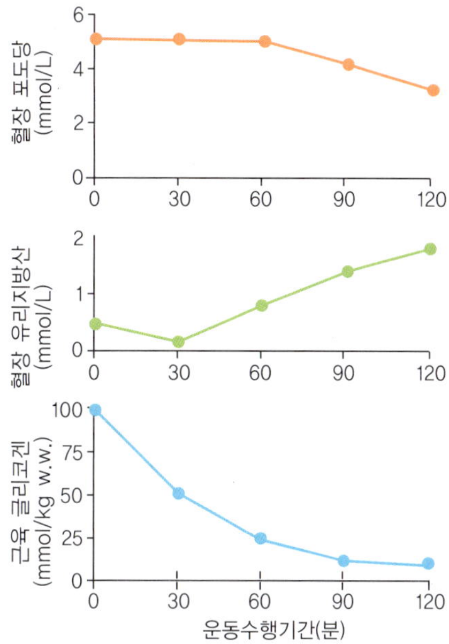

그림 3-7 70% VO_2max 강도에서 운동시간 경과에 따른 혈장 포도당, 혈장 유리지방산, 근육 글리코겐의 농도 변화

출처 : Jeukendrup A & Gleeson M. Sport Nutrition, 2010

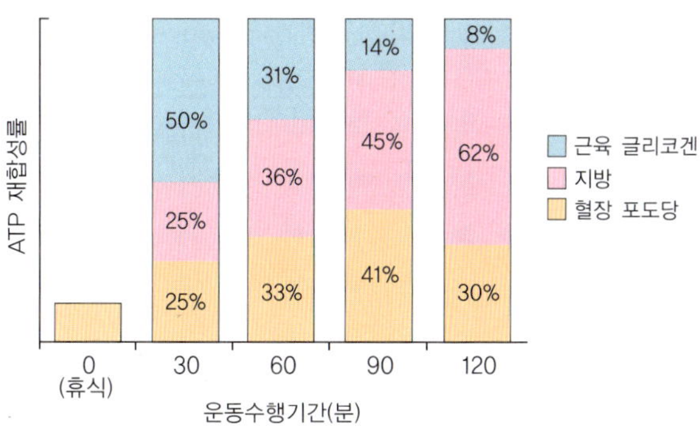

그림 3-8 60% VO_2max 강도에서 운동 지속에 필요한 ATP 재생에 기여하는 에너지원 변화

출처 : Jeukendrup A & Gleeson M. Sport Nutrition, 2010

어떤 운동을 하는 데 필요한 에너지를 포도당 혹은 지방으로부터 이용하는 정도는 운동의 강도와 지속시간에 따라 다르다. 이는 운동의 강도와 경과시간에 따라 TCA 회로나 전자전달계 같은 효율적인 에너지 생성 경로를 얼마나 빨리 사용할 수 있는지가 다르기 때문이다.

표 3-4 는 운동의 경과시간에 따른 주된 에너지의 변화와 관련 운동종목 및 운동 강도를 제시하였다.

표 3-4 / 운동의 경과시간에 따른 주된 에너지원과 경기종목

경과시간	주된 에너지원	운동종목	힘의 강도
10초 이하	ATP-PC	100m 달리기, 높이뛰기, 테니스(서브), 배구(스파이크), 골프(스윙), 역도	강
10~90초	ATP-PC 해당과정	200~400m 달리기, 단거리 수영, 500~1,000m 스케이트	중
90초~4분	해당과정 포도당 유산소성 대사	800m 달리기, 200~400m 수영, 권투, 레슬링, 농구	중
4분 이상	포도당과 지방의 유산소성 대사	마라톤, 조깅, 1,500m 수영, 장거리 스키, 축구	약

출처 : 최혜미. 21세기 영양학, 2006

가벼운 운동이나 중강도의 운동이 지속될 경우 시간이 경과하면 포도당 대사에서 제공된 에너지가 서서히 지방으로 전환되며 평소 운동을 통하여 훈련을 많이 한 사람은 지방을 에너지원으로 이용하는 시간을 앞당길 수 있다.

운동이 시작되면 초기에는 포도당의 해당과정에 의해 ATP가 많이 생성되나, 운동을 지속하게 되면 글루카곤 · 에피네프린 · 노르에피네프린 같은 호르몬의 분비가 증가한다. 이들 호르몬은 지방조직에서 호르몬 민감성 리파제 hormone sensitive lipase의 활성을 유도하여 중성지질을 유리지방산과 글리세롤로 분해하고, 분해된 유리지방산이 혈중으로 나와 그 농도가 높아지면 근육에서 지방산의 베타 산화에 의해 아세틸 CoA가 많이 만들어지면서 TCA 회로로 들어가 시트르산의 농도를 높인다. 이는 해당과정의 속도를 조절하는 효소의 활성도를 낮추어 포도당의 이용 정도를 떨어뜨린다. 실제 세포 내에서 지방이 에너지원으로 많이 사용될 경우 포도당의 이용이 줄어드는 기전을 그림 3-9 에 제시하였다.

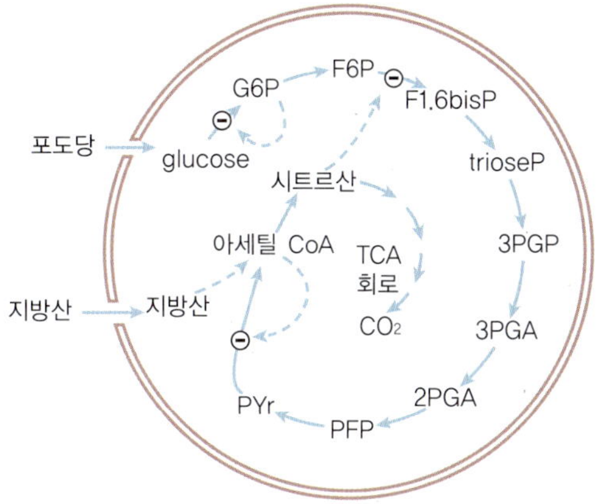

그림 3-9 지방산의 산화 증가가 해당과정을 억제하는 기전

2) 운동 강도

(1) 가벼운 운동

휴식이나 산책과 같은 가벼운 운동(VO_2max의 50% 이하)을 시작하면 20분 후부터 주로 지방을 에너지원으로 사용한다. 이때 필요 에너지의 70~90%를 지방 대사에서 공급받고 나머지는 탄수화물로부터 받는다. 근육세포가 지방의 에너지로 ATP를 빠른 속도로 생성하면 ATP와 시트르산의 농도가 높아지고, 이들이 해당과정을 조절하는 주요 효소인 포스포프락토키나제 phosphofructokinase, PFK 활성도를 저해하여 해당과정은 억제되고 TCA회로나 전자전달계의 효소 활성에는 영향을 주지 않아서 포도당의 이용은 줄어들고 지방은 에너지원으로 계속 이용될 수 있다.

(2) 단기간의 격렬한 운동

단기간의 격렬한 운동인 200m 단거리 달리기 같은 경우 최대 강도로 지속시간이 30초 이하일 때 ATP가 주로 PC 체계에 의해서 생성되며 해당과정에 의해서 생성되는 ATP는 소량이다. 근육의 포스포크레아틴은 10초 만에 고갈되며 쉬었다가 운동을 다시 할 경우 포스포크레아틴이 이용된다.

(3) 중강도, 수분 지속 운동

중강도의 운동을 수분 이상 지속할 경우 초기에는 포스포크레아틴이 에너지를 공급하나

곧 고갈되고 근육 글리코겐이 분해되어 포도당의 해당과정을 통해 ATP를 생성하게 된다. 따라서 초기단계에서는 탄수화물이 에너지 사용의 80~90%를 공급한다. 이때는 아직 미토콘드리아에서 TCA회로와 전자전달계가 활성화되기 전이므로 포도당의 무산소성 대사와 유산소성 대사 양쪽으로부터 ATP를 생성하게 된다. 이것은 미토콘드리아가 완전히 활동적이 될 때까지 준비시간이 필요하며 혈액으로부터 공급받을 수 있는 지방산의 양이 제한되기 때문이다. 미토콘드리아의 TCA회로나 전자전달계가 활성화되기 전에는 포도당이 해당과정에 의해 피루브산까지 분해되어도 TCA회로로 들어갈 수 없어 젖산으로 전환된다. 따라서 젖산은 운동 초기 45초에 최대가 되고 그 이후에는 해당과정에서 생성된 피루브산 일부가 유산소 대사 경로로 들어가 ATP를 생성한다그림 3-10.

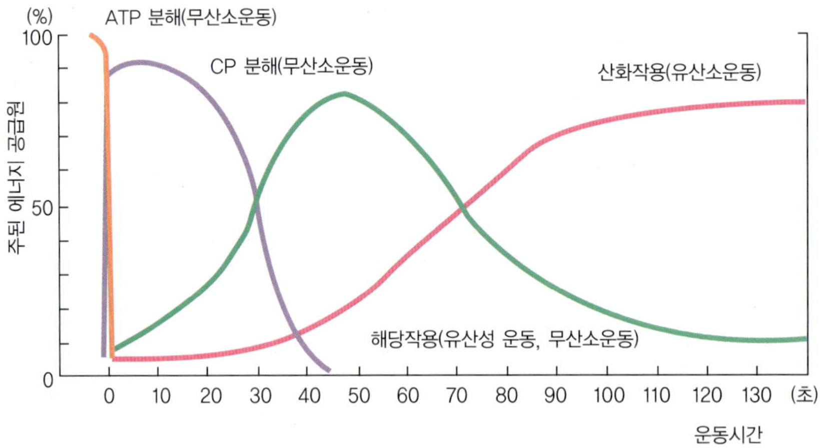

그림 3-10 중강도의 운동 시 시간경과에 따른 주된 에너지원의 변화

(4) 중강도, 한 시간 이상 운동

자전거타기와 같이 중강도로 한 시간 이상 운동을 할 때 지구력을 요하는 운동일 경우 지방산의 유산소성 대사가 ATP 필요량의 60~80%를 공급한다. 포도당의 유산소성 대사는 ATP 필요량의 15~30%를 공급하고 단백질은 10% 정도까지 기여한다. 지구력을 요하는 운동은 격렬한 운동보다 해당과정에 의한 의존성이 줄어들어 젖산의 축적이 줄어든다.

(5) 장시간 지구력운동

마라톤과 같이 강도가 VO_2max의 70%까지 증가하면 지방과 탄수화물의 ATP 생성 비율이 50 : 50으로 비슷해진다. 이 경우 근육 내 글리코겐의 저장량이 빨리 고갈되면 지구력이 떨어지고 따라서 높은 운동 강도를 유지할 수가 없다. 또한 마지막 골인점에서는 최대 속도로 전력질주를 해야 하는데, 이때는 무산소성 해당과정에 의해서만 ATP를 생성하므로 저장된 글리코겐의 함량에만 의존하게 된다. 따라서 70% VO_2max 속도로 1시간 이상 달리고 골인점에서 전력질주해야 하는 마라톤 선수들은 운동 전에 최대한의 글리코겐을 축적해야 한다.

일반적으로 운동 시 에너지원으로 사용되는 단백질의 기여도는 크지 않고 전체 필요량의 2~5%만 단백질 대사로부터 이용된다. 그러나 지구력을 요하는 운동일 경우 특히 근육 내에 글리코겐 저장량이 고갈되었을 때 전체 에너지 필요량의 10% 정도까지 단백질에서 얻을 수 있다. 단백질로 공급되는 에너지의 대부분은 곁가지아미노산으로부터 온다.

04 · 운동과 피로

1) 피로의 정의

피로는 복합적인 현상에 의하여 발생한다. 피로는 만성적이거나 급성적으로 나타날 수 있으며 이들 모두 운동능력에 영향을 준다.

만성적 피로는 장시간 지구력을 요하는 운동선수의 경우 시간 경과에 따라 나타날 수 있고 과도한 훈련 overtraining과 관련이 있을 수 있다. 특히 만성피로증후군은 심리적 · 생리적 장애를 포함하는 병적인 상태로 과도한 훈련이나 음의 에너지 균형과 관련이 있다. 이 경우 훈련이나 운동은 역효과만 가져오고 더욱 쇠약하게 만든다. 이런 만성피로증후군은 면역기능의 교란, 감염, 내분비계 교란, 정신적 스트레스, 개인적 특성 등과 상관성이 있을 수 있다. 치료 방법으로는 행동치료와 점진적인 운동이 필요하며, 회복하는 데 장기간이 소모된다. 실제 만성피로증후군의 환자는 아주 적다.

급성 단기간의 정신적 · 육체적 피로는 대부분 운동선수들이 경험한다. 이런 의미의 피로란 요구되는 수준의 운동 강도를 지속적으로 유지할 수 없는 상태이다. 즉 피로는 인체의 운동 수행 요구에 적절하게 에너지를 생성할 수 없는 경우, 다시 말하면 ATP 생성률이 이용률을 뒷받침해 주지 못할 경우 나타날 수 있다. 이러한 유지능력의 상실은 적절한 에너지원 공급 부족이나 중추신경계의 능력 부족, 근육 내 에너지원의 대사능력 부족, 근육으로의 혈류량 유입 부족이나 이와 관련된 조직의 부적절한 기능 등에 기인할 수 있다. 또한 피로의 발생 부위로는 뇌 및 척수의 중추 부위와 근육, 경우에 따라서는 심장, 폐 등의 말초 부위가 포함된다.

2) 피로의 원인

오랜 동안의 연구에도 불구하고 현재 피로의 원인은 완전히 밝혀지지 않았다.

피로의 원인은 복합적이며 뇌와 척수의 중추성 부위와 근육의 말초성 부위 등이 포함된다. 저혈당증은 뇌기능에 부정적인 영향을 미치며 근육에서는 젖산 축적과 더불어 산성화가 나타나면서 적절한 에너지 생성이 장애를 받게 된다.

근육의 피로 기전은 복잡하고 운동의 종류, 근육의 근섬유 형태, 개인의 피트니스 상태 등에 좌우된다. 운동에 기인한 급성 피로는 중추 피로와 말초 피로로 나눌 수 있다.

(1) 말초 피로

말초 피로는 ATP를 생성할 수 있는 자원이 고갈되었을 때, 즉 포스포크레아틴이 고갈되어 더 이상 ATP를 재생할 수 없을 때 나타나며, 이때 대사성 부산물이 근육에 축적되어 최적의 에너지 대사를 방해한다. 예를 들면 운동의 강도가 높아지면 젖산 생성이 높아지고 따라서 수소이온 농도가 올라가면 수소이온은 근육 수축에 필수적인 칼슘의 역할을 방해한다. 말초 피로에 관련되는 요인들을 표 3-5 에 제시하였다.

표 3-5 / 말초 피로에 관련되는 요인들

에너지원 고갈	대사성 부산물의 축적
ATP	수소이온
포스포크레아틴	무기 인산
근육 글리코겐	암모니아
혈당	활성산소종

(2) 중추 피로

에너지원의 고갈과 부산물의 축적은 중추 피로를 유발한다. 중추 피로는 주요 신경물질의 고갈과 독성 신경전달물질의 축적으로 신경과 근육 간의 신경전달이 손상된 경우이다. 뇌조직에 세로토닌이 증가하면 피로와 관련되고 노르에피네프린의 농도가 올라가면 피로를 예방한다.

그러나 일반적으로 피로는 중추 피로와 말초 피로가 연관되어 있으며, 근육에서의 에너지원 고갈과 부산물의 축적은 뇌나 척수에 피드백되어 근육으로의 명령을 조절한다. 운동 중 피로의 원인이 되는 가능한 요인들을 표 3-6에 제시하였다.

표 3-6 / 운동 중 피로 발생의 원인

원인	관련 기전
억제작용을 하는 신경전달물질의 증가	세로토닌 농도의 증가
에너지원의 감소	포스포크레아틴 농도의 감소 근육 글리코겐의 고갈 혈당량의 감소 혈장 BCAA의 농도 감소
반응성 산소나 질소종의 증가	손상된 칼슘의 recycling 근육 수축의 감소
산염기의 불균형	과도한 젖산 축적에 기인한 수소이온 농도의 증가
산소운반기능의 감소	탈수에 의한 혈액량 감소
심부온도 증가에 의한 체온 증가	탈수에 의한 냉각기능 저하
전해질 농도의 불균형	발한 손실 및 수분 대체에 의한 불균형

출처 : Williams MH. Nutrition for Health, Fitness & Sport, 2010

3) 피로 발생 지연 방안

피로 발생을 예방하기 위한 가장 중요한 방법은 생리적 · 심리적 · 생체역학적 훈련을 포함하는 적절한 훈련이다.

생리적인 측면에서 운동선수는 자신의 종목과 관련된 특징을 고려하여 에너지 체계에 대한 훈련을 실시해야 한다. 스포츠 생리학자나 코치의 지도 아래 에너지 체계를 이용하기 위한 적절한 훈련은 에너지 저장량, 효소 활성도, 대사효율 등을 증가시켜 에너지 생성능력을 향상시킨다. 따라서 이런 생리적 훈련은 신체적 파워를 향상시킨다.

심리적 측면에서 운동선수는 자신의 특정 종목과 관련된 스트레스를 극복할 수 있는 정신적인 트레이닝이 필요하다. 스포츠 심리학자는 운동선수들에게 적절한 범위에서 이완 및 각성화 등과 같은 다양한 전신적 프로그램을 제공해 준다. 이런 심리적 트레이닝은 정신적인 힘을 향상시킨다.

생체역학적 측면에서 운동선수는 자신의 종목에서 운동역학적 기술을 최대화해야 한다. 동작 유형의 수정이나 에너지 생성 및 효율 개선을 위한 장비가 추천되기도 한다.

4) 영양과 피로 발생

영양소의 결핍은 피로를 발생시키는 요인이 될 수 있다. 식사섭취량 부족에 기인한 탄수화물 및 지질, 단백질뿐만 아니라 비타민, 무기질, 수분 등의 부족도 피로와 관련이 있다. 표 3-7 은 피로 발생 지연과 관련된 영양요인에 대하여 정리하였다.

표 3-7 / 피로 발생 지연을 위한 영양학적 기능향상보조제

향상된 기능	영양소	역할
에너지원의 공급	탄수화물 크레아틴	유산소성 해당작용을 위한 에너지원 포스포크레아틴 생성을 위한 기질
에너지 생성 대사 경로의 활성화	비타민 B 카르니틴	유산소성 및 무산소성 해당과정의 조효소 지방 대사 활성화를 위한 효소 기질
호흡순환기능 향상	철분 글리세롤	헤모글로빈 합성과 산소 운반을 위한 기질 혈액량 증가를 위한 기질
에너지 생산 세포수와 크기 증가	아르기닌과 오르니틴 크롬	성장호르몬 생성을 자극하는 아미노산 인슐린의 활성 강화를 위한 무기질
피로 관련 대사 부산물의 감소	아스파르트산염 탄산수소나트륨	암모니아 생성을 낮추는 아미노산 젖산의 영향을 감소시키는 완충제
에너지 생성 세포의 이화 작용 감소	항산화제 베타 히드록시 베타 메틸부티르산(HMB)	세포막의 산화 방지를 위한 비타민 단백질 분해를 방지하기 위한 아미노산 대사산물
심리적 기능 개선	곁가지아미노산 콜린	신경전달물질 생성을 좋은 방향으로 변화시킬 수 있는 아미노산 아세틸콜린 생성의 기질
역학적 효율 증진	마황 수산화구연산(HCA)	지방 손실을 위한 대사과정을 증가시키는 자극제 지방 손실을 위한 지방산화를 증가시키는 보충제

요약 및 연습문제

Sum-up

1. 인체가 소비하는 에너지는 기초대사량, 활동을 위한 에너지 소모량, 식품 이용을 위한 에너지, 적응대사량 등이 있으며 개인차가 가장 큰 것이 활동을 위한 에너지 소모량이다.
2. 인체에 저장된 에너지원은 ATP, 포스포크레아틴, 글리코겐, 체지방, 체단백질, 혈액 내 포도당, 지방산 등이며 운동 수행 중에 어떤 에너지원을 사용하는가는 운동의 강도와 지속시간에 좌우된다.
3. 운동과 관련되어 인체의 에너지 생성 체계에는 3가지, 즉 ATP-PC 체계, 무산소성 해당계(젖산 에너지 체계), 유산소성 에너지 체계가 있다.
4. 운동을 시작하면 초기에는 호흡상이 올라간 후 시간이 경과함에 따라 서서히 내려가게 되는데, 이는 운동 초기에는 포도당이 에너지원으로 사용되다가 시간이 지날수록 지방산이 에너지원으로 사용되기 때문이다.
5. 휴식 시 근육세포는 주로 지방을 에너지원으로 사용하며 단시간의 격렬한 운동에는 포스포크레아틴을 주로 사용한다. 보다 지속적인 격렬한 운동에서는 근육 글리코겐이 젖산으로 분해된다. 지구력을 요하는 운동에서는 지방과 탄수화물이 함께 연료로 사용되나 운동 강도가 커질수록 탄수화물의 사용이 많아진다.
6. 말초 피로는 ATP를 생성할 수 있는 자원이 고갈되었을 때, 즉 포스포크레아틴이 고갈되어 더 이상 ATP를 재생할 수 없을 때 나타나며, 이때 수소이온이나 암모니아 등 대사성

부산물이 근육에 축적되어 최적의 에너지 대사를 방해하는 경우를 의미한다. 중추 피로는 주요 신경물질의 고갈과 독성 신경전달물질의 축적으로 신경과 근육 간의 신경전달이 손상된 경우이다.

Practice

01 기초대사량을 간단히 계산하는 방법을 설명하시오.

02 자신의 1일 에너지필요추정량을 계산하기 위하여 무엇을 알아야 하는지 설명하시오.

03 운동 중 일어나는 인체의 3가지 에너지 생성 체계에 대하여 설명하시오.

04 중강도의 운동을 10분 지속할 경우 ATP가 어떻게 재공급되는지 설명하시오.

05 운동 중 피로의 원인이 무엇인지 설명하시오.

4 운동과 에너지영양소

들어가기 전에

탄수화물은 운동 시에 가장 중요한 에너지원이다. 탄수화물은 무산소성 젖산 체계뿐만 아니라 유산소성 체계에서도 에너지를 생성할 수 있는 유일한 에너지원이다. 따라서 지구력을 요하는 선수들에게 경기력 향상을 위한 글리코겐의 축적은 매우 중요하다. 지질은 운동 강도가 중간 정도 이하의 가벼운 운동이나 지구력운동에서 중요한 에너지원이다. 규칙적인 훈련에 의해 유산소성 대사를 수행할 수 있는 능력이 커지며 운동 초기 탄수화물에서 지질로 에너지원이 전환되는 시기를 앞당길 수 있다. 단백질은 운동 시 에너지원으로의 사용 정도는 운동 종류에 따라 다르나 일반적으로 탄수화물과 지질에 비해 제한적이다. 그러나 운동 전후의 단백질 섭취가 근육단백질의 합성에 영향을 주며 운동선수의 단백질 요구량은 에너지 섭취량, 운동 종류 및 지속시간, 훈련에 대한 적응도 등에 좌우된다.

01 · 운동과 탄수화물

1) 인체의 탄수화물 에너지원

탄수화물은 탄소 · 수소 · 산소가 다양하게 결합된 복합체로 그 종류에는 단당류(포도당 · 과당 · 갈락토오스), 이당류(맥아당, 유당, 서당), 다당류(아밀로스, 아밀로펙틴, 글리코겐)와 식이섬유(가용성 섬유, 불용성 섬유)가 있다. 일반적으로 식이섬유를 제외한 탄수화물은 인체에서 1g당 약 4kcal의 에너지를 낸다. 식이섬유를 가수분해할 수 있는 소화효소가 사람에게는 없어, 식이섬유는 에너지원으로는 이용하지 못한다. 단당류는 섭취 후 그대로 흡수되나, 이당류와 다당류는 인체의 소화효소 작용에 의해 단당류로 가수분해되어 흡수된다. 소장에서 흡수된 포도당은 간이나 근육으로 가서 글리코겐으로 저장되거나, 이 기관들 또는 다른 조직에서 에너지원으로 사용된다. 특히 뇌신경 조직은 에너지원으로 포도당만을 이용한다. 과잉의 혈액 포도당은 부분적으로 신장에서 배출되지만 대부분 지방조직에서 체지방으로 저장된다 그림 4-1. 그러나 혈당은 췌장에서 분비되는 인슐린과 글루카곤 같은 호르몬에 의해 일정한 범위의 농도로 유지되는 항상성 기전이 있다.

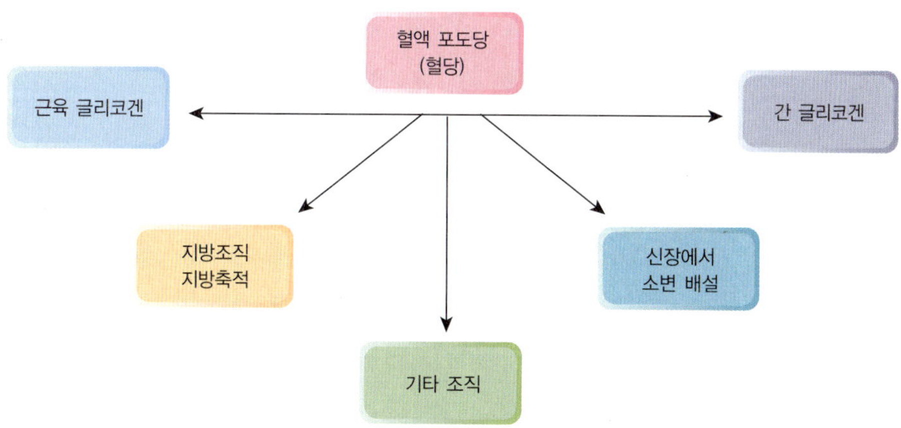

그림 4-1 혈중 포도당의 운명

인체에 저장되는 탄수화물은 과연 얼마일까? 혈당, 간 글리코겐, 근육 글리코겐 이 3가지가 인체의 탄수화물 급원이 된다. 혈액의 포도당 함량은 정상 성인의 경우 1L당 약 5mmol, 즉 90mg/100ml 함유되어 있다. 정상적인 성인의 인체는 약 5L의 혈액을 가지므로 약 25mmol의 포도당을 가지며, 이는 '25×180(포도당의 분자량) = 4,500mg', 즉 4.5g 정도이다. 따라서 혈당의 비축 에너지는 약 20kcal밖에 되지 않는다.

간은 인체에서 고농도의 글리코겐을 가지고 있다. 그러나 간의 크기는 1.8kg 정도로 영양상태가 양호한 사람은 간 무게의 4~6% 정도인 75~100g의 글리코겐을 저장하고 있으며, 이는 300~400kcal에 해당한다. 1시간 정도 유산소운동을 하면 저장 글리코겐의 반 이상을 사용할 수 있고, 공복 시에 그 양이 감소하며, 특히 공복상태가 15시간 이상 지속되면 간 글리코겐은 고갈된다. 그러나 적절한 식사요법을 사용하면 간의 글리코겐 저장량이 2배에 가까워질 수 있다.

근육의 글리코겐은 인체에서 가장 많은 양이 저장되어 있는 탄수화물의 형태이다. 인체는 간에 비하여 근육의 양이 많기 때문에 더 많은 양의 글리코겐을 저장할 수 있다. 근육이 30kg인 체격을 가진 사람은 근육 글리코겐 함량이 360g 정도이며 에너지 함량은 1,440kcal 정도이다.

표 4-1 / 정상 성인 인체의 탄수화물 저장량

근원	그람 함량(g)	칼로리 함량(kcal)
혈당	5	20
간 글리코겐	75~100	300~400
근육 글리코겐	300~400	1,200~1,600

출처 : Williams MH. Nutrition for Health. Fitness & Sport, 2010

tip 혈당지수 glycemic index란?

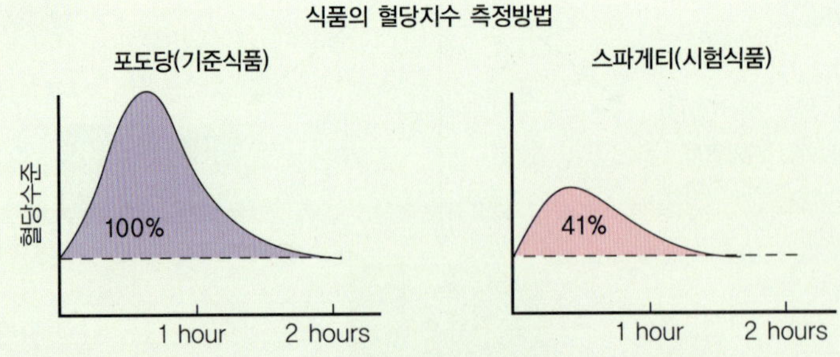

50g 또는 25g의 탄수화물을 함유하는 식품을 섭취했을 때 2시간 동안의 혈당 농도 변화를 그림으로 그려서 그 커버 아래의 면적을 계산하여 순수 포도당의 면적과 비교한 상대적인 수치이다.

tip 혈당부하지수 glycemic load 란?

혈당지수에다 1회 분량에 들어 있는 탄수화물의 함량을 곱한 것을 혈당부하지수라고 한다. 혈당지수가 탄수화물의 생리적인 질을 평가할 수 있는 지수라면, 혈당부하지수는 탄수화물의 생리적인 질과 양을 동시에 평가할 수 있는 지수이다.

혈당부하지수 = 혈당지수 × 탄수화물의 양 / 1회 분량

근육에 저장되는 글리코겐 함량은 훈련된 지구력운동 선수들의 경우 훈련하지 않은 일반 성인보다 2배 이상 가능하며, 이는 지구력을 요하는 경기력 향상에 큰 도움이 된다.

2) 운동과 탄수화물 대사

탄수화물은 운동 시에 가장 중요한 에너지원이다. 탄수화물은 젖산 체계에서 무산소성 에너지 대사에 사용되는 유일한 에너지원일 뿐만 아니라 유산소성 체계에서도 가장 효율적인 에너지 원료이다. 체내에서 내는 칼로리를 비교해 보면 탄수화물은 1g당 4kcal, 지방은 9kcal로 지방이 탄수화물보다 훨씬 더 많은 에너지를 내는 효율적인 에너지원처럼 보인다. 그러나 지방 대사에는 보다 많은 산소가 요구된다. 1L의 산소로부터 얻어 낼 수 있는 에너지를 비교하면 탄수화물은 5.05kcal를 생성하는 반면, 지방은 4.69kcal밖에 내지 못한다. 그러므로 탄수화물이 지방보다 7% 더 효율적인 연료라고 볼 수 있다. 탄수화물은 대사과정도 지방보다 더 효율적이다. 탄수화물은 유산소 해당과정을 통해 근육 수축을 위한 ATP 생성을 지방보다 3배나 빨리할 수 있다. 무산소 해당과정은 흐름이 더욱 빠르게 진행된다.

운동 시 사용되는 탄수화물의 일차적 형태는 근육에 저장된 글리코겐이다. 운동하는 동안 근육의 글리코겐이 이용되면서 혈당이 근육으로 들어가 에너지 생성경로를 거치게 된다.

간은 혈당의 저하를 막기 위해 간의 글리코겐을 분해하여 혈액으로 포도당을 방출함으로써 혈당 상승에 기여한다. 적당량의 운동을 할 경우 간 글리코겐과 근육 글리코겐은 같은 양이 사용된다. 그러나 힘든 운동 시에는 근육 글리코겐을 더 많이 사용한다. 그러므로 인체에 저장된 모든 탄수화물은 다양한 형태의 운동 상황에서 에너지 생성에 매우 중요하다.

(1) 운동 강도

운동을 하는 동안 어떤 에너지원이 어떤 비율로 사용되는지를 결정하는 가장 중요한 요인은 바로 운동 강도이다. 운동 강도가 높아질수록 탄수화물 의존도가 높아져 최대산소소

모량에 이르며 탄수화물이 거의 유일한 에너지원이 된다. 운동 강도를 가벼운 운동, 중강도, 고강도로 나누어 에너지원의 이용 정도를 설명하면 다음과 같다.

❶ 최대산소소모량의 30~50%(30~50% VO_2max) 정도의 가벼운 운동

최대산소소모량의 30~50%에 해당하는 가벼운 강도의 운동을 할 경우 유산소지구력운동이 지속됨에 따라 지질 산화의 정도가 비례적으로 증가한다. 이 경우 지방조직의 중성지질이 분해되어 생기는 지방산이 가장 중요한 연료가 된다. 따라서 공복상태의 경우에도 가벼운 걷기운동을 장시간 지속하는 것이 가능하다. 훈련받지 않은 사람이 지질을 최대로 이용할 수 있는 운동 강도는 최대산소소모량의 50% 수준이다. 그 이상으로 운동 강도가 증가하면 할수록 지방산의 기여도가 줄어들기 때문에 에너지원으로서 지방과 탄수화물은 역관계에 있다.

❷ 최대산소소모량의 65%(65% VO_2max) 정도의 중강도 운동

최대산소소모량의 65% 정도인 중강도 운동을 할 경우 혈장 유리지방산 농도가 감소함에도 불구하고 총지질산화량은 늘어나며 이는 근육 내의 중성지질이 유리되어 나왔음을 의미한다. 중강도의 운동에서는 에너지원으로 지질과 탄수화물이 거의 같은 비율로 사용된다.

❸ 최대산소소모량의 85%(85% VO_2max) 이상의 고강도 운동

최대산소소모량의 85% 이상인 고강도의 운동을 할 경우 운동에너지의 2/3는 탄수화물로부터, 나머지는 혈장 유리지방산과 근육 내에 있던 중성지질로부터 충당된다. 지방조직에 저장되어 있던 지질이 유리되어 근육으로 전달되는 데는 상당한 시간이 필요하므로 근육에 있는 글리코겐이 이용된다. 근육 글리코겐이 고갈되는 것은 운동수행능력을 떨어뜨리는 직접적인 원인이 된다. 따라서 격심한 운동은 근육 글리코겐이 고갈되면 종료하게 된다.

(2) 운동시간

운동시간이 2시간을 넘는 지구력운동을 할 경우 체내의 탄수화물이 얼마나 저장되어 있느냐에 따라 운동수행능력이 달라진다. 보통 성인 남자의 경우 간과 근육에 저장된 글리코겐과 혈당을 합하면 1,850~2,000kcal에 해당하는 탄수화물 저장량을 가지고 있다. 몸무게 70kg의 남자가 42km의 마라톤을 할 경우 총 2,800kcal의 에너지가 필요하고 울트라마라톤의 경우 5,000~10,000kcal의 에너지가 필요하다. 따라서 운동시간이 아주 긴 경우 체내에 저장된 중성지질과 간에서의 당 신생합성이 얼마나 능률적으로 이루어지느냐가 매우 중요하다. 따라서 지구력운동과 초장시간 운동을 위한 체내 탄수화물 저장량은 글리코겐 부하를 어떻게 하며, 운동경기 시작 전, 경기 도중, 경기 후에 탄수화물을 어떻게 섭취하느냐에 따라 결정된다.

일반적으로 운동 초기에는 호흡상respiratory quotient, RQ이 올라갔다가 운동이 지속되면 호흡상이 감소하는데, 이는 탄수화물에서 지질로 에너지원이 전환됨을 의미한다.

(3) 훈련의 효과

같은 강도의 운동을 하는 경우, 훈련을 한 선수들은 훈련받지 않은 일반인에 비하여 유산소성 대사를 수행할 수 있는 능력이 훨씬 커진다. 그 이유는 훈련을 통하여 미토콘드리아의 수가 많아져서 호흡할 수 있는 능력이 커지기 때문이다. 최대산소소모량의 65% 강도로 운동을 할 경우 일반인에 비하여 근육의 산화효소 활성도가 100%나 더 증가한다. 지질을 에너지원으로 사용할 수 있는 능력도 증가하는데, 이는 지방산 산화에 필요한 효소의 활성이 증가하기 때문이다. 따라서 규칙적인 운동으로 훈련하면 운동 초기에 탄수화물에서 지질로 에너지원의 전환이 일어나는 시기를 앞당길 수 있다. 근육 내 유리지방산의 산화가 증가하면 포도당의 흡수, 해당작용, 글리코겐 분해능력은 감소하는 것으로 나타났다. 이처럼 지방산의 산화가 증가하면 탄수화물의 이용을 줄여 주는 절약효과가 나타나며, 따라서 근육 글리코겐이 고갈되는 것을 막아 주고 혈액 포도당의 이용률을 감소시킨다.

3) 운동과 탄수화물 섭취

저혈당증이나 근육 글리코겐의 감소는 지구력운동을 수행하는 동안 피로를 야기하며, 운동 중이나 운동 전에 당질을 보충하면 피로 발생을 늦추고 운동능력을 향상시킬 수 있다. 따라서 탄수화물은 경기력 향상을 위하여 아주 중요한 에너지원이다. 특히 경기 며칠 전부터 탄수화물을 공급할 경우 근육의 글리코겐 축적에 도움이 되며, 경기 몇 시간 전에 탄수화물을 섭취하는 것은 간의 글리코겐 저장에 도움이 된다. 운동 전 탄수화물의 추가 섭취가 유익한지는 운동 강도와 지속시간의 상호작용에 의해서 결정된다. 운동 지속시간이 짧을수록 높은 강도로 운동을 수행할 수 있다. 표 4-2는 최고의 운동경기력을 위한 운동 강도와 지속시간에 따른 탄수화물의 섭취량에 대한 지침을 제시하였다.

표 4-2 / 최고의 운동수행능력을 위한 탄수화물 섭취량에 대한 지침

운동 강도(운동 종류)	지속시간	운동 전	운동 중	운동 후
초고강도, 유산소성 (5km 달리기)	<30분	필요 없음	필요 없음	필요 없음
고강도, 유산소성 (10km 달리기)	30~90분	20~25g	30~60g	3~4시간 동안 60~80g/hr

간헐적 고강도 (축구, 아이스하키)	60~90분	20~25g	30~60g	3~4시간 동안 60~80g/hr
중간-고강도 유산소성 (하프마라톤, 마라톤)	>90분	20~50g 탄수화물 축적	60~80g/hr	3~4시간 동안 60g/hr
중강도, 유산소성 철인3종 226km	>6시간	20~50g 탄수화물 축적	60~100g/hr	3~4시간 동안 60~80g/hr
고강도 저항운동 (역도)	1~2시간	필요 없음	필요 없음	3~4시간 동안 60~80g/hr

출처 : Williams MH. Nutrition for Health. Fitness & Sport, 2010

(1) 운동 전 탄수화물 섭취

탄수화물은 운동을 시작하기 몇 시간 전까지 섭취해야 하는지에 대한 논란이 많으며, 아직 일관된 결과는 없다.

운동이 시작되기 3~5시간 전에 많은 양의 고탄수화물 식사를 하는 것이 필요하다. 일반적으로 운동선수들에게 아침이 해당될 수 있는데, 야간 동안 공복에 의해 간의 글리코겐이 고갈될 수 있으므로 아침의 고탄수화물 식사는 이를 보충해 주어 간과 근육의 탄수화물 이용성을 증가시킬 수 있다. 운동 3~5시간 전에 탄수화물이 풍부한 140~330g의 식사는 근육의 글리코겐 함량을 올려 경기력을 향상시켰다. 90분 이상 지속되는 운동수행의 60~240분 전에 탄수화물의 섭취도 경기력을 향상시켰다.

운동하기 1시간 이내에 탄수화물 간식 혹은 음료를 섭취하였을 때는 저혈당 증세가 나타나 운동수행능력이 감소하였다. 이는 분비된 인슐린이 지방조직으로부터 지방 분해를 막을 뿐만 아니라 인슐린 의존성 조직의 포도당 흡수를 촉진하고 근육 글리코겐의 이용을 빠르게 하여 경기 초반에 글리코겐을 고갈시키기 때문에 마라톤 선수들에게는 불리하다. 그러나 모든 선수가 저혈당 증세를 경험하지는 않는다. 최근 연구에 의하면 훈련된 선수가 4시간 절식 후 50g의 포도당을 섭취했을 때 1/3만 저혈당을 경험했다고 한다. 다른 연구에서는 55~75% VO_2max 강도로 운동할 때 저혈당 증세가 나타나지 않았고, 근육 글리코겐의 이용이나 운동능력에 차이가 없었다. 오히려 운동 전 15분~1시간 이내의 탄수화물 섭취가 더 효과적이었다. 이는 간과 근육의 글리코겐 증가가 근육에서의 글리코겐 이용률을 증가시킬 수 있기 때문이다. 결국 운동 전 1시간 이내의 탄수화물 섭취가 좋은지는 개인마다 다르기 때문에 운동선수들이 각자의 경험을 통하여 결정해야 한다.

운동하기 직전 5~10분 이내의 탄수화물 섭취는 운동시간이 짧거나 90분 이내의 운동일 경우 운동 경기력 향상에 도움이 되지 않는다. 그러나 2시간 이상의 지구력운동 시에는 피로 발생을 감소시키고 운동능력도 향상시킨다. 운동선수가 60~75% VO_2max의 강도로 운동할 경우 이점을 얻을 수 있다. 이는 포도당 섭취에 대한 인슐린의 반응이 억제되고 에피네프린의 분비는 증가하여 혈당을 유지하거나 상승시켜서 운동이 지속되는 동안에 나타날 수 있는 저혈당 증세를 막을 수 있기 때문이다.

(2) 운동 중 탄수화물 섭취

30% VO_2max 정도의 저강도 운동을 하는 동안 탄수화물을 섭취함으로써 혈중 포도당 농도와 인슐린 농도를 높일 수 있으며 근육으로의 포도당 흡수를 높일 수 있다. 이는 포도당의 이용을 증가시키는 반면, 유리지방산의 이용은 감소시킨다. 50~75% VO_2max 정도의 중강도 운동을 할 경우 저강도 운동에 비하여 혈중 포도당과 인슐린의 농도 변화가 적었다. 이는 근육에 의한 포도당 이용이 증가하고 췌장으로부터 인슐린 분비에 대한 교감신경의 저해가 증가했기 때문이다. 또한 장시간 운동을 수행하는 동안 탄수화물을 섭취하는 것은 혈당유지를 도와줄 수 있고 심지어 후반부에 당분을 섭취하는 것도 혈당을 재충전하고 탄수화물의 산화를 증가시키며 피로 발생을 지연시키는 데 도움을 줄 수 있다고 한다. 결론적으로 장시간의 운동 중 탄수화물 섭취는 운동능력을 향상시킨다.

(3) 운동 후 탄수화물 섭취

장시간 운동 후 간과 근육의 고갈된 글리코겐을 다시 보충하는 것은 다음 운동을 위해 중요하다. 근육 글리코겐의 재충전이 지구력 회복에 직접적으로 연관되기 때문이다. 지속적인 운동 후 근육세포막의 증가된 포도당수송체 glucose transporter 4, GLUT4 는 유용한 혈당이 근육으로 이동하여 근육 글리코겐을 재합성하는 데 도움을 준다. 글리코겐 합성을 최대화하기 위해서는 근육으로의 유입을 위해 충분한 혈당이 있어야 하고 글리코겐 합성효소 glycogen synthase를 활성형으로 유지하기 위해 충분한 양의 인슐린이 있어야 한다.

특히 운동 직후 근육 글리코겐이 합성되는 단계에는 인슐린 의존단계와 비의존단계가 있는 것으로 나타났다. 초기 근육 글리코겐 농도가 낮을 경우 인슐린 없이도 포도당의 근육 내 유입이 운동 후 몇 시간 지속되고 글리코겐 합성효소가 활성형으로 존재하여 근육 글리코겐 합성이 빠르게 일어난다. 그러나 어느 정도 근육 글리코겐이 생성된 후에는 글리코겐 합성속도가 느려진다. 특히 이 기간에는 혈중 인슐린 농도에 의해 글리코겐 합성속도가 좌우되며, 이는 인슐린이 GLUT4를 통하여 포도당을 근육 내로 들어가게 하기 때문이다. 또한 운동에 의한 근육 수축이 인슐린에 대한 민감성을 증가시키고 이런 효과는 운동 후 장시간 지속될 수도 있다.

탄수화물이 운동 직후 공급되는 것과 2시간 후에 공급되는 것에는 글리코겐 합성에 상당

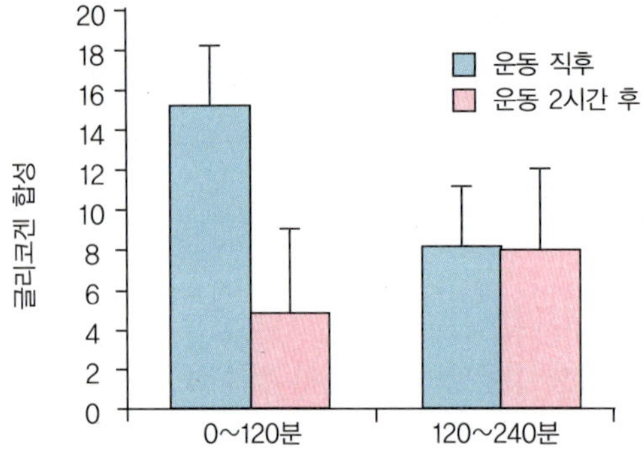

그림 4-2 탄수화물 섭취시기가 근육 글리코겐 재합성에 미치는 영향

출처 : Jeukendrup A & Gleeson M. Sport Nutrition, 2010

한 차이가 있다 그림 4-2. 따라서 글리코겐의 합성이 가장 빠르게 일어나는 시기는 운동 직후 몇 시간 동안인 것으로 보고되었다.

운동 후 섭취하는 당질의 형태에 따라서도 근육 글리코겐의 재합성 정도가 달라진다. 이는 혈당지수와 인슐린지수의 반응이 다르기 때문이다. 즉 과당을 섭취할 경우, 포도당이나 서당을 섭취하는 경우보다 혈중 포도당 농도와 인슐린 농도가 낮았다. 따라서 근육의 글리코겐을 재합성하는 데는 포도당이나 서당이 유리하다. 이는 과당이 간에서 포도당으로 전환되는 데 시간이 걸리기 때문이다. 그러나 간의 글리코겐을 재합성하는 데는 과당이 더 효과적이다. 이는 과당의 대사가 간에서만 일어나기 때문이다. 글리코겐 재합성은 운동 후에 섭취하는 음식의 혈당지수에 의해서도 좌우된다. 근육 글리코겐은 높은 혈당지수를 가진 식사를 하면 더 많이 합성된다. 이는 포도당의 흡수율과 근육에서의 이용성에 차이가 있기 때문이다. 또한 포도당과 과당의 혼합물인 서당도 운동 후에 글리코겐 합성을 촉진할 수 있다. 단순당과 복합당의 차이에 대해서도 일정한 연구 결과를 얻을 수 없었다. 운동 후 6시간 동안에는 단순당이 복합당에 비해 효과적이었으나, 이틀째 되는 날에는 근육의 글리코겐 합성에 전분이 더 효과적이었다.

운동 후에 탄수화물과 단백질을 함께 섭취하면 근육 글리코겐 합성에 훨씬 유리하다. 그 이유는 일부 아미노산이 인슐린 분비에 효과적이므로 탄수화물과 함께 섭취 시 인슐린 분비에 상승효과를 가져오기 때문이다. 그러나 그림 4-3에서 보는 것처럼 '탄수화물 + 단백질'을 섭취한 것보다 같은 에너지 함량의 탄수화물을 제공했을 때 더 많은 글리코겐이 재생되었으며 단백질을 더 추가로 섭취시켰으나 글리코겐 합성에는 큰 차이가 없었다. 이러한 결과는 인슐린의 농도 상승보다 탄수화물의 이용성이 근육의 글리코겐 합성에 더 중요한 요인이라는 것을 의미한다.

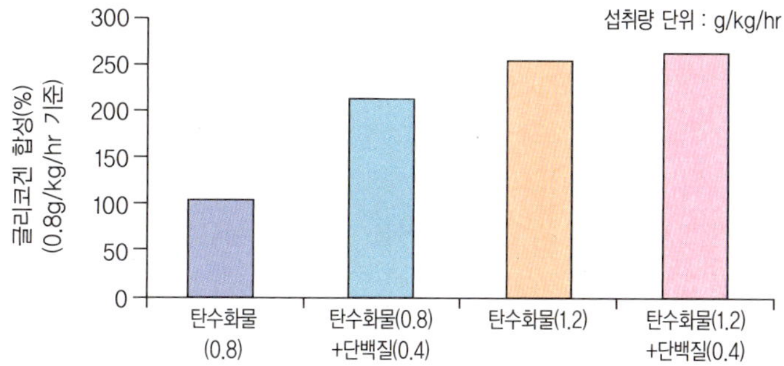

그림 4-3 탄수화물과 단백질 혼합 음료 섭취와 근육 글리코겐 합성속도

출처 : Jeukendrup A & Gleeson M. Sport Nutrition, 2010

최대한의 근육 글리코겐을 합성하기 위해서는 운동 경기가 끝난 직후 6시간 이내에 체중 kg당 1g의 당질을 2시간마다 섭취하고, 약 600g의 당질을 운동 24시간 이내에 섭취하는 것이 바람직하다. 운동 직후 당질 함량이 높은 과일, 과일주스, 시판되는 당질 음료, 특히 혈당지수가 높은 음료를 마시는 것이 좋으며, 형태(액체나 고형식)에 의한 차이도 많지 않은 것으로 보인다.

4) 글리코겐 축적효과(탄수화물 과보상효과)

탄수화물은 근육운동 시 에너지원으로 이용되므로 운동 강도가 증가할 경우 그 중요성이 증가한다. 그러나 탄수화물의 저장량은 제한적이므로 간과 근육의 글리코겐 고갈은 장시간의 지구력을 요하는 운동일 경우 경기력에 대한 제한 요인으로 작용한다. 글리코겐의 과보상 glycogen hypercompensation으로도 불리는 글리코겐 축적 glycogen loading이 피로를 지연시킨다는 관점에서 간과 근육의 글리코겐 함량을 증진시키기 위한 식사요법이 경기를 앞둔 3~7일 준비기에 이용된다.

(1) 고전적인 방법

체내에 저장되어 있던 글리코겐을 모두 고갈시킨 다음 이를 최대 500~600g까지 다시 축적시키는 방법을 말한다. 이 방법은 먼저 경기 7일 전에 심한 운동을 통하여 글리코겐을 고갈시킨 후에 2~3일간 고단백질 저탄수화물 식사를 하고 다시 운동을 한 후 3일간 고탄수화물 식사(에너지의 90% 이상)를 공급하여 최대의 보상효과를 노리는 것이다. 이 방법은 글리코겐 고갈, 저탄수화물 식사, 고탄수화물 식사에 의한 글리코겐 축적의 3단계로 진행된다.

그러나 이 방법은 인내하기가 어려우며 고갈단계에서 높은 강도로 운동을 수행하려면 더 힘들어진다. 심한 운동 수행과 더불어 저탄수화물 식사에 의해 저혈당 증세와 함께 소화기관의 불편함, 예민함 등의 부작용이 나타난다. 더구나 경기 바로 전에 극심한 운동을 하는 것은 근육 손상이나 시큰거림, 혹은 피로감을 가져올 수 있다. 극단의 저탄수화물과 고탄수화물의 식사를 준비하는 것도 현실적으로 어려움이 있다. 또한 경기 1주일 전에 전혀 훈련을 할 수 없다는 것은 좋은 방법이 아니다.

(2) 개선된 방법

고전적인 방법의 부작용을 보완하기 위하여 고안된 방법으로 운동 시작 6일 전부터 운동 강도는 서서히 줄이면서 탄수화물의 섭취를 서서히 늘리는 방법이다. 즉 경기 6일 전부터 75% VO_2max 정도의 운동 강도로 90분간 달리다가 마지막 날 완전히 휴식을 취할 때까지 운동을 서서히 줄이면서 처음 3일간은 50% 탄수화물 식사에서 시작하여 마지막 3일간은 70% 탄수화물 식사로 탄수화물 섭취를 점차적으로 늘리는 방법이다. 이러한 방법에 의해서도 글리코겐 축적이 고전적인 방법과 비슷하게 이루어졌다. 따라서 최근에는 고전적인 방법보다 개선된 방법이 더 많이 이용되고 있다 그림 4-4.

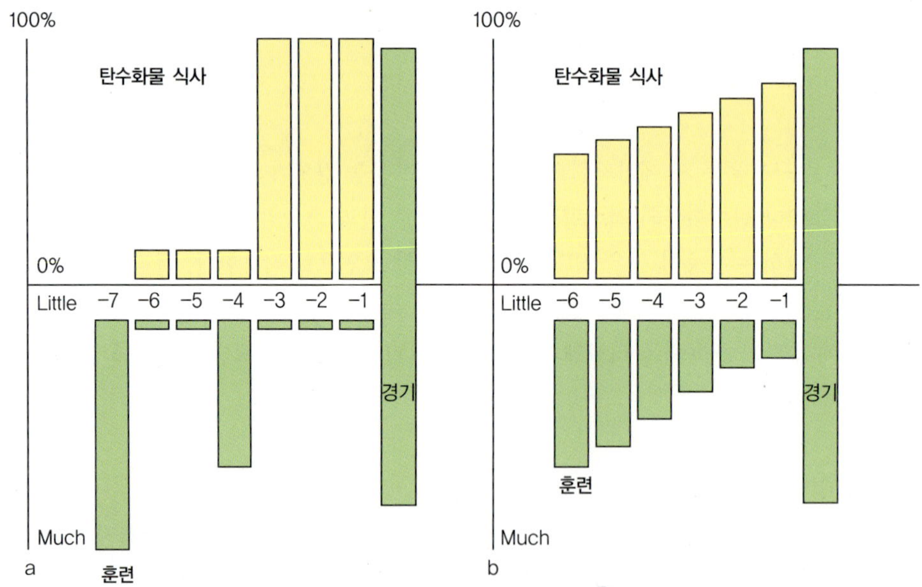

그림 4-4 고전적인 방법과 개선된 방법의 글리코겐 축적효과 비교

출처 : Jeukendrup A & Gleeson M. Sport Nutrition, 2010

(3) 글리코겐 축적이 유리한 운동 종목

적어도 1시간 반 내지 2시간 정도의 오랜 시간 운동을 할 경우 글리코겐 축적은 운동수행 능력을 올릴 수 있다. 특히 마라톤, 30km 달리기, 장거리 수영, 사이클, 철인3종경기, 크로스컨트리스키 등과 같이 장거리에 높은 수준의 에너지 소비를 지속해야 하는 선수들에게 적절하다. 또한 축구, 테니스, 핸드볼 등과 같이 장시간에 걸쳐 운동과 휴식이 반복되는 종목의 선수들에게도 적용될 수 있다.

그러나 1시간 이내의 운동경기를 할 경우 경기 시작 전에 적당한 탄수화물 식사를 함으로써 운동수행능력을 높일 수 있다. 1g의 글리코겐을 저장하기 위해 3g의 물이 저장되므로 체중증가를 가져오게 된다. 따라서 오히려 체중증가로 거북하고 답답해지거나 근육경련이나 피로가 올 수 있다는 점도 감안하여 선수들은 각자 적절한 방안을 찾아야 한다. 일반적으로 미식축구, 10km 달리기, 하이킹, 역도, 농구 등에는 글리코겐 축적이 효과적이지 않다.

02 · 운동과 지질 대사

1) 인체의 지방 에너지원

지구력운동에서 지질은 탄수화물과 함께 매우 중요한 에너지원일 뿐만 아니라 식이 지방은 필수지방산을 공급하므로 적절한 양의 섭취는 건강에 필수적이다.

인체에는 탄수화물과 비교하여 훨씬 많은 양의 지방이 저장되어 있다. 탄수화물 저장량보다 약 50배 정도 더 많은 양이다 표 4-3 . 80kg 체중의 남자가 15% 지방을 가지고 있다면 약 12kg이 체지방이 된다. 대부분 피하에 많이 저장되어 있고, 일부는 근육 사이에 있다. 지방 축적량은 적어도 1,300km를 달리기에 충분한 에너지를 제공한다. 운동선수들은 초기에 지방의 사용을 늘리고 탄수화물은 경기 후반부에 사용할 수 있도록 영양적인 전략

표 4-3 / 인체의 에너지원 저장량

에너지원	무게(kg)	에너지량(kcal)
탄수화물		
혈당	0.01	40
간 글리코겐	0.1	400
근육 글리코겐	0.4	1,600
합계	0.51	2,000
FAT 지질		
혈장 지방산	0.0004	4
혈장 중성지질	0.004	40
지방조직	12.0	108,000
근육 내 중성지질	0.3	2,700
합계	12.3	111,000

출처 : Jeukendrup A & Gleeson M. Sport Nutrition, 2010

을 짜는 것이 경기력 향상에 중요하다. 따라서 운동 중 지방 및 탄수화물 대사에 대한 이해가 있어야 이것이 가능하다.

2) 운동과 지질 대사

근육의 미토콘드리아에서 지방산이 산화될 때 지방산의 급원은 다양하다. 킬로미크론과 VLDL의 중성지질이 있으나 이들은 지방 에너지의 약 10% 정도이다. 하나는 지방조직의 중성지질이 분해되어 유리지방산 형태로 혈액으로 방출되어 근육으로 오는 것이고, 다른 하나는 근육에 존재하는 중성지질이 분해되어 나온 지방산을 에너지원으로 이용하는 것이다 그림 4-5.

한편 지방조직의 중성지질에서 분해되어 나온 글리세롤은 간으로 가서 포도당 신생합성에 이용된다. 지방세포에서 중성지질이 지방산과 글리세롤로 분해될 때 활성화된 호르몬 민감성 리파아제 hormone sensitive lipase에 의해 이루어지는데, 이는 운동에 의해 상승된 교감신경계와 에피네프린이 호르몬 민감성 리파아제를 활성화시키기 때문이다. 이때 혈액으로 방출된 유리지방산은 알부민과 결합하여 이동하게 되며 확산된 유리지방산은 세포막에서 특이한 단백질 수용체에 의해 세포로 이동된다. 유리지방산은 세포질에서 활성화되고 카니틴의 도움으로 미토콘드리아로 운반되어 β-산화에 의해 아세틸 CoA로 대사되며 TCA회로 및 전자전달계와 연결되어 에너지를 생성한다. 근육의 중성지질은 호르몬 민감성 리파아제

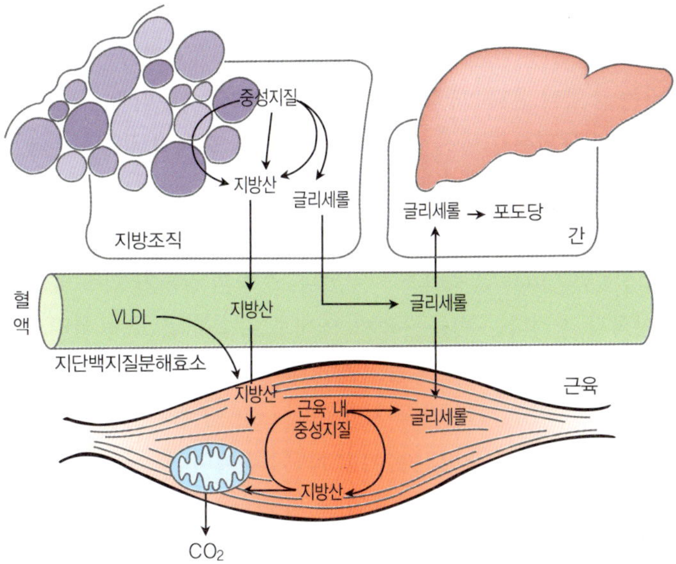

그림 4-5 각 조직 간의 지방 대사

출처 : Jeukendrup A & Gleeson M. Sport Nutrition, 2010

와 유사한 효소로서 지방산과 글리세롤로 분해되기도 하며, 그 지방산은 미토콘드리아에서 대사되기도 한다.

인체에는 많은 양의 체지방이 존재하나 이것을 운동 시에 에너지원으로 사용하는 데는 한계가 있다. 지질분해 lopolysis, 지방세포에서 지방산 제거, 혈액으로의 수송, 근육세포로의 이동, 미토콘드리아 내로의 이동, 지방산의 β-산화와 TCA회로 등 단계마다 이용에 제한이 있기 때문이다. 따라서 운동의 종류, 강도 및 지속시간에 따라 이용되는 지방의 원천과 함량이 달라진다.

(1) 운동 강도

휴식 중의 지질 에너지는 대부분 혈장 유리지방산이며, 이는 지방세포에서 지속적으로 보급되므로 충분하다. 지방조직에서 분해된 유리지방산의 70%는 재에스테르화를 통해 중성지질로 다시 전환되며, 나머지는 에너지로 사용된다.

운동 중에는 유리지방산의 약 25%만이 재에스테르화한다. 따라서 근육세포로의 공급이 충분하며, 또한 운동에 의해 에피네프린의 분비가 증가하면 근육 내 리파아제에 작용하여 근 중성지질을 분해한다. 이때 생성된 유리지방산도 미토콘드리아로 들어가 에너지원으로 사용된다.

25% VO_2max 정도의 가벼운 운동일 경우 20%만 탄수화물에서 충당되고 80%는 지질이 에너지원으로 사용된다. 이때 대부분 지질은 혈액의 유리지방산으로부터 오고 근육의 중성지질로부터는 소량이 온다. 중강도 이상(> 65% VO_2max)부터 지질의 이용이 서서히 줄어들며, 특히 이때 이용되는 지방산 산화의 1/2은 근육 중성지질에서 온다. 그림 4-6을 보면 운동 강도가 저강도에서 중강도까지 증가할 때는 절대적인 지방산화속도는 증가하나, 75% VO_2max 이상의 고강도에서는 지방산화가 억제되었으며, 지방산화속도가 최대가 되는 지점은 62~63% VO_2max인 것으로 나타났다. 운동의 강도가 아주 높은 85% VO_2max 이상에서 지방산화가 차지하는 비율은 25% 이하로 감소하고, 근육 글리코겐이 주요 에너지원으로 이용된다. 고강도 운동 시에는 지방조직의 지질분해가 여전히 높게 일어나나 지방조직으로의 혈액량 유입이 많지 않아 지방조직으로부터 유리지방산의 제거가 감소한다. 아울러 고강도 운동 시 젖산이 축적되며 이는 지방조직에서 지방산의 재에스테르화를 촉진해 혈중 유리지방산의 농도를 떨어뜨린다. 또한 지방산이 카니틴의 도움으로 미토콘드리아로 들어가는 단계가 고강도의 운동에서는 제한요인으로 작용하여 지방산의 산화가 감소한다. 미토콘드리아로 들어갈 때 카니틴의 도움이 필요 없는 중간사슬지방산은 고강도 운동에서 영향을 적게 받는다.

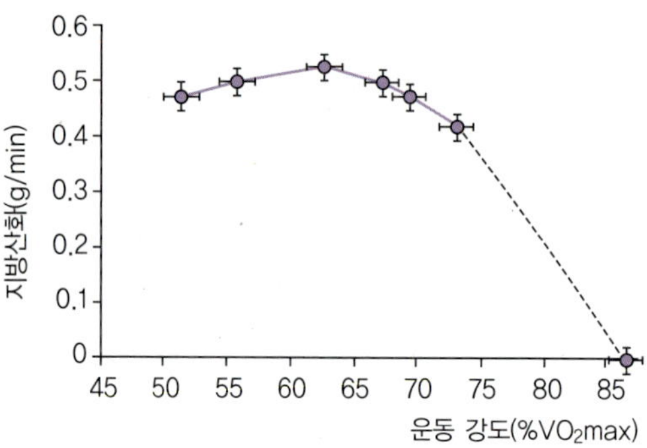

그림 4-6 지방산화속도와 운동 강도

출처 : Achten J & Jeukendrup AG. International J Sports Med, 2003

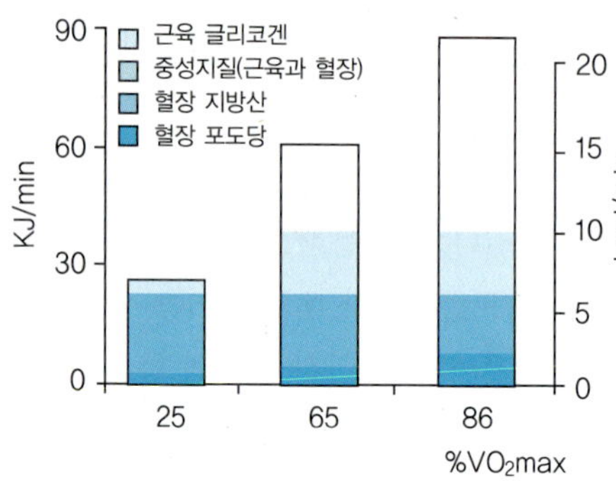

그림 4-7 운동 강도에 따른 이용 에너지원

출처 : Romjin et al Am J Physiol, 1993

(2) 훈련효과

훈련은 에너지원으로 지방산의 사용을 증가시키고 글리코겐을 절약하는 방향으로 대사를 전환시켜 지구력 경기에서 운동수행능력을 향상시킨다. 총에너지소비량 중 지질이 차지하는 비율을 훈련 후에 증가시키며 이는 생리적 적응현상이 일어나기 때문이다. 잘 훈련된 지구력 경기의 선수는 운동 강도가 75~80% VO_2max에서도 지방을 효율적으로 잘 이용하였으며, 특히 근육 내 중성지방이 에너지원으로 중요하였다. 마라톤 선수처럼 장시간 지구력운동을 할 경우 훈련을 통하여 글리코겐은 마지막 전력질주를 위하여 절약하고, 중간에는 지방산을 에너지로 활용하는 'fat burner' 가 되는 것이 매우 중요하다.

tip 훈련이 에너지원으로 지방산 이용을 증가시키는 기전

- 혈액량이 증가하고 근육에 모세혈관이 발달되어 혈장 유리지방산을 근육으로 운반한다.
- 인슐린에 대한 민감도가 증가하여 근육 중성지방의 함량을 증가시킨다.
  인슐린은 유리지방산이 근육세포로 들어가는 것을 조절한다.
- 지방세포나 근육세포의 에피네프린 민감성을 증가시키고, 그 결과 혈장 및 근육 내 유리지방산을 증가시킨다.
- 근육세포막에서 지단백질지질분해효소 또는 지방산 운반체들의 활성을 증가시킨다.
- 에너지원으로 케톤체 사용 능력이 향상된다.
- 미토콘드리아 숫자와 크기가 증가되고, 근육에서 산화효소의 수와 활성도를 증가시킨다.
- 지방산결합단백질(FABP) 농도가 증가되어 근육으로의 유리지방산 수송을 용이하게 한다.
- 카니틴팔미토일전이효소(CPT) 농도를 증가시켜 미토콘드리아로 지방산의 수송을 용이하게 한다.

(3) 식이효과

지방산화에는 식이가 많은 영향을 준다. 일반적으로 고탄수화물 저지방 식사는 지방산화를 감소시키는 반면, 저탄수화물 고지방 식사는 지방산화를 증가시킨다. 운동 전이나 운동 중에 탄수화물을 섭취하면 인슐린 분비가 증가하며, 이는 지방조직의 지질분해를 감소시키고 유리지방산의 이용성을 떨어뜨린다. 또한 인슐린은 근육에서의 지방산 산화를 감소시키는데, 이는 지방산이 미토콘드리아로 운반되는 것을 억제하기 때문이다.

고탄수화물이나 고지방 식사를 5일간 섭취한 선수가 마지막 날 하루 고탄수화물 식사를 섭취하면 근육 글리코겐 재생량은 두 식이에서 같게 나타난다. 그러나 에너지원 이용성에는 큰 차이가 있다. 5일간 고지방 식사를 하면 호흡상은 0.9에서 0.82로 변한다. 그리고 마지막 날 하루 고탄수화물 식사를 하더라도 호흡상은 기준(0.87)과 비교해서 여전히 낮다. 이는 근육이 근육 글리코겐을 이용하기보다는 지방을 이용해 온 것에 익숙해져서 대사적응이 일어난 것으로 보인다. 따라서 만성적인 식사의 형태는 대사에 큰 영향을 미칠 수 있다.

고강도의 운동 시에는 글리코겐의 의존도가 높고 지방산화는 억제된다. 따라서 운동의 강도 및 형태, 운동기간 등에 따라 식사의 탄수화물, 지방, 단백질의 권장 비율을 다르게 설정하는 것이 바람직하다.

3) 지방 보충과 기능 향상

(1) 중간사슬지방산

중간사슬지방 medium-chain triglyceride의 지방산은 간문맥을 통해 흡수되어 간으로 바로 가고 근육의 미토콘드리아로 들어갈 때 카니틴의 도움이 필요 없다. 따라서 중간사슬지방산은 빨리 흡수되어 에너지로 사용될 수가 있다. 외인성 중간사슬지방은 외인성 포도당과 같은 정도로 운동 시작 30분 이내에 산화된다. 일부 연구에서는 60% VO_2max에서 2시간 자전거를 탄 후 40km 경기를 하는 지구력 사이클 운동선수에게 탄수화물, 중간사슬지방, 중간사슬지방+탄수화물, 이렇게 3가지 보조제를 운동 중에 지속적으로 공급하였다. 이때 중간사슬지방 보충제만 투여한 경우는 탄수화물 보충제만 투여한 경우에 비하여 40km 주행에 도움이 되지 않았지만, 중간사슬지방과 탄수화물 보충제를 함께 투여한 경우는 경기력이 향상되었다. 그래서 중간사슬지방이 한때는 상업적 경기능력 향상 보조제로 시판되었다. 그러나 최근의 여러 연구를 종합해 보면, 중간사슬지방이 경기력 향상에 큰 도움이 되지는 않는다.

(2) 오메가3지방산

오메가3지방산 n-3 fatty acid은 이론적으로 기능향상제로 작용할 수 있다. 즉 오메가3지방산은 적혈구의 세포막에 들어가서 점성이 적고 혈류에 대한 저항이 적은 적혈구를 만든다. 또한 프로스타글란딘 형성을 통해 혈관 확장에 영향을 주고 성장호르몬 분비를 자극하기도 한다. 따라서 운동 중에 혈관 점성이 덜한 적혈구와 혈관 확장효과는 산소의 배달을 용이하게 하여 지구력을 향상시키며, 성장호르몬의 분비 증가는 근육 성장을 자극하고 따라서 근력-파워 선수들에게 이로울 수 있으며 강한 운동 후 회복에도 도움을 줄 수 있는 것처럼 보인다. 그러나 잘 통제된 연구에서 오메가3지방산이 유산소성 지구력 경기에 효과가 없다는 보고도 있으며, 현재까지의 여러 연구를 종합해 보면 오메가3지방산의 기능 향상효과에 대한 근거는 부족하다.

03 · 운동과 단백질

1) 운동과 단백질 대사

단백질은 20개의 아미노산으로 이루어져 있으며 운동을 수행하는 인체의 근육조직의 주요 구성성분이다. 따라서 운동선수에게 단백질은 중요한 영양소 중 하나이다. 일반적으로 단백질은 에너지 섭취량의 약 10~15%를 차지하며 그중 약 5%가 에너지 생성을 위해서 직접적으로 사용된다. 과잉의 단백질은 탄수화물이나 지방으로 전환되지만 크레아티닌이나 요소 또는 장점막에서 떨어져 나오는 세포 등으로 손실되는 부분도 많다. 단백질은 탄수화물과 지방과는 달리 일반적으로 운동 중의 중요한 에너지원으로 사용되지는 않는다.

운동 중 단백질 대사가 어떻게 일어나는지에 대한 연구를 위하여 단백질의 부산물인 요소를 소변, 혈액, 땀에서 분석하거나, 근육단백질의 분해 정도를 알 수 있는 지표인 3-메틸히스티딘 3-methyl histidine 농도를 소변에서 측정하거나, 인체의 질소 균형이 양인지 음인지 알기 위하여 질소평형실험을 하거나, 아미노산의 동위원소 주사 또는 섭취를 통해 대사과정을 연구하기도 한다.

저항운동과 유산소성 지구력운동에서 단백질의 에너지원으로서의 이용 정도를 조사한 결과, 장기간의 유산소성 지구력운동을 하는 경우 단백질의 이용이 더 증가하였다. 저항운동에서는 아미노산의 산화는 변화가 적고 단백질 합성은 감소하나 분해는 증가하였다. 유산소성 지구력운동에서도 단백질이 근육의 에너지원으로 사용되었다.

운동은 아미노산의 산화를 촉진하며, 이는 곁가지아미노산 탈수소효소 BCAA dehydrogenase의 활성도를 높임으로써 곁가지아미노산을 산화시키고 운동 강도에 비례하여 암모니아의 농도를 증가시킨다. 운동의 강도가 충분히 강할 경우 단백질 합성은 감소하고 단백질 분해가 증가해 근육단백질의 순손실을 가져온다. 아미노산의 일부는 산화되어 에너지원으로 사용되고, 나머지는 포도당 신생합성의 전구체로 사용된다. 따라서 지구력운동은 마치 굶주림 상태와 유사한 대사의 변화가 일어난다. 지구력운동선수가 저장된 탄수화물이 고갈되면, 인체는 단백질을 에너지원으로 사용하거나 궁극적으로 포도당으로 전환시킨다. 단백질의 분해는 글리코겐이 34~35% 정도 고갈되었을 때에 상당한 수준까지 증가하는 것으로 나타났다.

일반적으로 가벼운 운동에서도 단백질의 합성은 낮고 분해는 가속화된다. 운동 중의 단백질 대사 기전은 정확히 규명되지 않았다. 제안된 몇 가지 기전을 보면 지칠 때까지 운동할 경우 운동은 근원섬유단백질을 분해하고 특정 단백질 가수분해효소를 활성화한다. 근육 내 6개의 아미노산(루신, 이소루신, 발린, 아스파라긴, 아스파르트산, 글루탐산)이 근육에서 대사되어 암모니아, 알라닌, 글루타민의 합성을 위한 질소를 제공한다. 유산소운동을 장시간 수행하는 동안 이 3가지 물질이 근육에서 유출되어 다른 부위, 즉 간으로 가서 요소 생성과 포도당 합성에 사용된다. 단백질 분해에 의한 질소의 부산물인 암모니아는 근육의 아미노산 분해가 증가되었음을 의미한다. 인체 내 암모니아의 축적은 피로와 연관이 있으며, 이는 젖산의 축적과 유사하다. 근육의 암모니아 증가는 대사과정을 저해하여 에너지 생산을 감소시킨다. 또한 혈장의 암모니아 증가는 뇌의 기능을 떨어뜨리고 중추 피로를 초래한다. 암모니아는 근육 내 아미노기로부터 생성되기 때문에 알라닌과 글루타민에 의한 아미노기 제거는 암모니아의 생성을 줄이고 피로를 지연시키는 데 도움을 준다. 운동 중에 근육에서 글루타민이 방출되는데, 이는 면역세포나 소장의 아주 중요한 에너지원으로 사용된다. 특히 글루타민 보충제가 운동선수의 면역기능을 향상시키는 수단이 되기도 한다.

루신 leucine은 곁가지아미노산의 하나로 운동하는 동안 주로 산화되는 아미노산이다. 루신이 완전히 산화되기 위해서는 먼저 아미노기가 제거되어야 하며, 이때 제거된 아미노기는 근육 내의 피루브산과 결합하여 알라닌을 형성하여 혈액으로 나가고 남은 알파-케토산은 TCA회로로 들어가 산화되어 에너지를 생성한다. 근육에서 나온 알라닌은 간으로 이동하여 간에서 다시 분해되어, 아미노기는 요소 합성에 이용되고 피루브산은 포도당 생성에 이용된다 그림 4-8.

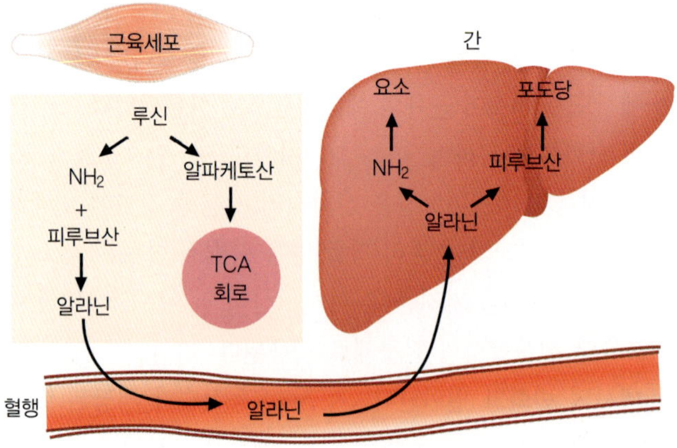

그림 4-8 포도당-알라닌회로

출처 : Williams MH. Nutrition for Health. Fitness & sport, 2010

이렇게 간에서 생성된 포도당은 중추신경계에서 사용하거나 수축하는 근육에 수송되어 에너지원으로 사용되기도 한다. 이처럼 포도당과 알라닌 사이에 생성된 회로를 포도당-알라닌회로 glucose-alanine cycle라 한다. 일부 학자들은 지구력운동의 후반부에 혈중 알라닌 수치가 증가하고 간으로부터 나오는 곁가지아미노산의 배출이 증가한다고 한다.

단백질(아미노산)은 운동 중에 직접적으로 근육에 보충되어 에너지원으로, 또는 간에서 포도당으로 생산되어 사용될 수 있다. 운동 전과 후에 적절한 탄수화물을 섭취하면 단백질의 사용이 줄어든다. 근육 글리코겐이 충분히 존재하면 근육단백질을 분해하는 효소의 활성도가 억제된다. 고탄수화물 식사는 지구력 선수에게 단백질 절약효과를 줄 수 있다.

결국 단백질이 운동 중에 에너지원으로 사용되기는 하나 그 정도는 운동의 강도와 지속시간, 근육의 글리코겐 축적 정도와 다른 에너지원의 저장량 등에 의하여 차이가 난다.

2) 단백질 필요량과 권장섭취량

(1) 운동선수의 단백질 필요량

운동선수들의 단백질 요구량이나 권장량에 대한 의견은 두 군으로 나뉜다. 한 군은 운동선수의 단백질 요구량이 증가한다는 견해이고, 다른 한쪽은 일반 사람들과 차이가 없다는 것이다.

단백질의 요구량이 증가한다고 주장하는 학자들은 운동하는 동안 아미노산, 특히 곁가지아미노산이 산화되어 에너지원으로 사용되고 운동 중 일어나는 근육 손상을 줄일 뿐만 아니라 훈련 적응을 위하여 단백질이 더 필요하다는 것이다. 질소균형 실험을 통해서도 지속적인 지구력운동을 한 사람의 식사 단백질의 요구량이 저활동적인 일반인보다 증가하였다. 특히 지구력운동의 마지막 단계에서 글리코겐이 고갈됐을 때 단백질의 산화가 증가하였다. 그러나 다른 연구자들은 인체가 훈련에 적응되면 단백질을 더 효율적으로 이용하고 단백질의 교체율이 감소한다고 주장한다. 따라서 초기에는 단백질의 요구량이 증가할수 있으나, 훈련 후 적응이 되면 단백질의 요구량은 증가하지 않는다고 한다.

(2) 단백질 필요량에 영향을 주는 요인

운동을 수행하는 동안 단백질 필요량에 영향을 주는 요인에는 에너지 섭취량, 운동의 종류, 강도 및 지속시간, 훈련에 대한 적응도 및 환경조건, 운동선수의 연령 및 성별 등이 있다.

에너지 섭취량이 증가하면 단백질 필요량이 감소한다. 레슬링, 복싱, 태권도, 체조 등 운동에서 정한 체중에 도달하기 위하여 에너지 섭취량을 제한하는 경우 에너지를 충분히 섭취하는 경우보다 단백질 필요량이 증가한다.

단백질 대사는 운동 지속시간에 의해 영향을 받으며 고강도 운동일 경우 60~70분이 경과한 다음부터 혈중 요소 농도가 증가한다. 그 이유는 운동 시 아미노산 대사가 촉진되어 혈액으로 요소가 유입되는 속도는 증가하나, 신장기능 저하로 배설속도가 감소하기 때문이며, 초기에는 체내 글리코겐이 우선적으로 사용되기 때문이다. 따라서 글리코겐이 부족한 상태에서는 글리코겐이 충분한 경우보다 총에너지소비량에 단백질 에너지의 이용 비율이 더 증가한다.

훈련에 대한 적응도 단백질 대사에 영향을 준다. 장기간 규칙적으로 운동을 실시하는 경우 인체가 운동에 적응하는 과정에서 단백질 대사 역시 적응 현상을 나타낸다. 중강도의 운동을 지속할 경우 훈련에 완전히 적응되지 않은 상태에서는 단백질의 필요량이 증가하고, 인체가 완전히 적응된 후에는 증가하지 않는다. 그림 4-9는 훈련에 적응이 일어난 2주부터는 단백질의 분해가 일어나지 않고 질소평형을 유지하는 것을 보여 준다.

운동을 수행하는 동안에는 인체 조건 및 환경이 단백질 대사에 영향을 미칠 수 있다. 지구력운동을 실시하는 여자선수는 소변 내의 요소 배설량이 생리주기에 따라 변화하고 황체형성기가 생리기간보다 배설량이 더 많았다.

운동의 종류에 따라서도 단백질의 필요량이 달라진다. 지구력운동일 경우 에너지를 제공하기 위하여 아미노산이 산화되며 이때 산화에 이용되는 아미노산은 간과 근육의 유리 아미노산풀로부터 공급되는데 이를 위해 단백질의 필요량이 증가되어야 한다. 웨이트트레이닝 역시 단백질 필요량을 증가시킨다. 근력운동의 경우 운동 강도는 높고 짧은 시간 지속되

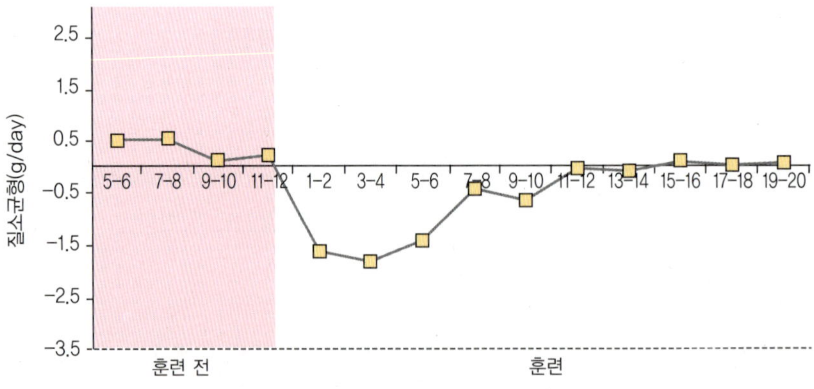

그림 4-9 훈련기간에 따른 질소평형의 변화

출처 : Jeukendrup A & Gleeson M. Sport Nutrition, 2010

므로 에너지원으로는 주로 탄수화물이 이용되며, 따라서 아미노산의 산화는 증가하지 않는다. 그러나 이 경우 3-메틸히스티딘 배설량이나 근육단백질 합성률이 증가하므로 근육의 재구성을 위해 단백질 필요량이 증가하게 된다. 특히 훈련은 근육의 형태와 기능에 큰 영향을 미친다. 근력 훈련을 한 경우에는 근육 증대가 일어나며, 지구력 훈련을 한 경우에는 근육량 증가는 없으나 근섬유 내에 미토콘드리아 수가 많아진다. 그러나 근력과 지구력을 겸한 운동일 경우 근육량과 미토콘드리아 수가 동시에 증가한다. 또한 지구력운동은 미토콘드리아의 단백질 합성을 증가시키는 반면, 근력운동은 근섬유의 단백질 합성을 증가시킨다. 레슬링이나 체조 같은 운동선수들은 정해진 체중을 유지해야 하므로 섭취 칼로리가 적고 따라서 단백질이 더 많이 필요하다. 또한 훈련량이 지나치게 많은 선수들은 만성피로를 겪게 되어 혈중 아미노산 농도가 감소하는 것을 볼 수 있는데, 이는 단백질 섭취의 부족에서 오는 것으로 추정된다.

젊은 운동선수들은 성장과 발달을 위해 단백질의 요구량이 많다. 여자 근력운동 선수가 지구력운동 선수보다 양의 질소균형을 유지하기 위하여 더 많은 단백질이 필요하다. 일부 여자 지구력운동 선수는 에너지 섭취가 부족하므로 더 많은 단백질 섭취가 필요한데, 특히 단백질 섭취가 부족한 경우 무월경이 되기도 한다. 또한 채식주의자 운동선수도 질이 좋지 않은 식물성 단백질만 섭취하다 보면 필수 아미노산이 부족하기 쉽다.

(3) 운동선수의 단백질 권장섭취량

모든 운동선수는 적어도 권장섭취량인 0.8~1.0g/kg의 단백질을 섭취해야 한다. 그러나 미국과 캐나다의 영양사협회에서는 지구력 훈련선수에게 1일 단백질 섭취량을 1.2~1.4g/kg, 근력훈련을 하면서 근육의 증대가 필요한 선수들에게는 1.6~1.7g/kg 정도 권장하고 있다 표 4-4. 또한 국제스포츠영양학회 International Society of Sports Nutrition에서는

표 4-4 / 운동종류에 따른 단백질 권장섭취량

운동종류	단백질(g/kg BW)
저활동자	0.8
근력훈련, 유지	1.2~1.4
근력훈련, 근량증대	1.6~1.7
지구력 훈련	1.2~1.4
간헐적 고강도 훈련	1.4~1.7
체중제한	1.4~1.8

출처 : Williams MH. Nutrition for Health, Fitness & Sport, 2010

1.4~2.0g/kg의 섭취를 권장하고 있다. 이는 일반인의 단백질 권장량에서 50~100%가 증가한 양이지만, 미국의 단백질 에너지적정섭취수준 acceptable macronutrient distribution range, AMDR인 10~35% 이내에 해당된다. 우리나라 성인의 단백질 에너지 적정섭취수준은 7~20%이다.

일반적으로 단백질 섭취량은 에너지의 12~16%이며, 운동선수는 그 정도 혹은 더 많은 양을 섭취한다. 표 4-5 는 운동선수들의 단백질의 에너지에 대한 섭취 비율과 단위 체중당 단백질 섭취량으로 환산했을 때의 계산을 보여 준다. 단백질을 에너지의 15% 정도 섭취하면 단위 체중당 2g의 단백질을 섭취하는 셈이며, 근력 유형의 선수들이 이 정도를 섭취한다. 에너지 섭취가 증가하면 단백질의 요구량이 감소하는데, 탄수화물 형태로의 적당한 에너지 섭취가 단백질의 질소균형을 개선시켜 준다.

표 4-5 / 운동선수의 단백질 섭취량과 에너지에 대한 비율

체중 : 70kg 단백질 1g = 4kcal

1일 에너지 섭취량(kcal)	3,500~4,000	3,500~4,000
% 단백질	15	12
단백질 에너지 kcal	525~600	420~480
단백질 g	131~150	105~120
g 단백질/kg	1.9~2.1	1.5~1.7

출처 : Williams MH. Nutrition for Health. Fitness & Sport, 2010

(4) 운동선수의 단백질 섭취 현황

실제 미국의 엘리트 운동선수들이 섭취하는 단백질의 섭취량을 조사한 결과, 가장 적은 경우가 필드하키선수 1.0g/kg/day 이상, 가장 많은 선수는 지구력 사이클 약 3g/kg/day와 보디빌더 2.5g/kg/day였으며, 따라서 대부분 선수들이 일반인의 단백질 권장량인 0.8g/kg보다 많이 섭취하고 있었다. 또한 체조선수와 달리기선수 중에는 0.8g/kg 이하를, 역도선수와 보디빌더 중에는 3g/kg 이상을 섭취한 경우도 있었다.

3) 단백질 섭취가 근육단백질 합성에 미치는 영향

(1) 다른 영양소와 동시 섭취

운동 후에 단백질과 탄수화물을 함께 섭취하면 근육 글리코겐 재합성과 마찬가지로 근육단백질 합성에도 훨씬 유리하다. 그 이유는 탄수화물의 섭취로 인슐린 분비가 증가하면서 저항운동에서 일어나는 단백질의 분해는 감소하고 단백질의 합성이 증가하기 때문이다. 그림 4-10에서 보는 것처럼 다리의 저항운동을 하는 사람들 중에 희망자를 선정해서 운동 1~2시간 후에 3개의 드링크(탄수화물, 탄수화물 + 아미노산, 아미노산) 중 하나를 마시게 하고 3시간 이상 단백질의 합성을 조사한 결과 '탄수화물 + 아미노산' 의 혼합물을 섭취한 군의 다리에서 단백질 합성이 가장 많았다. 지구력운동에서도 유사한 결과가 나타났다.

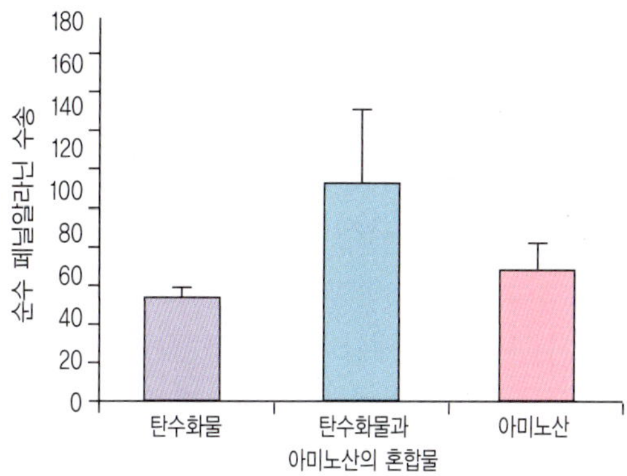

그림 4-10 다리의 저항운동 후 3시간 동안의 단백질 합성

출처 : Miller SL. Medicine and Science in Sport and Exercise, 2003

단백질을 지방과 동시에 섭취한 경우도 유사한 결과를 보여 주었다. 저항운동 후 전유 whole milk와 무지방유 fat-free milk를 공급한 다음 단백질 합성을 비교해 보니 모두 증가하였으나 전유군이 무지방군보다 단백질 합성 정도가 더 컸다. 이에 대한 정확한 기전은 불분명하나 전유에 있는 지방이 아미노산의 수송을 지연시켜 단백질 합성에 필요한 재료를 지속적으로 공급하기 때문이다. 그러나 지방이 단백질 합성에 미치는 효과는 더 많은 연구가 필요하다.

(2) 단백질 섭취시기

운동 전 단백질 섭취는 운동 후 단백질 섭취 시와 단백질 합성 반응에 크게 차이가 없다. 운동 후 1~3시간 이내에 아미노산을 정맥과 경구로 투여하면 단백질 합성이 더욱 촉진되었다. 근육으로 혈류 증가가 일어나면서 아미노산이 더욱 효과적으로 공급되어 즉각적인 회복이 가능하다. 심한 근력운동 후 처음 몇 시간 이내에 체중당 0.1g의 필수아미노산을 함유하는 음료를 마실 경우 근육단백질의 증가를 볼 수 있다.

운동 후에 탄수화물만 섭취하여도 단백질 합성에 어느 정도 효과를 볼 수 있다. 이는 단백질 분해를 촉진하는 코르티솔의 분비를 감소시키기 때문이다. 또한 탄수화물 섭취 후의 인슐린 분비는 근력훈련 후 이미 상승된 단백질의 합성속도를 증가시킨다. 따라서 운동 후에 단백질과 함께 탄수화물을 섭취하면 단백질 합성이 증가한다. 이는 탄수화물 섭취 후에 상승되는 인슐린이 단백질 섭취에 의해 인체에 들어온 아미노산을 근육으로 이동시켜 단백질 합성을 촉진하기 때문이다. 또한 운동 직후 단백질의 섭취가 운동 몇 시간 후에 단백질을 섭취하는 것보다 인체 전체나 다리에서 단백질 합성을 증가시켰다. 또한 탄수화물과 함께 단백질을 공급하면 글리코겐의 재합성 속도도 빨라지는데, 이는 근력운동 선수나 지구력운동선수 모두에게 중요하다. 이때 탄수화물과 단백질의 비율은 '3~4g : 1g'이 좋다고 한다.

최근 연구인 10주 저항운동 프로그램에서 단백질, 크레아틴, 포도당을 포함하는 보충제(1g/kg 체중)를 훈련 전후에 준 경우와 아침과 저녁으로 준 경우를 비교한 결과 운동 전후에 복용한 경우가 제지방량, 근육단면적, 근육강도 등이 훨씬 증가됨을 알 수 있었다.

운동선수의 근육량, 운동 강도, 운동수행능력은 섭취하는 단백질의 양과 질, 섭취시기 등에 의해서 영향을 받는다. 단백질의 권장섭취량 역시 운동의 강도와 종류에 의해서 영향을 받는다. 따라서 이러한 요소들을 고려하여 운동선수의 단백질 섭취량과 식단을 계획하는 것이 필요하다.

(3) 단백질의 양과 형태

휴식상태에서는 혈중 아미노산의 농도가 높으면 단백질 합성을 촉진한다. 그러나 운동 중에는 아미노산과 운동이 단백질 합성에 부가적인 효과가 있다. 운동 직후에는 아미노산이나 단백질의 섭취가 단백질의 합성을 증가시킨다. 얼마나 많은 양의 단백질이 질소균형을 위하여 필요한지에 대한 연구 결과, 약 20~25g의 단백질이 요구되고 8~10g의 필수아미노산이 필요하다고 알려졌다.

섭취하는 단백질의 형태도 단백질 합성에 영향을 미친다. 근육으로의 아미노산 수송이 단백질 합성에 중요한 단계이므로 단백질의 소화 흡수과정이 중요하다. 따라서 단백질도 혈당지수와 비슷한 개념으로 소화 흡수가 빠른 단백질과 느린 단백질로 구분할 수 있다. 유청단백질은 빨리 소화 흡수되므로 빠른 단백질이고, 카제인은 분해와 흡수에 상대적으로 많은 시간이 필요하므로 느린 단백질로 분류한다. 역도선수를 대상으로 우유단백질과 콩단백질을 비교 실험한 연구에서 우유단백질을 섭취했을 경우가 단백질 합성속도도 더 빠르고 근육량의 증가도 컸다.

따라서 운동 후 단백질 합성은 섭취 단백질의 형태뿐만 아니라 섭취시기, 다른 영양소의 동반 섭취 유무, 운동의 형태 등 많은 요인에 의해 영향을 받는다.

요약 및 연습문제

Sum-up

1. 인체의 탄수화물 급원으로는 혈당(4.5g, 20kcal), 간 글리코겐(75~100g, 300~400kcal), 근육 글리코겐(350~400g, 1,400~1,600kcal)이 있다.
2. 중강도와 고강도의 운동을 위해 가장 중요한 에너지원은 탄수화물이다. 규칙적인 훈련을 통해 근육이 탄수화물을 저장하고 에너지 생성을 위하여 탄수화물을 사용하는 능력을 키울 수 있다.
3. 혈당이 낮거나 근육 글리코겐의 농도가 낮으면 지구력운동 시에 피로의 원인이 될 수 있다. 장시간 지속되는 운동이나 간헐적인 고강도 운동을 하기 전 또는 하는 동안 탄수화물의 섭취는 피로 발생을 지연시키고 운동능력도 향상시킨다.
4. 높은 혈당지수를 가진 탄수화물을 운동 후 즉시 섭취하면 근육 글리코겐의 재생에 더 용이하다. 특히 포도당과 서당이 과당보다 유리하다.
5. 고전적인 글리코겐 축적방법은 많은 양의 글리코겐을 저장하게 할 수 있다. 그러나 개선된 방법도 고전적인 방법과 유사한 정도의 글리코겐을 축적할 수 있으며 고전적인 방법의 저혈당증이나 피로감 같은 단점을 보완할 수 있다. 따라서 최근에는 개선된 방법이 더 많이 사용된다.
6. 지방은 인체에 많은 양의 저장이 가능하고 근육 내 중성지방이 운동하는 동안 중요한 에너지원으로 사용된다.

7. 지방은 낮은 강도와 중강도의 운동을 수행할 때 중요한 에너지원이나 고강도의 유산소 운동이나 무산소운동에는 적합한 에너지원이 아니다. 그러나 잘 훈련된 운동선수는 85% VO_2max까지의 고강도 운동에서도 근육 내 중성지방을 이용할 수 있다.
8. 지구력 훈련을 할 경우 여러 기전에 의하여 지방산의 사용을 증가시키고 글리코겐을 절약하는 방향으로 대사를 전환시켜 운동수행능력을 향상시킨다.
9. 유산소성 지구력운동에서 중추 피로는 곁가지아미노산의 농도가 감소되었을 때 일어난다.
10. 지구력 훈련선수에게는 1일 단백질 섭취량을 1.2~1.4g/kg, 근력훈련을 하면서 근육의 증대가 필요한 선수들에게는 1.6~1.7g/kg 정도 권장하고 있다.
11. 운동 후 단백질 재합성은 섭취 단백질의 형태, 섭취시기, 다른 영양소의 동반 섭취 유무, 운동의 형태 등 많은 요인에 의해 영향을 받는다.

Practice

01 운동의 강도와 지속시간에 따른 에너지원의 변화에 대하여 설명하시오.

02 고전적인 글리코겐 축적방법과 개선된 새로운 글리코겐 축적방법의 차이점을 설명하시오.

03 훈련이 에너지원으로 지방산 이용을 증가시키는 기전을 설명하시오.

04 단백질 합성과 분해에 대한 운동과 단백질 섭취의 효과를 설명하시오.

05 근력운동과 지구력운동 시의 단백질 권장량은 얼마인지 설명하시오.

05

운동과 비타민

들어가기 전에

비타민은 생체 내 대부분의 대사과정에 필수물질로서, 체내에서 합성하지 못하므로 건강을 유지하기 위해서는 반드시 외부에서 섭취해야 하는 필수 영양소이다. 비타민 섭취량이 부족하면 결핍증이 발생하며, 저개발국에서 흔히 관찰되고 있다.

01 · 운동과 지용성 비타민

비타민을 생리적 필요량만큼 적정량 섭취하는 것은 건강을 지키고, 운동수행능력을 유지하는 데 필수적이다. 비타민 섭취량이 부족할 경우 운동수행능력이 저하될 수 있다. 하지만 비타민을 필요량 이상 과다하게 섭취한다고 운동수행능력이 향상되는 것은 아니다.

표 5-1 / 지용성 비타민과 수용성 비타민의 비교

	지용성 비타민	수용성 비타민
종류	비타민 A, D, E, K	• 비타민 B군 : B_1, B_2, 니아신, B_6, B_{12}, 엽산, 판토텐산, 비오틴 • 비타민 C
특징	지방에 녹는다.	물에 녹는다.
흡수	림프관으로 흡수된 후 흉관을 거쳐 혈액으로 이동	간문맥을 통해 혈류로 직접 흡수
이동	단백질 운반체의 도움으로 이동	혈액 내에서 자유로이 이동
저장	지방조직에 저장	체액에 녹아 소량 저장
배설	쉽게 배설되지 않는다.	과잉 섭취 시 대부분 소변으로 배설
결핍증	느리게 발생	빠르게 발생
과량 섭취 시	체내 축적(특히 A와 D는 간 독성)	대부분 소변으로 배설

1) 운동과 비타민 A

(1) 비타민 A의 생체 내 기능

비타민 A는 우리나라 사람들에게 부족하기 쉬운 영양소 중의 하나로, 동물성 식품에 들어 있는 레티놀retinol과 식물성 식품에 들어 있는 주황색 색소인 카로티노이드carotinoid 등이 있다. 카로티노이드는 체내에서 비타민 A로 전환되며, 그중 가장 활성이 높은 것은 베타카로틴β-Carotene이다.

tip

베타카로틴은 6μg이 생체 내에서 1μg의 레티놀 활성을 지니며, 이것을 1μgRE(레티놀당량 RE : retinol equivalent)라고 한다.

생체 내에서 비타민 A는 눈의 간상세포에서 약한 빛을 감지할 수 있는 물질을 만들기 때문에 어두운 곳에서의 시각기능에 필수적이다. 또한 비타민 A는 세포 분화과정에 중요하며, 특히 배아 발달단계에 필수영양소이다. 비타민 A가 결핍된 배아는 제대로 발달하지 못해 기관의 분화가 일어나지 못하므로 기형 또는 사산으로 이어질 수 있다. 베타카로틴은 항산화작용을 하여 생체 내 대사과정 중에 만들어지는 유리라디칼을 제거하는 작용을 하며, 폐암, 대장암, 전립선암 등에 대한 암 예방 효과도 있다. 비타민 A는 정상적인 뼈 형성에도 필요하며, 면역계의 기능에도 중요한 영양소이다.

비타민 A가 결핍되면 야맹증 night blindness, 안구건조증 xerophthalmia, 피부 손상, 성장부진, 면역기능 약화, 성기능장애 등이 나타난다. 역학조사 결과에 의하면, 베타카로틴이 결핍된 경우 피부, 폐, 유방, 대장 등의 상피조직에 암 발생 위험률이 높아진다고 한다.

비타민 A는 필요량 이상으로 과다하게 섭취하면 과잉증이 나타난다. 비타민 A 과잉증 hypervitaminosis A 증상으로는 두통, 식욕감퇴, 구역질, 관절통증, 피부박리 등이 나타날 수 있다. 또한 골형성을 방해하고 골손실을 증가시켜 오히려 골다공증에 걸릴 위험이 높아진다. 과량의 비타민 A 보충제 섭취는 심한 간 손상을 유발하며 특히 알코올과 함께 섭취하면 치명적이다. 임산부가 과다하게 레티놀을 섭취할 경우 태아에게 기형이 나타날 수 있으므로 더욱 주의해야 한다. 베타카로틴을 과다하게 섭취하는 경우에는 독성이 나타나지는 않지만 피하지방에 침착됨에 따라 피부색이 노랗게 변한다. 비타민 A 보충제는 레티놀(비타민 A 팔미테이트 또는 비타민 A 아세테이트) 형태나, 베타카로틴 형태로 만든다. 비타민 A의 상한섭취량은 레티놀 형태로 섭취할 때 적용되며, 베타카로틴 형태로 섭취할 경우에는 해당되지 않는다.

(2) 비타민 A와 운동수행능력

비타민 A가 부족하면 운동능력이 떨어진다. 비타민 A 결핍은 간에서의 포도당 신생합성 과정이 원활하게 수행되지 못하여 지구력운동능력에 영향을 미칠 수 있다. 또한 근육단백질 합성이 감소되고 시력이 떨어질 수 있기 때문에, 근력운동이나 좋은 시력이 필요한 운동능력에도 영향을 미칠 수 있으므로 적절한 양을 섭취해야 한다.

비타민 A는 비교적 많은 양이 체내에 저장된다. 비타민 A 형태의 보충제 섭취가 운동수행능력을 향상시키는가에 대한 근거는 부족하므로, 권장량 이상 추가하여 섭취할 필요는 없다. 또한 베타카로틴은 항산화영양소로서 운동에 의한 근육 손상을 감소시킬 가능성은 있지만, 과량을 섭취했을 때 운동수행능력을 높이는 것은 아니므로 베타카로틴도 권장량 이상으로 과다하게 섭취할 필요는 없다.

tip

비타민 A 급원식품 : 쇠간, 돼지간, 생선기름, 달걀, 녹황색 채소, 해조류, 오렌지
1일 권장섭취량 : 남자(19~29세) 800㎍RE(레티놀당량)
여자(19~29세) 650㎍RE(레티놀당량)
1일 상한섭취량 : 성인 3,000㎍RE

2) 운동과 비타민 D

(1) 비타민 D의 생체 내 기능

비타민 D는 생체 내에서 일부 합성이 가능한 지용성 비타민으로, 작용 기전이 스테로이드호르몬과 유사하여 프로호르몬으로 분류되기도 한다. 비타민 D 활성을 지닌 가장 대표적인 화합물인 비타민 D_3(콜레칼시페롤 cholecalciferol)는 동물성 급원에서 7-디히드로콜레스테롤 7-dehydrocholesterol 형태로 제공되며 피부에서 자외선의 촉매작용에 의해 합성된다. 따라서 햇빛을 충분히 받지 못하면 우리 몸에서 요구하는 양만큼 비타민 D를 합성할 수 없으며, 식품으로부터 비타민 D를 섭취해야 한다. 식물성 식품에는 비타민 D_2(에르고칼시페롤 ergocalciferol)가 들어 있다.

비타민 D의 생체 내 기능은 혈장 칼슘의 항상성을 유지하는 것이다. 부갑상선호르몬과 함께 혈장의 칼슘이 일정한 농도로 유지되도록 하여 뼈의 대사를 돕는다. 즉 소장 점막세포에서는 칼슘과 인 흡수를 촉진하며, 뼈의 파골세포에서 칼슘이 혈액으로 용해되어 나오는 것을 촉진한다. 또한 신장에서의 칼슘 배설을 감소시켜 혈액의 칼슘 농도를 증가시킨다. 비타민 D는 칼슘이온의 유출에 의해 조절되는 세포나 신경의 기능을 유지하는 데 관여하며, 특히 면역조절세포, 상피세포, 암세포 등의 증식과 분화를 조절한다.

비타민 D가 부족하면 뼈에 칼슘과 인이 충분히 축적되지 못하여 석회화가 되지 못하므로 뼈가 약해지고 압력을 받으면 구부러진다. 어린이에게는 구루병 rickets이 나타나며, 어른의 경우 골연화증 osteomalacia, 골다공증 osteoporosis을 유발하기도 한다.

비타민 D는 체내에 저장되기 때문에 많은 양을 장기간 복용하면 고칼슘혈증, 고칼슘뇨

증, 신장결석 등이 발생할 수 있으며 구토감, 허약감, 변비, 흥분 등의 증상이 나타날 수도 있다. 어린이들은 성장이 저해될 수도 있다.

(2) 비타민 D와 운동수행능력

비타민 D를 보충하여 충분한 양을 섭취하는 것이 건강증진에 도움이 되고 혈청 비타민 D 농도가 높을수록 운동능력이 증가된다고 하지만, 과다 섭취의 장점에 대한 근거는 매우 미흡한 실정이다. 실험 결과, 비타민 D를 1회 과량 복용했을 때 운동수행능력이 향상되지 않았으며, 또 2년 정도 장기간 보충시켰을 때에도 운동능력이 좋아지지 않았다. 최근 연구에 의하면 웨이트트레이닝에 의해 혈청 비타민 D 농도가 증가되었다고 하는데, 이는 운동에 의해 골밀도가 증가됐기 때문으로 추정된다.

운동선수는 매일 햇빛을 쬐거나, 비타민 D 보충제를 섭취하여 비타민 D 영양상태를 양호하게 유지하는 것이 바람직하다. 노인의 경우에도 뼈가 건강해야 운동할 수 있기 때문에, 운동을 하려면 비타민 D를 잘 섭취하는 것이 더욱 중요하다. 그러나 비타민 D 영양상태가 양호한 사람이 비타민 D 보충제를 추가로 섭취한다고 해서 체력과 운동수행능력이 더 좋아지는 것은 아니다.

tip

비타민 D 급원식품 : 이스트, 생선간유, 정어리, 난황, 버터 등에 소량 함유
1일 충분섭취량 : 남자(19~29세) 10μg
여자(19~29세) 10μg
1일 상한섭취량 : 성인 100μg

3) 운동과 비타민 E

(1) 비타민 E의 생체 내 기능

비타민 E에는 4종의 토코페롤(α-, β-, γ-, δ-)과 4종의 토코트리에놀(α-, β-, γ-, δ-)이 있으며, 이 중 α-토코페롤 활성이 가장 크다. 식품 가공과정에서 항산화제로 첨가되는 경우가 많아 가공식품에 많이 들어 있다.

비타민 E는 체내에서 항산화영양소로 작용하여 산화스트레스에 의한 세포막의 산화를 차단함으로써 세포를 보호한다. 또한 과산화물의 생성을 차단하여 노화를 지연시킬 수 있다.

적혈구 세포막이 산화되고 파괴됨으로써 발생하는 용혈성 빈혈을 예방하는 역할도 한다.

비타민 E는 계속 순환되고 재사용되어 결과적으로 소모되지 않기 때문에 성인에게는 임상적인 결핍증이 거의 나타나지 않는다. 다만 유아기에 비타민 E 흡수 이상이 있는 경우에는 발달 중인 신경계에 영향을 미치므로 조기에 치료하지 않으면 신경장애가 나타날 수 있다.

(2) 비타민 E와 운동수행능력

일반적으로 비타민 E 보충은 전반적인 건강증진과 질병예방에 도움이 된다. 이에 따라 비타민 E 보충제 섭취가 운동수행능력 향상에 도움이 되는가에 대한 연구가 활발하게 진행되고 있다.

비타민 E는 운동 중에 나타나는 근육 손상을 줄이는 데 도움을 준다. 또한 비타민 E 보충제는 적혈구 산화를 방지하고 산소 운반을 원활하게 한다. 이에 따라 유산소 지구력운동수행능력을 향상시킬 수 있는가에 대하여 활발히 연구가 진행되고 있다. Kobayashi 박사팀의 이중맹검 연구에서 6주간 매일 1,200IU 비타민 E를 보충 섭취시켰을 때, 최대산소호흡량(VO_2max)은 개선되었고 적혈구 젖산 농도는 감소하였으며, 유산소 지구력 능력이 향상되었다. 특히 높은 고지대에서 비타민 E 보충효과가 더욱 컸다. 즉, 충분한 양의 비타민 E 섭취는 생체 내 산소 활용을 높여 지구력운동수행능력을 높인다. 하지만 평소에 꾸준히 훈련을 하고 있는 운동선수에게도 비타민 E 보충 섭취가 운동수행능력 향상에 도움이 되는가에 대한 근거는 아직 미흡한 실정이다. 여러 연구에서 비타민 E의 섭취가 부족했던 경우 외에는 비타민 E를 추가로 보충 섭취하더라도 운동에 의한 산화스트레스가 감소되거나 운동수행능력이 향상되지는 않는 것으로 보고되었다.

tip

비타민 E 급원식품 : 식물성 기름, 밀의 배아, 땅콩, 난황, 아스파라거스, 녹색 채소
1일 충분섭취량 : 남자(19~29세) 12mg α-TE
여자(19~29세) 10mg α-TE
1일 상한섭취량 : 성인 540mg α-TE

4) 운동과 비타민 K

(1) 비타민 K의 생체 내 기능

비타민 K는 장내 세균에 의해서도 합성될 수 있는 비타민으로서, 우리나라 사람의 비타민 K 섭취량은 비교적 충분한 실정이다. 식물성 급원에서 오는 비타민 K_1(필로퀴논 phylloquinone), 동물성 급원에서 오는 비타민 K_2(메나퀴논 menaquinone), 그리고 합성품인 비타민 K_3(메나디온 menadione)로 분류된다. 자연식품에서 오는 비타민 K_1과 비타민 K_2는 독성이 없으나, 합성품인 비타민 K_3는 독성이 있다.

비타민 K는 혈액응고에 필수적인 비타민으로서, 간에서 혈액응고인자의 합성에 관여한다. 또한 뼈를 단단하게 해주는 단백질인 오스테오칼신 합성에도 중요하다. 비타민 K는 소장 벽세포에서 칼슘 흡수를 돕는 칼슘결합단백질 합성에 필요한 물질로서, 칼슘의 흡수에도 관여한다.

비타민 K는 자연식품에 비교적 골고루 함유되어 있고 또 조리과정에서 별로 파괴되지 않으므로, 성인에게 결핍증은 거의 일어나지 않는다. 다만 신생아나 지방 흡수 불량증 환자, 항응고제나 항생제를 장기간 복용하여 장내 세균총에 이상이 생긴 경우 결핍증이 발생할 수 있다.

(2) 비타민 K와 운동수행능력

비타민 K가 부족하면 혈액 응고가 지연되고 용혈이 나타날 수 있다. 또한 비타민 K 섭취가 부족한 경우 골다공증에 의한 골절 위험도가 증가한다. 따라서 비타민 K 보충제 섭취는 뼈 건강을 증진시키는 데 도움이 된다. 메나퀴논 형태의 보충제는 골다공증 환자의 골밀도를 높이는 데 도움이 된다. 비타민 K를 매일 150~250mg 보충 섭취하면 대퇴부 골절 예방에도 효과적이다. 특히 비타민 D와 함께 섭취하였을 때 골밀도 증가 효과가 더욱 좋았다.

비타민 K의 보충 섭취와 운동수행능력에 관련된 연구는 별로 없다. 다만 한 연구에서 여자 운동선수에게 비타민 K를 하루 10mg 수준으로 1개월 동안 보충시킨 결과, 골형성지수가 증가하였다. 그러나 이와는 다르게 여자 운동선수에게 비타민 K를 보충시켰어도 골손실 속도에는 영향이 없었다는 연구도 있다. 따라서 비타민 K는 골밀도를 정상 수준으로 유지시켜 기본적인 운동능력을 유지하는 것에는 도움이 되지만, 추가로 더 섭취했을 때 운동수행능력을 더욱 향상시킬 수 있는가와 관련해서는 근거가 부족한 실정이다.

tip

비타민 K 급원식품 : 간, 시금치, 무청, 브로콜리 등의 녹색 채소, 콩류, 콩기름
1일 충분섭취량 : 남자(19~29세) 75㎍
여자(19~29세) 65㎍

표 5-2 / 지용성 비타민의 체내 기능, 결핍증과 과잉증

구분	주요 기능	결핍증	과잉증
비타민 A	간상세포 생성, 피부 상피세포 생성·유지, 뼈 형성	야맹증, 각막건조증, 각막연화증, 성장부진	구역질, 두통, 피로, 간·자라 손상, 피부박리, 관절통증
비타민 D	칼슘흡수 촉진, 뼈 석회화	드물다. 구루병(어린이), 골연화증(어른)	식욕부진, 구역질, 관절통증, 신장에 칼슘 침착
비타민 E	항산화 효과	매우 드물다. 적혈구 용혈성 빈혈	두통, 피로, 설사
비타민 K	혈액응고	혈액응고 지연	상한섭취량이 제정되지 않았다. 구토

02 · 운동과 수용성 비타민

1) 운동과 비타민 C

(1) 비타민 C의 생체 내 기능

비타민 C는 아스코르빈산 ascorbic acid이라고도 부르며 산화, 광선, 고온, 알칼리 및 금속 이온에 의해 파괴되기 쉽다. 식품을 자른 표면이나 주스에 들어 있는 비타민 C는 실온에서도 공기 중의 산소에 의해 쉽게 파괴된다. 비타민 C는 가열 조리와 조리수에 의해 3/4가량

손실되므로 익히지 않은 생채소를 많이 이용하는 것이 좋다. 식물과 대부분의 동물은 포도당으로부터 비타민 C를 합성할 수 있으나, 사람과 기니피그 등 소수의 동물은 합성할 수 없어서 반드시 음식물로 섭취해야 한다.

비타민 C는 결합조직의 주요 성분인 콜라겐 합성을 위해 필요하다. 콜라겐은 뼈, 인대, 근육 및 혈관의 기본 구조를 형성하는 단백질이다. 따라서 비타민 C가 부족하면 뼈, 치아의 상아질 및 에나멜층과 혈관 벽의 형성이 부실해지며, 상처나 골절이 잘 회복되지 않는다. 또한 비타민 C는 카르니틴 합성에 관여하여 지방의 산화를 돕는다. 비타민 C는 항산화 기능을 하여 비타민 E와 함께 세포 내 산화스트레스를 제거하는 작용을 한다. 또한 철분 흡수를 증가시키고 면역기능을 높이므로 부족할 경우 감기 및 여러 질병에 쉽게 감염된다.

비타민 C는 과일과 채소에 풍부하다. 그러나 사과와 배에는 소량밖에 함유되어 있지 않으며 감귤, 오렌지주스, 토마토, 감자, 배추, 시금치, 양상추 등에 많이 들어 있다. 채소의 비타민 C 함량은 최대 성장시기인 봄부터 여름 사이에 가장 높다.

비타민 C가 결핍되면 콜라겐 합성이 둔화되면서 결합조직에 변화를 주어 괴혈병이 발생할 수 있다. 그 외 치아와 잇몸의 변형, 뼈의 통증과 골절, 설사, 우울증 같은 증상이 나타난다.

(2) 비타민 C와 운동수행능력

비타민 C가 부족하면 뼈의 통증과 변형 등에 의해 신체의 운동수행능력이 저하된다. 특히 비타민 C 부족에 의해 철분 흡수가 부족해지고, 빈혈이 발생할 경우 유산소운동수행능력이 큰 지장을 받을 수 있다.

비타민 C는 수용성이어서 과도하게 섭취한 경우 체외로 배설되며, 항산화 효능이 있어서 심혈관계 질환과 암 예방에 도움을 주므로 충분한 양을 섭취하는 것이 좋다. 또한 근육운동에 의해 발생하는 산화에 의한 손상을 줄이는 데에도 도움이 된다.

하지만 하루 5~10g 수준의 과량의 비타민 C 요법은 오히려 건강을 해칠 수 있다. 과도한 비타민 C 섭취에 따른 부작용으로는 설사, 식사의 비타민 B_{12} 파괴, 비타민 B_6 배설 증가, 구리의 체내 이용효율 감소, 통풍 위험 증가, 관절통증, 수산결석 증가 등이 있다. 또한 비타민 C에 의해 철분 흡수가 증가하면서 체내 철분 저장량이 증가함에 따라 혈철소증hemosiderosis이 발생한다. 비타민 C와 철분을 동시에 보충 섭취할 경우에는 DNA의 산화적 손상이 증가하며, 과량의 비타민 C가 철분 산화를 촉진한다. 그뿐만 아니라 비타민 C를 파괴하는 효소가 증가하기 때문에, 비타민 C를 지속적으로 충분히 섭취하지 않으면 결핍증이 쉽게 발생한다. 한편, 비타민 C는 수용성이어서 신장에서 쉽게 배설되기 때문에 과량의 비타민 C 요법을 지지하는 견해도 있다.

비타민 C가 결핍된 대상자에게 비타민 C를 보충하면 운동수행능력이 향상되었지만, 비타민 C가 결핍되지 않은 사람에게는 효과가 나타나지 않았다. 1일 500mg 정도 보충 섭취했을 때에도 최대산소호흡량 등 운동수행능력이 향상되지 못하였다.

하지만 운동 자체가 생체계에 스트레스를 주기 때문에 일부 전문가는 1일 200~300mg 정도 비타민 C를 섭취하는 것을 권장하기도 한다. 운동은 면역력을 높이고 상기도감염증을 예방시켜 주며, 비타민 C도 면역력 강화에 도움을 주기 때문에, 규칙적인 운동과 함께 비타민 C를 충분히 섭취하면 면역력이 최대로 높아질 수 있다. 특히 비타민 C가 호흡기감염을 낮추고 알레르기 작용을 둔화시키기 때문에, 찬 기온에서 마라톤 같은 운동을 할 경우에는 비타민 C 섭취에 의해 운동수행능력이 향상될 수 있다. 이와는 상반되는 연구 결과로 1일 1,500mg의 비타민 C를 보충했어도 운동수행능력이 전혀 향상되지 못했다는 견해도 있다. 최근 연구에 의하면 하루 200mg 비타민 C 복용에 의해 세포 내 농도가 포화되었다고 하므로, 1일 200mg 수준이면 충분한 양이라고 볼 수 있다.

tip

비타민 C 급원식품 : 감귤류, 오렌지주스, 토마토, 감자, 시금치, 풋고추, 완두콩, 배추, 열무, 무, 양배추, 딸기, 수박, 키위

1일 권장섭취량 : 남자(19~29세) 100mg
여자(19~29세) 100mg

1일 상한섭취량 : 성인 2,000mg

2) 운동과 비타민 B_1(티아민)

(1) 비타민 B_1의 생체 내 기능

비타민 B_1 thiamin은 수용성 비타민으로서, 탄수화물 대사과정에 조효소로서 필요하다. 따라서 에너지 섭취량이 많을수록 더 많이 필요한 비타민이다. 비타민 B_1은 생체 내에서 신경전달물질인 아세틸콜린 합성을 도와주고 신경자극 전달에 관여한다. 또한 지방산과 핵산 합성에 필요한 오탄당 합성에도 관여한다.

비타민 B_1이 부족할 경우, 초기 증상은 식욕부진, 정신혼미, 근육 약화 등으로 나타난다. 결핍 상태가 오래 지속되면 각기병 beriberi이 발생한다. 각기병의 증상으로 신경조직의 퇴화나 부종, 심부전증 등이 나타난다. 각기병은 주로 흰쌀밥을 먹는 사람에게 발생한다. 쌀에는 탄수화물이 풍부하며, 이 탄수화물 대사에 필요한 비타민 B_1은 쌀겨와 쌀눈에 다량 함유되어 있다. 그러나 쌀을 백미로 도정하는 과정에서 쌀눈과 쌀겨가 제거되면 비타민 B_1이 부족해져 각기병이 발생할 수 있다. 그 외 알코올 중독자나 오랜 동안 투병생활 시 정맥주사

로 포도당을 과다하게 투여할 때에도 각기병이 발생할 수 있다.

tip 비타민 B_1 결핍증이 나타나기 쉬운 대상자

- 알코올 중독자
- 마그네슘, 칼슘, 비타민 B_6, 비타민 B_{12} 또는 엽산 결핍자
- 노인
- 열이 심하게 날 때
- 오랜 투병생활에 의한 정맥 포도당 과잉 공급
- 백미, 강화되지 않은 흰 밀가루를 주식으로 할 때

(2) 비타민 B_1과 운동수행능력

운동선수는 운동에 의한 에너지 소모량이 많기 때문에 비타민 B_1 요구량이 증가하며, 또한 고탄수화물 식사에 의해서도 요구량이 증가한다. 따라서 비타민 B_1 섭취가 부족하면 지구력이 필요한 유산소운동수행능력이 저하될 수 있다.

비타민 B_1은 수용성이어서 체내 저장이 되지 않기 때문에, 과다하게 섭취한 경우 소변으로 배설되어 과잉 섭취에 따른 부작용은 없다. 한편, 평소 충분한 양을 섭취하는 사람이 비타민 B_1을 추가로 더 섭취한 경우에도 건강에 도움이 되지는 않는다.

비타민 B_1은 에너지 대사에 꼭 필요한 영양소이므로 비타민 B_1 보충제 섭취와 운동수행능력 향상과의 관련성에 관심이 높아지고 있다. 하지만 훈련된 사이클 선수에게 비타민 B_1을 보충시켰을 때 대사적 · 생리적 · 심리적 반응에 어떠한 영향도 없었다고 한다.

비타민 B_1은 신경자극전달에 필수영양소이다. 최근 연구에서는 3일간 100mg씩 보충 섭취시킨 결과, 힘든 훈련에도 혈청 티아민 농도가 증가하면서 피로감이 감소하였다.

고강도의 지구력 활동에서는 비타민 B_1의 요구량이 증가한다. 이러한 운동은 칼로리 섭취량도 증가하게 된다. 따라서 운동할 때에는 에너지 밀도가 높으면서 동시에 비타민 B_1도 풍부하게 들어 있는 식품을 잘 선택하는 것이 필요하다.

tip

비타민 B_1 급원식품 : 현미, 통밀, 돼지고기, 참치, 쇠간
1일 권장섭취량 : 남자(19~29세) 1.2mg
여자(19~29세) 1.1mg

3) 운동과 비타민 B_2(리보플래빈)

(1) 비타민 B_2의 생체 내 기능

비타민 B_2 riboflavin는 플래빈 단백질 구성원으로서, 비타민 B_1과 마찬가지로 에너지 대사 과정에 필요하다. 따라서 에너지 섭취량이 많을수록 더욱 많이 섭취해야 하는 비타민이다. 비타민 B_2는 글루타티온 과산화효소의 활성 유지에도 관여한다.

비타민 B_2의 섭취가 부족할 경우 초기에는 설염, 구각염, 지루성 피부염, 구내염 등의 증상이 나타나며, 시간이 지나면 신경계통 질환과 정신착란 증세가 나타난다. 비타민 B_2 결핍증은 알코올 중독자나 만성적인 다이어트 경험자에게서 볼 수 있다.

(2) 비타민 B_2와 운동수행능력

비타민 B_2의 섭취가 부족하면 운동수행능력이 저하되는가에 대한 근거는 부족한 실정이다. 그러나 비타민 B_2는 에너지 대사에 필요하므로, 유산소운동을 하는 경우 더 많은 양이 필요하다. 특히 운동선수는 충분한 양의 비타민 B_2를 섭취하는 것이 좋다.

과량의 비타민 B_2는 체내에 저장되지 않으며 독성작용도 없지만, 운동수행능력을 높인다는 근거도 없기 때문에 더 많이 섭취할 필요는 없다. 한 연구에서 수영선수에게 16~20일간 매일 60mg씩 보충시켰어도 최대산소호흡량, 젖산 생성(유산소), 수영 실력은 향상되지 않았다고 한다.

tip

비타민 B_2 급원식품 : 쇠간, 닭간, 고등어, 돼지고기, 우유
1일 권장섭취량 : 남자(19~29세) 1.5mg
여자(19~29세) 1.2mg

4) 운동과 니아신

(1) 니아신의 생체 내 기능

니아신 niacin은 수용성 비타민이며, 생체 내 기능으로 세포 내 산화환원 반응과 알코올 대사에 관여한다. 아미노산인 트립토판으로부터 생체 내에서 합성되기도 한다. 60mg의 트립토판에서 1mg의 니아신이 만들어진다.

니아신 섭취가 부족하면 식욕이 떨어지며 피부발진, 정신적 혼란, 근육 약화 등이 나타난다. 니아신 결핍이 장기간 지속되면 펠라그라 pellagra가 발생한다. 펠라그라의 증상은 피부염, 설사, 정신적 무력증, 우울증 등이며 심하면 사망할 수 있다. 건강한 성인에게는 니아신 결핍증이 나타나지 않지만 알코올 중독, 다이어트 중독, 스트레스, 외상, 암, 갑상선기능항진, 당뇨병 등의 환자에게는 나타날 수 있다.

tip 펠라그라 : 4 D's Disease

- 피부염 Dermatitis
- 설사 Diarrhea
- 치매 Dementia
- 사망 Death

(2) 니아신과 운동수행능력

니아신은 에너지 대사에 관여하므로 섭취가 부족한 경우 이론적으로는 운동수행능력이 떨어질 수 있으나, 이에 대한 연구는 부족한 실정이다.

과량의 니아신은 치료약으로 사용되고 있다. 우울증 치료에는 효과가 없지만, 혈중 지질 개선에는 도움이 된다. 즉 총콜레스테롤, LDL-콜레스테롤, 중성지질, $Lp_{(a)}$ 함량을 감소시킨다. 또한 니아신은 HDL-콜레스테롤 수치를 높이는 작용을 하여 이상지혈증 치료제로 사용되고 있다.

비록 니아신은 독성이 없지만 과량의 니아신을 복용하면 15~20분 이내에 얼굴이 홍조를 띠고, 얼굴과 목, 손 등에 화상을 입은 듯 따끔따끔한 증상이 나타나기도 한다. 장기간 복용하는 경우에는 간염이나 위궤양이 발생할 수도 있다. 따라서 이상지질혈증 치료제로 사용하는 경우에도 반드시 의사의 지시에 따라야 한다.

비록 에너지 대사에 니아신이 필요하지만, 평소에 니아신을 잘 섭취하고 있는 운동선수는 추가로 보충하여 섭취해도 운동수행능력이 향상되지 않는다. 따라서 운동선수에게 더 많은 양의 니아신을 보충하도록 권장하지는 않는다. 특히 마라톤 선수처럼 지구력운동을 하는 경우에는 더욱 니아신 보충을 추천하지 않는다. 이는 하루 3~9g 정도 되는 과량의 니아신이 피하조직에서 유리지방산 분해를 억제하여 근육으로의 유리지방산 유입이 감소하면 운동 중의 에너지 급원으로 탄수화물에만 의존하게 되기 때문이다. 이 경우 근육 글리코겐이 더욱 빠르게 고갈되어 오히려 에너지 공급이 중단될 수 있다. 즉, 니아신 보충이 지구력운동수행능력을 감소시킬 수 있다.

따라서 균형 잡힌 식생활을 통해 니아신 섭취가 양호한 경우 운동량이 많은 사람이라도 보충 섭취를 추가로 권하지 않는다. 과량의 니아신은 운동수행능력을 감소시킬 수 있고 건강에 위해가 될 수도 있다.

tip

니아신 급원식품 : 참치, 닭고기, 고등어, 쇠간, 완두콩, 수수, 녹두, 메밀, 표고버섯
1일 권장섭취량 : 남자(19~29세) 16mgNE(니아신당량)
여자(19~29세) 14mgNE
1일 상한섭취량 : 성인 35mgNE(니코틴산) 또는 1,000mgNE(니코틴아미드)

5) 운동과 비타민 B_6

(1) 비타민 B_6의 생체 내 기능

비타민 B_6는 피리독신 pyridoxine, 피리독살 pyridoxal, 피리독사민 pyridoxamine 등 3종류의 화합을 이르며, 대표적으로 피리독신이라고 부른다. 수용성 비타민으로서 인산피리독신 형태로 단백질 대사에 중요한 조효소 역할을 하며, 탄수화물과 지질 대사에도 관여한다. 비타민 B_6는 단백질 분해와 합성과정, 적혈구 합성, 세로토닌이나 노르에피네프린 등 신경전달물질 합성 및 면역계의 정상적인 기능을 위해서 꼭 필요하다. 또한 트립토판으로부터 니아신을 합성할 때에도 필요하다.

비타민 B_6가 결핍된 경우 지루성 피부염, 빈혈, 정신착란, 경련, 우울증 등이 나타난다. 정상 성인에게 결핍증은 잘 발생하지 않지만, 노인이나 만성 알코올 중독자, 이뇨제나 구강피임약을 복용하는 경우 발생할 수 있다. 또한 월경전증후군 premenstrual syndrome을 치료하기 위해 비타민 B_6 보충제를 하루 200mg 이상 1~2개월 계속 섭취할 경우, 과잉증으로 신경장애가 초래되기도 하고 손발 마비 증상이 나타나거나 걷기장애가 나타날 수 있다.

(2) 비타민 B_6와 운동수행능력

비타민 B_6 결핍은 헤모글로빈 합성에 영향을 미칠 수 있기 때문에, 지구력운동수행능력에도 영향을 미칠 수 있다. 또한 근육 글리코겐 활용에도 관여하기 때문에 지구력운동선수에게는 중요한 비타민이다. 특히 신경전달물질 합성에 필요하기 때문에 양궁선수나 사격선수처럼 섬세한 움직임이 필요한 선수에게도 중요한 영양소이다. 비타민 B_6의 필요량은 단

백질 섭취량에 따라 증가하므로 고단백질 식사를 하는 운동선수에게도 중요하다. 하지만 대부분 고단백질 식품에는 비타민 B_6가 많이 함유되어 있어서 비교적 섭취하기가 쉽다.

비타민 B_6 결핍이 운동수행능력에 미치는 영향에 대한 연구는 없다. 운동선수는 더 많은 양의 비타민 B_6를 사용하지만, 훈련에 의해 체내 저장량이 증가하기 때문에 부족하지는 않다. 운동하는 동안 혈중 비타민 B_6 농도는 증가한다.

일반적으로 운동을 하는 경우 비타민 B_6 체외 배설량은 과도하게 증가하지 않는다. 그러나 지속적으로 유산소 훈련을 하는 경우 배설량이 늘어나며, 특히 마라톤이나 울트라마라톤 등 장시간의 유산소운동을 할 경우 더욱 증가한다. 따라서 지구력유산소운동 후에는 단백질과 탄수화물뿐만 아니라, 비타민 B_6도 풍부한 음식을 섭취하는 것이 좋다.

비타민 B_6 보충제는 임산부의 헛구역질, 구강피임제에 의한 우울증, 월경전증후군 등을 치료하기 위해서 사용된다. 월경전증후군 치료를 위해서는 하루 100mg 정도 복용한다. 또한 1.6mg 정도 되는 소량의 비타민 B_6도 혈중 호모시스테인 수치를 낮추므로 심혈관계 질환 위험률을 감소시키는 데 도움을 줄 수 있다.

비록 근육은 비타민 B_6를 저장할 수는 있지만, 과량의 비타민 B_6를 섭취해도 근육 저장량이 많아지지 않으며, 운동능력이나 대사 등에 영향을 미치지 않는다. 훈련된 남자 운동선수들을 대상으로 하루 20g 비타민 B_6를 9일간 보충시킨 실험연구 결과에서도 유산소 지구력운동수행능력에 아무런 영향을 미치지 않았다.

중간 정도의 비타민 B_6 보충 섭취는 아무런 독성 효과가 나타나지 않지만, 과량 섭취할 경우에는 말초신경에 손상이 발생하여 사지 감각장애나 보행장애가 나타날 수 있다. 따라서 운동량이 증가한다고 비타민 B_6 보충제 섭취가 필요한 것은 아니며, 오히려 건강에 손상을 입을 수 있으므로 주의해야 한다.

tip

비타민 B_6 급원식품 : 통밀, 연어, 닭고기, 바나나, 당근
1일 권장섭취량 : 남자(19~29세) 1.5mg
여자(19~29세) 1.4mg
1일 상한섭취량 : 성인 100mg

6) 운동과 엽산

(1) 엽산의 생체 내 기능

엽산 folic acid은 핵산 합성과 세포분열, 적혈구 형성과정에 필수적인 영양소이다. 엽산이 부족하면 거대적아구성 빈혈에 걸리며, 비타민 B_{12}가 부족할 때와 유사한 빈혈 증세와 더불어 신경세포의 퇴화현상이 나타난다.

임신기에는 특히 엽산이 결핍되기 쉬우며, 이는 조산 또는 저체중아 출산의 원인이 되기도 한다. 임신 이전이나 임신 초기에 엽산 부족이었던 임신부는 이분척수와 같은 신경관 손상이 일어날 위험이 높다. 정상적인 수준의 엽산 섭취는 태아의 뇌신경관 손상 예방에 필수적이다. 따라서 가임기 여성은 임신 전후에 엽산을 충분히 섭취하는 것이 매우 중요하다. 구강피임제를 복용하는 여성은 엽산 흡수가 방해를 받아 결핍될 우려가 있으므로 더욱 주의해야 한다.

tip 엽산과 뇌신경관 손상

- 임신 초기의 엽산 섭취 부족
- 신경조직의 분화과정에 영향을 미쳐 무뇌증(출생 후 곧 사망), 이분척수 등 뇌 손상 발생
- 뇌 손상 증상 : 마비, 배변실금, 뇌수종, 지능장애 발생
- 미국에서는 매년 2,500~3,000명 발생

(2) 엽산과 운동수행능력

엽산은 적혈구 생성에 관여하기 때문에 결핍되면 산소운반능력이 감소하고, 유산소성 지구력운동수행능력이 영향받을 수 있다. 엽산이 부족한 경우 대장암 위험률이 높아지며, 음주를 하면서 엽산 섭취량이 부족한 경우 유방암 위험률이 높아지는 것으로 보고되었다. 또한 엽산이 결핍되면 DNA가 손상되고 혈중 호모시스테인 함량이 높아진다. 이에 따라 혈관 내벽이 손상받게 되고 심장병, 뇌졸중, 말초혈관장애, 알츠하이머 치매 등이 나타날 수 있다. 운동에 의해서 엽산 농도나 혈중 호모시스테인 농도가 변화되지는 않는다.

달리기 선수의 경우 훈련기간에 파괴된 적혈구를 재생하기 위해 엽산 필요량이 증가하므로, 일부 전문가들은 운동선수에게 과량의 엽산 보충제 섭취를 권장하기도 한다. 하지만 다른 여러 연구에서는 엽산 보충에 의해 운동수행능력이 향상되지 않았다. 즉 엽산 보충에 의해 혈액 내 엽산 농도는 정상 수준으로 회복됐지만, 운동수행능력에는 영향이 없었다.

충분한 양의 엽산 섭취는 태아의 뇌신경관 손상 예방에 필수적이며, 성인의 경우 대장암

발생률을 낮추고 심혈관계 질환 위험률을 낮추는 건강 증진 효과가 있다. 따라서 비록 과량의 엽산 보충제 섭취가 운동수행능력을 향상시키지는 못하지만, 균형 잡힌 식생활로 엽산을 잘 섭취하는 것은 매우 중요하다.

tip

엽산 급원식품 : 닭간, 쇠간, 완두콩, 밀배아, 시금치, 상추, 배추, 바나나
1일 권장섭취량 : 남자(19~29세) 400㎍DFE(식사성 엽산당량 : dietary folate equivalents)
여자(19~29세) 400㎍DFE
1일 상한섭취량 : 성인 1,000㎍DFE

7) 운동과 비타민 B_{12}

(1) 비타민 B_{12}의 생체 내 기능

비타민 B_{12}는 코발트를 포함하는 비타민으로서 코발라민 cobalamine이라고도 부른다. 생체 내에서 정상적인 적혈구 형성에 필요하며, 핵산 합성과 세포분열에 관여하고 신경섬유의 마이엘린의 정상적인 유지에도 꼭 필요하다. 비타민 B_{12}는 크기가 가장 큰 비타민으로서, 소화효소에 분해되지 않고 흡수되어야 한다. 따라서 위장 벽에서 분비되는 내적 인자 intrinsic factor, IF의 도움으로 소장 하부인 회장 부분에서 흡수된다. 장내 세균에 의해 합성된 것이 일부 흡수되기도 한다.

비타민 B_{12}는 정상적인 식사를 하는 경우 결핍 우려가 매우 적다. 비타민 B_{12}가 결핍되면 DNA 합성이 방해되어 적혈구 크기가 크고 기능은 미성숙한 거대적아구성 빈혈, 즉 악성빈혈 pernicious anemia이 나타난다. 또한 신경 손상이 발생하여 다리 마비, 감각 이상, 집중력 감퇴, 기억력 상실, 치매 등도 나타난다.

(2) 비타민 B_{12}와 운동수행능력

비타민 B_{12}는 적혈구 형성에 필수적인 영양소이기 때문에 결핍되면 유산소성 지구력운동수행능력이 감소하게 된다.

과량의 비타민 B_{12} 보충제는 악성빈혈 환자의 치료용으로 적합하다. 이 비타민은 운동선수 세계에서 가장 널리 남용되는 비타민이다. 빈혈 치료제로 사용되므로 유산소운동수행능력을 높일 수 있다는 추측 때문이다. 하지만 과량의 비타민 B_{12} 보충제가 운동수행능력을

높인다는 근거는 아직 없다.

tip

비타민 B_{12} 급원식품 : 닭간, 쇠간, 조개, 고등어, 우유, 김
1일 권장섭취량 : 남자(19~29세) 2.4㎍
여자(19~29세) 2.4㎍

tip 운동선수에게 비타민보충제가 필요할까?

좋은 식생활을 통해 필요한 비타민을 충분히 섭취하는 것이 무엇보다도 중요하다. 그러나 레슬링, 체조, 피겨 스케이팅 등 체중관리가 필요한 운동선수는 충분한 양의 식품을 다양하게 섭취하기 어려울 때가 있다. 이럴 때에는 우선적으로 식단 관리를 통해 에너지 함량은 낮으면서 비타민이 풍부한 식품을 섭취하는 것이 바람직하다. 식단을 개선해도 비타민 섭취가 부족한 것으로 평가되면 단기간 종합비타민을 복용하여 부족분을 채우게 한다.

표 **5-3** / 수용성 비타민의 체내 기능, 결핍증과 과잉증

구분	주요 기능	결핍증	과잉증
비타민 C	콜라겐 형성, 철분 흡수, 면역력 강화, 항산화 효능	쇠약, 피부 손상, 상처회복 지연, 잇몸출혈, 괴혈병	설사, 신장결석, 괴혈병 증상과 유사
비타민 B_1	에너지 대사의 조효소, 중추신경계 기능에 필수	식욕감퇴, 무감각, 우울, 각기병	과잉독성이 발견되지 않음
비타민 B_2	에너지 대사의 조효소, 강한 피부 유지	피부염, 구순구각염, 설염	과잉독성이 발견되지 않음
니아신	탄수화물 산화, 지방 신생합성, 전자전달계	설사, 피부염, 신경장애, 쇠약, 펠라그라	상한섭취량 제정되지 않음, 구토
비타민 B_6	헤모글로빈 합성, 포도당 신생합성 과정, 글리코겐 분해과정	피부염, 설염, 빈혈, 경련	무감각증
엽산	DNA 형성, 적혈구 발달에 필수	피로, 위장관 장애, 설사, 신생아의 신경관결손증	비타민 B_{12} 결핍에 의한 악성빈혈 예방
비타민 B_{12}	DNA 형성, 적혈구 발달에 필수, 신경조직 유지	악성빈혈, 신경손상	독성이 발견되지 않음

tip 항산화비타민은 운동 중의 피로 해소나 근육 손상 방지에 도움이 될까?

운동에 의해 산소소모량이 증가하면 과산화작용에 의한 유리라디칼이 체내에 쌓이게 된다. 다행히도 유산소 운동을 지속적으로 하는 경우, 유리라디칼 제거작용을 하는 효소인 SOD(superoxide dismutase; 초과산화물 불균화효소)나 GPX(glutathione peroxidase; 글루타치온 과산화효소) 등이 증가한다. 철인3종경기처럼 강도 높은 지구력운동을 하는 경우에는 체내 항산화 방어체제가 더욱 활발해져 생체 내 과산화–항산화 균형을 유지할 수 있다. 그렇다면 항산화영양소 보충제를 복용할 경우, 운동수행능력을 높일 수 있을까? 비타민 C나 비타민 E를 각각 복용해도 운동수행능력은 변화하지 않는다. 프로 축구선수들에게 비타민 C 1,000mg과 비타민 E 800mg을 매일 섭취시켰을 때에도 운동의 강도, 속도, 유산소운동능력 등은 향상되지 않았다. 그러나 비록 운동수행능력을 향상시키지는 못했지만, 항산화영양소 섭취는 운동에 의한 근육조직 손상을 예방하는 데 도움을 준다는 연구가 많다.

• 요약 및 연습문제

Sum-up

1. 비타민 A는 레티놀과 베타카로틴의 형태로 있으며, 생체 내에서 어두운 곳에서의 시각 기능, 세포 분화과정, 항산화 작용과 암 예방 등의 기능을 한다. 결핍되면 야맹증, 안구 건조증, 성장부진, 면역기능 약화 등이 나타나며, 과다하게 섭취하면 과잉증이 나타난다. 비타민 A가 부족하면 운동능력이 떨어지지만 비타민 A 형태의 보충제 섭취가 운동수행능력을 향상시킨다는 근거는 미흡하므로 권장량 이상 추가하여 섭취할 필요는 없다. 항산화영양소인 베타카로틴도 운동수행능력을 높이는 것은 아니므로 권장량 이상으로 과다하게 섭취할 필요는 없다.
2. 비타민 D는 비타민 D_3(콜레칼시페롤)와 비타민 D_2(에르고칼시페롤) 형태로 있으며 자외선에 의해 활성화된다. 혈장 칼슘의 항상성을 유지하며, 결핍되면 구루병, 골연화증, 골다공증이 발생한다. 그러나 비타민 D 영양상태가 양호한 사람이 비타민 D 보충제를 추가로 섭취한다고 해서 체력과 운동수행능력이 더 좋아지는 것은 아니다.
3. 비타민 E는 알파토코페롤의 활성이 가장 크며, 항산화영양소로 작용해 산화스트레스에 대응하여 세포를 보호하고 노화를 지연시키며, 용혈성 빈혈을 예방한다. 비타민 E는 운동 중에 나타나는 근육 손상을 줄이는 데 도움을 주며, 유산소 지구력 능력을 향상시킨다. 그러나 비타민 E를 필요량 이상 과다하게 추가로 섭취하더라도 운동수행능력이 더 향상되지는 않는다.

4. 비타민 K는 장내 세균에 의해서도 합성될 수 있는 비타민으로서, 혈액응고에 필수적이며, 칼슘의 흡수에도 관여한다. 비타민 K는 골밀도를 정상 수준으로 유지시켜 기본적인 운동능력을 유지하는 데에는 도움이 되지만, 추가로 섭취했을 때 운동수행능력을 더 향상시키지는 않는다.
5. 산화, 광선, 고온에 약한 비타민 C는 콜라겐 합성을 위해 필요하며, 지방의 산화를 돕고 철분 흡수를 증가시키며, 면역기능을 높인다. 비타민 C가 결핍되면 괴혈병이 발생한다. 비타민 C가 부족하면 신체의 운동수행능력이 저하되며, 특히 유산소운동수행능력이 큰 지장을 받을 수 있다. 비타민 C는 근육운동으로 발생하는 산화에 의한 손상을 줄이는 데 도움이 된다. 또한 비타민 C가 호흡기감염을 낮추고 알레르기 작용을 둔화시키기 때문에, 찬 기온에서 마라톤 같은 운동을 할 경우에는 비타민 C 섭취에 의해 운동수행능력이 향상될 수 있다.
6. 비타민 B_1은 에너지 섭취량에 비례하여 필요한 비타민으로서, 신경전달물질인 아세틸콜린 합성을 도와주고, 신경자극 전달뿐만 아니라 지방산과 핵산 합성에 필요한 오탄당 합성에도 관여한다. 비타민 B_1이 결핍될 경우 각기병이 발생한다. 운동선수는 운동에 의한 에너지 소모량이 많기 때문에 비타민 B_1 요구량이 증가하며, 또한 고탄수화물 식사에 의해서도 요구량이 증가한다. 따라서 비타민 B_1 섭취가 부족한 경우 지구력이 필요한 유산소운동수행능력이 저하될 수 있다.

7. 비타민 B_2는 에너지 대사과정에 필요한 비타민으로, 글루타티온 과산화효소의 활성 유지에 관여한다. 결핍되면 설염, 구각염, 지루성 피부염, 구내염 등이 나타난다. 비타민 B_2는 에너지 대사에 필요하므로, 유산소운동을 하는 경우 더 많은 양의 비타민 B_2가 필요하다. 특히 운동선수는 충분한 양의 비타민 B_2를 섭취하는 것이 좋다. 그렇지만 과량의 비타민 B_2 보충이 운동수행능력을 높인다는 근거는 없다.
8. 니아신은 세포 내 산화환원 반응에 관여하여 부족하면 식욕이 떨어지고 피부발진, 정신적 혼란, 근육 약화 등이 나타나며, 심하면 펠라그라가 발생한다. 니아신을 잘 섭취하고 있는 경우 추가로 보충하여 섭취해도 운동수행능력이 향상되지는 않는다. 오히려 과량의 니아신은 운동수행능력을 떨어뜨리고 건강을 손상시킬 수 있다.
9. 비타민 B_6는 단백질 분해와 합성과정, 적혈구 합성, 신경전달물질 합성 및 면역계의 정상적인 기능을 위해서 꼭 필요하다. 결핍되면 지루성 피부염, 빈혈, 정신착란, 경련, 우울증 등이 나타난다. 따라서 비타민 B_6 결핍은 헤모글로빈 합성에 영향을 미칠 수 있기 때문에, 지구력운동수행능력에도 영향을 미칠 수 있다. 또한 고단백질 식사를 하는 운동선수에게도 중요하다. 비타민 B_6 결핍이 운동수행능력에 미치는 영향에 대한 연구는 없는 실정이다.
10. 엽산은 핵산 합성과 세포분열, 적혈구 형성과정에 필수적인 영양소로서, 부족하면 거대적아구성 빈혈에 걸리며, 신경세포의 퇴화현상이 나타난다. 엽산이 결핍되면 산소운반

능력이 감소하고 유산소성 지구력운동수행능력이 영향받을 수 있다. 그러나 과량의 엽산 보충제를 섭취해도 운동수행능력이 향상되지는 못한다.

11. 비타민 B_{12}는 정상적인 적혈구 형성에 필요하며, 핵산 합성과 세포분열에 관여한다. 결핍되면 악성빈혈이 나타나며, 다리 마비, 감각 이상, 집중력 감퇴, 기억력 상실, 치매 등이 나타난다. 비타민 B_{12}가 결핍되면 유산소성 지구력운동수행능력이 감소하게 된다. 그러나 과량의 비타민 B_{12} 보충제가 운동수행능력을 높인다는 근거는 아직 없다.

Practice

01 비타민 A의 과량 섭취에 의해 나타나는 증상을 설명하시오.

02 비타민 C의 체내 기능과 권장량 이상의 추가 섭취가 운동수행능력에 어떤 영향을 미치는지 설명하시오.

03 에너지 섭취량에 비례적으로 섭취해야 하는 비타민을 2종 쓰고, 각각의 급원식품을 3개씩 쓰시오.

04 엽산이 결핍된 경우, 운동수행능력에 어떤 영향을 미치는지 설명하시오.

05 운동 시 항산화비타민 보충제의 섭취 여부에 대한 견해를 쓰고 그 이유를 설명하시오.

06

운동과 무기질

들어가기 전에

체내의 여러 생리기능을 조절, 유지하는 데 중요한 역할을 하는 무기질은 그 필요량에 따라 다량무기질과 미량무기질로 분류된다. 다량무기질은 하루에 100mg 이상 필요한 무기질로서 칼슘, 인, 마그네슘, 나트륨, 칼륨, 염소, 유황 등을 말한다.

미량무기질은 하루 필요량이 매우 소량이며 체내에 존재하는 전체 무기질 중에서 1% 이하로 존재하나 인체의 생명유지에 필수적인 영양소이다. 미량무기질에는 철, 아연, 구리, 불소, 요오드, 불소, 망간, 셀레늄, 크롬, 몰리브덴 등이 있다.

01 · 운동과 다량무기질

1) 운동과 칼슘

(1) 칼슘의 생체 내 기능

칼슘 calcium, Ca은 인체 내에 가장 많이 들어 있는 무기질이다. 성인의 칼슘 보유량은 약 1,200g 정도이다. 그중 99%가 치아와 골격에 들어 있으며, 나머지 1%는 혈액과 세포 내 조직에 들어 있다.

칼슘은 생체 내에서 골격을 구성한다. 인과 함께 칼슘염을 만들어 뼈와 치아를 형성한다. 칼슘은 혈액 응고에도 필요하며, 신경자극 전달에도 관여한다. 칼슘은 근육의 수축과 이완 작용에도 필수적이며, 근육과 간의 글리코겐이 합성, 분해되는 과정에도 관여한다. 또한 칼슘은 비타민 E와 함께 세포 내 산화스트레스 제거활동도 한다.

한편 고지방 식사를 할 때, 칼슘은 지방산과 결합하여 불용성염을 형성하면서 대변으로 배설을 증가시켜 대장암 발생률을 낮춘다. 또한 칼슘은 동맥혈관의 수축에 관여함으로써 고혈압 발생을 낮추며, 혈청 LDL-콜레스테롤을 낮추는 기능도 있다.

칼슘의 소화흡수율은 평균 30% 정도로서, 하루에 1,000mg의 칼슘을 섭취한 경우 소장에서 흡수되지 않고 대변으로 배설되는 양은 약 700mg 정도이다. 흡수된 칼슘은 혈액의 항상성을 유지하면서 골격과 치아 등의 칼슘과 서로 교환된다. 칼슘은 피부에서 땀을 통해

표 6-1 / 생체 내 기능과 관련 무기질

생체 내 기능	관련 무기질
세포 내외의 전해질 균형	나트륨, 칼륨, 염소
항산화 효능	셀레늄, 아연, 구리, 망간
신경자극 전달	나트륨, 칼륨, 염소, 칼슘
세포 내 대사	칼슘, 인, 마그네슘
뼈 형성	칼슘, 인, 불소, 망간
성장 및 발육	칼슘, 인, 아연
혈액 생성 및 응고작용	철분, 구리, 칼슘

tip 칼슘과 호르몬

- 부갑상선호르몬 : 뼈의 칼슘이 녹아 혈액으로 나오도록 하고, 신장에서는 비타민 D를 활성화하며, 소장에서는 칼슘 흡수를 높여 혈액 내 칼슘 농도를 높인다.
- 칼시토닌 : 혈액 칼슘 농도가 높을 때 분비되며, 뼈로부터 칼슘이 빠져나오지 않도록 하여 혈액 칼슘의 농도를 낮춘다.

20mg 정도, 소변으로 130mg 정도 배설되며, 소화액과 소화기관의 점막세포를 통해 150mg 정도 배출된다.

칼슘 섭취가 부족한 경우, 어린아이들은 성장이 부진해진다. 성인은 골감소증, 골다공증, 근육경련 등이 나타난다. 또한 최근 연구에서는 대장암 위험률이 증가된다고 하며, 고혈압 위험성과도 관련이 높은 것으로 알려졌다.

tip 여자 운동선수의 영양문제

- 식사장애, 무월경, 골다공증
- 체조 선수, 피겨스케이팅 선수, 마라토너

tip 골밀도를 높이는 방법

유산소운동과 체중부하운동, 근력운동이 골밀도를 높이는 데 효과적이다. 다른 시기보다는 특히 성장기에 운동을 통해 효율적으로 최대 골질량을 만들어 놓는 것이 중요하다. 청소년기보다는 효과는 작지만, 성인기에도 운동을 통해 골질량을 높일 수 있다. 노년기에는 중강도 운동 프로그램을 통해 자세의 안정감을 높이고 골절 위험을 줄일 수 있다.

tip 칼슘 흡수율에 영향을 미치는 영양성분

- 흡수 증진 요인 : 비타민 D, 유당, 포도당, 칼슘과 인의 비율(칼슘에 비해 인의 비율이 높지 않을 것), 비타민 C, 위산, 부갑상선호르몬
- 흡수 방해 요인 : 비타민 D 결핍, 과량의 인 섭취, 철분, 아연, 피틴산, 수산, 탄닌, 식이섬유, 폐경, 노령

(2) 칼슘과 운동수행능력

운동을 하면 소변과 땀 분비가 증가하면서 칼슘 배출량이 증가한다. 성인이 중강도 운동을 1시간 정도 할 때, 땀으로 약 45mg 정도 칼슘이 배출된다. 고강도 운동을 지속적으로

하는 경우 칼슘 배설량이 더욱 증가한다. 이때 마그네슘, 철분, 아연, 구리 등 다른 무기질 대사는 영향을 받지 않았다. 따라서 칼슘 섭취량이 충분하지 않은 상태에서 운동량을 늘릴 경우 칼슘 영양상태가 불량해질 수 있으므로, 운동을 할 때에는 칼슘을 충분히 섭취하는 것이 좋다. 그러나 체내 칼슘이 부족해도 운동수행능력은 영향을 받지 않는다. 칼슘 섭취가 부족한 경우 근육의 신경작용에 장애가 발생할 가능성이 있지만, 실제로는 뼈 속의 칼슘이 혈액에 용출되어 나오기 때문에 근육활동이 지장을 받지는 않는다.

한편 칼슘을 다량 보충시켰을 때에도 운동수행능력에는 큰 영향을 미치지 않는다. 고칼슘 식사를 했을 때, 탄수화물 대사나 지방 대사도 영향을 받지 않는다. 따라서 운동량이 증가할수록 땀으로 배출되는 칼슘량을 보충하기 위해 칼슘 섭취량을 늘릴 필요가 있으며, 만일 칼슘 섭취가 충분하지 않을 경우 골밀도가 낮아질 수 있지만, 칼슘을 과다 섭취한다고 해서 운동수행능력이 향상되지는 않는다.

tip 고칼슘혈증 hypercalcemia

- 칼슘을 식사로 섭취할 때에는 나타나지 않지만, 보충제 형태로 오랜 기간 과다하게 섭취할 때 나타날 수 있다.
- 심근수축 이상, 변비, 가족력이 있는 경우 신장결석, 철분이나 아연 같은 미량무기질의 흡수 방해가 나타날 수 있다.

tip

칼슘 급원식품 : 우유, 치즈, 두부, 건새우, 건멸치, 꽁치통조림, 검정깨, 케일, 고춧잎
1일 권장섭취량 : 남자(19~29세) 800mg
여자(19~29세) 700mg
1일 상한섭취량 : 성인 2,500mg

2) 운동과 인

(1) 인의 생체 내 기능

칼슘과 인 phosphorus, P의 비율은 '1 : 1'이 생체 내 효율에 가장 좋다. 성인 남자는 체내에 660~700g의 인을 가지고 있다.

체내 인의 80~90%는 칼슘과 함께 칼슘인산염 형태로 골격과 치아를 만든다. 나머지 인

은 인산 형태로 산 · 염기 평형 조절에 관여하며, DNA · RNA 같은 핵산의 구성성분으로 쓰이고, 비타민과 함께 효소의 활성화 작용도 한다.

인은 거의 모든 식품에 들어 있어서 결핍증이 없다. 다만 알코올 중독자나 제산제를 장기간 복용한 환자에게서 인 부족이 나타날 수 있으며, 일부 조산아에게서 칼슘과 인 공급 비율이 부적절한 경우 인 부족에 의해 구루병이 나타날 수 있다.

(2) 인과 운동수행능력

격심한 근육운동을 하는 경우 소변으로의 인 배설량이 증가하지만, 인 결핍은 나타나지 않는다. 또한 이론적으로는 인이 부족하면 운동수행능력이 떨어질 것으로 예측되지만, 인이 결핍될 우려가 거의 없기 때문에 실제로는 나타나지 않는다.

인산염 형태로 보충 섭취하는 것은 피로회복에 도움이 된다. 플로리다 대학의 한 연구에서 숙련된 달리기 선수에게 하루 4번 1g의 인산나트륨을 보충 섭취시키는 이중맹검실험을 실시한 결과, 인산염은 적혈구의 2,3-DPG 2,3-diphospho glycerate를 증가시키고 최대산소섭취량(VO_2max)을 증가시켰다. 또한 운동 중 젖산이 적게 생성되어, 근육으로의 산소 공급이 더욱 효율적이었으며, 러닝머신에서 더 오래 뛸 수 있었다. 또 다른 연구에서도 숙련된 크로스컨트리 선수들에게 4g의 인산나트륨을 6일 동안 보충시켰을 때, 최대산소섭취량이 10%가량 증가했지만, 러닝머신에서의 5마일 달리기 기록은 향상되지 않았다. 그 외 몇몇 연구에서도 인산염 보충제가 운동수행능력 향상에 도움이 된다는 연구가 있다. 하지만 이와는 다르게, 인산염이 운동수행능력에 영향을 미치지 않는다는 연구도 있다. 즉, 인산염 보충제를 숙련된 마라토너에게 보충시켰을 때, 자각하고 있는 운동 강도는 낮았지만 생리적 반응은 차이가 없었다고 한다. 또 훈련된 사이클 선수와 일반인에게 칼슘인산염 형태로 보충시킨 실험에서도 심박동수, 호흡, 산소흡입량, 탈진하는 데 걸리는 시간 등에는 영향이 없었다. 따라서 이상의 연구 결과를 종합해 보면, 인산염의 보충은 피로회복에는 일부 도움이 될 수 있으나, 운동수행능력을 향상시키는가에 대하여는 좀 더 연구가 필요하다.

크레아틴인산 형태의 보충은 근력 향상과 달리는 속도에 도움이 되며, 재활치료 중인 근위축증 노인 환자의 근육량 증가에도 도움이 되는 것으로 알려졌다.

하지만 과량의 인산이 체내로 들어올 경우, 신장에서 대부분 배설된다. 소변으로의 인 배설 자체는 문제가 없지만 신장기능에 부담을 줄 수 있다. 또한 인산염 보충제를 복용하는 경우, 위장장애와 칼슘대사 불균형에 의해 골다공증의 위험률이 높아질 수 있다. 따라서 장기간의 인산염 보충은 권장하지 않는다.

tip

인 급원식품 : 어육류, 난류, 우유, 곡류, 가공식품, 탄산음료
1일 권장섭취량 : 남자(19~29세) 700mg
여자(19~29세) 700mg
1일 상한섭취량 : 성인 3,500mg

3) 운동과 마그네슘

(1) 마그네슘의 생체 내 기능

마그네슘magnesium, Mg은 식물의 녹색 색소인 엽록소에 들어 있다. 생체 내에서 마그네슘의 60%는 골격과 치아에 들어 있다. 마그네슘은 골격과 치아의 구성성분으로 탄산이나 인산 복합체의 형태로 들어 있다. 특히 치아 에나멜층의 칼슘 안정성을 증가시켜 충치를 예방한다. 마그네슘은 여러 효소의 보조인자로 작용하며, 에너지 대사에 관여하여 ATP를 안정시킨다. 또한 신경자극 전달에 관여하며, 근육의 긴장과 이완을 조절하는 작용을 한다. 따라서 신경이나 폐, 심장근육 등이 제대로 기능을 하려면 마그네슘이 필요하다. 마그네슘은 마취제나 항경련제 성분으로 쓰이기도 한다.

마그네슘은 식물에 널리 분포되어 있기 때문에 일상식을 하는 경우 결핍증은 드물게 발생한다. 마그네슘 결핍은 구토나 설사가 심하여 마그네슘 흡수가 부족하였거나, 장기간 무더위에서 땀을 심하게 흘린 경우, 또는 마그네슘 배설을 증가시키는 약물을 복용했을 때 나타난다. 또한 아연을 지나치게 많이 섭취했을 때에도 마그네슘 결핍이 나타날 수 있으며, 알코올 중독자에게도 나타난다.

마그네슘 결핍증의 증상으로는 무감각, 근육약화, 근육 뒤틀림과 떨림, 근육경련(특히 발), 부정맥 등이 있다. 근육 계통 증상은 칼슘에 의한 근육수축 작용을 마그네슘이 중단시키지 못하기 때문이다. 또한 마그네슘 결핍은 칼슘에 의한 동맥혈관 수축을 조절하지 못하여 고혈압을 유발할 수도 있다.

한편 마그네슘 과잉증은 신장기능이 저하될 때 나타날 수 있다. 증상으로는 허약 체질, 구역질이 유발되며, 호흡이 느려지고 혼수상태에 빠질 수도 있다.

(2) 마그네슘과 운동수행능력

운동은 마그네슘 대사에 영향을 미친다. 또한 땀과 소변으로의 마그네슘 배설량도 증가하기 때문에, 고강도 운동을 하면 마그네슘 요구량이 10~20% 증가한다.

마그네슘이 결핍된 경우, 면역기능 저하와 만성적인 피로감이 나타날 수 있다. 또한 최대하운동 submaximal exercise에 필요한 산소량이 증가하고 지구력이 감소한다. 따라서 고강도 훈련을 지속적으로 하는 경우 마그네슘이 부족하지 않도록 충분히 섭취하는 것이 좋다.

마그네슘은 결핍된 사람에게 보충하여 섭취시킨 경우에는 혈압을 정상으로 유지하는 데에 도움이 되지만, 영양이 우수한 사람에게는 혈압을 낮추는 데에 도움이 되지 않는다. 일부 역학연구에서 마그네슘이 많이 들어 있는 경수를 음용한 남자들이 심근경색에 의한 사망률이 더 낮았는데, 이는 마그네슘이 혈압을 낮추기 때문인 것으로 추정된다. 그러나 여러 실험연구에서는 8~26주 동안 마그네슘을 보충시켰어도 혈압이 크게 변화하지 않았다. 따라서 마그네슘의 보충은 결핍된 사람에게만 혈압을 낮추는 데 도움이 되는 것으로 보인다.

마그네슘 보충이 운동수행능력을 향상시키는가에 대하여는 여러 의견이 있다. 유산소지구력운동에서는 마그네슘 보충이 대조군에 비해 산소소모량이 낮았으나, 운동 지속시간에는 영향을 미치지 못하였다. 또 다른 연구에서는 마그네슘 보충이 근육이나 혈청의 마그네슘 함량에도 영향을 미치지 않았으며 마라톤 수행능력, 근육기능과 근육회복에도 영향을 미치지 않았다. 여러 메타분석연구에서도 마그네슘 보충이 유산소운동, 근력운동 등 운동수행능력에 영향을 미치지 않았다.

체내 마그네슘이 충분한 경우, 식사로 섭취한 과량의 마그네슘은 흡수율이 감소한다. 마그네슘의 상한섭취량은 1일 350mg이며, 보충제나 강화식품으로 섭취할 때 적용된다. 마그네슘을 과다 섭취하면 구역질, 구토, 설사 등이 유발되며, 신장기능이 부진할 경우 혈중 마그네슘 농도가 상승함에 따라 혼수상태와 사망에까지 이를 수 있다.

tip

마그네슘 급원식품 : 시금치, 무청, 깻잎, 부추, 밀기울
1일 권장섭취량 : 남자(19~29세) 350mg
여자(19~29세) 280mg
1일 상한섭취량 : 성인 350mg(보충제 등 식품 외의 급원으로 섭취할 때)

4) 운동과 나트륨(소듐)

(1) 나트륨의 생체 내 기능

나트륨 sodium, Na은 세포외액에 주로 들어 있는 양이온으로, 체중의 0.15~0.2% 수준이며, 성인 남자는 약 105g 정도를 가지고 있다.

나트륨은 칼륨과 함께 체내 삼투압을 유지하고 체액의 부피를 조절하는 기능을 한다. 산·염기 평형 조절에도 관여하며, 근육의 자극 반응을 조절하고, 근육의 흥분성과 과민성을 유지시킨다. 그 외 신경자극의 전달에도 관여한다.

나트륨은 일반 식품에 고르게 들어 있기 때문에 결핍증은 매우 드물게 발생한다. 나트륨 결핍증은 채식주의자나 심한 구토 또는 설사가 지속되는 경우, 그리고 온도가 높은 지역에서 과도한 운동을 할 때 발생한다. 나트륨 결핍증의 증상은 식욕부진, 성장감소, 근육경련, 메스꺼움, 설사, 두통 등이다. 나트륨 과잉 섭취가 지속되면 고혈압 위험도가 증가하며, 부종이 나타난다.

한편 지나치게 많은 땀 배출로 체내 염분이 고갈된 경우, 열사병heatstroke이 발생할 수 있다. 주로 높은 온도와 습도에 노출됐을 때 전신 무기력증 증세로 나타나며, 이때 물과 함께 전해질을 공급하는 것이 필요하다. 성인의 경우 나트륨은 하루에 1.5g이면 충분하며, 목표 섭취량은 2.0g으로 소금으로 환산하면 약 5g 정도이다.

(2) 나트륨과 운동수행능력

운동은 항이뇨호르몬과 알도스테론 분비를 유도하여 체수분과 나트륨을 보유할 수 있도록 한다. 따라서 격렬한 운동을 하면 혈액 중의 나트륨 농도가 상승하면서 혈액량이 증가한다. 운동에 의해 땀 분비가 증가할 때 수분만 보충한다면, 혈장 나트륨 농도가 감소하면서 일시적으로 나트륨 부족상태가 될 수 있으며 근육이 쇠약해질 수 있다. 따라서 고온에서 장시간 운동을 할 때에는 수분과 함께 나트륨을 적정량 보충하는 것이 운동수행능력을 유지하는 데 도움이 된다.

tip

- 항이뇨호르몬(antidiuretic hormone, ADH) : 소변 배설을 억제하는 호르몬
- 알도스테론(aldosterone) : 신장에서 나트륨과 물의 재흡수를 높이고, 칼륨 배설을 증가시키는 역할을 하는 호르몬

tip

나트륨 급원식품 : 소금, 간장, 라면, 빵류, 김치, 찌개류, 멸치
1일 충분섭취량 : 남자(19~29세) 1.5g
여자(19~29세) 1.5g
1일 상한섭취량 : 성인 2.0g

5) 운동과 칼륨(포타슘)

(1) 칼륨의 생체 내 기능

칼륨 potassium, K은 세포내액에 들어 있는 주요 양이온으로, 칼슘과 인 다음으로 체내에 많이 들어 있다. 성인 남자는 135~250g을 가지고 있다.

칼륨의 기능은 수분과 전해질의 평형을 유지하는 것이다. 또한 칼륨은 산 · 염기 평형 조절작용을 하며, 근육의 수축 · 이완 작용과 단백질 합성, 근육의 글리코겐 저장과정에도 관여한다.

칼륨은 대부분의 식품에 고르게 함유되어 있기 때문에 결핍증은 매우 드물게 나타난다. 칼륨 결핍증은 구토나 설사가 지속될 때, 이뇨제를 복용했을 때, 또는 알코올 중독일 때 발생할 수 있다. 스테로이드호르몬을 장기 복용할 때에도 결핍증이 발생한다. 결핍 증상으로는 식욕감퇴, 근육경련, 어지러움, 무감각증, 변비, 심장박동 불규칙 등이 있다.

일반적으로 칼륨 과잉증도 거의 발생하지 않는다. 그러나 신장기능이 떨어지면 혈액 내의 칼륨 농도가 증가하여 고칼륨혈증을 일으키고, 심장기능을 방해하여 심장 박동이 불규칙해지면서 호흡곤란이 나타난다.

(2) 칼륨과 운동수행능력

칼륨은 생체 내에서 근육의 수축 · 이완 작용에 관여하기 때문에, 결핍 시 신체 운동수행능력을 저하시킬 것으로 생각된다. 그러나 실제 정상적인 식사를 하는 경우 운동에 의해 칼륨 결핍이 발생하지는 않는다. 다만 여자 운동선수 중 체중 감량을 위해 구토를 하는 경우 칼륨 결핍이 발생할 수 있으며, 이때 운동수행능력이 급격히 감소하게 된다. 당과 전해질이 함유된 음료를 보충함으로써 칼륨 결핍을 완화할 수 있다.

tip

칼륨 급원식품 : 채소류, 감자, 고구마, 견과류
1일 충분섭취량 : 남자(19~29세) 3.5g
여자(19~29세) 3.5g

표 6-2 / 다량무기질의 체내 기능, 결핍증과 과잉증

구분	주요 기능	결핍증	과잉증
칼슘	뼈 형성, 효소 활성화, 신경자극 전달, 근육 수축 · 이완, 혈액응고	골다공증, 구루병, 근육수축 장애, 근육통증	변비, 고칼슘혈증, 신장결석, 미량무기질 흡수장애, 부정맥, 연조직의 석회화
인	뼈 형성, 산 · 염기 평형, ATP · 크레아틴인산 생성	드물다. 칼슘 결핍증과 유사, 근육 약화	드물다. 과잉독성이 발견되지 않는다. 칼슘 대사 장애
마그네슘	탄수화물 대사, 근육수축, 뼈 형성	드물다. 근육 약화, 무감각, 부정맥	구역질, 구토, 설사
나트륨	삼투압 조절, 세포외액, 근육자극반응 조절, 신경자극 전달	드물다. 식욕부진, 성장감소, 근육경련, 메스꺼움, 설사, 두통	고혈압
칼륨	수분 평형, 전해질 평형, 근육 수축 · 이완	드물다. 식욕부진, 근육경련, 어지러움, 변비	드물다. 고칼륨혈증(심박동 불규칙)

02 · 운동과 미량무기질

1) 운동과 철분

(1) 철분의 생체 내 기능

성인의 철분 iron, Fe 보유량은 3~4g 정도이다. 철분의 체내 분포는 적혈구 헤모글로빈에 70%, 근육에 미오글로빈 형태로 5%, 간 · 지라 · 골수에 20%가 저장되어 있으며, 나머지 5%는 효소 구성성분으로 들어 있다.

철분은 생체 내 헤모글로빈의 구성성분으로 산소를 혈액 내에서 이동시키는 작용을 한다. 또한 철분은 미오글로빈의 구성성분으로서 근육에서 산소를 일시적으로 저장한다. 그 외 효

소의 보조인자로 작용하며, 신경전달물질과 콜라겐 합성에도 관여한다.

체내 철분이 부족한 경우 성장부진 및 학습장애가 올 수 있으며, 철분결핍성 빈혈이 나타난다. 빈혈의 증상으로는 피로감, 허약, 호흡곤란, 체온조절이상, 식욕부진 등이 있다.

tip 철분 흡수율에 영향을 미치는 영양성분

- 흡수 증진 요인 : 체내 저장 철분이 없을 때, 생리적으로 철분 요구량 증가(성장기, 임산부), 헴형 철분(육류의 헤모글로빈, 미오글로빈), 비타민 C, 구연산, 위산
- 흡수 방해 요인 : 체내 저장 철분 증가, 다른 무기질의 다량 섭취(칼슘, 아연 등), 피틴산, 수산, 탄닌, 식이섬유, 위산 분비 저하(위절제수술, 노화 등)

(2) 철분과 운동수행능력

철분은 체내 산소 운반과 에너지 생성에 필수적인 무기질이므로 특히 철분 결핍 우려가 높은 여자 운동선수는 철분 영양상태를 체크하는 것이 중요하다. 철분이 결핍된 경우, 적절한 철분을 섭취하면 운동수행능력이 향상된다. 빈혈이 나타나지는 않았지만 철분이 결핍된 사람에게 철분을 보충시킨 결과, 혈청 헤모글로빈 수치가 개선되었고 최대산소섭취량이 증가하였으며, 운동수행능력이 향상되었다. 이와는 반대로 철분이 결핍된 경우에도 혈청 페리틴 수치 등은 개선되었으나 운동수행능력에는 영향이 없었다는 연구도 다수 발표되었다.

그러나 철분이 부족하지 않으며 빈혈도 없는 사람이 철분을 추가로 섭취하는 경우, 운동수행능력이 더 향상되지는 않으며, 철분의 과다 섭취는 오히려 건강을 해칠 수 있다. 과량의 철분을 지속적으로 섭취하는 경우, 철분 대사가 교란되면서 간에 헤모시데린 hemosiderin 형태로 축적되며, 이에 따라 혈색소침착증이 발생하고 간경화 등 간 손상이 나타날 수 있다. 또한 철분이 과다하게 세포에 침착한 경우 대장암 발생 위험률도 증가한다. 철분 과다 섭취는 구리, 아연 등 다른 미량무기질 흡수율을 낮춘다.

tip 혈색소침착증 hemochromatosis

체내에 철분이 쌓이는 질환으로 간, 피하, 췌장, 심장 등에 철분이 축적되어 간기능 장애, 인슐린 분비 장애에 따른 당뇨병, 심장기능 장애 등이 발생한다.

tip

철분 급원식품 : 굴, 맛조개, 닭간, 쇠고기, 달걀, 검정콩, 두부, 들깨, 쑥, 무청, 근대, 미나리, 시금치
1일 권장 섭취량 : 남자(19~29세) 10mg
여자(19~29세) 14mg
1일 상한섭취량 : 성인 45mg

2) 운동과 아연

(1) 아연의 생체 내 기능

아연zinc, Zn은 성인 보유량이 약 1.5~2.5g인 미량무기질로서, 그중 90%는 근육과 골격에 들어 있다.

아연은 조절효소의 구성성분으로 단백질 대사와 합성 조절 작용을 하며, DNA나 RNA 같은 핵산 합성과 탄수화물 대사에도 관여한다. 아연은 산화적 손상을 방지하여 생체막의 정상적인 구조와 기능을 유지시키며, 상처회복을 돕는 작용을 한다. 또한 아동의 성장과 면역기능이 활성화되도록 돕는다. 정상적인 미각기능을 유지하는 데에도 필요하다.

아연 섭취가 부족하면 아동은 성장과 근육 및 생식기 발달이 지연되고 면역력이 저하되며, 상처회복이 지연되고 식욕부진과 미각후퇴 같은 증상이 나타난다. 성인의 경우 거식증이나 저영양 상태에서 아연 결핍증이 발생하며, 수술 직후에도 많이 나타난다. 아동, 임산부, 노인에게 아연 결핍증이 나타나기 쉽다.

(2) 아연과 운동수행능력

역도나 레슬링 선수처럼 체중 감량을 위해 땀을 흘리고 다이어트를 하는 운동선수의 경우 아연 결핍증에 걸릴 우려가 높다. 특히 지구력을 요하는 마라톤이나 철인3종경기 선수의 경우, 땀과 소변으로의 배설량이 많아 아연 부족 현상이 종종 나타난다. 아연 섭취가 부족한 경우 테스토스테론 수치가 낮아지며, 면역력이 저하될 수 있다. 또한 아연이 결핍되면 근지구력이 감소한다.

사춘기 이전의 아동에게 아연을 보충 섭취시키면 신장과 체중이 빠르게 발달한다. 그러나 아연 보충 섭취가 운동수행능력을 향상시킨다는 근거는 명확하지 않다.

아연을 과다하게 보충 섭취하는 경우 구리, 철분 등 다른 무기질 흡수가 방해를 받는다. 하루 100mg 이상 과량을 섭취하는 경우, 혈청 LDL-콜레스테롤은 증가하고 HDL-콜레스테롤 수치는 감소하여 심혈관계 질환의 위험성이 높아진다. 아연 과다 섭취는 면역기능장

애를 초래하기도 하며 구역질, 구토 등을 유발할 수도 있다.

tip

아연 급원식품 : 굴, 돼지고기, 쇠고기, 새우, 팥, 검정콩, 두부, 귀리
1일 권장섭취량 : 남자(19~29세) 10mg
여자(19~29세) 8mg
1일 상한섭취량 : 성인 35mg

3) 운동과 셀레늄

(1) 셀레늄의 생체 내 기능

셀레늄 selenium은 글루타티온 과산화효소의 구성성분으로서 항산화 작용을 하며, 세포의 산화적 손상을 방지한다. 또한 비타민 E와 함께 항산화 작용을 하므로 비타민 E를 절약하기도 한다. 갑상선호르몬 활성화에도 기여하며, 면역기능에 관여함으로써 암 예방에도 도움을 준다.

셀레늄 섭취가 부족한 경우 근육손실, 성장저하, 심근장애가 나타날 수 있다. 셀레늄을 과잉 섭취할 경우 독성 작용에 의해 탈모, 손톱손실, 치아부식, 신경장애, 피부손상 등이 나타난다. 셀레늄 보충제를 다량 섭취했을 때 메스꺼움, 구토, 탈모, 손톱변화, 말초신경장애 등이 나타나기도 한다.

(2) 셀레늄과 운동수행능력

셀레늄이 결핍된 사람이 고강도 운동을 할 때 체내 항산화 기능이 원활하게 이루어지지 못하게 되어 근육조직과 미토콘드리아에 손상이 생길 수 있으며, 이에 따라 운동능력이 저하될 가능성도 있다.

셀레늄 보충은 유산소운동에 의한 세포막의 지질 과산화를 감소시키기는 하지만, 운동수행능력을 향상시키지는 못한다. 셀레늄 보충량은 하루 200㎍까지는 허용되지만, 300㎍ 이상 섭취할 경우 갑상선호르몬 합성장애 등 부작용이 나타날 수 있다.

tip

셀레늄 급원식품 : 밀배아, 통밀, 가재, 참치, 게, 굴, 대구, 닭고기, 땅콩, 우유
1일 권장섭취량 : 남자(19~29세) 60μg
여자(19~29세) 60μg
1일 상한섭취량 : 성인 400μg

표 6-3 / 미량무기질의 체내 기능, 결핍증과 과잉증

구분	주요 기능	결핍증	과잉증
철분	헤모글로빈 형성, 신경전달물질 합성, 콜라겐 합성, 조효소	피로, 쇠약, 호흡곤란, 체온조절 이상, 식욕부진	혈색소침착증
아연	단백질 대사의 조효소, 핵산 합성, 성장, 면역기능	성장부진, 면역력 약화, 상처회복 지연	철분 흡수장애
셀레늄	글루타치온 과산화효소 성분, 항산화 작용	근육손실, 성장저하, 심근장애	탈모, 손톱손실, 치아부식, 신경장애, 피부손상 등

tip 붕소 보충제 섭취가 근육 만들기에 도움이 될까?

붕소 boron는 체내에 미량 들어 있는 비금속 원소로서 뼈, 비장, 갑상선에는 비교적 높은 농도로 들어 있지만, 아직 생체 내 기능은 잘 알려져 있지 않다. 붕소가 결핍되면 뼈조직 합성이 감소한다. 일부 연구에서 붕소가 결핍된 사람에게 붕소를 보충시켰을 때 테스토스테론 분비가 증가되었다. 이 때문에 보디빌더나 역도 선수에게 붕소를 과다하게 보충시켜 근육량을 증가시키려는 시도가 있으며, 또 붕소가 함유된 보충제가 스테로이드보다 안전하다고 광고하기도 한다. 그러나 붕소를 적절하게 섭취하는 사람이 추가해서 더 많이 먹는 경우에는 테스토스테론 수치가 변화되지 않았다. 따라서 붕소 과다 보충에 의한 근육증강효과나 과다 섭취에 의한 부작용에 대한 연구가 부족하므로, 붕소 보충제 섭취는 권장하지 않는다.

tip 바나듐 보충제 섭취가 근육 만들기에 도움이 될까?

바나듐 vanadium은 곡류, 육류, 닭고기, 생선, 식용유 등에 들어 있는 극미량무기질이다. 바나듐은 요오드 대사와 갑상선 기능에 필요하다. 또한 생체 내에서 인슐린과 비슷한 역할을 하여 근육에서 포도당 전달과 이용이 쉽도록 도와주며, 글리코겐 합성을 촉진하고 해당작용을 활성화한다. 제2형 당뇨병 환자에게 3주 동안 하루 2차례 50mg의 바나듐을 보충시킨 결과, 인슐린에 의한 지방분해 억제작용이 부분적으로 증가되어 간과 골격근의 인슐린 감수성이 증가되었다. 그러나 당뇨병이 없는 정상인들은 인슐린 감수성이 변화되지 않았다.
바나듐이 근육에 글리코겐을 축적시키고 아미노산 흡수를 높인다는 몇몇 연구 결과를 토대로, 일부 보디빌더들은 근육을 키우기 위해 바나듐 보충제를 섭취하고 있다. 그러나 바나듐이 운동수행능력을 향상시킨다는 근거는 아직 없다. 또한 바나듐 섭취에 의한 간 독성이 있을 수 있으므로 보충제의 섭취는 주의해야 한다.

tip 크롬 보충제 섭취가 근육 만들기에 도움이 될까?

극미량 원소인 크롬 chromium은 효모, 밀, 땅콩, 간, 달걀노른자, 자두, 버섯, 포도주, 치즈 등에 함유되어 있다. 크롬은 생체 내에서 인슐린 기능을 강화시켜 주는 단백질 보조인자로서 작용한다. 인슐린은 포도당이 세포 내로 들어갈 수 있도록 촉진하는 작용을 하고, 지방산 대사를 증가시키며, 단백질 합성을 촉진하는 효소작용을 돕는다. 따라서 만성적으로 크롬이 부족한 경우 혈중 콜레스테롤이 증가하고 인슐린 감수성이 감소하여 제2형 당뇨병 위험이 높아진다. 크롬은 식품이 가공되는 과정에서 손실되기도 하고, 스트레스성 운동을 할 때 소변에 의해 배설량이 증가하여 결핍될 위험성이 증가한다.

크롬이 단백질 합성 보조물질 또는 지방연소물질로 알려짐에 따라 크롬 보충제(크롬 피콜리네이트 chromium picolinate)를 섭취하는 사람이 많아졌다. 일부 광고에서는 보디빌더나 저항성 운동을 하는 사람들에게 스테로이드보다 안전하며, 매우 쉽게 근육 합성을 증가시키는 식사 보충제라고 선전하기도 한다. 크롬 보충 섭취에 의해 인슐린 작용이 강화되어 골격근의 아미노산 동화작용을 증가시킬 것으로 믿고 있는 것이다. 그러나 당뇨병이 아닌 경우에는 크롬을 보충해도 혈중 포도당 농도나 인슐린 농도에 아무런 영향을 미치지 못하였으므로, 크롬의 근육합성 증가 효능에 대한 과학적 근거는 부족한 실정이다.

또한 대부분 연구에서 크롬 보충제 섭취가 신체조성이나 운동수행능력에 좋은 효과를 주지는 못하는 것으로 보고되었다. 일반인 남성 대상으로 12주 동안 저항성 운동과 함께 매일 200㎍의 크롬을 보충시킨 연구에서, 위약군에 비해 보충군의 신체구성이나 근력의 변화가 유의하지 않았다.

또 다른 예로 대학 풋볼선수들에게 매일 200㎍의 크롬을 9주 동안 보충 섭취시킨 연구에서도 고강도 역도 훈련을 한 실험군의 신체구성이나 근력의 변화가 위약군에 비해 의미 있게 향상되지 않았다. 이중맹검법 double blind test에 의한 연구에서도 8주 동안 저항성 훈련을 하는 청년을 대상으로 매일 크롬(실험군) 또는 위약(대조군)을 공급한 결과, 크롬 보충이 훈련에 따른 근육량, 체형, 근력 등에 영향을 미치지 못하였다.

이상과 같이 크롬 피콜리네이트가 체중감소나 건강에 유익하다는 근거가 입증되지 못하였으므로, 미국에서는 이에 대한 광고를 금지하고 있다.

■ 크롬의 건강 위해성

크롬은 혈장 내에서 철분을 조직으로 이동시키는 역할을 하는 트랜스페린 Transferrin과 결합하기 위해 철분과 경쟁하게 된다. 이에 따라 크롬 피콜리네이트를 보충한 경우 트랜스페린이 감소될 수 있다. 또한 과량의 크롬 섭취는 양전하를 띠는 미량무기질인 철분이나 아연의 흡수를 방해할 수도 있다. 결국 과량의 크롬 섭취는 철분 결핍의 위험성과 빈혈 발생률을 높이고, 오히려 운동수행능력을 떨어뜨릴 수 있다. 장기적인 크롬 보충이 크롬 섭취가 낮은 사람이나 정상적인 사람의 운동수행능력을 높일 수 있는가에 대한 연구는 계속되고 있지만, 과도한 크롬 섭취에 의한 건강 위험성이 제기된 만큼 아직은 득보다는 실이 많다고 볼 수 있다.

요약 및 연습문제

Sum-up

1. 칼슘은 인체 내에 가장 많이 들어 있는 무기질로서, 생체 내에서 골격과 치아를 구성한다. 또한 혈액 응고, 신경자극 전달, 근육의 수축과 이완, 근육과 간에서의 글리코겐 합성 · 분해작용 및 세포 내 산화스트레스 제거활동 등의 역할을 한다. 칼슘이 부족하면 성장부진, 골연화증, 골다공증이 발생한다. 유산소운동과 체중부하운동, 근력운동이 골밀도를 높이는 데 효과적이다. 운동을 하면 칼슘 배출량이 증가하기 때문에 충분량을 섭취하는 것이 좋다. 그러나 체내 칼슘이 부족해도 운동수행능력은 영향을 받지 않으며, 칼슘을 과다 섭취한다고 해서 운동수행능력이 향상되지도 않는다.
2. 칼슘과 인은 '1 : 1' 비율이 생체 내 효율에 가장 좋다. 인은 칼슘과 함께 골격과 치아를 만들며, 나머지 인은 산 · 염기 평형 조절, 핵산 구성성분, 효소의 활성화 작용을 한다. 격심한 근육운동을 하는 경우 소변으로의 인 배설량이 증가하지만, 인 결핍은 나타나지 않는다. 인산염 형태로 보충 섭취하는 것은 피로회복에 도움이 된다. 인산염 보충제를 복용하는 경우 위장장애와 칼슘 대사 불균형에 의해 골다공증의 위험률이 높아질 수 있다. 따라서 장기간의 인산염 보충은 권하지 않는다.
3. 마그네슘은 골격과 치아의 구성성분으로 탄산이나 인산 복합체의 형태로 들어 있으며, 충치를 예방한다. 또한 효소의 보조인자, 에너지 대사 작용, 신경자극 전달, 근육의 긴장과 이완을 조절하는 작용을 하며, 마취제나 항경련제 성분으로 쓰이기도 한다. 마그네슘

결핍증 증상으로는 무감각, 근육약화, 근육 뒤틀림과 떨림, 근육경련(특히 발), 부정맥 등이 있다. 땀과 소변으로의 마그네슘 배설량이 증가함에 따라 고강도 운동을 하면 마그네슘 요구량이 10~20% 증가한다. 운동에 의해 에너지 소모량이 증가하는 경우에는 추가적으로 마그네슘이 더 필요하다.

3. 나트륨은 세포외액에 주로 들어 있으며, 칼륨과 함께 체내 삼투압을 유지하고 체액의 부피를 조절하는 기능을 한다. 그 외 산 · 염기 평형 조절, 근육의 자극 조절, 근육의 흥분성과 과민성 유지, 신경자극 전달에도 관여한다. 나트륨 결핍증은 매우 드물게 발생하며, 증상은 식욕부진, 성장감소, 근육경련, 메스꺼움, 설사, 두통 등이다. 고온에서 운동을 할 때에는 적절한 나트륨 보충이 운동수행능력을 유지하는 데 도움이 된다.
4. 칼륨은 세포내액에 들어 있는 주요 양이온으로, 수분과 전해질의 평형 유지, 산 · 염기 평형 조절, 근육의 수축과 이완작용, 단백질 합성에 관여한다. 칼륨 결핍증은 구토나 설사가 지속될 때, 이뇨제를 복용했을 때, 또는 알코올 중독일 때 발생할 수 있다. 여자 운동선수 중 체중 감량을 위해 구토를 하는 경우 칼륨 결핍이 발생할 수 있으며, 이때 운동수행능력이 급격히 감소한다.
5. 철분은 헤모글로빈의 구성성분으로 산소를 혈액 내에서 이동시키는 작용을 한다. 그 외 미오글로빈 구성성분, 효소의 보조인자, 콜라겐 합성과정에 관여한다. 철분이 부족한 경우, 철분결핍성 빈혈이 나타난다. 철분은 체내 산소 운반과 에너지 생성에 필수적인 무

기질이며 지구력 증진에 도움이 되므로 운동선수, 특히 여자 운동선수는 철분 영양상태를 양호하게 유지하는 것이 중요하다. 철분의 과다 섭취는 혈색소침착증을 유발하고, 간경화 등 간 손상을 야기할 수 있다.

6. 아연은 조절효소의 구성성분으로 단백질 대사와 합성 조절작용, 핵산 합성, 생체막의 정상적인 구조와 기능 유지, 아동기 성장과 면역기능 활성화, 미각 기능 등에 관여한다. 아연 섭취가 부족하면 아동은 성장과 근육 및 생식기 발달 지연, 면역력 저하, 식욕부진 등이 나타난다. 아연 섭취가 부족한 경우, 테스토스테론 수치가 낮아지고 면역력이 저하될 수 있다. 또한 아연이 결핍된 경우 근지구력이 감소하였으나, 아연 보충 섭취가 운동수행능력을 향상시킨다는 근거는 명확하지 않다.
7. 셀레늄은 글루타티온 과산화효소의 구성성분으로서 항산화 작용을 하며, 세포의 산화적 손상을 방지한다. 셀레늄 섭취가 부족한 경우 근육손실이나 성장저하, 심근장애가 나타나며, 과잉 섭취할 경우 탈모, 손톱손실, 치아부식, 신경장애, 피부손상 등이 나타난다. 셀레늄이 결핍된 경우, 강한 운동을 할 때 체내 항산화 기능이 원활하게 이루어지지 못하게 되어 근육조직과 미토콘드리아에 손상이 생길 수 있으며, 이에 따라 운동능력이 저하될 가능성도 있다. 그러나 셀레늄을 추가로 보충 섭취해도 운동수행능력이 향상되지는 않는다.

Practice

01 철분의 체내 기능을 설명하고, 권장량 이상 추가 섭취하는 것이 운동수행능력에 어떤 영향을 미치는지 설명하시오.

02 칼슘 보충제를 과다하게 섭취할 경우 나타나는 부작용에 대해 설명하시오.

03 아연이 결핍된 경우, 운동수행능력에 미치는 영향을 설명하시오.

04 인산염의 보충 섭취가 운동수행능력에 미치는 영향을 설명하시오.

05 크롬 보충제가 근육 강화에 도움이 되는지 설명하시오.

7

수분과 전해질

1 체수분
2 전해질
3 운동 시 수분과 전해질 균형
4 운동 시 수분 보충

들어가기 전에

물은 수소원자 2개와 산소원자 1개로 구성된 간단한 화합물질로 탄수화물, 단백질, 지질, 비타민, 무기질만큼 중요한 영양소이다. 물은 에너지를 제공하지는 않지만 체내 항상성 유지와 생명 유지에 필수적인 요소이다. 따라서 물을 4~5일만 섭취하지 않아도 매우 치명적인 결과를 초래할 수 있다. 물은 신체를 구성하는 모든 세포에 분포되어 있으며 세포가 정상적인 기능을 유지하기 위해서는 세포내액의 항상성을 유지해야 한다. 체중의 많은 부분을 차지하는 수분은 다른 영양소들이 작용하는 데 중간 매개체 역할을 하는 등 인체 대사에서 다양한 기능을 하는데, 그중 운동을 할 때 가장 중요한 기능은 체온조절이다.

01 · 체수분

1) 체수분 분포

물은 체중의 45~70%(35~45L)로서 몸의 구성성분 중 가장 많은 부분을 차지한다. 수분은 인체의 여러 영역에 분포되어 있으며 표 7-1 세포 내와 세포 주위, 그리고 혈관 내에 존재한다. 세포 내에 존재하는 수분을 세포내액이라고 하며, 세포를 둘러싸고 있는 공간에 존재하는 체액과 혈액을 합쳐서 세포외액이라고 부른다 그림 7-1. 세포외액 중 약 20%만이 혈액의 액체 부분, 즉 혈장에 존재한다. 나머지 80%의 세포외액은 세포들 사이에 존재하며 세포간질액 또는 조직액이라 부른다 표 7-2. 체액의 구획에 따른 체액량을 보면 총체액량의 2/3가 세포내액이고 나머지 1/3은 세포외액이다. 이 세포외액의 80%가 세포간질액이고 20%가 혈장이다. 세포내액 · 외액의 비율은 성별 · 연령에 따라 차이가 나는데 성인에 비해 성장기 유아에서, 남성에 비해 여성에서 세포외액이 많은 편이다 표 7-3 그림 7-2. 세포외액량은 남녀 모두 체중의 15%로서, 그중 혈장은 체중의 5%(3L) 정도이다. 세포내액량은 남자가 체중의 약 45%, 여자는 35%로서 이런 차이는 여자가 남자보다 지방조직이 많은 데 기인한다.

인체 수분 함량은 체구성분(제지방과 체지방 비율)에 따라 차이가 난다. 체수분량은 체조직에 따라 다른 비율로 존재하는데, 근육 · 피부 · 심장 · 간 등 체내 대부분 조직에서는 높고 지방조직에서는 낮다. 혈액은 골격보다 수분 함량이 많고, 지방조직에는 수분 함량이 적으므로 체중이 같은 사람의 체내 총수분량을 결정하는 것은 지방 함량이다. 남자는 체중의 55~60% 정도가 수분이고, 여자는 체지방량에 따라 50~55% 정도이다. 운동선수의 경우도 남자가 여자보다 수분 함량이 많고 체지방률이 더 낮아서 남자는 60~65%가 수분이고 여자는 이보다 10%가 적은 50~55%이다. 신생아의 수분 함량은 75% 정도이고 나이를 먹을수록 체내 수분 함량은 감

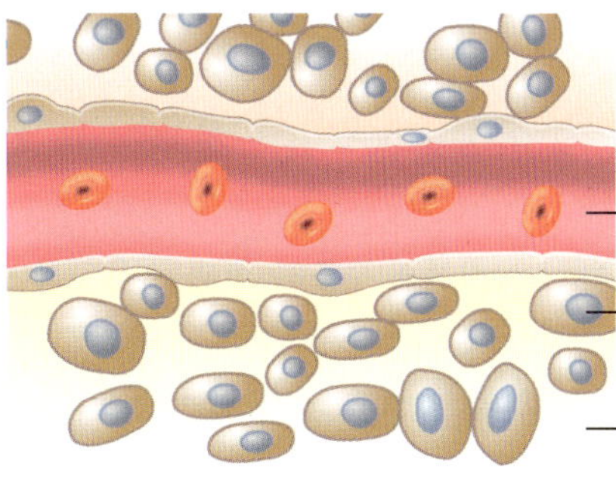

그림 7-1 체액의 구획과 분포

소한다 표 7-3 그림 7-2.

표 7-1 / 여러 조직의 수분 분포

조직	수분(%)	조직	수분(%)
혈액	83.0	뇌	74.8
신장	82.7	장	74.5
심장	79.2	피부	72.0
폐	79.0	간	68.3
비장	75.8	골격	22.0
근육	75.6	지방	10.0

표 7-2 / 신체 부분별 총수분량

	남자	여자
체중(kg)	70.0	55.0
총수분량(L)	42.0	28.0
세포내(L)	26.0	17.0
세포외(L)	13.0	9.0
세포질(L)	10.0	6.5
혈장(L)	3.0	2.5
세포간질액(L)	3.0	2.0

표 7-3 / 연령에 따른 체수분 함량(희석법에 의한 측정치)

연령	총수분량(체중에 대한 %)	연령	총수분량(체중에 대한 %)
0~5개월	72.2	7~16세	58.4
6개월~1세	69.5	22~58세	51.7
2~6세	63.1	71~84세	50.8

2) 수분의 생리적 기능

체액은 신체의 구조와 형태를 유지하며, 세포에 필요한 환경을 제공하고, 물질 수송(영양소 흡수 · 분비 · 배설)의 수단이 되며, 용매로서 체내 화학반응에 관여하고, 체온 유지의 수단으로 작용하는 등 생명 유지에 필수적인 영양소이다.

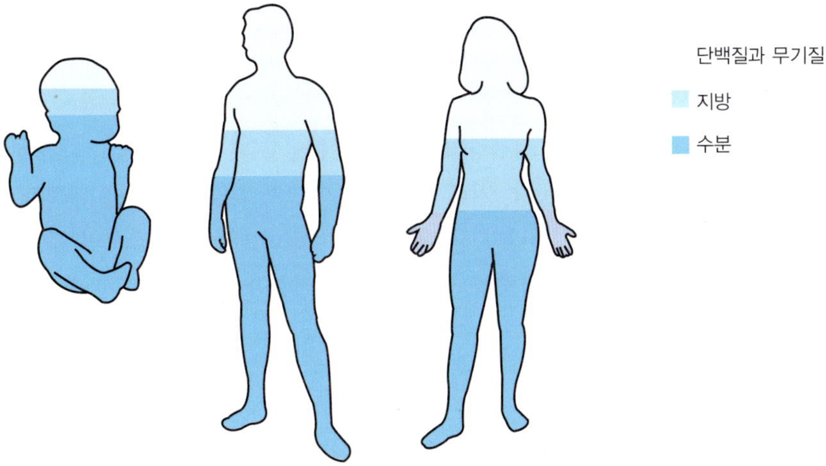

그림 7-2 연령별 체수분 함량

❶ 수분은 세포원형질의 필수적인 구조물질이며, 모든 생명체의 기본적인 구성요소이다. 뿐만 아니라 인체를 구성하는 세포 내외에서 일어나는 화학반응은 물을 매개로 이루어진다.

❷ 수분은 척수와 뇌 같은 주요 신체조직을 보호한다. 또한 체액은 관절공간(관절강) 내에 윤활액(활액), 심장막공간(심장강) 내의 심장막액, 가슴막공간(흉막강) 내의 가슴막액 등의 형태로 존재한다. 체액은 외부의 충격을 완충시키는 쿠션 역할을 하며, 기관의 운동에 따른 마찰을 감소시켜 주는 윤활유 역할을 한다.

❸ 수분은 체내 삼투압의 조절과 수분 및 전해질의 적절한 균형을 유지하는 데 필수적이다.

❹ 수분은 체내 산소, 영양소, 호르몬과 다른 복합물질들을 세포로 이동시키는 주요 운반 매개물이며, 배출을 위해 세포로부터 폐나 신장 같은 다른 기관으로 대사물질을 이동시키는 혈액의 주요 성분이다. 호흡계를 통해 받아들인 산소는 혈액에 의해 인체의 모든 조직세포에 공급되며, 대사활동의 결과 생성된 이산화탄소는 혈액에 의해 운반되어 폐를 통해 배출된다. 또한 소화관을 통해 혈액과 림프로 흡수된 각종 영양물질은 혈액에 의해 각 조직에 전달되며 동시에 신진대사과정에서 생성된 노폐물인 암모니아, 젖산, 요소, 그리고 전해질은 신장, 피부 등을 통해 체외로 방출된다.

❺ 수분은 활동량이 많은 사람에게 중요한 체온조절 역할을 한다. 수분은 땀의 주요 성분이며 피부 표면으로부터 증발을 통해 과도한 체열을 소비시킬 수 있다. 신체적으로 활동량이 많은 사람에게는 수분이 가장 중요한 성분이며, 운동 전과 운동하는 동안에 보충하면 운동수행능력에 유리한 영향을 준다.

3) 수분 균형

■ 휴식 시 수분 평형

체내 수분의 균형은 수분의 섭취량과 배설량이 동일할 때 이루어진다. 하루에 섭취하는 수분의 양은 염분 섭취량, 운동량, 기후 등에 따라 개인차가 있으며, 수분 배설과정도 소변, 대변, 피부와 폐를 통하여 일어난다. 체내 수분 섭취량이 배설량과 같으면 체내 수분 균형이 이루어지지만, 섭취량이 배설량을 초과하여 총체액량이 증가하면 수분 중독이 발생하고 감소하면 탈수 증세를 보인다.

> **tip 수분중독** water intoxication
>
> **원인**
> - 더운 환경에서 물을 과도하게 섭취하여 나트륨 손실에 대처하지 못하여 발생한다.
> - 시간당 1L 이상 수분섭취 결과 빈뇨와 희석된 소변
>
> **증상**
> - 나트륨 부족은 열피로와 유사한 증상이나 징후를 나타낸다.
> - 오심, 구토, 두통
> - 빈뇨, 요실금
> - 오한, 조정장애, 어지러움
> - 의식상태 변화
>
> **응급처치**
> 수분섭취를 제한하고 고염식을 권장한다.

하루 수분 섭취와 손실을 통한 체내 수분 균형은 표 7-4와 같다. 1일 총수분섭취량은 1,900~2,800ml로서, 그중 음료수 형태로 섭취되는 수분이 1,100~1,400ml로 가장 많고, 음식물에 함유되어 있는 수분이 약 800ml를 차지한다. 나머지 300ml는 대사수로서 탄수화물, 지질, 단백질이 체내에서 대사될 때 부산물로 생성되는 수분을 말한다. 영양소가 완전히 연소될 때 이산화탄소와 물이 생성된다. 이 대사수는 운동을 하지 않고 앉아서 일하는 사람의 1일 총수분요구량의 10~25%에 해당한다.

1일 총수분배설량은 1,900~2,800ml인데, 소변을 통한 수분 손실이 900~1,500ml로 가장 많고, 대변에 포함되어 있는 수분의 양은 약 100ml이다 표 7-4. 소변량은 단백질 분해의 최종 산물인 요소 같은 대사물질을 제거하기 위한 요인, 즉 인체 필요 수준에 따라 달라진다. 따라서 고단백 식사를 하여 체내 단백질의 대사율이 높아지면 운동 중 체내 탈수현상이 더욱 가속화될 수 있다. 나머지 1,000ml는 우리가 느끼지 못하는 사이에 피부와 폐를

통해 배설되는데, 이를 불감 손실량이라고 한다. 인체에 필요한 최소한의 1일 수분 섭취량은 약 1,900~2,800ml로서, 이는 허파와 피부를 통한 불감 손실량 1,000ml와 대사활동의 결과 생성된 노폐물을 배출하기 위해 필요한 최저 소변량 500ml를 합한 것이다.

표 7-4 / 하루 수분 손실과 섭취를 통한 수분 균형

수분 섭취량(ml)		수분 소비량(ml)	
음료	1,100~1,400	소변 생성량	900~1,500
음식 중의 수분	500~1,000	대변에 의한 손실량	100~200
대사수	300~400	호흡	400~500
		피부(증발작용)	500~600
계	1,900~2,800	계	1,900~2,800

02 · 전해질

전해질은 용액 내에서 전류를 전도하는 물질로서, 이온들로 해리되어 양이온이나 음이온의 전류를 띤다. 체액의 주요한 전해질은 나트륨, 칼륨, 염소, 마그네슘, 칼슘, 중탄산염, 황산염 등이다. 전해질은 세포막에서 작용하며 신경자극과 같은 전류를 생성한다. 전해질은 세포의 다양한 대사과정을 조절하는 효소를 활성화한다.

1) 체내 전해질 분포

혈액은 80%가 물, 18%가 단백질이며 나머지 2%는 지방, 무기질 등이다. 무기물질은 나트

륨, 칼륨, 마그네슘, 칼슘 등의 양이온과 염소, 중탄산염, 황산염 등의 음이온이다. 이온 중 혈장에는 나트륨, 염소가 전체의 약 85%를 차지하고 혈구 내 칼륨, 염소가 전체의 약 80%를 차지하고 있어, 이들 이온의 변동이 인체의 삼투압에 큰 영향을 미친다 표 7-5.

혈장과 세포간질액의 전해질 농도는 거의 같다. 세포 외 주요 전해질은 나트륨, 칼륨, 마그네슘, 칼슘, 염소이고 세포 내 주요 전해질은 나트륨, 칼륨, 마그네슘, 염소이며, 신경 전달과 근육 수축 시에는 전해질 농도에 차이가 있다.

표 7-5 / 세포내액 · 외액의 전해질 분포

전해질	세포외액(mEq/L)	세포내액(mEq/L)
나트륨	142	11
칼륨	5	164
칼슘	5	2
마그네슘	3	28
염소	103	4
탄산염	27	10
인산염	2	105
황산염	1	20

출처 : Black, 1968

2) 땀을 통한 전해질 손실

운동을 시작하면 초기에 염화나트륨이 땀을 통해 손실된다. 만일 식사나 전해질 음료로 손실된 전해질, 특히 식염을 섭취하지 않으면 열경련이 발생하기 쉽다. 즉 세포막 내외의 나트륨, 염소, 칼륨 농도 변화는 근경련의 주된 원인이 된다.

tip 근육경련이 자주 일어나요

운동 중 많이 발생하는 증세로서 무릎 밑 종아리 부위 근육과 발에 잘 나타나며, 근육을 지배하는 신경의 지나친 흥분으로 본인의 의지와 상관없이 강력하고 지속적으로 근육이 수축하는 현상이다. 발생 후 수초에서 15분까지 지속될 수 있고 경련이 해소된 이후에도 수차례 재발할 수 있으며, 통증도 상당 시간 지속될 수 있다. 다양한 원인에 의해 발생하나, 무리한 운동에 의한 근육 내 영양소와 산소의 결핍, 수분 부족, 젖산 같은 노폐물의 축적 등으로 생길 수 있다. 또한 혈액 순환의 장애를 일으키는 질병이 있을 때나 신경계 · 근육계에 이상이 있을 때 나타난다. 근육경련이 발생했을 때는 스트레칭이 가장 중요한데, 스트레칭은 뭉친 근육을 반대 방향으로 잡고 늘려주는 것이다.

땀을 많이 흘리면 수분과 함께 전해질도 손실된다. 몸에서 손실되는 이온의 양은 개인 간에 차이가 크며 열에 적응된 상태와 땀 흘리는 비율에 따라 다르다. 땀은 나트륨, 칼륨, 인산, 염소, 칼슘, 마그네슘 등 전해질을 포함하고 있다. 그중 나트륨은 땀으로 손실되는 주요 이온으로 세포외액에 많이 들어 있으며 체수분량을 조절하는 역할을 한다. 혈장 나트륨 농도가 낮으면 저나트륨혈증을 초래하는데, 특히 3시간 이상 운동 시 땀을 흘려 체중의 6%가 감소하고 나트륨은 약 5~7%가 감소할 때 발생할 수 있다.

tip 저나트륨혈증

마라톤, 울트라마라톤, 철인3종, 테니스 토너먼트 시합 등 온종일 장시간 수행되는 운동경기에서 전해질 보충은 필수적이다. 저나트륨혈증은 혈액 내의 나트륨 수준이 정상 이하인 경우로서, 수반되는 증상으로는 뇌의 수분 불균형으로 간질병적 발작이 있을 수 있고 사망을 초래할 수도 있다. 또한 장시간 지속되는 운동을 하는 동안 땀을 통해 나트륨이 손실되고 물을 많이 섭취하면 체액이 희석되어 혈중 나트륨 농도가 낮아지는 것이다. 보통 정도의 나트륨 농도는 혈장 나트륨 농도가 130~135mEq/L일 때이며, 중증은 130mEq/L 이하인 경우로 생명이 위험할 수도 있다. 이를 방지하기 위하여 나트륨이 함유된 음료를 보충하는 것이 필요하다.

운동할 때 땀을 흘리면 수분이 손실될 뿐만 아니라 인체의 전해질 균형이 파괴된다. 땀은 주로 물로 구성되어 있지만 전해질도 포함되어 있다. 땀으로 손실되는 나트륨 양은 30~60mmol/L로 혈장 농도인 140~145mmol/L보다 낮지만, 땀을 많이 흘리면 나트륨 손실량이 많아진다 표 7-6. 땀에 있는 나트륨과 염소는 혈장 농도가 1/3~1/2 정도이므로 운동할 때 땀을 흘리면 전해질보다 수분이 상대적으로 더 많이 손실된다. 결국 세포외액의 전해질 농도가 증가하게 되고, 증가된 전해질 농도를 낮추기 위해 세포내액이 세포외액으로 이동되어 세포외액이 희석된다. 결과적으로 운동할 때 세포 내의 수분을 세포외액으로 빼앗기게 된다. 운동선수들은 땀 속에 많은 양의 소금이 포함되어 있다고 생각하여 염분을 복용하지만 운동 중에 복용하면 세포내액을 더욱 감소시킨다.

땀에는 나트륨 이외에 칼륨과 같은 다른 전해질이 포함되어 있다. 그러나 땀의 분비에 의해 손실되는 칼륨 양은 극한 상황을 제외하고는 무시할 수 있다. 신장이 정상적인 상태일

표 7-6 / 체액의 전해질 농도

구분	나트륨(Na^+) (mEq/L)	염소(Cl^-) (mEq/L)	칼륨(K^+) (mEq/L)	마그네슘(Mg^{++}) (mEq/L)	삼투압(Osm) (mosm/L)
땀	40~60	30~50	4~5	1~5	80~150
혈장	140	101	5	1~2	290
근육	9	6	162	31	290

tip 운동하면서 근육경련이 있는데 어떻게 대처하나요?

- 일상생활에서 과로하지 않도록 주의하며, 스트레칭으로 근육의 긴장을 자주 풀어준다.
- 평소 녹색 야채, 콩류, 견과류, 다시마 등 마그네슘이 풍부한 음식을 충분히 섭취한다.
- 평소 운동을 하지 않던 사람은 갑작스럽게 무리한 운동은 피하고 운동 전후에 스트레칭으로 근육을 풀어준다.
- 운동 전에 수분과 탄수화물이 풍부한 음식을 섭취한다.
- 따뜻한 물에 다리를 담그고 근육을 풀어준다.
- 감기나 편도선염을 앓고 난 후 바이러스 감염이나 세균의 독소에 의해 생기는 근육통도 있다. 이때는 심장 근육에도 동일한 염증 소견이 나타나므로 완전하게 회복할 때까지는 운동을 피해야 한다.

tip 근육에 쥐가 났을 때 바나나를 먹는 것이 도움이 되나요?

나트륨 정제는 한 알에 약 0.5g Na가 들어 있으며, 땀을 흘려서 하루에 4L 이상의 수분을 섭취하는 경우, 즉 4kg의 체중 손실이 있는 경우에만 섭취해야 한다. 4L 이상의 물을 섭취할 때 1L당 2알의 나트륨 정제를 복용하는 것은 무리가 없다. 운동선수가 훈련에 적응된 후 6~9일 후에는 중단한다. 이뇨제나 하제를 복용하는 경우를 제외하고 칼륨 보충은 권장하지 않는다. 식사로 섭취하는 양이 부족해도 칼륨 결핍은 드물기 때문이며, 과량 복용하면 심장의 전기리듬을 방해할 수 있다. 일반적으로 큰 컵으로 오렌지주스 한 컵이면 땀 2L 중에 손실되는 칼륨을 보충할 수 있고 바나나도 칼륨 함량이 높은 편이다.

- 오렌지 1개의 칼륨 함량 : 312mg
- 바나나 1개의 칼륨 함량 : 440mg

때 땀으로 칼륨이 과도하게 손실되지는 않으며, 체중을 급격히 감소시키기 위해 음식 섭취를 제한하고 이뇨제나 하제를 복용하면 체내 칼륨은 심각한 수준에 이를 수 있다.

인체의 생리기능이 정상적으로 유지되려면 세포내액에 비교적 높은 농도로 분포되어 있는 칼륨과, 세포외액의 나트륨 농도의 균형이 파괴되지 않도록 해야 한다 표 7-6. 전해질 농도가 균형을 이루지 못하면 신경전달이 불가능하며 근육세포는 수축할 수 없고 심장 박동이 중지된다.

1일 6~10시간 이상 작업을 하거나 장시간 걸을 때는 약간의 소금을 섭취하는 것이 도움이 될 수 있으나, 전형적인 열환경 운동 시에는 전해질 음료를 섭취하는 것이 바람직하다. 열환경에서 운동 시 식염 정제나 고장성 용액의 섭취는 삼투압에 의해 체액을 위 속으로 역행시켜서 복통이나 구토를 유발하고 세포의 탈수상태를 더욱 악화시킨다.

마그네슘은 산소 흡수, 에너지 생성, 전해질 균형을 포함한 근육기능에 영향을 미치는 많은 과정에 필요하다. 강도 높은 운동을 하면 땀과 소변으로 마그네슘이 손실되어 10~20% 정도 요구량이 증가한다. 체중을 조절하는 선수(레슬링, 복싱, 체조 등)들은 마그네슘 섭취량이 부족할 수 있고, 부족한 선수에게는 보충제를 복용하는 것이 도움이 된다. 일반적으로 마그네슘이 풍부한 식품은 전곡(가공하지 않은 것), 두부, 견과류, 생선, 해조류 등이다.

03 · 운동 시 수분 및 전해질 균형

신체는 세포의 기능 유지에 요구되는 에너지를 공급하기 위하여 영양소를 분해하고 이 과정에서 많은 양의 열에너지가 생성된다. 이러한 열에너지로 약 37℃의 체온을 유지한다. 운동을 하면 에너지 요구량이 증가하여 영양소 분해 속도가 증가하며 열 발생이 증가하기 때문에 열의 체외 배출이 더욱 중요하다. 근육세포와 인체의 다른 세포에서 만들어진 열이 인체 밖으로 배출되지 않으면 체온의 상승으로 신체의 단백질 구조와 인체 내의 화학적 반응을 조절하는 효소들이 파괴된다.

운동 중 땀의 분비로 체액이 2~3L 정도 손실되면 체내 수분 보유를 위하여 땀 분비가 감소하면서 체온이 상승한다. 발한을 지속하고 체온을 낮게 유지하기 위해서는 수분 보충이 필수적이다. 수분이 불충분하면 피로를 느끼고 몸이 최적 상태가 아닌 채 운동을 하게 된다. 땀을 많이 흘려서 수분을 많이 손실하면 혈액이 신체 표면으로 순환되는 양이 감소해 경기력이 떨어질 뿐 아니라 건강에도 위험하다.

1) 운동 시 열손실 기전

더운 환경에서 장시간 운동을 하면 체내 열 생산이 증가하고 체열 손실은 저하되어 체내에 열 축적이 일어나면서 인체조직, 특히 신경조직에 손상을 입힌다. 따라서 효과적으로 체온을 조절하는 능력은 열 질환을 예방하고 수행력을 좌우하는 중요한 요인이다. 인체가 체열을 발산시키는 가장 중요한 기전은 피부혈관의 확장과 증발을 통한 수분의 분비, 즉 발한이다 그림 7-3.

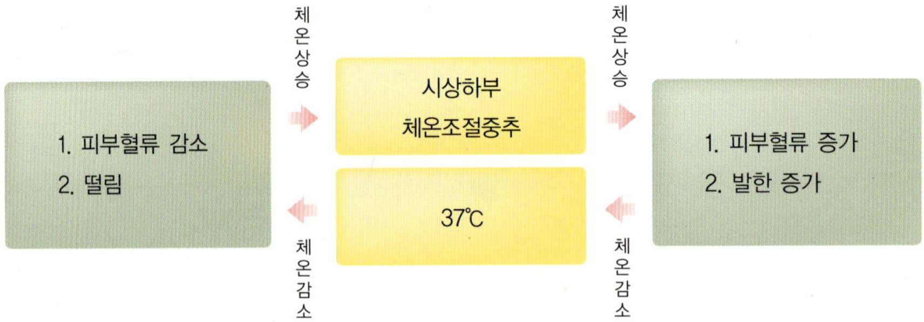

그림 7-3 체온조절의 기전

운동으로 근육에서 발생한 열은 혈액을 통해 피부로 이동하여 대기 중으로 방출된다. 더운 환경에서는 소동맥과 동·정맥 문합이 모두 열려서 피부혈관 저항이 낮아지고 순환 혈액량 중 피부로 가는 혈류량의 비율이 높아진다.

체열을 발산시키는 데 가장 불리한 조건은 덥고 습도가 높은 기후이다. 이 경우 증발이 저하되어 체온발산이 문제가 된다. 습기가 있는 날에는 피부 표면과 대기 간의 수증기압의 차이가 감소해 땀의 기화에 의한 열손실이 크게 감소한다. 기온이 높다고 해도 상대 습도가 낮으면 땀이 더 쉽게 증발되기 때문에 체열 발산을 위한 인체의 생리적 스트레스는 감소한다. 서늘한 상태에서 대사적으로 생성된 많은 열은 대류와 전도를 통해 제거되지만, 운동 강도가 증가하면 체내에서 생긴 열은 대류와 복사를 통해 더 이상 제거되지 않고 땀을 통해 제거된다. 땀 분비율은 대기 온도, 습도 등에 의해 영향을 받는다. 즉 공기가 건조하면 생성되는 땀은 증발하고, 매우 습한 대기에서는 증발하지 않는다.

피부에서 수증기로 증발될 때 열은 제거되지만 피부에서 떨어지는 땀은 열조절 과정에 도움이 안 된다. 특히 무덥고 습한 환경에서 시합을 하는 동안에는 심부온도가 올라가고 땀

tip 운동하면서 땀을 너무 많이 흘려요

땀이 나는 것은 운동으로 상승되는 체온을 발산시키기 위한 것이다. 뇌의 시상하부에는 사람마다 각각의 체온 기준값이 설정되어 있다. 비만하거나 열순화가 되지 않는 사람은 체온 상승이 빠르게 일어나기 때문에 땀을 더 많이 흘리는 경향이 있다. 땀을 많이 흘리는 것은 체력이나 건강상 요인보다 개인 간의 차이에 의해 더 큰 영향을 받는다.

생성량도 증가한다. 공기가 건조하면 운동 시 생긴 열을 증발시킬 수 있지만, 습도가 높으면 공기는 수분으로 포화되고 땀을 많이 흘리게 된다.

2) 수분 손실이 운동수행력에 미치는 영향

열 환경에서 장시간 운동을 하면 발한을 통한 수분 손실량은 1시간당 2~3L이며, 총체중의 7~8%가 감소한다. 수분은 대부분 간질액에서 비롯된 것이지만 계속 운동을 하면 혈장량이 감소한다. 간질액의 수분이 감소하면 삼투질 농도가 증가하여 혈관 내에서 간질액 쪽으로 수분의 이동이 일어나기 때문이다.

혈장량의 감소는 결국 활동근으로의 혈류 증대와 함께 체온조절에 필요한 피부 혈류 증대 요구에 대한 부담을 더욱 가중시키며 1회 박출량과 심박출량, 혈압을 감소시키는 원인이 된다. 운동 중 체액이 2~3L 손실된다면 체내 수분 보유를 위한 인체 기전이 작동하여 땀분비가 감소하며 그 결과 체온이 상승하게 된다. 그러므로 발한을 지속하고 체온을 낮은 수준으로 유지하기 위해서는 체액의 보충이 필수적이다.

(1) 운동 시 수분 평형

혈장량이 10% 이상 감소하거나 혈장 삼투질 농도가 1~2% 이상 증가하는 탈수가 일어나면 수분 섭취 욕구가 유발되는데, 이는 구강이나 식도 연막에 있는 말초 수용기와 시상하부에 있는 삼투질 농도 변화를 감지하는 수용기에 의한 정보가 시상하부 갈증 중추를 자극하기 때문이다. 갈증 중추의 흥분은 수분 섭취 욕구를 증가시키는 한편, 뇌하수체 후엽에 전달되어 항이뇨호르몬 분비를 촉진함으로써 신장의 원위 세뇨관과 집합관에서의 수분 재흡수를 통해 체액의 삼투질 농도를 정상으로 회복시킨다.

(2) 운동 시 수분 부족 증세

땀의 손실은 체액의 손실을 의미하며, 이때 수분을 보충하지 않으면 순환계 이상과 고체온증을 초래할 수 있다. 운동하는 동안 생성된 열의 양은 신체적으로 잘 적응된 사람이라도 5~8분마다 1℃씩 체온을 높인다. 만일 열을 제거하지 못하면 보통 강도의 운동을 15~30분만 해도 체온이 치명적인 상태까지 상승한다.

체수분의 손실에 따른 생리적인 반응은 목마름으로 체중의 약 1% 수분이 손실될 때 일어난다 그림 7-4. 체중의 3~4% 수분이 손실되면 소변량 감소, 입의 건조, 구토, 불안정한 심리상태 등이 나타난다. 땀 분비에 의해 체중의 2%가 감소하면 혈장량은 4~5%가 감소하

체중손실률(%)	증세
0~1	갈증
2	심한 갈증, 막연한 불안감, 무기력, 식욕 감소
3	혈액 농도 증가, 소변량 감소, 입이 마름
4	신체적 활동이 어려움, 피부가 달아오름, 조급해짐, 잠이 옴, 무감각, 메스꺼움
5	집중력 저하
6~7	운동 시 체온조절의 손상, 맥박과 호흡률 증가
8~9	어지러움, 불분명한 말, 정신적 혼란
10	근육경련, 정신착란, 불면증

그림 7-4 수분 손실에 따라 나타나는 증세

며, 체중의 5% 이상이 감소하면 유산소 능력이 약 20~30%쯤 감소한다. 심한 탈수를 수반하는 탈진상태에서 혈압이 급격히 하락하는 경우도 있는데, 이때가 순환계의 기능 부전과 열 질환이 발생하는 시점이다.

다량의 발한에 의한 체내 수분 손실은 혈액을 농축시켜서 인체의 순환 및 체온조절 부담을 가중시킬 수 있다. 활동근으로의 혈류 감소로 근피로 현상이 나타나거나, 피부 혈류의 감소로 체온이 상승한다 표 7-7. 근육으로의 혈류량의 감소는 그 운동을 무산소성 에너지 대사과정에 더욱 의존하게 하는 한편, 내장 혈류를 더욱 감소시켜 젖산 제거율을 저하시키므로 동일한 최대하 운동 강도에서 혈중 젖산의 농도를 상승시킨다.

표 7-7 / 수분 부족 시 신체기능의 변화

신체기능	증세
심장혈관 계통의 효율성 감소	• 운동 지속시간이 감소한다. • 자신의 최대 역량 또는 그 이하의 강도에서 운동할 경우 정상적인 수화상태일 때보다 심장이 더 많은 일을 수행한다.
체온조절 능력의 감소	• 혈액은 산소 운반 이외에 열을 배설하는 중요한 기능을 담당한다. • 혈액량의 감소로 열이 인체 내에 축적되면 신체조직과 효소가 파괴되어 치명적인 결과를 초래한다.
세포 효율성의 감소	• 세포외액이 감소하면 세포 안팎의 수분 균형을 원상태로 회복하기 위해 세포내액이 밖으로 나온다. • 근육세포를 포함한 각종 세포의 에너지 생성 화학반응에 영향을 미친다.
신장의 손상	• 신장을 통과하는 혈액량을 감소시키기 때문에 신장에서 걸러지는 혈액량이 감소한다. • 신장은 인체의 수분 손실을 최소화하기 위하여 농축된 심한 냄새가 나는 노란색의 소변을 생성한다.

04 · 운동 시 수분 보충

더운 곳에서 장시간 운동 시 신체적 · 정신적인 손상을 초래할 수 있으며 수분은 더 많이 감소한다. 운동선수들은 잘 수화된 상태에서 운동을 시작해야 하며 운동하는 동안 수분과 염분이 부족하지 않아야 한다. 많은 선수가 운동을 시작할 때부터 어느 정도 탈수상태에 있다. 운동하는 동안에도 대부분의 선수들은 손실되는 땀보다 수분을 적게 마신다. 운동하기 전 수화상태는 소변의 빈도와 양 또는 소변색, 비중, 삼투압 등으로 판정할 수 있다. 운동하는 동안 수화상태의 변화는 체중의 변화로 판정하고, 땀 흘리는 비율은 수분 섭취량과 소변 손실량을 계산하여 파악할 수 있다. 운동선수들은 운동, 환경, 개인적인 요구뿐만 아니라 운동 전 수화상태와 운동하기 전 · 중 · 후의 수분, 전해질, 기질의 필요성 등을 고려하여 마시는 것에 대한 개별화된 전략을 수립해야 한다. 개별화된 수분 보충 전략은 건강을 보호하고 수행력을 보존하기 위하여 필수적이다.

1) 탈수 예방 교육

탈수가 건강과 운동수행력에 미치는 영향에 대하여 선수들이 이해한다면 보다 합리적인 선택을 할 수 있다. 운동 전후에 체중을 측정하는 습관을 길러 주면 선수들 스스로 운동 중에 얼마나 많은 양의 수분이 손실되었는가를 알 수 있다.

- 탈수상태에서 어떤 결과를 초래하는지를 선수들이 이해하도록 한다.
  소변의 색이나 비중을 측정하여 수화 정도를 판단하도록 교육한다.

- 운동 전후에 자신의 체중을 측정하고 기록하도록 한다.
  운동 전후의 체중 변화가 적을수록 좋은 컨디션으로 운동했다는 것을 인식하도록 한다. 표 7-8 과 같이 발한 속도를 측정할 수 있다.

표 7-8 / 운동선수 발한 속도 측정

A. 운동 전 체중	70.5kg
B. 운동 후 체중	68.9kg
C. 체중 변화	−1.6kg
D. 마신 음료 양	300ml
E. 소변 배출량	−100ml
F. 땀 손실(C−D+E)	1,800ml
G. 운동시간	60분
H. 발한 속도(F÷G)	30ml/분

운동 시작 전에 충분한 양의 물을 마시는 습관을 갖도록 한다.

운동 시작 1~2시간 전과 20~30분 전에 0.5~1L의 물을 섭취해도 신체적인 부담감은 없으며, 오히려 신체의 체온 상승을 감소시키고 심장 혈관 계통의 효율성을 향상시키는 것으로 보고되었다.

운동 중에 항상 음료(물 포함)를 마실 수 있도록 제공한다.

훈련 중이나 시합 중에 항상 수분을 보충할 수 있도록 준비해 놓아야 한다. 수분의 온도는 큰 영향을 미치지 않으며, 마시는 양은 15~20분마다 150~200ml씩 마신다. 훈련 중에 마시는 것을 습관화시켜서 시합 중에도 수분 부족이 일어나지 않도록 한다. 기온이 높아서 수분 보충이 더 중요할 경우에는, 특히 물질(당질 포함)의 농도가 높으면 위에서 장으로의 이동 속도가 느려지므로, 마시는 용액에 포함된 당질의 농도가 높지 않아야 한다. 일반적인 스포츠 음료의 당질 농도는 5~8%이다. 표 7-9 를 참고하여 적당한 음료를 선택하거나 물을 이용할 수도 있다.

표 7-9 / 스포츠 음료의 성분

음료	탄수화물(g/L)	나트륨(mmol/L)	칼륨(mmol/L)	삼투 농도 (mOsmol/kg)
코카콜라	105	3	0	650
올스포츠	80	10	6	516
게토레이	60	18	3	349
파워에이드(영국)	60	24	4	285
파워에이드(미국)	80	5	4	381
오렌지주스	110~150	1.9	375	−

운동 중 손실된 수분은 체중의 2% 이내로 빨리 회복될 수 있도록 충분한 양의 물을 마신다. 나트륨을 소량 섭취하는 것이 수분 보유에 도움이 된다.

수분 섭취 계획을 갖고 있더라도 운동 중에 손실되는 수분의 양은 운동 중일 때보다 운동 후에 많이 보충하게 된다. 운동 전후의 체중 변화는 대부분 수분 때문이므로, 운동 후 손실된 수분을 충분히 섭취하고 음식을 통하여 다음 훈련 전에 평상시 체중으로 회복되어야 한다.

tip 탈수의 영향을 받는 선수는?

체중 문제를 갖고 있는 레슬링 선수뿐 아니라 복잡한 기술을 수행하는 스케이팅 선수, 훈련시간이 긴 체조 선수, 이외에 더울 때 시합해야 하는 야구와 축구 선수들이 있다.
탈수방법 : 땀, 구토 유발, 사우나, 이뇨제, 하제

2) 운동 시 수분 보충에 좋은 음료

취미로 운동을 한다면 물로도 충분하다. 물은 편리하고 친숙하고 신체의 요구를 만족시킨다. 1시간 동안 강도 높은 운동을 하는 선수와 60~90분 이상 운동을 하면서 에너지 소모가 많은 경우 스포츠 음료(200ml에서 50~80kcal를 제공하고 약간의 염분 보충)가 운동수행력에 더 적합하다. 스포츠 음료는 스태미너와 지구력을 향상시킬 수 있다. 훈련하는 동안 스스로 위가 편안한 스포츠 음료를 선택한다. 땀은 물뿐 아니라 수분 균형을 유지하는 전해질이 들어있다. 땀으로 손실되는 나트륨은 적은 양이지만 더운 곳에서 4~6시간 이상 운동을 하면 신체 저장량이 고갈된다. 운동을 지속하는 시간대별로 아래의 지침을 이용할 수 있다 표 7-10.

표 7-10 / 운동 시간대별 수분과 전해질 보충 지침

운동종목	섭취시기	음료의 유형과 양
60분 이내 운동 : 25km 달리기	운동 전 : 1~2시간 15~30분	 500ml 찬물 300~500ml 찬물 근육 글리코겐 농도가 낮은 경우 6~8% 용액의 당질 음료가 권장된다.
	운동 중 : 매 10~15분	 150~250ml 찬물
	운동 후(회복기) : 온종일	 체수분 손실을 대체할 수 있는 음료

<table>
<tr><td rowspan="3">1~4시간 동안 운동 :
마라톤(42.2km), 철인3종(수영 1마일, 사이클 25마일, 달리기 6.2마일), 축구, 필드하키, 테니스</td><td>운동 전 :
1~2시간 전
10~30분</td><td>500ml GES[1]
300~500ml GES</td></tr>
<tr><td>운동 중 :
매 10~15분</td><td>150~250ml GES</td></tr>
<tr><td>운동 후(회복기)</td><td>GES와 GPS[2]</td></tr>
<tr><td rowspan="3">4시간 이상 진행되는 경기</td><td>운동 전 :
1~2시간
15~30분</td><td>500ml의 GES
300~500ml의 GES</td></tr>
<tr><td>운동 중 :
매 10~15분</td><td>150~250ml의 GES, 20~50mEq의 Na</td></tr>
<tr><td>운동 후 즉시와 6~8시간 동안 매 2시간마다</td><td>GES와 GPS</td></tr>
<tr><td colspan="3">이 지침은 훈련이나 시합을 통한 예측된 양이고 훈련이나 시합 후 다음 날 곧바로 정상 체중으로 유지되어야 한다.</td></tr>
</table>

[1] GES : glucose electrolyte solution(5~10% 당질)
[2] GPS : glucose polymer solution(체중당 1g의 당질)

3) 실제적인 수분 섭취 지침

운동할 때 일어나는 수분 섭취 방법들은 모든 선수에게 적용하기보다는 선수 개개인의 요구에 적합한 방법을 알아내는 것이 필요하다.

❶ 운동선수들은 운동 전후에 체중을 측정하여 훈련 시간, 강도, 날씨 조건에 따라 땀 흘리는 비율을 알아본다. 체중 감소는 1~2%를 초과해서는 안 된다. 만일 그 이상을 초과하면 충분히 마시지 않았다는 것이며, 다음 운동 시에 더 마셔야 한다. 운동을 시작하기 전에 수분이 충분한 상태를 유지해야 하며, 만일 수분 부족상태에서 운동을 했다면 더 많은 수분 보충이 필요하다.

❷ 정상보다 소변을 적게 보는 선수들도 탈수상태이다. 소변량이 적거나 소변색이 평상시보다 어둡다면 수분 섭취량을 증가시켜야 한다.

❸ 땀으로 손실되는 염분 함량이 많은 사람은 염분을 더 마셔야 하며, 땀 손실이 많을 때는 염분이 있는 음식을 먹을 수도 있다. 염분 손실에 대한 자기 평가는 검은색 티셔츠를 입고 염분 띠가 가슴에 있는지를 보면 된다. 염분이 많이 손실되면 근육경련의 원인으로 작용한다.

운동하기 전 · 중 · 후별로 수분을 보충하는 방법은 다음과 같다 표 7-11.

표 **7-11** / 운동 시기별 수분 보충 지침

운동 시기	방법
훈련하는 동안 기본 지침	• 2~4시간마다 배뇨(맑고 레모네이드 같은 색이며 소변량은 충분) • 소변이 진하고 농축되어 소변량이 부족하면 물, 주스 공급(다만 비타민제를 먹으면 진한 소변색) • 운동 전후에 체중 점검(운동 시 흘리는 땀 측정) : 운동 전후에 체중 변화가 2% 이하 • 물뿐 아니라 주스, 스포츠 음료, 수박, 오렌지 등으로 수분 공급 • 커피, 차, 맥주, 알코올은 탈수작용이 있어서 수분 손실(알코올이나 카페인 음료를 마시고 싶다면 물을 먼저 큰 잔으로 두 잔 마시고 나서 섭취)
운동 전(특히 장시간 운동 전)	• 시합하기 전날 물과 주스를 충분히 섭취 • 시합 날 : 시합하기 2시간 전에 500ml의 수분 섭취(신장이 소변을 생성하는 데 45~90분이 걸리므로 시합하기 2시간 전에 마시면 소변을 볼 시간 가능) • 시합하기 5~10분 전에 물이나 스포츠 음료를 200~500ml 섭취
운동 중	• 20분마다 물, 스포츠 음료, 희석된 주스 중에서 250~350ml씩 섭취 • 시합할 때 수분을 충분히 마셔서 탈수 방지 • 갈증을 느끼기 전에 마심(뇌에 갈증 전달 시 이미 체중의 1% 수분 감소)
운동 후	• 갈증을 해소하고 나서도 소변으로 수화상태 점검(자주 배뇨) • 운동 후 30분 이내에 350~500ml 주스(오렌지, 사과 등)는 회복에 도움(스포츠 음료보다 당분이 다량) • 알코올 음료는 항이뇨호르몬의 분비를 억제(소변을 자주 보게 함)

요약 및 연습문제

Sum-up

1. 인체는 많은 양의 물로 구성되어 있다. 물은 인체의 기능 및 활동에 중요한 역할을 하므로 수분 손실에 관심을 가져야 한다.

2. 훈련할 때 규칙적으로 수분을 섭취하는 습관을 가져서 시합하는 동안 편안하게 마실 수 있도록 운동선수들이 스스로 관심을 갖는 것이 가장 좋다. 특히 어린 선수나 체중조절을 하는 선수들이 탈수상태가 되면 심각한 결과를 초래할 수도 있다.

3. 운동종목에 관계없이 탈수는 경기력에 부정적인 영향을 미친다. 반대로, 수분을 충분히 보충하면 최고의 경기력을 발휘할 수 있는 준비를 갖춘 것이다.

4. 운동에 의한 심한 탈수 후에 갈증 기전에 의해 손실된 수분을 완전히 재보충하는 데는 시간이 필요하다.

5. 운동 후 체액 보충을 위해 충분한 수분을 자발적으로 섭취하지 않는다면 정상 수준까지 체액을 회복하는 데 1~2일이 소요된다. 그러므로 가능한 한 탈수를 지연시키기 위해서는 갈증을 느끼기 전에 수분을 섭취해야 한다.

6. 열 환경에서 장시간 운동할 경우 운동 전에 미리 500ml 정도의 물을 섭취하고 운동 중에는 10~15분마다 1컵의 물을 섭취한다면 순환 및 체온조절상의 여러 문제를 피할 수 있다.

- 탈수상태가 어떤 결과를 초래하는지 이해하도록 한다.
- 운동 전후에 자신의 체중을 측정하고 기록하도록 한다.
- 운동 시작 전에 충분한 양의 물을 마시는 습관을 갖도록 한다.
- 운동 중에 항상 음료(물 포함)를 마실 수 있도록 제공한다.
- 운동 중 손실된 수분은 체중의 2% 이내로 빨리 회복될 수 있도록 충분한 양의 물을 마신다. 땀을 많이 흘린 경우 나트륨을 소량 섭취하면 수분 보충에 도움이 된다.

Practice

01 인체의 수분 분포에 대하여 세포 구획으로 나누어 설명하시오.

02 탈수 시 수분 균형을 유지하기 위한 생리적인 변화에 대하여 설명하시오.

03 운동을 시작하기 전에 수분을 섭취하는 이유, 방법, 이점에 대하여 설명하시오.

04 더운 환경에서 운동할 때 운동수행력 증가를 위한 수분 섭취 방법을 설명하시오.

05 수분 부족 시 일어나는 신체의 기능 변화를 설명하시오.

8

체중조절과 운동

1 | 비만과 신체조성
2 | 비만 판정 방법
3 | 운동을 통한 체중조절
4 | 체중조절과 식생활

들어가기 전에

인체의 체중은 일정한 수준을 유지하려는 경향이 매우 강해서 에너지 섭취량의 변화에 비해 체중 변화는 비교적 적은 편이다. 성인은 1년에 평균 1,000kg 정도의 음식을 섭취하지만, 체중은 불과 몇 kg 이내에서 변화한다. 또한 고강도 운동에 의해, 또는 심한 노동에 의해 에너지 소모량이 증가하더라도 체중 감량 정도는 예상보다 크지 않다. 이것은 인체가 가능한 한 체중 균형을 맞추려고 하기 때문이다. 그러나 지속적으로 에너지 섭취량이 증가하거나 또는 에너지 소모량이 증가하면, 인체의 체중 균형 장치가 한쪽으로 기울어지면서 체중이 증가하거나 감소하게 된다.

01 · 비만과 신체조성

비만 obesity은 체내에 지방이 과도하게 축적된 상태를 말한다. 체지방은 저장지방과 필수지방으로 나뉘는데, 비만이란 저장지방이 많은 것을 말한다.

저장지방은 여분의 에너지가 지방세포에 저장된 것으로, 약 50%가 피하에 존재한다. 지방조직은 83%의 순수한 지방과 단백질 2%, 물 15%로 구성되어 있다. 저장지방은 흉강과 복강 내 여러 내장기관을 보호하는 내장지방조직과 피부 아래쪽에 저장되어 있는 더 많은 피하지방조직에 들어 있다.

필수지방은 뇌, 신경조직, 골수, 심장조직 등의 세포막을 구성하는 지방으로서 에너지로 쓰이지 않으며 정상적인 생리기능에 필수물질이다. 건강유지에 필요한 최소한의 필수지방 비율은 남자는 약 3% 수준이며, 여자는 생식기관에 지방이 많이 분포되어 있어서 12~15% 수준이다. 연구에 의하면, 필수지방 비율이 남자는 5~10%, 여자는 15~18%가 건강에 더 좋다고 알려졌다.

지방 이외의 제지방으로는 물과 근육이 있으며, 물은 체중의 60~65%에 이르고, 골격조직, 심장, 간을 구성하는 기관과 뼈는 체중의 20~25%에 해당한다.

그림 8-1 인체의 구성

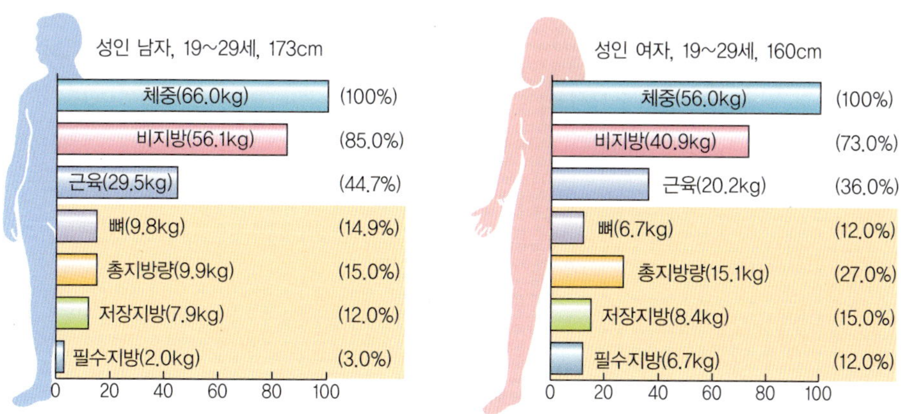

따라서 겉보기에 체격이 큰 사람이라도 골격이 크고 근육이 발달하였다면 비만으로 보기 어려우며, 겉으로 날씬해 보여도 골격이 작고 체지방 비율이 높다면 비만으로 판정한다.

tip 엘리트 운동선수의 과체중

대부분 운동선수는 신장에 비해 체중이 더 무겁지만 비만은 아니다. 예를 들면 미식축구 선수는 동일한 신장의 미국인보다 체중은 31kg 더 나가지만, 체지방률은 12.7%에 불과하다. 따라서 체중만으로 비만을 판정하기는 어렵다.

체중을 이용해 비만을 판정할 수도 있다. 만일 체중이 이상체중의 10~15% 정도 많다면 비만 여부를 판별하기가 힘들다. 그러나 체중이 이상체중의 15% 이상 넘어서기 시작하면 거의 틀림없이 몸에 과다한 지방이 축적되어 있다고 봐야 한다.

tip 비만의 원인

- 고지방, 고당질 식품 섭취
- 근육 활동량 감소
- 호르몬 불균형(인슐린, 코르티솔 등)
- 성장호르몬 분비 감소
- 혈중 렙틴 감소, 렙틴 저항성 증가
- 식욕조절중추의 억제(포만중추 손상)
- 지방세포 수의 증가
- 기초대사율 감소
- 열발생 에너지 감소
- 지방산화속도 감소

02 · 비만 판정 방법

1) 비만도

비만도 Obesity Rate, OR란 현재의 실측 체중과 이상체중의 백분율을 말한다. 체중은 최소한의 복장을 입고 측정하며, 비만인 사람은 체중 변화 폭이 크므로 하루 중에서도 일정한 시간에 측정하는 것이 좋다. 일반인에게 가장 널리 알려져 있는 비만 판정 기준으로, 비만인 대상의 교육에서도 활용하기 좋다.

$$비만도 = \frac{실제체중}{표준체중} \times 100$$

판정 기준

- OR 〈 90% : 체중미달
- 90% ≤ OR < 110% : 정상
- 110% ≤ OR < 120% : 과체중
- 120% ≤ OR < 140% : 경도비만
- 140% ≤ OR < 160% : 중등도비만
- 160% ≥ OR : 고도비만

tip 표준체중 구하기(Broca법, kg)

- 신장 ≥ 160cm : {신장(cm) − 100} × 0.9
- 150cm ≤ 신장 < 160cm : {신장(cm) − 150} × 0.5 + 50
- 신장 < 150cm : 신장(cm) − 100

2) 체질량지수

체질량지수 Body Mass Index, BMI는 체지방과의 상관성이 매우 크며, 특히 성인과 여자아이의 체지방량 지표로 유용하다. 국제적으로 비만 판정에 널리 사용되는 지표이다.

$$체질량지수 = \frac{체중(kg)}{[신장(m)]^2}$$

대한비만학회 판정 기준(단위 : kg/m²)

- 정상 : 18.5 ~ 22.9
- 과체중 : 23.0 ~ 24.9
- 경도비만 : 25.0 ~ 29.9
- 중등도비만 : 30.0 ~ 34.9
- 고도비만 : ≥ 35

tip 신장 160cm, 체중 60kg인 S대학 L양의 비만도 판정

1) $비만도 = \frac{실제체중}{표준체중^1} \times 100$

$비만도 = \frac{60}{54.0} \times 100 = 111.1$ ⇒ 판정 : 과체중

* 표준체중[1] : {신장(cm) − 100} × 0.9 = {160 − 100} × 0.9 = 54.0

2) $체질량지수 = \frac{체중(kg)}{[신장(m)]^2} = \frac{60}{(1.6)^2} = 23.4$ ⇒ 판정 : 과체중

3) 허리엉덩이 둘레비 Waist-Hip Ratio, WHR

$$허리엉덩이\ 둘레비 = \frac{허리둘레(cm)}{엉덩이둘레(cm)}$$

허리엉덩이 둘레비는 체지방 분포를 알아보는 방법으로서, 복부비만을 판정하는 지표로 쓰인다. 허리는 허리의 가장 약한 부분, 엉덩이는 가장 튀어나온 부분의 둘레를 잰다. 엉덩이 둘레가 큰 경우, 상대적으로 WHR 수치가 작게 나올 수 있다.

판정 기준

- 남자 0.95 이상, 여자 0.85 이상이면 복부비만으로 판정한다.
- 수치가 높을수록 당뇨, 심장병 등 질병 위험도가 증가한다.

4) 허리둘레

허리둘레는 복부비만 중에서도 내장지방 축적(내장형 비만)과 관련성이 크며, 가장 간편하게 체지방 분포를 알아보는 방법이다. 최근에는 복부비만 판정에 허리엉덩이 둘레비WHR 대신 허리둘레를 사용하는 추세이다.

판정 기준

남자 90cm 이상, 여자 80cm 이상이면 복부비만으로 판정한다.

5) 체지방률 평가

전기저항측정법 Bioelectrical Impedance Analysis, BIA은 BIA 측정기를 이용하여 사람에게 해가 없는 미세한 전류를 4개의 전극을 통해 발과 손에 흘려준 다음 되돌아오는 저항을 측정하는 것인데, 이때 전기저항값과 신장, 체중, 성별에 따른 회귀방정식을 통하여 체수분량, 체지방 및 제지방을 계산해 준다.

전기저항 측정 시에는 옷은 최소한으로 가볍게 입고, 화장실을 다녀온 후 공복에 측정하는 것이 좋다. 외부에서 들어온 후 즉시 측정하지 말고 실내에 약 20분간 머문 후 선 자세에서 약 5분간 있다 측정한다. 측정 전에 심한 운동은 하지 않는 것이 좋으며, 검사 전에 샤워도 하지 않는 것이 좋다.

수분 섭취가 충분하지 않았을 때에는 실제보다 체지방률이 높게 나타나므로 물을 한 컵 마시고 측정하는 것이 좋다. 땀을 많이 흘렸거나, 심한 운동을 하여 탈수가 되었을 때나, 커피나 술을 마셨을 때에도 카페인이나 알코올에 의한 이뇨작용으로 체수분율이 감소하면서 체지방률이 실제보다 높게 나온다.

그림 8-2 전기저항 측정에 의한 체지방 비율 평가의 원리

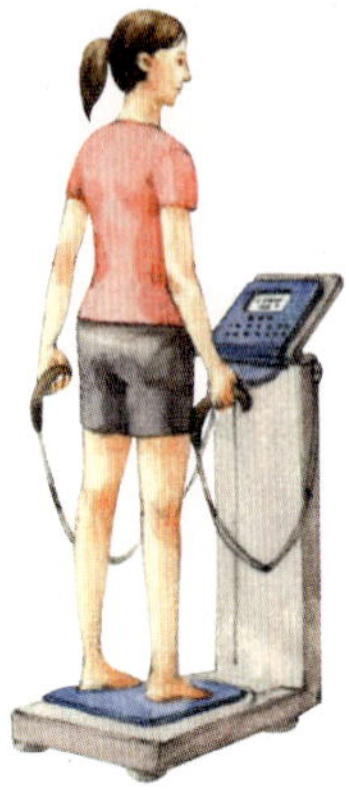

▶ **측정 순서**

- 몸에 착용하고 있는 귀금속(반지, 귀걸이, 목걸이 등)을 모두 뺀다.
- 양말을 벗은 후, 손바닥과 발바닥이 마르지 않도록 전해질 물수건으로 닦는다.
- 기기 위의 쇠 부분에 발바닥이 닿도록 올라가고 손잡이는 쇠 부분에 살이 최대한 많이 닿도록 잡는다.
- 팔을 약간 벌린 차렷 자세에서 측정하며, 측정이 끝날 때까지 말을 하지 않는다.

그림 8-3 전기저항측정법에 의한 체지방 측정기로 측정하는 모습

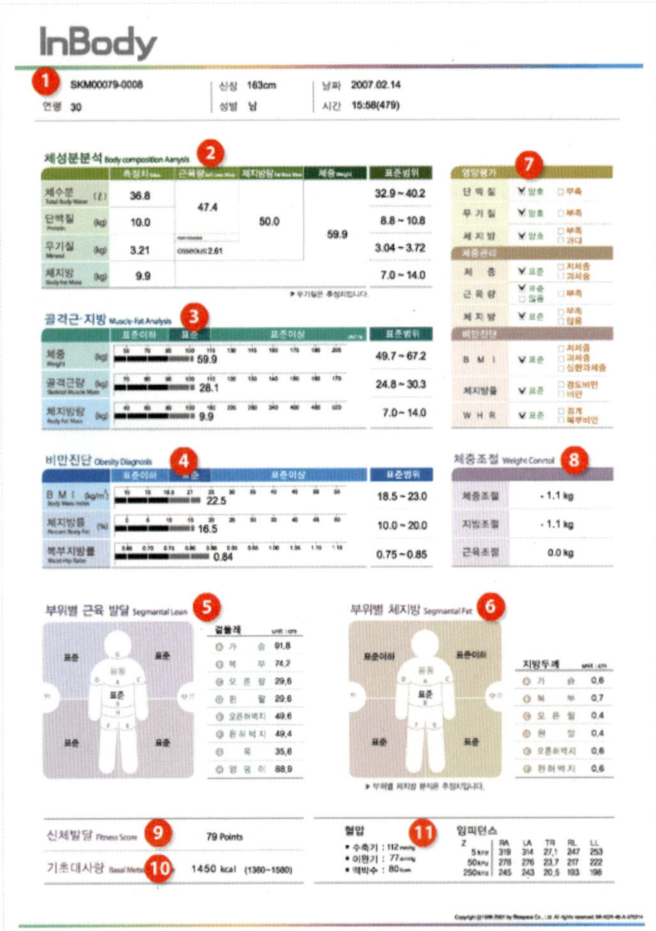

그림 8-4 체성분 결과표

> 그림 8-4의 경우 체중 59.9kg 중에서 골격근양은 28.1kg이며, 지방량은 9.9kg이다. BMI 22.5kg/m^2, 체지방률 16.5%, 복부지방비 0.84로 정상 수준으로 분류된다. 체중조절은 근육량은 그대로 유지하고 지방량만 1.1kg 감량하는 것이 좋다. 기초대사량은 1,450kcal이다.

03 · 운동을 통한 체중조절

체중조절을 효율적으로 수행하려면 근력운동보다는 유산소운동이 무엇보다 중요하다. 유산소운동은 근육에 산소를 충분히 공급하여 생체 내 지방 대사를 촉진함으로써 지방을 연소시켜 체지방량을 감소시킬 수 있는 효율적인 운동이기 때문이다.

운동을 통해 체중조절을 하는 것은 많은 장점이 있다. 우선 식사 섭취량을 무리하게 줄이지 않아도 된다. 또한 운동은 내장지방조직의 지방 산화를 촉진하며, 근육과 뼈 등 제지방량을 유지할 수 있도록 해준다. 특히 식사량이 감소하면 기초대사량도 감소해 체중조절이 어려워지는데, 운동은 기초대사량을 유지시켜 주어 체중조절 효과를 높인다. 또한 운동은 식욕 억제에도 도움이 되며, 장기적인 관점에서 체중감량을 유도하고 요요현상이 나타나지 않도록 도와준다.

1) 걷기(파워워킹)

가슴과 등을 쫙 펴고 바른 자세를 유지하며 보폭을 크게 해서 빨리 걷는다. 경쾌하고 속도감 있게 호흡이 약간 가빠질 정도의 속도가 좋으며, 30분~1시간 정도 쉬지 않고 걷는 것이 좋다.

파워워킹은 우선 자세가 중요하다. 허리를 곧게 세우고 가슴을 펴고, 아랫배에 힘을 주고, 시선은 전방 20~30m 앞을 본다. 팔은 90° 각도로 구부리고 어깨를 축으로 앞뒤로 움직이도록 한다. 주먹은 가볍게 쥐고 가슴 중심으로 조금씩 교차되는 정도로 움직인다. 다리는 쭉쭉 곧게 뻗으며 양 무릎이 스칠 정도로 거의 일자에 가깝게 앞으로 걸어 나간다. 발은 천천히 달릴 때보다는 뒤꿈치 부위가 더 가파르게 지면에 닿도록 한다.

에너지 소모량

- 시속 8km(5마일) 속도로 빠르게 걷기 : 0.12kcal/kg/분
- 체중 50kg인 S양이 시속 8km 속도로 30분간 걸을 때 소모되는 에너지량
  $= 0.12 \times 50 \times 30 = 180$(kcal)
- 체중 70kg인 K군이 시속 8km 속도로 30분간 걸을 때 소모되는 에너지량
  $= 0.12 \times 70 \times 30 = 252$(kcal)

tip 유산소운동을 하기 전후에 스트레칭을 하자

- 몸을 펴 주면서 근육을 발달시키는 운동
- 느긋하고 즐겁게
- 호흡을 멈추지 말고
- 익숙해지면 시간과 횟수를 늘려 나간다.

2) 조깅

일정한 시간대를 정해서 약간 숨이 찰 정도로 달리기를 하며, 한 번에 30분 정도 한다. 면으로 된 운동복과 밑창이 고무로 된 운동화를 착용해야 하며, 반드시 가벼운 준비운동을 하고, 운동이 끝나면 마무리 운동을 하도록 한다.

에너지 소모량

- 시속 11.2km(7마일) 속도로 조깅 : 0.186kcal/kg/분
- 체중 50kg인 S양이 시속 11.2km 속도로 30분간 조깅할 때 소모되는 에너지량
  $= 0.186 \times 50 \times 30 = 279$(kcal)
- 체중 70kg인 K군이 시속 11.2km 속도로 30분간 조깅할 때 소모되는 에너지량
  $= 0.186 \times 70 \times 30 = 391$(kcal)

3) 자전거

자전거는 아랫배에 약간 힘을 주면서 올바른 자세를 유지해야 하며, 한 번에 30분~1시

간 정도 운동하는 것이 좋다. 자전거는 심폐기능을 강화하는 데 효과적이다. 즉, 폐의 용적을 좋게 하고 짧은 시간에 더 많은 공기를 들이마시고 내쉴 수 있는 폐의 최대 환기력을 크게 하는 데 도움이 된다. 또한 자전거는 엉덩이, 다리, 팔을 중심으로 온몸에 체중을 분산시키기 때문에 무릎에 가해지는 체중부하가 적어서 비만한 사람도 관절 손상 위험이 적다. 특히 페달을 밟으면서 움직이는 범위가 무릎의 관절운동 범위 이내이기 때문에 비만한 사람뿐만 아니라 노약자, 골다공증, 관절질환 환자에게도 매우 효과적인 운동이다. 특히 하체근육을 반복적으로 수축, 이완시키기 때문에 근력을 향상시킨다. 그리고 스스로 상황에 따라 운동량과 강도 조절이 가능한 운동이다.

에너지 소모량

- 시속 16km(10마일) 속도로 사이클링 : 0.092kcal/kg/분
- 체중 50kg인 S양이 시속 16km 속도로 1시간 자전거를 탈 때 소모되는 에너지량
  $= 0.092 \times 50 \times 60 = 276$(kcal)
- 체중 70kg인 K군이 시속 16km 속도로 1시간 자전거를 탈 때 소모되는 에너지량
  $= 0.092 \times 70 \times 60 = 386$(kcal)

4) 수영

수영은 관절에 부담을 주지 않는 운동으로, 운동 경험이 없는 사람이나 체중이 많이 나가는 사람에게 좋다. 수영은 준비운동이 매우 중요하다. 물에 들어가기 전에 반드시 심장에서 먼 곳부터 물을 적시도록 한다.

에너지 소모량

- 분당 40m 속도(시속 2.4km)로 자유형을 할 때 : 0.126kcal/kg/분
- 체중 50kg인 S양이 30분간 자유형으로 수영할 때 소모되는 에너지량
  $= 0.126 \times 50 \times 30 = 189$(kcal)
- 체중 70kg인 K군이 30분간 자유형으로 수영할 때 소모되는 에너지량
  $= 0.126 \times 70 \times 30 = 265$(kcal)

5) 에어로빅

댄스 형식의 유산소운동으로, 특별한 기구 없이 간편하게 할 수 있다. 초기에는 단순히 달리거나 하이임팩트 high impact라는 뛰는 동작을 이용해 운동하였지만, 이 때문에 피로골절 등 부상이 자주 발생하자 충격이 적은 동작들이 많이 개발되었다. STEP 운동이 대표적이다.

에너지 소모량

- 음악에 맞추어 신나게 할 때 : 0.134kcal/kg/분
- 체중 50kg인 S양이 30분간 에어로빅을 할 때 소모되는 에너지량
  = 0.134 × 50 × 30 = 201(kcal)
- 체중 70kg인 K군이 30분간 에어로빅을 할 때 소모되는 에너지량
  = 0.134 × 70 × 30 = 281(kcal)

6) 웨이트트레이닝

근육을 강화하고 근력을 증강시키는 운동으로 체지방량 감소는 적게 나타나지만, 골질량을 유지시키고 유산소운동의 효과를 높인다. 또한 등과 배의 근육을 강화시켜 체형 보정에 도움을 준다.

에너지 소모량

- 헬스기구를 활용한 웨이트트레이닝 : 0.114kcal/kg/분
- 체중 50kg인 S양이 1시간 웨이트트레이닝을 할 때 소모되는 에너지량
  = 0.114 × 50 × 60 = 342(kcal)
- 체중 70kg인 K군이 1시간 웨이트트레이닝을 할 때 소모되는 에너지량
  = 0.114 × 70 × 60 = 479(kcal)

tip 지방은 부위별로 감소되지 않는다

흔히 특정 부위에 대한 운동은 그 부위의 지방을 더 많이 선택적으로 감소시킬 것으로 생각한다. 예를 들면 복부지방이 많은 사람에게 윗몸일으키기나 옆으로 굽히기 등을 실시하도록 권장하곤 한다. 그러나 특정 부위를 선택적으로 운동하더라도 체지방 감소는 전신에서 일어난다. 운동을 통해 지방분해촉진호르몬이 분비되어 전신의 지방분해가 촉진되기 때문이다.

tip 운동을 꾸준히 할 수 있는 방법

- 자신의 심리적, 육체적 한계를 잘 인지하고 있어야 한다.
- 운동의 효과에 대해 집착하지 말고 얼마나 꾸준하게 하느냐가 중요하다.
- 해낼 수 있다는 자신감이 필요하다.
- 유행하는 운동보다는 자신이 즐길 수 있는 운동을 선택한다.
- 자신의 신체조건에 맞는 수준부터 시작한다.
- 일상의 활동들을 모두 운동이라고 여긴다.
- 어떻게 하면 계속할 수 있을지에 초점을 맞춘다. 사소한 문제(운동을 식사 전에 할지 후에 할지의 여부 등)로 고민하지 않는다.
- 일생 꾸준히 할 수 있는 운동을 생각한다.
- 운동을 의무로 생각하지 않고 즐긴다.

04 · 체중조절과 식생활

1) 체중감량을 위한 음식 섭취의 조절

가장 좋은 체중조절 프로그램은 최소한의 비용으로 균형 잡힌 식사, 운동, 생활습관의 변화를 가져오는 것이다. 여기에서 균형 잡힌 식사란 섭취하는 칼로리만 낮추고 다른 모든 영양소는 충분하게 포함한 식사이다.

뇌의 시상하부에는 음식 섭취를 조절하는 포만중추와 공복중추가 있다. 음식을 섭취하면 포만중추가 자극을 받아 포만감을 느끼게 되고 더 이상 음식을 찾지 않게 된다. 반대로, 식후 시간이 경과하면 공복중추가 자극을 받아 공복감을 느끼면서 적극적으로 음식을 찾게 된다. 이러한 자극을 전달하는 물질로는 렙틴 leptin, 그렐린 ghrelin 등이 있다.

tip 음식 섭취를 조절하는 물질

- 렙틴 : 지방세포에서 만들어지는 호르몬으로 식욕을 억제한다. 부족한 경우 식욕이 왕성해지고 체지방 합성이 증가된다.
- 멜라노코틴 수용체-4 : 음식 섭취를 중단하도록 신호를 보내는 물질로서, 이 유전자가 결손된 경우 비만이 되기 쉽다.
- 펩타이드 YY3-36 : 음식을 섭취할 때 장에서 만들어지며, 시상하부를 자극하여 포만감을 유도하고 식욕을 낮춘다.
- 그렐린 : 식욕을 촉진하고 에너지 소비량을 감소시키는 호르몬으로 위장과 소장에서 만들어진다. 두뇌 이외의 조직에서 만들어지는 식욕 촉진제이다.
- 뉴로펩타이드 Y : 소화기관과 시상하부에서 합성되며, 식욕을 촉진하고 에너지 소모량을 낮춘다. 렙틴에 의해 합성이 저해된다.

2) 표준체중과 활동강도에 의한 에너지 필요량 계산

1단계 키에 맞는 표준체중을 구한다. 표준체중은 Broca법을 이용하여 계산한다.

Step 1. 표준체중 구하기(Broca법)
신장이 160cm 이상이면 {신장(cm) − 100} × 0.9 = 표준체중(kg)

예)

- L양 : 신장 160cm
- 표준체중(160−100) × 0.9 = 54kg

2단계 표준체중에 활동도에 따른 에너지 양을 곱한다.

Step 2.
L양이 활발한 활동을 하는 대학생으로 중등도 활동에 속한다면,
하루 필요한 에너지 요구량은 54kg × 30 = 1,620kcal이다.

표 8-1 / 활동강도에 따른 에너지 요구량

활동강도	직종	체중당 필요 에너지량 (kcal/kg)
가벼운 활동	일반 사무직, 관리직, 기술자, 어린 자녀가 없는 주부	25~30
중등도 활동	제조, 가공업, 서비스업, 판매업, 어린 자녀가 있는 주부	30~35
강한 활동	농업, 어업, 건설현장 노동자	35~40
매우 강한 활동	농번기의 농부, 임업, 직업 운동선수	40~

3단계 감량하고 싶은 체중을 고려하여 에너지 섭취량을 줄인다. 요요현상이 나타나지 않고 건강을 지킬 수 있는 이상적인 체중감량 속도는 일주일에 0.5kg 정도이다. 체지방 1g을 태우면 약 7kcal 정도의 에너지가 발생하므로, 체지방 0.5kg은 약 3,500kcal에 해당된다. 따라서 일주일에 0.5kg을 줄이려면, 하루에 500kcal 정도 덜 섭취해야 한다.

Step 3.
L양의 하루 섭취할 에너지 양 : 1,620 − 500 = 1,120 ≒ 1,100kcal

3) 각 영양소의 섭취기준

식사는 열량만 낮추고 배분은 탄수화물 55~60%, 단백질 20~25%, 지방 15~20% 정도로 해서 단백질 비율을 평소보다 조금 증가시킨다.

탄수화물은 될 수 있는 대로 복합당질로 섭취한다. 도정하지 않은 전곡류(현미밥, 잡곡밥 등)와 과일, 채소로부터 섭취한다. 탄수화물을 적게 섭취하면 케톤산혈증이 생기고 수분 손실을 초래해 탈수되기 쉬우며, 탄수화물 식품에 대한 갈구가 일어나 끊임없이 군것질을 하게

된다. 따라서 하루에 탄수화물 50~100g은 먹는 것이 좋다.

에너지 섭취량을 줄일수록 단백질은 양질로 충분히 섭취해야 한다. 에너지 섭취가 부족하면 자칫 생체 내 단백질이 분해되어 에너지로 사용되므로 단백질로 이루어진 근육조직이 약해지기 쉽기 때문이다. 특히 우리 몸의 중요한 기관인 소화기관, 간, 심장, 신장 등의 주요 구성성분이 단백질이므로 내장단백질이 소모되면 체내 기관이 약해져서 손상받기 쉽다. 따라서 열량의 20~25%(체중 1kg당 1.2~1.5g)를 단백질로 섭취하는 고단백 식사가 좋다. 그러나 단백질 식품은 지방이 함께 들어 있는 경우가 많으므로 두부 · 두유 등의 콩류, 흰살생선, 난백(삶은 계란), 닭가슴살, 저지방 참치(캔은 지방 함량 높음) 등 지방 함량이 낮은 식품을 선택하는 것이 좋다.

지방은 1g당 9kcal를 내는 고칼로리 영양소로서 탄수화물이나 단백질에 비해 두 배나 높은 칼로리를 내지만, 양에 비해 만복감은 적은 편이어서 배가 부른 것은 아니다. 지방이 농축되어 있는 식품은 맛이 있고 만복감은 별로 없어 자신도 모르는 사이에 고열량을 섭취하게 되는 경우가 많다. 지방은 전체 에너지의 20% 정도로 하며, 1,200~1,300kcal 기준으로 섭취할 경우 적어도 하루에 30g 이상은 섭취해야 한다.

육류에 주로 들어 있는 포화지방은 가급적 섭취하지 않도록 한다. 그러나 오메가3지방산이 풍부한 등푸른 생선과 호두, 잣 같은 견과류는 소량 섭취하는 것은 허용한다. 총지방섭취량을 줄이기 위해 튀김이나 볶음, 덮밥, 볶음밥은 피해야 한다. 만일 야채튀김 1개를 먹는다면 하루에 필요한 유지류는 충족된 셈이다.

알코올은 1g당 7kcal를 내는 빈열량원empty calorie food이므로, 가급적 섭취하지 않는 것이 좋다. 간에 무리가 가지 않는 음주량은 남자는 하루에 2잔 이내, 여자는 하루에 1잔 이내가 적당하다.

에너지 섭취량을 줄이다 보면 총식품섭취량이 줄게 되고, 또 식품도 다양하게 섭취하지 못하게 되면서 비타민과 무기질 섭취량이 줄어들 수 있다. 그러나 바람직한 체중감량을 위해서는 에너지 섭취량만 감소시키고, 생체조절작용을 하는 단백질, 비타민, 무기질 등은 오

tip 먹는 충동을 줄이자

- 식사시간 이외에는 식탁 근처에 가지 않는다.
- 먹기 전에 정말 배가 고픈 것인지 한번 더 생각한다.
- 먹는 것을 잠시 미룬 후, 10분 후에도 먹고 싶으면 그때 먹는다.
- TV 시청시간을 줄인다.
- 운동을 좋아하는 친구를 사귄다.
- 오후 시간은 활동적으로 보낸다.
- 잠은 충분히 잔다.

히려 충분히 섭취하는 것이 좋다. 비타민과 무기질을 충분히 섭취하기 위하여 채소와 과일은 하루에 6접시 이상 섭취하도록 한다.

4) 끼니별 배분

에너지 양이 정해지면 끼니별로 배분한다. '아침 : 점심 : 저녁' 식사의 에너지 비율은 '3 : 2 : 1' 로 아침 식사의 비중을 높이는 것이 좋다. 특히 아침 식사를 제대로 하면 기초대사율이 증가하여 온종일 에너지 소모량을 높이게 되므로 잘 챙겨 먹도록 한다.

또한 체중감량을 위해서는 정해진 양의 음식을 잘게 나누어 먹는 것이 좋다. 즉, 세 끼 식사만 하지 말고, 세 끼 식사와 두 끼 간식을 섭취하고, 식사시간은 2.5~3시간을 넘지 않도록 한다. 간식은 100kcal 이내인 저지방우유나 칼슘강화두유, 삶은 달걀 1개, 고구마 반 개, 과일 1조각 등으로 한다. 식사 간격이 띄엄띄엄 있으면 공복감을 심하게 느끼게 되고, 이어지는 식사에서 과식하기 쉽다. 또한 공복 후 식사하게 되면 빠르게 흡수된 혈당에 의해 인슐린 분비가 급증하여 지방 합성이 가속화될 우려가 높다.

5) 지방 섭취량을 줄이기 위한 요령

국민건강영양조사에서 나타난 우리나라 사람이 가장 많이 섭취하는 지방 급원식품은 돼지고기, 쇠고기, 달걀, 라면, 우유, 커피크림, 콩기름, 참기름 등으로 나타났다. 따라서 이러한 식사형태를 고려해 볼 때 지방 섭취량을 줄이기 위해서는 돼지고기, 특히 삼겹살을 제한하는 것이 좋다. 돼지고기는 닭고기 혹은 생선으로 바꾸고, 닭고기나 생선도 껍질을 벗겨 먹는 것이 좋다. 또한 쇠고기는 사태 등 지방이 적은 부위를 사용하며, 달걀은 흰자만 섭취하는 것이 좋다. 라면은 잔치국수로 바꾸거나, 혹은 면을 따로 끓는 물에 삶은 후 별도로 끓인 스프를 부어 먹는 것도 좋다. 우유는 저지방우유로 바꾸고, 커피크림(분말)도 저지방으로 바꾼다.

6) 체중조절을 위한 식사태도

식사하기 전 5분간 심호흡을 하고 자세를 편안히 한 후 천천히 먹는다. 만복감 신호가 뇌에 전달되기까지는 약 20분이 필요하다. 한 번에 한 가지 음식만을 먹도록 한다. 먹는 동안 다른 일은 하지 않고 오직 먹는 데에만 집중하여 즐거움을 누린다. 식사는 일정한 곳에서 정해진 시간에만 하고, 식사시간 외에는 먹지 않도록 한다. 또한 시간적인 여유를 갖고 식사를 하며, 한 번에 두 가지 이상의 음식을 동시에 먹지 않는다.

식사는 반드시 식탁에 앉아서 한다. 냉장고 문을 열고 선 채로 케이크나 주스를 먹는 것은 과식을 유발한다. 음식을 남김없이 먹어 치우지 않는다. 식사 후에는 곧장 식탁에서 일어서며, 식탁에 남아 있는 음식은 재빨리 치운다.

tip 과체중이 운동수행능력에 미치는 영향

미식축구나 아이스하키, 스모 등 일부 운동은 체중이 많을수록 유리하기 때문에, 이 종목의 선수들은 체지방은 최소로 줄이면서 동시에 근육량을 최대한 늘리는 방향으로 체중을 조절한다. 또 차가운 물속에서 경기를 하는 수영선수의 경우에도 체지방이 많아야 체온 유지에 도움이 되고, 부력이 커지면서 경기에 도움을 줄 수 있다. 그러나 대부분 운동은 체중이 과다할 경우 운동수행능력이 떨어지게 된다. 민첩성이나 지구력이 필요한 경우 과다한 체중은 짐이 되기 때문이다. 따라서 장거리 마라톤, 높이뛰기, 멀리뛰기를 하는 육상선수의 경우 체지방량이 매우 적으며, 축구선수들도 매우 낮은 편이다.

요약 및 연습문제

Sum-up

1. 비만은 체내에 지방이 과도하게 축적된 상태를 말한다. 저장지방은 여분의 에너지가 지방세포에 저장된 것으로, 약 50%가 피하에 존재한다. 필수지방은 뇌, 신경조직, 골수, 심장조직 등의 세포막을 구성하는 지방으로서 에너지로 쓰이지 않으며 정상적인 생리기능에 필수물질이다. 남자는 약 3% 수준이며, 여자는 생식기관에 지방이 많이 분포되어 있어서 12~15% 수준이다.
2. 비만 판정 방법에는 비만도, 체질량지수, 허리엉덩이 둘레비, 허리둘레, 전기저항측정법에 의한 체지방률 판정 등이 있다. 체질량지수는 체지방과의 상관성이 매우 크며, 국제적으로 비만 판정에 널리 사용되는 지표이다. 허리엉덩이 둘레비는 체지방 분포를 알아보는 방법으로서, 복부비만을 판정하는 지표로 쓰인다. 전기저항측정법은 체지방률을 알아내는 데 널리 사용되는 방법으로서 정확한 측정치를 위해 수분 공급을 철저히 하는 것이 좋다.
3. 체중조절을 효율적으로 수행하려면 근력운동보다는 유산소운동이 무엇보다 중요하다. 유산소운동은 근육에 산소를 충분히 공급하여 생체 내 지방 대사를 촉진함으로써 지방을 연소시켜 체지방량을 감소시킬 수 있는 효율적인 운동이기 때문이다. 걷기(파워워킹), 조깅, 자전거, 수영, 에어로빅 등이 있다.

4. 체중조절에 성공하기 위해서는 균형 잡힌 식사, 운동, 생활습관의 변화가 필요하다. 균형 잡힌 식사란 섭취하는 칼로리만 낮추고 다른 모든 영양소는 충분하게 포함한 식사이다. 음식 섭취를 억제하는 물질로는 렙틴, 멜라노코틴 수용체-4, 펩타이드 YY3-36 등이 있으며, 음식 섭취를 증가시키는 물질에는 그렐린, 뉴로펩타이드 Y 등이 있다.
5. 체중감량을 위한 에너지 섭취량을 산출하려면, 표준체중을 구한 후 활동도에 따른 에너지 요구량을 곱한다. 요요현상이 나타나지 않고 건강을 지킬 수 있는 이상적인 체중감량 속도는 일주일에 0.5kg 정도이며, 일주일에 0.5kg을 줄이려면 하루에 500kcal 정도 덜 섭취하면 된다. 따라서 산출된 에너지 섭취량에서 500kcal를 줄이면 1일 에너지섭취기준량이 된다.
6. 에너지 영양소의 배분은 탄수화물 55~60%, 단백질 20~25%, 지방 15~20% 정도로 해서 단백질 비율을 평소보다 조금 증가시킨다. 알코올은 1g당 7kcal를 내는 빈열량원이므로, 가급적 섭취하지 않는 것이 좋으며, 비타민과 무기질을 충분히 섭취하기 위하여 채소와 과일은 하루에 6접시 이상 섭취하도록 한다. '아침 : 점심 : 저녁' 식사의 에너지 비율은 '3 : 2 : 1' 로 아침 식사의 비중을 높이는 것이 좋다. 포만감을 느낄 수 있도록 20분 이상 천천히 식사하며, 식사 후에는 곧장 식탁에서 일어서고, 식탁에 남아 있는 음식은 재빨리 치운다.

Practice

01 신체검사 결과, K군의 체격지수는 신장 170cm, 체중 80kg, 허리둘레 95cm, 엉덩이둘레 93cm 이었으며, 생체전기저항검사 결과 체지방률이 22%였다.

① K군의 비만도와 체질량지수를 구하시오.
② 복부비만 여부를 판정하시오.

02 1주에 0.5kg씩 감량을 할 예정인 K군의 1일 에너지 섭취량 기준을 계산하시오.

03 K군은 식사조절이 어려워 운동을 통해 체중감량을 하고자 한다. 1주에 0.5kg 정도로 감량하고자 한다면, 하루에 조깅을 몇 분씩 해야 하는지 설명하시오.

04 필수지방의 생체 내 기능을 설명하시오.

05 지방 섭취량을 줄일 수 있는 방법을 5개 이상 쓰시오.

09

운동과 면역

들어가기 전에

면역이란 이물질을 인식하고 공격하여 파괴함으로써 인체가 질병을 극복할 수 있도록 하는 항상성 유지과정이다. 면역에는 무수히 많은 종류의 세포와 신호분자가 통합적으로 관련된다. 적절한 운동은 면역기능 유지에 필수적이며 질병의 예방과 치료에 효과적이지만, 과도한 운동은 면역저하를 초래할 수 있다. 한편, 영양상태의 부족은 물론 특정 영양소의 과다 또한 면역기능을 정상으로 유지하는 데에 불리하다.

01 · 면역계

1) 면역체계의 특징

면역 immunity이란 인체가 이물질을 인식하여 이를 제거함으로써 항상성 homeostasis을 유지하려는 방어체제이다. 이물질이란 병원균이라고 불리는 미생물은 물론 꽃가루, 화학물질 및 이식된 장기가 될 수도 있는데, 이처럼 면역반응을 유도하는 물질을 항원 antigen이라고 한다. 또한 면역계는 자신의 신체에서 발생하는 괴사조직이나 손상조직 및 노쇠한 적혈구를 제거하며, 암세포와 같이 비정상적으로 분화하는 세포들도 제거한다. 감염을 일으키는 미생물들은 인간 숙주보다 빠르게 번식하고 진화하는 특징을 가진 반면에, 인간은 이들을 방어할 수 있는 세포를 무한대로 만들어 내는 시스템을 가짐으로써 질병으로부터 자신을 방어한다.

인체는 병이 나타나기도 전에 병균을 제거하는데, 이것은 면역 시스템이 특정 이물질을 인식하고 기억하기 때문에 가능하다. 따라서 면역계의 두 가지 특징은 특이성과 기억력이다. 즉 인체는 이물질(비자기)을 자기와 구별하여 인식하고 특정 침입자가 다시 접촉하는 경우 기억력을 발휘한다.

면역은 크게 선천성 면역과 후천성 면역으로 구분하는데, 선천성 면역은 비특이적이며 후천성 면역은 특이적이다. 비특이적 면역은 인체가 다양한 이물질에 노출될 때마다 그 반응이 동일한 반면, 특이적 면역의 경우 첫 번째 노출에 비해 다음 노출 시에는 반응이 더 효율적이고 빨라진다.

2) 면역계의 구성

(1) 백혈구의 종류와 기능

면역에서 중심 작용을 하는 것은 백혈구로서, 그 자체뿐 아니라 백혈구로부터 전환된 각종 면역세포가 다양한 작용으로 면역에 관여한다. 혈액의 백혈구는 호염기구, 호중구, 호산구, 단핵구 및 림프구로 구성되는데 혈관 밖 조직의 면역작용을 위해서는 모세혈관을 벗어나기도 한다 표 9-1. 혈액 중의 단핵구는 모세혈관을 벗어나 조직에서 성숙하여 대식세포가 되는데, 대식세포는 호중구보다 더 강력한 식작용으로써 조직의 청소원 역할을 한다. 한편 면역기능 중에서 특이적 면역은 B 림프구와 T 림프구가 담당한다.

표 9-1 / 백혈구의 종류와 면역기능

종류			주요 기능
백혈구	호산구		기생충 파괴
	호염기구		히스타민 분비로 염증 · 알레르기 유발, 비만세포로 전환
	호중구		식작용, 화학주성물질 분비
	단핵구		식작용, 조직에서 대식세포로 전환
	림프구	자연살해세포	비특이적 면역으로, 특이적 면역이 활성화되기 전에 이물질을 통제
		B 림프구	형질세포로 전환되어 항체 생성 – 체액성 면역
		T 림프구	세포성 면역

(2) 림프구의 종류와 기능

백혈구 중에서도 림프구는 다시 여러 종류로 분화되는데, 각 종류는 면역체계에서 특유의 역할을 담당한다. 비특이적 면역에 작용하는 자연살해세포와, 특이적 면역에 작용하는 B 림프구 및 T 림프구가 있다. T 림프구는 다시 세포독성 T세포, 보조 T세포 및 억제 T세포로 나누어진다 표 9-2.

표 9-2 / 림프구의 종류와 기능

종류		표식인자에 따른 구분	주요 기능	구분	비율
자연살해세포 (Natural killer cell, NK세포)		$CD16^+$ $CD56^+$	• 바이러스에 감염된 세포나 암세포를 용해 • MHC(major histocompatibility complex, 주조직적합성 복합체)에 무관하게 작용 • IgG에 의해 촉발 • 면역반응을 활성화함 • 항원 특이적 면역반응이 활성화되기 전에 이물질을 통제	비특이적 면역	10~20%
T 림프구	보조 T세포 (helper T cell, Th세포)	$CD4^+$	• 사이토카인을 분비하여 T 림프구와 B 림프구의 증식과 분화를 촉진 • 항원 인식	특이적 면역 중 세포성 면역	60~75%
	억제 T세포 (suppressor T cell, Ts세포)	$CD8^+$	• B 림프구와 다른 T 림프구의 특정 기능과 증식을 조절 • 면역반응 종결에 중요		

	세포독성 T세포 (cytotoxic T cell, Tc세포)		감염된 세포나 종양세포 등 세포를 파괴		
B 림프구		$CD19^+$ $CD20^+$ $CD22^+$	• 항원 생성 • 특정 침입자를 죽이고 보체를 활성화	특이적 면역 중 체액성 면역	5~15%

tip CD항원

림프구는 모양이 서로 비슷하여 현미경으로 구별할 수 없기 때문에 림프구 세포 표면에 가지고 있는 단백질의 종류에 따라서 세포를 구분한다. 이 단백질의 종류를 CD 항원 cluster of differentiation antigen이라 하는데, CD 분자의 종류는 세포의 분화단계와 활성화단계에 따라서 다르게 나타난다.

(3) 림프기관

흉선과 골수는 각각 T 림프구와 B 림프구를 생산하는 1차 혹은 중심 림프기관이다. 1차 림프기관은 림프구를 생산하여 2차 림프기관에 공급한다. 2차 림프기관은 성숙한 면역세포가 병원균과 만나서 반응을 시작하는 장소로서, 피막이 있는 림프조직과 분산림프조직이 포함된다. 림프절과 비장은 피막이 있는 림프조직이다. 분산림프조직은 여러 장기에 걸쳐 존재하는 면역세포의 집합으로서 편도, 장관계, 피부, 호흡기, 배설 그리고 생식관에 관련된 림프조직이다. 상피층을 통과해서 침입하는 항원과 접촉하는 곳에 면역세포들이 위치하고 있다.

3) 선천성 면역

선천성 면역 congenital immunity은 이물질이 일단 인체에 들어오지 못하게 하는 1차적 방어기전으로서, 특이적(후천적) 면역반응이 활성화되기 전에 감염을 억제하는 역할을 한다. 표 9-3은 선천성 면역체계과 후천성 면역체계를 구성하는 세포성 및 체액성 구성요소를 요약하였다. 선천성 면역과 후천성 면역은 완벽하게 구분되는 개념은 아니고 상호작용을 통해 신체방어기전을 이룬다.

표 9-3 / 면역 시스템의 주요 구성

구분	선천성 면역	후천성 면역
세포	• 자연살해세포 • 식세포(호중구, 대식세포)	• T 림프구 • B 림프구
단백질	• 급성기 단백질 • 보체 • 리소자임 • 사이토카인(인터루킨, 인터페론 등) • 종양괴사인자	항체(IgA, IgD, IgE, IgG, IgM)

(1) 물리적 방어기전

신체방어기전의 가장 첫 단계는 이물질의 침입을 차단하는 기계적 장벽이다. 신체의 외부 표면인 피부는 물론 소화관, 비뇨생식기계, 호흡기의 상피조직과 같은 내부 표면은 점막으로 되어 있다. 이들은 외부 환경과 접촉하는 부위이고 표면적이 넓기 때문에 이물질의 침입 경로가 되기 쉽다. 상피조직은 점액질이 분비될 뿐 아니라 위산, 눈물의 리소자임, 호흡기 섬모의 방향성 운동에 의해 더욱더 이물질의 침입이 차단된다. 기계적 장벽을 뚫고 들어온 이물질은 특이적 방어기전이 활성화되기 전까지 식작용, 보체, 열, 화학물질 등의 비특이적 방어기전의 작용을 받게 된다.

(2) 자연살해세포

림프구의 일종인 자연살해세포 natural killer cell, NK cell는 비정상 세포는 물론, 여러 병원균을 인식하고 파괴할 수 있다. 이 림프구는 표적세포에 붙어서 표적세포의 세포막에 구멍을 낼 수 있는 화학물질을 분비하며, 사이토카인 표 9-4 을 분비함으로써 면역반응을 조절하는 데 도움을 준다.

(3) 호중구와 대식세포의 식작용

혈액의 호중구와 조직의 대식세포는 식작용phagocytosis을 하는 대표적인 백혈구이다. 박테리아는 물론 세포 조각, 탄소, 석면입자 등과 같은 다양한 물질이 식작용으로 섭취될 수 있다. 이들 세포는 여러 종류의 이물질을 식작용을 통해 섭취하는데, 섭취된 이물질은 파고솜phagosome 형태로 세포 내에 유입된다. 파고솜이 세포 내 소기관인 리소좀과 융합하면 리소좀의 내용물은 박테리아를 파괴하고 유기물을 가수분해한다. 고름은 식작용 후에 죽은 식세포, 조직액, 세포 잔여물 및 면역과정의 부산물로 이루어진 것이다. 대식세포는 호중구보다 큰 이물질을 더 많이 섭취하며, 호중구가 발현한 이후에 나타나서 죽은 호중구의 처리를 포함한, 감염의 마지막 단계에서 식작용을 한다.

(4) 화학물질에 의한 염증반응

세균에 감염되거나 조직이 손상되면 면역세포들이 여러 가지 수용성 화학물질(사이토카인)을 분비한다. 이러한 화학물질은 급성기 단백질, 화학주성물질 및 옵소닌 등으로 작용한다. 급성기 단백질은 조직 손상이나 병원균 침입 직후에 간에서 합성되는 혈장 단백질로서 염증반응을 촉진하며, 면역반응이 진정되면 정상 수준으로 그 농도가 회복된다. 옵소닌은 식작용이 잘 일어날 수 있도록 병원균을 코팅하여 식세포에 의해 잘 인식되게 하는 단백질이며, 화학주성물질은 식세포를 감염 부위로 유도하는 물질이다. 표 9-4는 선천성 면역에 관여하는 사이토카인의 종류와 기능을 요약하였다.

표 9-4 / 사이토카인의 종류와 작용

종류	분비세포	작용
히스타민	비만세포나 호염기구	• 염증 촉발 • 혈관 확장 • 모세혈관 투과성 증대 등에 의해 혈장 단백질의 조직 유입 • 발열, 발적, 부종
인터루킨	대부분의 면역세포	• 혈관 내피 세포의 변화로 백혈구와 단백질의 조직 유입 • 급성기 단백질 합성의 증가 • 체온 증가 • 다른 사이토카인과 호르몬의 분비
보체	비활성형으로 혈액 내에서 순환하다가 활성화됨	• 옵소닌 작용 • 화학주성물질 작용 • 비만세포의 히스타민 방출 유도
인터페론	바이러스에 감염된 세포	• 인접 세포가 항바이러스 단백질을 생성 • 식작용 촉진 • 종양의 성장과 감염에 대항하는 다른 세포의 활성 촉진

4) 후천성 면역

후천성 면역 acquired immunity은 출생 후에 획득되는 면역이고, 각각의 이물질을 인식하여 작용하므로 특이적 면역이라 불린다. 후천성 면역은 림프구에 의해서 이루어지는데, B 림프구에 의한 체액성 면역과 T 림프구에 의한 세포성 면역으로 구분할 수 있다. T 림프구와 B 림프구는 골수에서 생성된 후, B 림프구는 골수에서 성숙되고 T 림프구는 흉선에서 성숙된다 그림 9-1. T 림프구와 B 림프구는 한 가지 항원만 공격할 수 있다. 한 가지 특정 항원을 파괴하기에 충분한 림프구가 생성되는데, 그중에 일부는 남아서 기억세포 memory cell로 작용함으로써 동일한 감염이 재발했을 때 면역 시스템이 신속히 반응할 수 있게 한다.

후천성 면역은 특정 이물질, 즉 항원을 인식하는 것으로부터 시작한다. 병원균이나 이식된 조직 혹은 장기는 외부 항원이고 체내의 암세포는 자기 항원에 속한다. 기생충, 박테리아, 진균류 및 바이러스 등 감염원이 된 물질에 따라 면역반응은 매우 다양한 양상으로 나타나지만 기본적인 형태는 동일하게 대식세포를 중심으로 일어난다. 대식세포는 이물질을

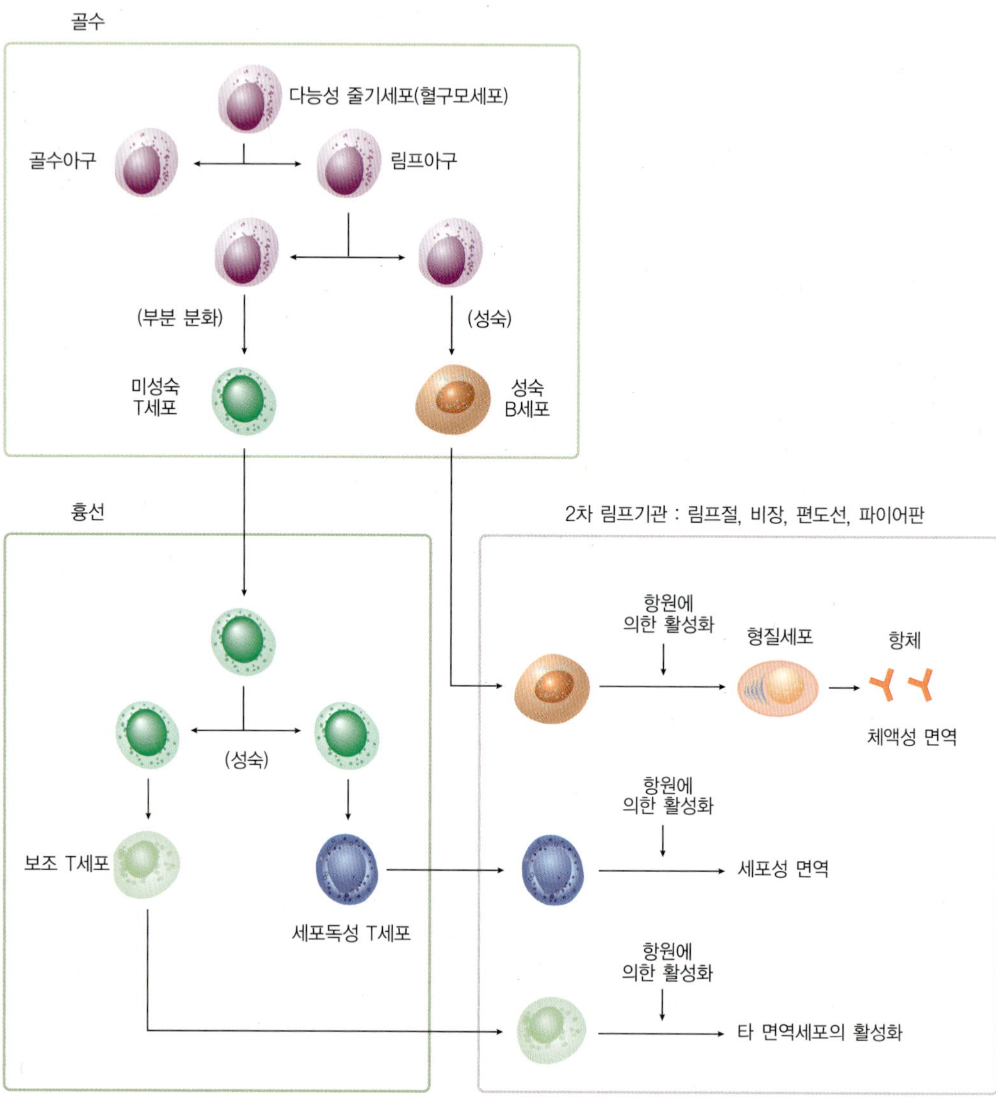

그림 9-1 B 림프구와 T 림프구의 생성과 성숙

출처 : 이연숙 외. 인체생리학, 2011

섭취하여 이물질의 항원을 자신의 세포 표면에 제시함으로써 해당 항원에 특이적인 T 림프구와 B 림프구를 활성화한다. 또한 감염원 물질은 보체, 식세포 및 자연살해세포와 같은 비특이적(선천적) 방어체계도 활성화한다.

(1) 체액성 면역

체액성 면역은 B 림프구에 의해 수행되는데, 림프구가 아닌 림프구 세포가 분비하는 물질이 면역반응에 작용한다. B 림프구가 특정 항원을 인식하게 되면 신속하게 이에 대한 항체를 생성하는 형질세포를 형성한다 그림 9-1. 항체는 혈장 단백질의 하나인 γ-글로불린으로서 수용성이므로 혈액이나 조직액 혹은 분비물에 용해되어 존재하기 때문에, B 림프구에 의한 면역을 체액성 면역이라고 한다. 항체는 IgA, IgD, IgE, IgG 및 IgM의 다섯 종류가 각기 다른 기능을 하는데 IgG는 혈액 항체의 주요 성분이고 IgA는 땀, 눈물, 콧물, 유즙 등 외분비액에서 병원균에 대한 감염을 예방한다 표 9-5.

대부분의 B 림프구는 보조 T 림프구에서 분비되는 사이토카인에 의해 자극될 때에만 항원에 의해 활성화될 수 있다. 이러한 항원을 T 림프구 의존성 항원이라 하며, 어떤 항원은 T 림프구 비의존성인 것도 있다.

표 9-5 / 항체의 종류와 기능

종류	기능
IgA	외분비선에서 분비하여 국소 감염 방어
IgD	잘 알려지지 않음
IgE	알레르기 반응 유발
IgG	체액과 혈액의 주요 항체로 작용
IgM	초기 면역반응, 대식세포에 의한 식작용 촉진

(2) 세포성 면역

바이러스를 포함한 많은 병원균은 숙주세포 안에서만 번식한다. 세포성 면역은 숙주의 세포 내에 이미 들어온 병원균을 퇴치할 뿐 아니라, 면역세포 자체가 침입을 받은 장소로 이동하여 면역기능을 수행하므로 그와 같은 이름이 붙었다. T 림프구는 골수에서 줄기세포로부터 생성되고 흉선에서 분화 및 성숙되는데 세포성 면역기능의 중추적 역할을 한다. 다양한 T 림프구의 기능은 표 9-2 와 그림 9-2 에 요약되었다.

감염된 숙주세포나 암세포에서 이물질 단백질은 분해되어 항원으로서 세포막의 MHC 분자와 결합함으로써 T 림프구의 표적세포가 된다.

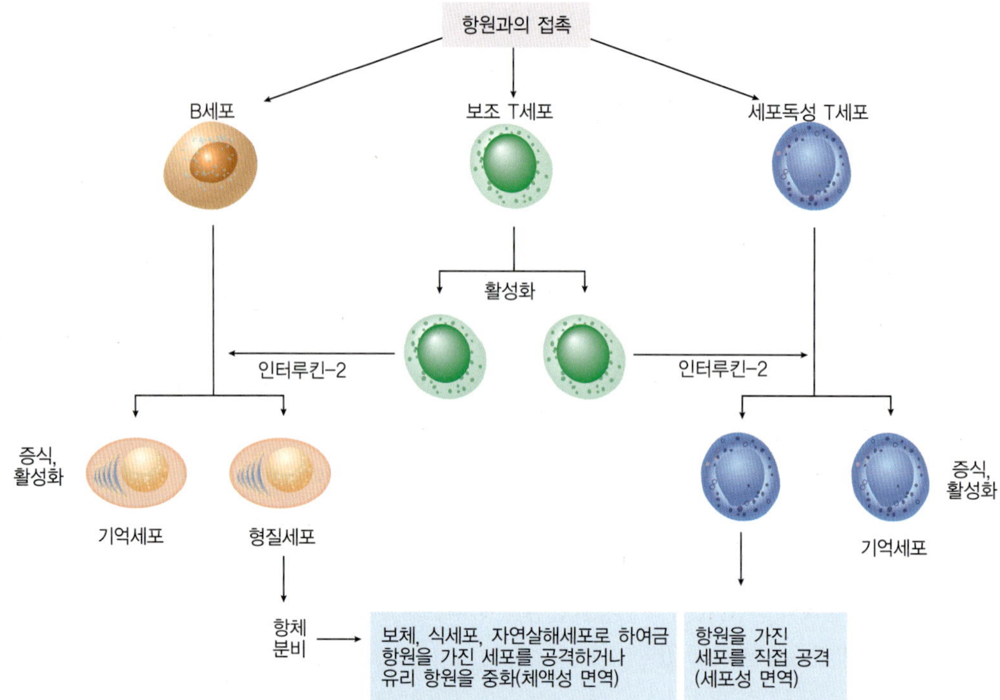

그림 9-2 각종 T 림프구의 기능

출처 : 이연숙 외. 인체생리학, 2011

tip MHC 주조직적합성 복합체 major histocompatibility complex

자기 세포와 비자기 세포를 구분하는 유전적 표시작용을 하는 단백질 분자로서, 한 사람의 모든 세포는 동일하여 일란성 쌍생아를 제외하고 모든 사람이 서로 다르다. 감염이 되면 항원단백질이 감염된 숙주세포의 세포막 표면의 MHC 분자와 결합함으로써 항원제시세포나 표적세포가 되어 T 림프구의 수용체에 의해 인식된다.

세포독성세포 cytotoxic T cell, Tc cell는 감염된 숙주세포나 암세포가 외래 항원을 나타낼 때 이를 인식하여 결합함으로써 활성화되어 증식한다. 공격할 표적세포를 인식하는 것은 세포독성 T세포의 세포막에 위치한 수용체의 역할이다. 감염된 세포 내에서 소화된 바이러스, 박테리아 및 기생충의 분해산물이나, 암세포가 분비하는 특정 단백질이 이동하여 세포막의 MHC 분자와 결합한 복합체가 T 림프구의 수용체와 결합하는 것은 항원 특이적이다. 이렇게 항원-MHC 분자 복합체와 결합한 세포독성 T세포는 퍼포린 perforin을 방출하는데, 이

단백질은 감염된 숙주세포의 세포막에 구멍을 뚫어서 세포독성 T세포로부터 나온 강력한 소화효소가 감염세포로 흘러들어 가게 하여 세포사멸을 유발한다.

보조 T세포의 작용은 여러 단계에서 면역기능을 조절한다. 식작용으로 삼켜진 박테리아가 대식세포 내에서 소화되면 그 항원이 자신을 삼킨 대식세포의 표면으로 이동하여 MHC 분자와 결합하는데 이때 대식세포가 항원제시세포가 된다. 만일 표지된 항원이 보조 T세포의 수용체와 일치하면 결합하여 활성화된 보조 T세포가 된다. 보조 T세포는 항원을 삼킨 대식세포를 인식하여 파괴하는 직접적인 면역반응뿐 아니라 다른 림프세포, 즉 B 림프구, 세포독성 T세포 및 자연살해세포는 물론 대식세포의 활성 · 증식 · 분화도 보조한다. 이 중 많은 작용은 보조 T세포가 분비하는 사이토카인인 인터루킨-2의 기능이다. 또한 T 림프구의 일종인 억제 T세포는 감염이 어느 정도 조절된 시기에 면역반응을 억제하는 작용을 함으로써 과도한 염증반응이 숙주세포를 해치지 않도록 한다.

tip 항원제시 antigen presentation

식작용으로 대식세포에 탐식되거나 숙주세포를 감염시킨 바이러스와 같은 외래 항원의 단백질이 세포 내에서 분해된 결과로 생겨난 조각이 숙주세포의 세포막 표면의 MHC 분자와 결합하는 과정이다.

02 · 운동과 면역

적당한 강도의 규칙적인 운동은 그 자체가 인체의 항상성 유지에 자극을 주는 좋은 스트레스 eustress에 속하는 것으로서 각종 면역세포의 수를 증가시킬 뿐 아니라 면역계에 다양한 기능 증진을 가져온다. 따라서 최근에는 '운동이 곧 약 Exercise is Medicine'이라는 구호 아래, 모든 환자의 치료에 운동을 포함할 것을 권장하고 있다. 하지만 이 구호는 빡빡한 스케

줄 아래 시행되는 경쟁이 심한 운동은 고통 distress으로 작용하여 면역저하를 초래할 수도 있음을 의미하기도 한다.

1) 면역에 대한 긍정적 운동효과

정규의 직업적인 활동이나 레저활동을 통한 신체활동 증가가 전체적인 면역기능을 증가시킬 뿐 아니라 암 발병 가능성을 줄여 준다는 것은 많은 역학 연구와 동물실험에서 밝혀졌다. 물론 신체적 활동은 건강 체중을 유지하게 하고, 면역기능에 유리한 호르몬을 분비하게 함으로써 간접적으로 면역을 증강할 수 있다. 면역기능에 미치는 직접적인 운동효과를 요약하면 다음과 같다.

- 호중구를 비롯한 림프구의 수가 운동 중에 증가한다.
- 안정 시 백혈구 활동이 운동에 의해 증가한다.
- 안정 시 자연살해세포의 수는 잘 훈련된 운동선수가 일반인보다 25% 정도 높다.
- 장기간 유산소운동을 꾸준히 한 성인은 자연살해세포의 활성이 높다.
- 노화에 따른 T 림프구 기능의 감소가 장기간의 유산소운동으로 방지된다.
- 대식세포의 식작용이 운동에 의해 활발해진다.
- 종양세포 이식 후에 규칙적인 운동을 실시한 군에서 종양세포의 성장이 운동을 전혀 하지 않은 집단에 비해 느렸다(동물실험).

2) 운동과 면역저하

운동 직후에 면역계에서 보이는 반응은 많은 면에서 감염에 의한 반응과 흡사하므로 인체에 스트레스로 작용할 수 있다. 혈중 백혈구(주로 림프구와 호중구)의 수가 증가하고 백혈구 작용에 영향을 주는 다양한 물질의 농도가 증가한다. 즉 C-반응성 단백질과 같은 급성기 단백질, 활성화된 보체, 사이토카인(인터페론-γ, 종양억제인자-α, 인터루킨-1, 인터루킨-2 및 인터루킨-6)의 혈중 농도가 높아진다. 또한 면역조절 효과가 있는 에피네프린, 코르티솔, 성장호르몬 및 프로락틴과 같은 호르몬의 분비가 증가한다.

(1) 운동이 면역기능에 미치는 즉각적 영향

운동을 하면 일시적으로는 자연살해세포 활성이 증가하지만 회복하는 동안 감소하여 운동 전 수준보다 저하된다. 격심한 운동을 장기간에 걸쳐 하는 것은 B 림프구에 의한 항체 생성도 저해한다. 이러한 변화는 운동 후 회복기 초기에 병원균에 대한 면역기능을 저하시키기 때문에 운동선수들의 감염 가능성을 높이는 결과를 가져온다 그림 9-3. 그에 따른 감염 기회를 최소화하기 위한 위생 지침은 다음과 같다.

- 손 씻기
- 구강위생을 철저히 하기
- 개인위생을 엄격히 하기
- 손으로 눈이나 입을 만지지 말기
- 음료수 병이나 수저를 공유하지 말기
- 구강 건조를 막기 위해 물을 자주 마시기
- 감염 증상을 보이는 사람과 접촉을 피하기
- 사람이 많은 곳이나 학동기 아동과 접촉을 피하기
- 마시는 물뿐 아니라 수영장 물의 질을 확인하기
- 사우나탕, 샤워장, 목욕탕을 공유하지 말기

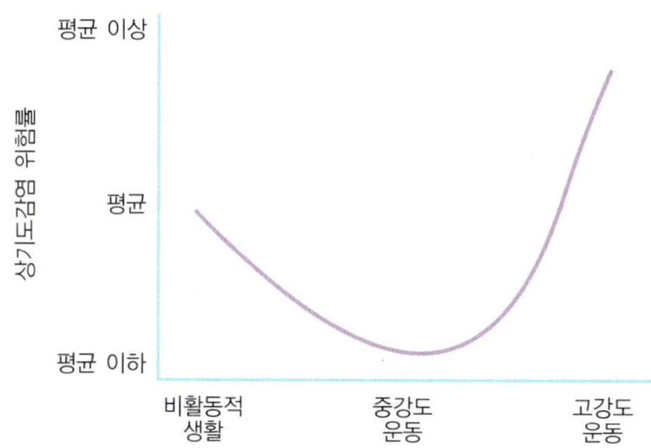

그림 9-3 운동 강도와 운동량이 상기도감염 위험률에 미치는 영향

운동 강도가 높아짐에 따라 중강도에서는 위험률이 감소하지만, 그 후부터는 오히려 증가한다.

출처 : Jeukendrup A & Gleeson M. Sport Nutrition, 2010

(2) 장기적 훈련에 의한 면역기능 변화

신체적 훈련은 장기적으로 면역기능에 영향을 줄 수 있는데, 특히 부하가 큰 운동으로 훈련할 때 면역기능의 전반적 약화가 초래된다. 그 예로 표 9-6 에서와 같이 휴식 시 백혈구 수는 훈련된 선수가 신체활동이 부족한 사람에 비해 낮았다. 운동 중에 일어나는 보체의 활성화 또한 장기간의 반복적인 운동에 의해 저하되는 것으로 나타났으며, 특히 근육이 손상되었을 때의 면역저하 원인으로 알려졌다. 이 경우 연령과 체중을 보정하였을 때 신체적으로 비활동적인 사람들에 비해 면역세포들이 덜 성숙됐을 뿐 아니라 식작용의 활동성도 낮았다.

이러한 반복적 신체활동에 의한 면역저하 현상은 운동선수에게서 나타나는 혈장의 확장에 의한 희석 결과일 수도 있고, 운동할 때마다 그에 대한 즉각적 반응으로 백혈구 상승이 장기간 되풀이됨으로써 골수에서 중요한 세포가 고갈됐기 때문일 수도 있다. 또는 운동할 때마다 반복적으로 분비가 증가하는 호르몬들, 특히 코르티솔과 같은 글루코코르티코이드에 의한 면역억제 효과일 수도 있다. 뿐만 아니라 잦은 빈도로 훈련을 계속함으로써 이전 운동으로부터 회복될 시간이 충분하지 않았기 때문일 수도 있다.

표 9-6 / 지구력운동의 훈련이 혈중 백혈구 수에 미치는 영향

세포 수(×10⁹/L)	신체활동이 부족한 사람	훈련된 선수
백혈구	6.62	4.36
중성구	3.83	2.46
림프구	2.02	1.36

출처 : Jeukendrup A & Gleeson M. Sport Nutrition, 2010

(3) 면역에 대한 운동 효과의 다양성

운동이 면역기능에 미치는 영향에 대해서는 질적으로나 양적으로 연구가 증가하고 있지만, 결과들이 상반되는 것이 많아 일관적인 결론을 내릴 수 없다. 이는 면역계에 포함되는 내용이 광범위하여 질병에 대한 저항력 전체와 면역기능을 구분하기 어렵기 때문이다. 또한 연구대상자의 연령, 체력, 운동 강도와 지속시간, 훈련기간, 운동의 종류뿐 아니라 환경요인에 따라 매우 다양하기 때문이기도 하다.

표 9-7 은 강도가 다른 운동이 면역기능에 미치는 일시적 영향을 비교하였다. 대체로 최대산소섭취량(VO_2max)의 40~60%에 해당하는 저 · 중강도 운동은 T 림프구 아형의 절대수와 비율에 긍정적 영향을 주는 데 반해, 마라톤이나 철인3종경기와 같은 격심한 운동은 부정적 영향이 나타나는데, 이는 호르몬들 간의 상호 교란, 심리적 스트레스 및 근육 상해와 관련된 것으로 보인다.

표 9-7 에서는 탈진적 고강도 운동으로 T4/T8의 비율이 감소되는 것을 보여준다. 적절한 면역기능을 유지하기 위해서는 T세포의 절대적인 수뿐 아니라 보조 T세포(CD4+)와 세포독성 T세포(CD8+)의 비율도 중요한 요인이 된다. 보조 T세포의 비율이 감소하면 자연살해세포와 세포독성 T세포의 활성화와 B세포의 증식 및 성숙을 촉진하는 사이토카인의 분비가 원활하지 못하게 된다. 따라서 보조 T세포/세포독성 T세포(T4/T8)의 비율을 1.5 이상으로 유지하는 것이 중요하다.

표 9-7 / 강도가 다른 운동이 면역기능에 미치는 일시적 영향

중강도 이하	탈진적 고강도 운동
• 백혈구 수, 호중구 수 증가 • 호중구 기능의 활성 증가 • 대식세포 기능의 활성 증가 • NK세포 수와 세포독성세포 수의 증가 • 림프구 증식[유사분열자극물질(mitogen)에 의한] • 감염에 대한 저항력, 종양성장 억제 • 혈청 면역글로블린 항진	• 림프구 아형 절대수와 비율의 감소 • T4/T8 비율 감소 • 항체 합성의 감소 • 타액의 IgA 감소와 상기도감염 증가 • 자가면역질환의 유발 • 사이토카인의 면역조절기능 약화

03 • 영양과 면역

영양불량, 면역약화 및 질병은 서로 악순환을 이룬다 그림 9-4. 영양상태가 불량할 때 초래되는 면역계 요소들의 악영향은 다음과 같다.

- 피부가 얇아짐 : 결체조직과 콜라겐의 감소
- 점액의 분비량과 항체 함량의 감소
- 위장관 : 미세융모가 편평해짐, 림프조직 내 T 림프구 감소, 소화액의 분비량과 항체 함량 감소, 장내세균의 분포 변화

- 식세포 : 이물질 제거 시간 지연
- 세포성 면역 : 순환 T 림프구의 수와 반응성 감소
- 체액성 면역 : 순환 면역글로불린 수는 정상이나 항체반응 손상

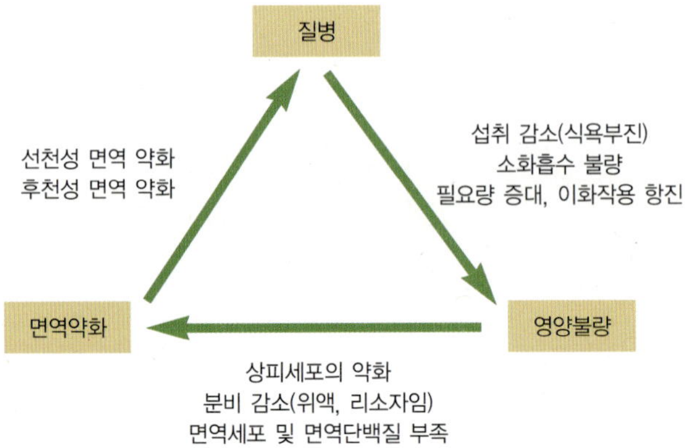

그림 9-4 인체의 영양불량, 면역약화 및 감염의 악순환

체급종목 운동선수들은 식사가 엄격하게 제한되므로 특정 영양소의 결핍을 겪게 되어, 이에 의한 면역기능의 저하를 초래할 수 있다. 세포성 면역과 체액성 면역의 구성물질이 세포와 단백질이므로 전구체로서 단백질이나 아미노산이 필요하다. 단백질 합성과 세포형성에 에너지 공급이 필요하고, 이러한 단백질/아미노산 대사와 에너지 대사를 조절하는 데 각종 비타민과 무기질이 작용하므로 이들 미량영양소의 공급은 면역기능 유지에 필수적이다. 다른 스트레스원과 마찬가지로, 영양불량은 코르티솔(스트레스호르몬)의 혈중 농도를 높임으로써 면역기능을 약화시킨다 그림 9-5.

영양불량이 운동선수의 면역기능에 미치는 영향의 정도는 영양불량의 지속기간이나 운동선수 개인의 전반적 영양상태에 좌우된다. 영양소들은 소화 · 흡수 · 대사 · 저장 과정에서 다른 영양소들과 상호작용을 하기 때문에, 어떤 영양소는 그 섭취량의 불균형으로 면역기능에 부정적 효과를 내기도 한다.

근육이 중요한 운동(역도, 보디빌딩)이나 마른 체형이 유리한 운동(체조, 피겨스케이팅, 장거리 달리기 등) 혹은 체급종목(복싱, 레슬링, 태권도, 역도 등)의 운동선수들은 에너지 섭취량을 제한하는 경우가 종종 있다. 이런 경우 운동성 섭식장애 anorexia athletica가 나타나기도 하는데, 이는 감염에 취약해지는 원인이 된다. 2주에 2kg을 감량하는 단기간의 다이어트로도 대식세포의 식작용 약화와 같은 면역기능 저하가 초래될 수 있다.

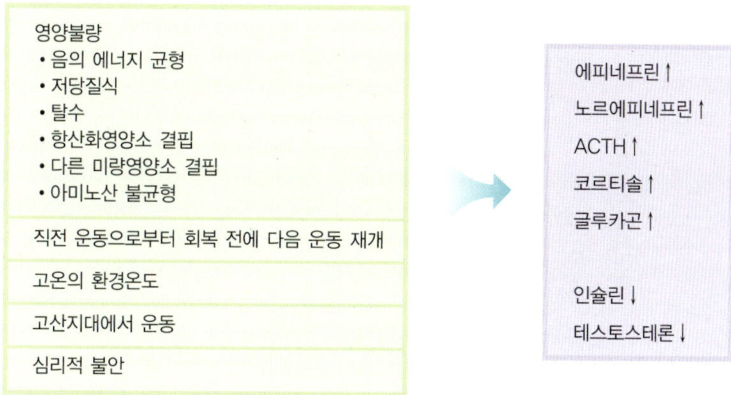

그림 9-5 영양불량과 호르몬 변화

한편, 특정 영양소의 섭취 과다도 면역기능을 약화시킬 수 있다. 그러므로 특정 영양성분의 보충섭취가 운동수행능력을 증진한다는 검증되지 않은 상업적 광고에 운동선수들이 현혹되지 않아야 한다. 비타민과 무기질의 보충은 결핍증상이 있는 경우에 한해서 효과가 있는 것이고, 정상적인 영양상태에 있는 사람이 과다하게 섭취하는 경우 효과가 없을 뿐 아니라 오히려 해가 될 수도 있다. 각 영양소의 결핍이나 과다가 운동선수들의 면역기능에 미치는 영향은 다음과 같다.

1) 탄수화물

면역계의 세포들은 매우 높은 대사율을 가지므로 면역기능 유지에서 에너지 공급은 매우 중요하다. 포도당은 근육에 에너지를 제공할 뿐 아니라 림프구, 호중구, 대식세포와 같은 면역계 세포에도 중요한 에너지원이다. 포도당 농도를 정상적인 생리적 범위로 하여 림프구나 대식세포를 배양하여 미토젠 mitogen(유사분열촉진제)으로 자극했을 때, 이 세포들의 증식이 포도당의 농도에 의해 결정되었다는 연구결과는 포도당이 이 세포들의 정상적인 기능에서 중요한 작용을 한다는 것을 뒷받침한다.

운동을 하면 코르티솔 분비가 증가하여 면역저하가 초래된다. 따라서 운동 시 분비되는 코르티솔에 의해 면역기능이 저하되는 것을 완화하기 위한 영양 전략이 연구되고 있다. 운동 시작 전, 간과 근육의 글리코겐 저장량은 운동에 대한 호르몬 및 면역반응에 영향을 준다. 체내 글리코겐 저장능력은 제한적인데, 운동과 식사조절을 통해 향상될 수 있다. 그림 9-6은 탄수화물 섭취량에 따라 운동에 의한 코르티솔의 농도가 달라지는 것을 보여준

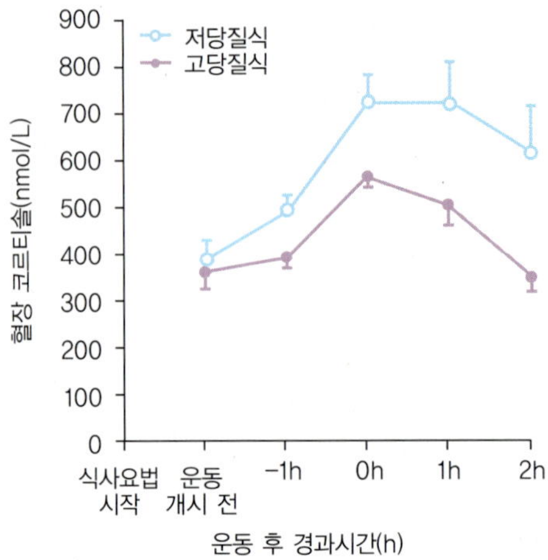

그림 9-6 운동 전 탄수화물 섭취량에 따른 운동 후 코르티솔 혈장 농도 변화

운동 전 3일간 고당질식 혹은 저당질식을 하였으며, 운동은 VO_2max의 60%로 1시간 한 뒤 VO_2max 80%로 30분간 하였다.

출처 : Jeukendrup A & Gleeson M. Sport Nutrition, 2010

다. 저당질식(총칼로리의 10%)을 했을 때는 고당질식보다 코르티솔이 훨씬 더 증가한다. 따라서 탄수화물 섭취가 부족한 운동선수는 코르티솔의 면역저하 효과로 여러 위험에 노출되어 항체 생산, 림프구 증식 및 자연살해세포의 세포독성활성 등이 저해된다.

장시간에 걸친 운동 중에 탄수화물의 섭취가 면역기능에 긍정적 영향을 미친다는 보고가 많다. 혈장 에피네프린, 코르티솔 및 사이토카인의 증가가 약화되었고, 대부분 백혈구의 변화 정도를 줄였으며 호중구 기능의 약화를 방지했고 미토젠에 의한 T 림프구 증식의 감소를 완화했다. 그림 9-7은 시간당 30~60g의 당질 섭취로 운동에 의한 인터페론-γ 생산 저하를 예방하는 것을 보여준다.

운동 중에 음료수로 당질을 섭취하는 것은 타액 분비를 유지시키기 때문에 면역기능에 유리하다. 타액은 IgA, 리소자임 및 아밀라아제와 같은 단백질 성분이 포함되어 있는데, 운동으로 교감신경계가 활발해지면 침샘으로 가는 혈관이 수축되어 입이 마르고 그에 따른 타액 IgA의 부족은 상기도 감염의 위험을 증가시킨다는 보고가 있다.

운동 중의 탄수화물 섭취가 장기간의 격심한 운동에 관련된 면역 교란을 최소화하는 데 효과적이라는 것은 모든 면에서 항상 옳지는 않다. 즉 면역기능의 일부 측면에서나 탈진에 이르는 운동과 같은 운동 부하에서는 효과가 다를 수 있다.

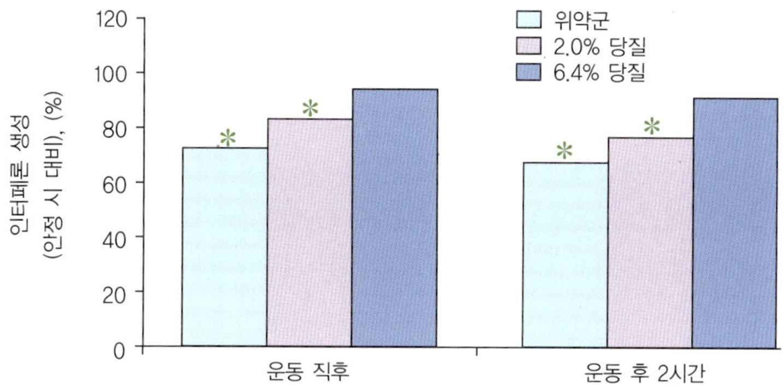

그림 9-7 2.5시간 동안 고강도 사이클링을 하는 중에 6.4% 당 음료 섭취가 T 림프구에 의한 인터페론-γ 생성에 미치는 영향

*표시는 휴식 시와 유의적 차이를 의미한다.

출처 : Jeukendrup A & Gleeson M. Sport Nutrition, 2010

2) 지방

지방산은 림프구에서 에너지원으로 이용되지만 지방산 산화를 저해해도 미토젠에 의한 림프구의 증식이 변하지 않기 때문에 에너지원으로서는 림프구 기능에 중요하지 않은 것으로 보인다. 한편 지방산은 세포막의 유동성을 변화시키거나 아이코사노이드의 전구물질로 작용함으로써 면역기능에 영향을 주는데, 전반적으로 인터루킨-2 생성을 감소시키고 미토젠에 의한 림프구 증식을 억제한다.

운동에 의한 면역저하에 미치는 지방산의 영향은 잘 알려져 있지 않지만, 다가불포화지방산 polyunsaturated fatty acid, PUFA의 과다섭취는 운동에 의한 인터루킨-2 생성의 저해작용을 악화시키고 높은 w6/w3 비율은 운동 전과 운동 후의 면역기능과 염증반응에 부정적으로 작용한다. 7주간에 걸친 지구력운동 훈련에서 고당질식(총칼로리의 65%)과 고지방식(총칼로리의 62%)을 비교했을 때 자연살해세포의 활성이 고당질식에서 더 높은 것으로 나타났다. 따라서 고지방식이 운동 시 면역기능에 해롭다는 것을 알 수 있지만, 그것이 당질섭취 부족 때문인지 특정 지방성분 때문인지는 확실하지 않다.

3) 단백질과 아미노산

운동선수의 단백질 필요량은 운동 종류와 강도에 따라 다르지만, 지구력운동선수에서는 비활동적인 사람에 비해 2배에 이를 수 있다. 에너지 필요량을 충족시키는 균형 잡힌 식사를 하는 사람은 단백질 필요량을 쉽게 섭취할 수 있지만, 체중감소를 위해 에너지 섭취량을 제한하는 경우나 채식주의자 혹은 불균형식을 하는 사람에게서는 단백질 결핍이 초래될 수 있다.

단백질 섭취 부족은 면역, 특히 T 림프구가 관여하는 면역기능에 유해하여, 단백질 결핍에 의한 림프조직의 위축 등이 나타난다. 단백질 결핍은 대개 단백질-에너지 결핍 protein-energy malnutrition, PEM으로 나타나는데, 성숙 T 림프구의 수를 감소시키고 미토젠에 반응하는 T 림프구 기능에 타격을 준다. 에너지와 단백질 중에 단백질이 더 결핍될수록 식세포작용, 사이토카인 생성 및 보체형성 등 모든 종류의 면역기능이 타격을 받는다. 극심한 단백질 결핍이 있는 사람이 운동을 하는 경우는 없겠지만 중간 정도의 단백질 결핍에서도 신체방어체계에 손상을 어느 정도 받는 것이 관찰되었다.

글루타민은 인체에서 합성되므로 필수아미노산은 아니지만 인체의 혈장과 근육에 가장 풍부한 아미노산으로서, 에너지원과 핵산 합성을 위해 백혈구에서 매우 빠른 속도로 이용된다. 세포분열 속도가 빠른 림프구는 특히 글루타민 공급에 민감하다. 운동 후 나타나는 혈중 글루타민의 농도 저하가 운동에 의한 면역저하 현상을 부분적으로 설명한다는 주장도 있다. 훈련이 과다한 운동선수가 20~30g의 단백질을 추가로 더 섭취했을 때 저하된 혈중 글루타민 수준이 회복되었다는 보고는 있지만, 글루타민 자체를 보충한 것은 효과가 없었다.

곁가지아미노산 branched chain amino acid, BCAA : valine, leucine, isoleucine은 근육에서 에너지원으로 이용되고 글루타민의 전구체가 된다. 철인3종경기나 마라톤 전에 곁가지아미노산을 보충 섭취함으로써 미토젠에 의한 림프구 증식 저하를 예방했다는 보고나, 혈중 글루타민 농도 감소를 예방함으로써 인터루킨-2와 인터페론 생성 증가와 관련됐다는 보고도 있으나, 이 분야는 더욱 연구가 필요한 실정이다.

4) 비타민

비타민 A, 비타민 E, 비타민 B_6, 엽산, 비타민 B_{12}, 비타민 C 등은 인체의 면역반응에 필수적인 영양소이므로 현대 사회에서 그 결핍증이 나타난 경우는 드물지만 섭취가 부족하면 질병에 대한 저항력이 손상될 수 있다 표 9-8.

표 9-8 / 미량영양소 결핍이 면역기능에 미치는 영향

영양소의 종류	손상
비타민 A	T 림프구와 항체 생성 감소
비타민 B_6	림프구의 항체 생성과 반응성 감소
비타민 E	식세포와 항체 생성 감소, 림프구의 반응성 감소, 바이러스의 활동성 증가

(1) 항산화비타민

비타민 C, 비타민 E, 베타카로틴은 항산화 기능이 있어 생체에서 발생하는 반응성 산소종 reactive oxygen species, ROS을 불활성물질로 전환하는 데 작용함으로써 노화는 물론 각종 질병으로부터 인체를 보호한다. 특히 운동 시와 같이 산화작용이 극적으로 증가하는 경우, 유리라디칼 free radical을 가진 산소화합물이 제때에 제거되지 않으면 면역기능이 저하된다. ROS는 호중구의 운동성과 박테리아 제거능력을 저해하고, T 림프구와 B 림프구의 증식을 감소시키며, 자연살해세포의 기능을 저해한다. 지구력운동을 지속하면 인체는 적응을 하게 되어 항산화 체계를 증가시키지만, 훈련이 더욱 지속되는 경우에는 항산화비타민의 섭취량을 증가시키는 것이 유리라디칼에 의한 손상을 줄이는 데 도움이 된다.

그림 9-8은 항산화제의 보충섭취가 스트레스나 운동에 의한 면역저하를 줄여주는 기전을 요약하였다. 비타민 C는 백혈구에 고농도로 존재하여 T 림프구 증식을 증진시키고, 부신피질호르몬에 의한 호중구 활성의 억제를 예방하며, 인터페론 생성을 증가시키고 바이러스 복제를 저해하는 등 다양하게 감염에 저항하는 과정에 관여한다. 비타민 C는 수용성 환원제로 작용하여 반응성이 강한 ROS를 무독성으로 전환시킴으로써 수용성인 세포내액과 세포외액에서 항산화제로 작용한다. 이 과정에서 산화된 비타민 C는 그 형태가 공명구조를 이루기 때문에 산화되어도 생체물질을 산화시키는 반응을 초래하지 않는다. 또한 비타민 C는 산화된 비타민 E를 환원시켜 지용성 항산화제를 재생시킴으로써 간접적으로 인체를 보호한다.

비타민 E는 세포막을 구성하는 다가불포화지방산이 ROS에 의해 산화되는 것을 방지한다. 동물실험 결과에 따르면 운동 중에 비타민 E의 산화가 증가되므로 정상적인 항산화 기능이 부족해지는 것으로 나타났다. 비타민 E는 아라키돈산이 아이코사노이드로 전환되는 경로에 영향을 줌으로써 인터루킨-1β 생성을 촉진하는 것은 물론, PGE_2 prostaglandin E_2 생성을 저해함으로써 사이토카인 생성을 증가시킨다. 심각한 비타민 E 결핍은 세포성 면역을 손상시키고 항체 합성을 저하시킨다.

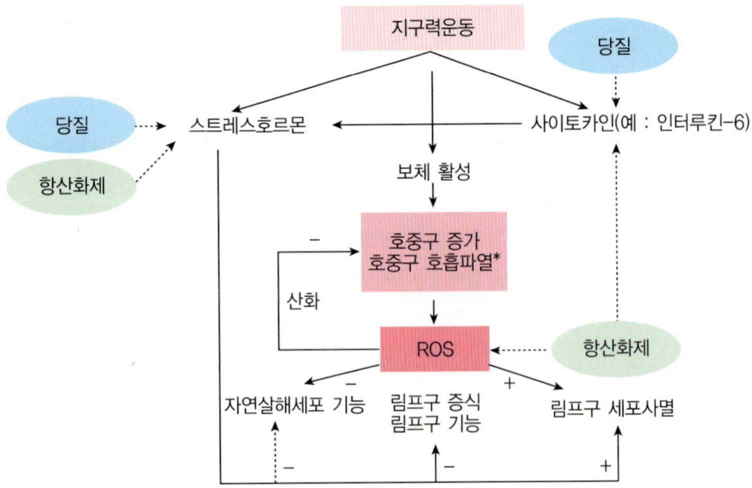

그림 9-8 스트레스나 운동에 의한 면역저하에서 항산화제 역할

*호흡파열(respiratory burst, oxidative burst) : 반응성 산소종(ROS)을 급격히 방출하여 병원균을 파괴한다.

출처 : Jeukendrup A & Gleeson M. Sport Nutrition, 2010

비타민 A가 결핍된 경우, 흉선이 위축되고 미토젠에 의한 림프구의 증식이 타격을 받으며 호흡기계 상피세포에 박테리아가 쉽게 달라붙게 될 뿐 아니라 분비형 항체인 IgA의 생성도 손상된다. 이로써 면역기능 유지에 비타민 A의 역할이 필수적임을 알 수 있다. 베타카로틴은 체내에 흡수되면 비타민 A로 전환되기 때문에 프로비타민 A로도 불리는데, 항산화 작용뿐 아니라 면역증강제 immunostimulant로 작용한다.

항산화제 보충이 운동에 의한 면역저하 작용에 미치는 영향에 대한 연구들은 상반된 결과를 보여준다. 3시간짜리 무릎 신전운동 전에 4주간의 항산화제(500mg/일의 비타민 C와 400IU/일의 비타민 E) 보충이 운동에 의한 코르티솔의 분비 증가를 완화할 뿐 아니라 인터루킨-6의 상승도 완화했고, 근육의 인터루킨-6의 방출도 완화한 것이 보고되었다. 뿐만 아니라 베타카로틴은 $CD4^+$ 보조 T세포의 수를 증가시키고 자연살해세포의 기능을 촉진했으며, 격일로 50mg을 10~12년간 보충 섭취시켰을 때 남자 노인에게서 자연살해세포 기능을 유의적으로 증가시켰다는 보고가 있다. 한편 3주간의 비타민 보충으로 울트라마라톤 경기 후의 상기도감염의 발병률이나, 베타카로틴의 보충으로 산화스트레스, 사이토카인 및 다른 면역기능 척도가 변화되지 않았다는 관찰도 있다.

(2) 핵산 합성에 필수적인 비타민 B_{12}와 엽산

비타민 B_{12}와 엽산은 핵산을 합성하는 데 필요하므로 정상적인 세포분열에 필수적으로 작용한다. 이 두 비타민이 하나라도 결핍되면 적혈구의 성숙 부족으로 거대적아구성 빈혈 megaloblastic anemia이 초래되고 백혈구의 정상적인 생성이 손상되므로 면역기능에 치명적이다. 따라서 거대적아구성 빈혈 환자에게서는 미토젠에 대한 림프구 증식반응이 손상되고 식세포와 호중구의 박테리아 제거능력이 저해된다.

엽산은 동물의 간에 다량 함유되어 있고 푸른잎 채소도 좋은 급원식품이다. 엽산은 수용성으로 물에 녹아 손실될 수 있으므로 주의해야 한다. 비타민 B_{12}는 동물성 식품에만 있고 식물성 식품에는 존재하지 않으므로 채식주의자들은 우유라도 섭취해야 하며, 포화지방 섭취가 우려되는 경우에는 무지방우유나 저지방우유로 섭취하도록 권한다.

(3) 비타민 보충제와 약리적 복용

비타민은 면역기능에 필수적이이므로 균형 잡힌 식품 섭취가 중요하다. 영양부족 상태가 아닌 일반인이나 운동선수는 추가적으로 비타민을 더 섭취할 필요는 없다. 특정 비타민을 고용량 megadose으로 섭취하는 것은 득보다 실이 더 크다. 특히 B군 비타민은 효소에 결합하여 조효소로 작용하는데, 필요 이상으로 존재하면 효소가 포화되어 비타민이 효소에 결합되지 못한 유리상태로 존재하여 독성을 나타낼 수 있다. 또한 300mg/일의 비타민 E를 3주간 복용했을 때 백혈구의 박테리아 제거능력과 미토젠에 의해 유도되는 림프구 증식에 유의적인 저하를 초래하였다는 보고가 있다. 비타민 C의 다량 복용은 설사와 신장의 수산 결석뿐 아니라 구리의 흡수불량, 철분의 흡수과다 및 통풍을 초래하는 것으로 알려졌다. 비타민 A의 과량섭취는 염증반응과 보체 형성을 손상하고 골질량 감소뿐 아니라 태아의 기형을 초래할 수 있다.

5) 무기질

표 9-9는 면역기능을 조절하는 것으로 알려진 무기질(철분, 아연, 셀레늄, 구리, 마그네슘)의 기능과 함께 결핍 및 과다섭취 시의 증상을 요약하였다. 철분 결핍은 우리나라는 물론 세계적으로 많이 발견되는 무기질 결핍으로서, 감염질환에 의한 유병률과 관련되어 있다. 아연 결핍도 보고되고 있지만 그 밖의 다른 무기질에 대한 결핍은 드물게 나타나는 실정이다.

철분은 인체의 면역기능에 필수적인 요소로서 결핍 시 대식세포의 인터루킨-1, 호중구의 식세포 작용 및 세포성 면역 등 면역계의 다양한 다른 기능이 저해된다. 한편, 철분은

표 9-9 / 면역기능에 관여하는 무기질의 기능과 섭취 과부족에 의한 증상

무기질	면역계에서의 기능	결핍 시 증상	과다 시 증상
철분	• 산소 전달 • 금속 함유 효소의 보조인자	• 빈혈 • 감염 증가	• 헤모크로마토시스 • 간경변 • 심장병 • 감염 증가
아연	• 금속 함유 효소의 보조인자 • 단백질 합성 • 항산화효소인 초과산화물 불균화효소의 구성인자	• 성장 지연 • 상처치유 지연 • 감염 증가 • 식욕부진	• 철분과 구리 흡수 손상 • 빈혈 • 메스꺼움, 구토 • 면역기능 손상
셀레늄	글루타치온 과산화효소의 보조인자(항산화제)	• 심근증, 암, 심장병 • 면역기능 손상 • 적혈구 약화	• 메스꺼움, 구토 • 피로 • 탈모
구리	• 철분의 흡수 증진 • 초과산화물 불균화효소(세포질형)의 보조인자	• 빈혈 • 면역기능 손상	메스꺼움, 구토
마그네슘	• 단백질 합성 • 금속 함유 효소의 보조인자	• 근육 약화, 피로 • 냉담, 근육경련	메스꺼움, 구토, 설사

박테리아의 성장에도 마찬가지로 필수적이어서 철분 영양상태가 양호한 생쥐에 비해 철분 결핍상태의 생쥐가 살모넬라 감염 후의 사망률이 더 낮았다는 연구 결과가 보고되었다. 또한 철분을 보충시켰을 때, 증가된 유리상태의 철분은 하이드록시 라디칼 hydroxy radical •OH의 생성을 촉매하고, 소장에서 고농도의 철분이 아연 흡수를 방해함으로써 감염질환에 더 취약하게 하기 때문에 철분 결핍이 감염으로부터 보호작용을 하기도 한다.

면역기능에 관여하는 많은 단백질은 아연을 필수 구성성분으로 하는 금속단백질로서 여기에는 DNA 전사는 물론 단백질 합성에 작용하는 효소들도 포함된다. 따라서 아연이 결핍됐을 때 다양한 면역기능 저하가 일어나는데 림프조직의 위축, 지연성 피부 과민성 delayed cutaneous hypersensitivity(세포성 면역의 척도로 이용됨), 인터루킨-2 생성 저하, 미토젠에 의해 유도되는 림프구 증식반응 손상 및 자연살해세포의 기능 저하 등이 있다. 또한 아연은 구리와 함께 인체의 세포질형 초과산화물 불균화효소 superoxide dismutase의 보조인자이므로 이들 무기질 섭취가 부족하면 항산화작용이 저하되어 면역기능이 약화될 수 있다. 한편 미토콘드리아형 초과산화물 불균화효소는 망간을 보조인자로 포함한다. 초과산화물 불균화효소는 초과산화물($O_2^{\cdot-}$) 이라는 반응성이 강한 유독물질을 O_2와 H_2O_2로 분해하는 항산화효소이다.

• 요약 및 연습문제

Sum-up

1. 선천성 면역은 비특이적이며 인체가 다양한 이물질에 노출될 때마다 그 반응이 동일한 반면, 후천성 면역, 즉 특이적 면역에서는 첫 번째 노출에 비해 다음 노출 시에는 반응이 더 효율적이고 빨라진다.
2. 백혈구, 특히 림프구는 면역의 중심 역할을 하는데 그중에서 자연살해세포는 비특이적 면역에 작용하는 한편, B 림프구와 T 림프구는 특이적 면역에 작용하고, T 림프구는 다시 세포독성 T세포, 보조 T세포 및 억제 T세포로 나누어진다.
3. 백혈구 중에 호중구와 단핵구 및 대식세포는 식세포 작용을 함으로써 자연살해세포와 함께 선천성 면역을 담당하는데, 선천성 면역에는 급성기 단백질, 보체, 리소자임, 사이토카인, 종양괴사인자 등과 같은 단백질의 작용도 필요하다.
4. 특이적 면역은 체액성 면역과 세포성 면역으로 구분할 수 있다. 체액성 면역은 B 림프구에 의해 수행되는데, B 림프구가 특정 항원을 인식하면 형질세포로 전환되어 IgA, IgD, IgE, IgG 및 IgM의 5가지 항체가 분비된다. 항체는 병원균을 직접 불활성화시키거나, 바이러스가 세포 내로 침입하는 것을 방지한다. 세포성 면역은 병원균이나 기생충에 감염된 세포는 물론 암세포를 파괴한다.
5. 적당한 강도의 규칙적인 운동은 각종 면역세포의 수를 증가시킬 뿐 아니라 면역계의 다양한 기능을 증진시키지만, 운동 직후에 면역계에서 보이는 반응은 많은 면에서 감염에

의한 반응과 흡사하고, 장기간의 과도한 운동은 상당한 면역 저하를 초래할 수도 있다.

6. 면역체계는 세포와 단백질로 이루어지므로 그 전구체로서 단백질이나 아미노산이 필요하고 단백질 대사와 세포분열에는 에너지 공급이 필수적이며, 이들 대사를 조절하는 데 각종 비타민과 무기질이 작용한다. 따라서 에너지, 단백질, 비타민, 무기질의 섭취 부족은 면역기능의 저하를 초래한다. 특정 영양소의 과다섭취 또한 면역기능에 악영향을 줄 수 있으므로 특별히 식품섭취량이 부족한 경우가 아니면 미량영양소를 보충제로 섭취하지 않도록 한다.
7. 항산화비타민인 비타민 C, 비타민 E, 베타카로틴 등이 스트레스나 운동에 의한 면역 저하를 완화한다. 핵산 합성에 관여하는 비타민 B_{12}나 엽산이 결핍되면 백혈구의 정상적인 생성이 손상되므로 면역기능에 치명적이다. 철분, 구리, 아연, 셀레늄도 섭취가 부족하면 면역기능의 손상을 초래한다.

Practice

01 선천성 면역과 후천성 면역의 차이를 설명하시오.

02 선천성 면역과 후천성 면역에 관여하는 각각의 단백질과 세포 종류를 열거하시오.

03 림프구의 종류와 주요 기능을 설명하시오.

04 세포성 면역과 후천성 면역의 상호작용을 설명하시오.

05 면역증진을 가져오는 운동과 면역저하를 초래하는 운동의 차이를 설명하시오.

06 고당질식이 운동에 의한 면역저하를 완화한다고 보고한 실험을 예를 들어 설명하시오.

07 결핍되면 면역기능을 손상시킬 수 있는 비타민과 무기질의 종류와 면역체계에서의 작용을 요약하시오.

01 · 고혈압 관리를 위한 운동과 영양

혈압 감소는 규칙적인 중강도의 운동이 건강에 미치는 이점들 중의 하나이다 그림 10-1. 고혈압은 발병 원인과 치료에서 운동과 식생활이 매우 중요한 역할을 한다. 따라서 합병증이 없다면, 고혈압 전단계에서는 혈압강하제를 복용하기 전에 우선 운동과 영양을 포함하는 생활습관교정 therapeutic lifestyle change, TLC을 시도해야 한다.

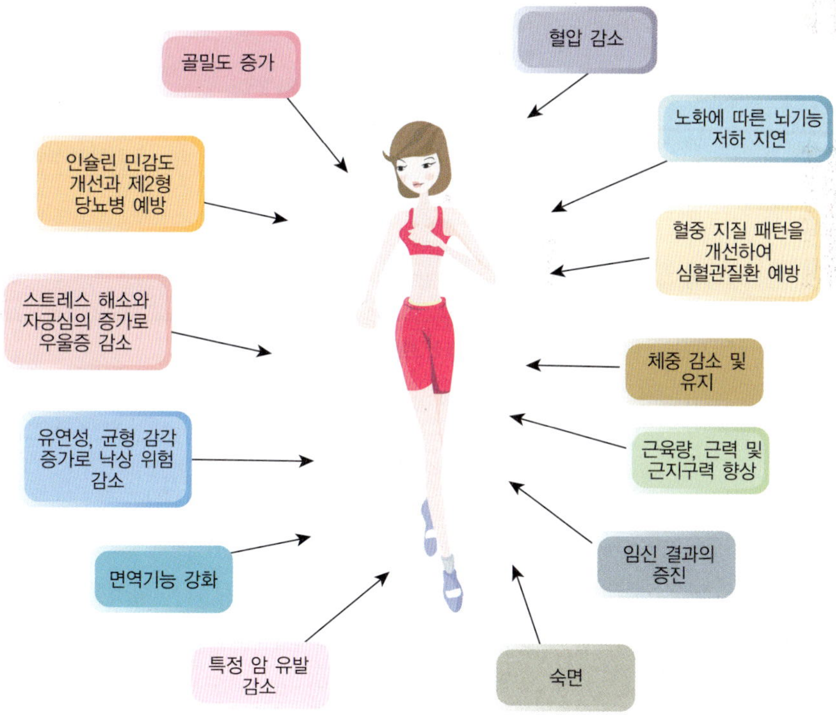

그림 10-1 규칙적인 중강도 운동이 건강에 미치는 긍정적 효과

1) 고혈압이란

(1) 진단

수축기혈압이 140mmHg 이상이거나 이완기혈압이 90mmHg 이상인 경우, 즉 한쪽이라도 경계치를 넘으면 고혈압으로 진단한다. 한편 그 이하라도 정상 혈압인 수축기혈압 120mmHg나 이완기혈압 80mmHg를 넘으면 고혈압 전단계로 진단한다. 혈압은 연령이나 성별뿐 아니라 식사, 운동, 자세 및 심리상태에 따라 변동이 크므로 안정상태에서 측정하는 것이 중요하다. 혈압 측정은 집에서 안정상태로 2분 간격으로 2번 이상 측정하여 평균을 내는 것이 정확한데, 두 값의 차이가 5mmHg 이상으로 크면 재측정해야 한다. 병원에서는 긴장 때문에 혈압이 평소보다 높게 측정되는 경우가 많다.

표 10-1 / 고혈압의 진단 기준

<table>
<tr><th rowspan="2">진단 기준</th><th rowspan="2">수축기혈압 (mmHg)[1]</th><th rowspan="2">이완기혈압 (mmHg)[1]</th><th rowspan="2">생활습관 변화[2]</th><th colspan="2">약물복용 개시 여부</th></tr>
<tr><th>합병증[3] 없을 때</th><th>합병증 있을 때</th></tr>
<tr><td>정상</td><td>120 미만</td><td>80 미만</td><td>권장</td><td colspan="2">–</td></tr>
<tr><td>고혈압 전단계</td><td>120~139</td><td>80~89</td><td>필요</td><td>항고혈압제 불필요</td><td>합병증 약물 필요</td></tr>
<tr><td>고혈압 1기
(경도)</td><td>140~159</td><td>90~99</td><td>필요</td><td>항고혈압제 필요</td><td>합병증 약물 필요
항고혈압제 필요</td></tr>
<tr><td>고혈압 2기
(중등도)</td><td>160~179</td><td>100~109</td><td>필요</td><td colspan="2" rowspan="2">항고혈압제 필요(대개 복합제제)</td></tr>
<tr><td>고혈압 3기
(중증)</td><td>190 이상</td><td>110 이상</td><td>필요</td></tr>
</table>

1) 둘 중 한 가지만 진단 기준보다 높아도 해당 고혈압 단계로 진단함
2) 운동, 식사요법, 금연, 금주
3) 심부전, 심근경색, 높은 관상동맥질환 위험률, 만성 신장질환, 당뇨병 및 반복되는 뇌졸중(당뇨병과 만성 신장질환자의 혈압 목표는 130/90mmHg 미만임)

(2) 원인

동맥의 내벽은 탄력성이 매우 크다. 이것은 좌심실에서 뿜어져 나온 혈액을 전신 조직으로 순환시킬 정도의 큰 압력을 이길 수 있어야 하기 때문이다. 혈압은 혈관 벽에 수직으로 가해지는 힘으로서 혈액의 점성, 혈류량 및 심박출량에 비례하고 혈관 반지름의 4제곱에 반비례한다. 그러므로 동맥경화나 혈관 수축으로 혈관 안지름이 감소하는 것은 혈압에 가장 큰 영향을 주는 인자이다.

고혈압과 동맥경화는 서로를 악화시키는 관계이다. 동맥경화는 이상지질혈증으로 말미

암아 혈관 내벽이 콜레스테롤 축적에 의하여 두꺼워져 혈관 안을 좁히므로 고혈압의 원인이 된다. 특히 신동맥이 경화되면 레닌-안지오텐신계가 활성화되어 안지오텐신II가 혈관 수축과 나트륨 재흡수 증가를 통해 체액량을 늘림으로써 혈압을 상승시킨다. 고혈압은 혈관 내벽에 상처를 내는데, 혈관의 콜레스테롤 축적은 상처 부위에서 시작하므로 고혈압은 동맥경화를 유발한다.

이상지질혈증은 혈액의 점성을 증가시켜 혈압을 높이므로 이상지질혈증을 유발하는 식생활은 결국 고혈압을 초래한다. 화, 긴장, 불안, 스트레스 등은 교감신경을 자극하는데, 교감신경은 카테콜아민인 에피네프린(아드레날린으로도 불림)과 노르에피네프린을 분비하여 전신 혈압 상승의 주역이 된다. 카테콜아민은 심장의 수축력 증가를 통해 심박출량을 증가시키며, 혈관 수축을 통해 혈압을 증가시킬 뿐 아니라, 신장에서 레닌을 분비함으로써 혈압을 더욱 상승시킨다.

한편 원인 질환에 의해 발생하는 2차성 고혈압은 그 질환이 치료되면 같이 완치된다. 수면무호흡증, 만성 신장질환, 스테로이드의 장기 복용, 쿠싱증후군, 갑상선질환 및 부갑상선질환 등이 2차성 고혈압의 원인 질환이 될 수 있다.

(3) 위험인자

사람은 누구나 나이가 들면서 동맥 벽의 탄력성이 감소되어 혈압이 상승한다. 또한 성별, 종족, 가족력도 고혈압의 위험인자가 된다. 이들은 조절할 수 없는 인자인 데 반해 비만, 운동 부족, 흡연, 스트레스, 음주 및 식생활은 조절이 가능한 위험인자이다.

■ 비만 : 비만인 사람이 체중을 줄이면 혈압이 떨어지는데, 10kg을 감량하면 저염식을 하지 않더라도 최고혈압과 최저혈압이 각각 25mmHg과 10mmHg 정도 떨어진다. 체중이 증가하면 혈관이 배달해야 하는 혈류량이 증가할 뿐 아니라 인슐린의 분비도 증가하는데, 인슐린은 물과 나트륨을 보유하는 작용이 있어 혈압이 더욱 상승하게 된다.

■ 운동 부족 : 비만 발생과 무관하게, 규칙적 운동은 고혈압을 예방하고 고혈압 환자의 혈압강하제 복용량을 감소시킬 수 있다.

■ 흡연 : 담배에는 3,000여 가지의 유독물질이 있는데, 그중 니코틴은 혈관 벽을 손상시켜 딱딱하게 하고, 에피네프린의 분비를 증가시켜 혈압을 상승시킨다. 또한 일산화탄소는 산소 부족을 유발하므로 더 많은 혈액의 수송을 요구하게 한다.

■ 알코올 : 많은 역학조사를 통해 밝혀진 바와 같이 술을 많이 마실수록 고혈압 발생률이 높다. 알코올이 직접 혈관 벽에 작용하는 것 외에도, 교감신경계를 자극하고 부신피질호르

몬의 분비를 증가시키기 때문이다.

▪ 식생활 : 나트륨 혹은 식염의 과다섭취는 고혈압을 악화시키는 가장 중요한 식생활 인자이다. 식염 섭취량이 거의 없는 민족의 고혈압 발생률은 매우 낮은데, 식염 섭취량이 증가할수록 고혈압의 발생이 비례하여 증가하는 것이 많은 역학조사에서 밝혀졌다. 한편 칼륨의 섭취 부족 또한 고혈압 발생 위험을 증가시키는데, 칼륨은 채소와 과일에 풍부하게 함유되어 있다. 이상지질혈증과 당뇨병은 고혈압을 악화시키므로, 이 질환들을 악화시키는 식생활 인자는 역시 고혈압의 위험인자이기도 하다.

(4) 증상과 합병증

후두통이나 후두골 아래에서 맥박이 강해지는 느낌 같은 경미한 증상 외에는 자각증상이 거의 없어서 건강검진이나 합병증이 발생하기 전에는 모르고 지내는 경우가 많다. 그 원인과 무관하게 고혈압이 지속되면 혈관조직과 혈관이 관여하는 표적 장기의 혈관 손상에 의한 점진적인 퇴행을 초래하여 표 10-2와 같은 합병증을 유발한다. 따라서 고혈압을 조기에 발견하는 것은 매우 중요하다. 특히 뇌졸중은 가장 심각한 고혈압 합병증으로서 치명적이며 그 후유증이 영구적이다.

표 10-2 / 고혈압의 주요 합병증

기관계	유발 기전	합병증
심혈관계	동맥, 특히 대동맥의 혈압이 높아짐에 따라 심장, 특히 좌심실이 강하게 수축해야 함 → 좌심실 비대 및 약화	협심증, 심근경색, 심부전,
신장	신장으로 유입되는 혈류가 감소하면서 신장기능이 저하	신경화, 신부전, 요독증
뇌혈관계	뇌혈관 벽의 탄력이 감소하여 뇌로 가는 산소 공급이 부족	후두통, 이명, 현기증, 시력 감소 → 뇌졸중

2) 고혈압의 관리

고혈압의 관리는 혈압을 정상으로 유지하고 심혈관계나 신장의 유병률 및 사망률을 낮추는 것이다. 이러한 목표는 운동과 식생활 개선을 통한 생활습관 변화를 통해서도 가능하지만 때로는 약물요법이 필요하다. 고혈압 전단계인 사람이 생활습관을 개선하지 않은 상태를 지속하면 결국 고혈압으로 진행되므로, 혈압의 변화에 유의하며 운동과 식생활 개선에 노력해야 한다.

(1) 영양관리

▪ 과체중이면 표준체중으로 감량하기 : 신장을 이용하여 표준체중을 간단하게 산출할 수 있다. 체질량지수를 남자는 $22kg/m^2$, 여자는 $21kg/m^2$가 되게 하는 체중이 표준체중이다. 예를 들어 175cm인 남성의 경우, '22×1.75×1.75'로 계산하여 약 67.4kg이 표준체중이 된다. 급격한 체중 감소는 위험하므로 서서히 감량하도록 하여 1주일에 체중 0.5% 이하로 감량속도를 유지한다.

▪ 지방의 섭취에 있어서는 이상지질혈증과 관련 합병증을 예방하도록 유의한다. 총지방 섭취뿐 아니라 포화지방과 콜레스테롤의 섭취가 지나치지 않도록 하고, 수용성 식이섬유의 섭취는 증가시킨다. 트랜스지방의 섭취를 줄이고 단일불포화지방의 섭취가 부족하지 않도록 한다(이상지질혈증 식사요법 참조 표 10-8).

▪ 단백질은 양질의 급원으로 체중 kg당 1~1.5g을 섭취하도록 한다. 과체중을 치료하기 위해 저에너지식을 하는 경우 단백질에서 오는 에너지 비율을 15~20%로 증가시킬 것을 권장한다. 양질의 단백질 급원은 주로 동물성 식품이므로 포화지방과 콜레스테롤의 함량이 높아 자칫하면 고혈압의 합병증인 심혈관계 질환의 위험을 증가시킬 수 있으므로 주의한다. 따라서 고기류는 비계와 껍질을 제거하고, 달걀은 1일 1개로 제한하며, 우유는 저지방유나 무지방유로 섭취한다.

▪ 채소와 과일을 충분히 섭취하기 : 채소와 과일은 혈압을 내려가게 하는 칼륨(K)의 함량이 높을 뿐 아니라, 혈청 콜레스테롤 감소에 효과적인 수용성 식이섬유를 다량 함유하므로 충분히 섭취하도록 한다.

▪ 싱겁게 먹기 : 한국인 영양섭취기준에 의하면 나트륨의 충분섭취량은 1.5g/일이고 영양표시제의 기준치와 세계건강기구 world health organization, WHO에서 정한 나트륨 권고량은 2,000mg인데, 이는 식염(소금)으로는 5g에 해당한다. 한편 최근 보고된 우리나라 사람의 1일 평균 나트륨 섭취량은 13.4g이므로 아무리 싱겁게 먹도록 노력해도 부족한 실정이다. 우리나라 사람이 가장 많이 나트륨을 섭취하는 식품은 김치, 국 · 찌개에 첨가되는 장류 및 생선구이이다. 한편 팽창제로 쓰이는 베이킹파우더나 식소다, 화학조미료인 MSG monosodium glutamate 혹은 가공식품에 방부제나 표백제로 쓰이는 첨가제는 짠맛을 전혀 내지 않지만 나트륨을 다량 포함하고 있으므로 주의해야 한다.

(2) 생활습관

- 금연하기
- 알코올 섭취 절제 : 남자는 2잔/일 이하, 여자나 근육이 적은 남자는 1잔/일 이하로 제한한다.
- 스트레스 해소 : 스트레스를 받으면 부신수질에서 에피네프린을 분비하므로, 이 호르몬을 스트레스호르몬이라고 부른다. 에피네프린은 직접적인 혈압상승 작용뿐 아니라 교감신경을 흥분시키는 작용을 통해 간접적으로 더욱 혈압을 상승시키고, 고혈압 외에도 여러 면에서 건강에 부정적인 영향을 많이 준다. 스트레스의 혈압상승 효과가 지속적이지는 않지만 스트레스에 의해 일시적으로 고혈압이 유발될 수 있고, 다른 일반 고혈압과 마찬가지로 혈관이 손상될 수 있다. 스트레스를 완화하는 방법으로는 편안한 자세, 천천히 심호흡하기, 깊이 정신 집중하기, 반복적인 소리내기, 긴장 풀기 등이 있다.

(3) 약물요법

운동, 식사요법 등의 생활습관 변화가 혈압을 낮추는 데 효과를 거두지 못하는 경우에 항고혈압제가 사용된다. 고혈압 치료 약물의 종류와 각각의 작용 기전은 표 10-3에 제시되었다. 고혈압 치료약은 혈관의 말초저항이나 심박출량을 감소시켜 혈압을 낮춘다. 한 가지 약으로 효과가 없는 경우 두 가지 이상의 약물을 복합적으로 복용해야 하는 경우도 있다. 대개 이뇨제와 베타차단제가 고혈압 환자가 처음 약물요법을 시작할 때 시도하는 약물이다.

표 10-3 / 고혈압 치료약의 종류와 작용 기전

종류	작용 기전	특징
이뇨제	나트륨의 재흡수를 방해하여 혈액량과 말초저항을 감소시킨다.	저칼륨혈증의 부작용 가능성이 있다.
베타 차단제	베타 수용체 반응을 억제하여 카테콜아민의 효과를 감소시킴으로써 심박출량을 감소시킨다.	혈장 콜레스테롤과 인슐린 농도 및 인슐린 저항성을 증가시킬 수 있다(예외 : 라베탈롤과 아세부톨롤).
안지오텐신전환효소 억제제	활성형 안지오텐신Ⅱ로의 전환과 그에 따른 알도스테론의 혈중 농도 증가를 억제한다.	혈중 지질 농도에 영향을 주지 않으면서 VO_{2max}의 감소를 초래하지 않아 고혈압이 있는 운동선수들이 사용한다.

3) 고혈압과 운동

(1) 고혈압에 대한 운동 효과

혈압강하제를 복용하지 않는 고혈압 환자의 경우, 평상시 혈압이 이미 높은 상태이기 때문에 격렬한 운동으로 수축기혈압이 상승하면 보통 사람보다 수축기혈압의 절대값은 더욱 높아진다. 중강도의 역동적인 운동을 30~45분간 실행한 후에는 1~3시간 동안 수축기혈압이 10~20mmHg 내려가는 것이 지속적으로 보고되는데, 이는 운동 후 심박출량이 일시적으로 적어지기 때문이다.

경증 고혈압의 경우 운동요법을 통해 약물요법의 실시를 미룰 수 있을 정도로, 운동은 고혈압의 예방과 치료에 지대한 영향을 미친다. 그러나 혈압에 미치는 운동의 효과는 운동의 종류나 강도에 따라 다르다.

규칙적인 유산소운동은 고혈압을 예방할 뿐 아니라 고혈압의 확실한 치료법이거나, 적어도 보조적 치료방법이다. 지구력운동을 지속적으로 하는 것이 고혈압의 치료에 효과적인 것은 여러 연구에서 확인되었으며, 평균 5~7mmHg 정도로 안정 시 수축기혈압과 이완기혈압을 감소시키는 것으로 알려졌다. 그런데 저항운동은 고혈압 환자의 경우 혈압을 낮추기는 하지만 지구력운동을 통한 신체단련에 비해 그 정도가 미약하다.

한편, 지속적인 장기간의 운동을 통해서 이루어진 신체단련은, 혈장의 노르에피네프린 수준을 감소시키고 혈관확장물질을 증가시키며 고인슐린혈증을 완화시킬 뿐 아니라, 신장기능을 좋게 함으로써 혈압을 낮추는 작용을 한다. 따라서 신체활동이 부족한 사람에 비해 신체적으로 활발하고 심폐기능 수준이 높은 사람은 사망률이 현저히 낮다. 또한 과체중인 고혈압 환자가 운동을 꾸준히 하는 경우 체중 감소에 따라 간접적으로 혈압을 낮출 수 있다.

(2) 고혈압에서의 운동치료

고혈압 예방과 치료에 효과적인 운동 프로그램의 예는 표 10-5에 요약되었다.

❶ 유산소운동

고혈압에는 걷기, 속보, 수영, 고정식 자전거 타기 등의 유산소운동이 효과적이다. 운동강도는 최대능력의 40~60% 정도의 중강도 수준이 적절하다. 하루에 30~60분씩 매일 운동하는 것이 좋지만, 적어도 일주일에 3일 정도는 꾸준히 해야 하며, 일주일에 총 700~2,000kcal를 소모할 수 있도록 운동 빈도와 강도 및 시간을 조절한다.

운동 강도는 최대여유산소소비량 VO_2R, maximal oxygen consumption reserve 또는 최대여유심박수 HRR, heart rate reserve를 기준으로 정한다. 최대여유산소소비량은 최대산소섭취량에서 안정산소섭취량을 뺀 값이고, 최대여유심박수는 최대심박수에서 안정심박수를 뺀 값이다.

따라서 목표 운동 강도를 구하는 식은 다음과 같다.

- 목표산소소비량 = 운동강도(%) × (최대산소소비량–안정산소소비량) + 안정산소소비량
- 목표심박수 = 운동강도(%) × (최대심박수–안정심박수) + 안정심박수

최대산소소비량과 최대심박수는 직접 측정해야 정확히 알 수 있지만, 직접 측정하려면 가스분석기 등 장비가 필요하다. 따라서 간단하게 최대심박수를 '220–만 나이'로 추정하는 것이 현실적으로 유용하다.

숨이 찬 정도로 운동 강도를 가늠하기도 하는데, 중강도 유산소운동에서는 숨이 평소보다 조금 더 차게 되며, 고강도 유산소운동을 할 때에는 숨이 평소보다 훨씬 더 많이 차게 된다. 땀 나는 정도는 사람마다 차이가 많기 때문에 땀이 나는 정도로 운동 강도를 추정하는 것은 부정확하다. 표 10-4는 지표에 따른 운동 강도를 비교하였다.

표 10-4 / 지표에 따른 운동 강도의 비교

강도	최대산소섭취량(%)	최대심박수(%)	주관적 운동 강도(RTE)
매우 약함	<20	<35	<10
약함	20–39	35–54	10–11
중간 정도	40–59	55–69	12–13
강함	60–84	70–89	14–16
매우 강함	>85	>90	17–19
최대	100	100	20

RTE : relative perceived exertion
출처 : 국가건강정보포털, 당뇨환자의 운동요법

tip 운동부하검사에서 안정 시 수축기혈압 SBPresting이 150mmHg, 최대 수축기혈압 SBPmax이 210mmHg로 측정된 환자를 40~70% 강도로 운동시키려면 이 환자의 운동 시 목표혈압은?

공식 : SBP = %운동강도 × (최대 SBP – 안정 시 SBP) + 안정 시 SBP이므로

40% 강도의 SBP = 0.4×(210–150)+150 = 0.4×60+150 = 24+150 = 174(mmHg)
70% 강도의 SBP = 0.7×(210–150)+150 = 0.7×60+150 = 42+150 = 192(mmHg)
따라서 원하는 강도의 운동은 혈압이 174~192mmHg이 되도록 하는 수준이다.

혈압 조절에 대한 운동의 효과는 명백하지만 운동 자체에 의해 일시적으로 혈압이 상승하므로 운동 중 수축기혈압이 250mmHg로 높아지거나 이완기혈압이 120mmHg에 이르는

경우 운동을 중지하거나 그 강도를 낮춰야 한다. 안정 시에 수축기혈압 systolic blood pressure, SBP이 200mmHg 이상이거나 이완기혈압이 115mmHg 이상인 중증의 고혈압 환자는 운동을 하지 말아야 한다.

❷ 근력운동

근력운동은 유산소운동만큼 고혈압 치료에 효과적이지 않고, 특히 160/100mmHg 이상의 고혈압 환자는 중량부하운동, 줄다리기 및 100m 달리기와 같은 운동은 삼가는 것이 좋다. 그러나 근력이 좋아지면 운동을 하기 유리해지므로 주 2회 이상 근력을 키우는 운동을 하는 것이 좋다. 고혈압 환자가 근력운동을 하는 경우 저강도로 반복횟수를 늘리는 것이 좋다. 또한 무게를 들어 올릴 때 숨을 참으면 혈압이 매우 높게 올라가서 위험하므로 주의해야 한다. 서킷트레이닝은 일정한 간격으로 구간을 이동하는 운동형태로서 고혈압 환자의 근지구력과 근력 및 전신지구력을 발달시키는 데 효과적으로 적용할 수 있다. 서킷트레이닝을 할 때는 중간에 동작을 멈추지 않기 위해서 무게를 너무 무겁지 않게 하며 무게를 들어 올릴 때 숨을 내쉬도록 한다. 즉 자각인지도(RPE)가 11(보통)~13(약간 힘들다)이 되게 하는 무게를 초과하지 않도록 한다(20이 최고).

- RPE rating of perceived exertion : 운동이 힘든 정도를 자각하는 척도로서 1~20점 척도로 나타낸다. 자율신경병증autonomic neuropathy이나 약물복용으로 심박수 변화가 있는 사람에서 운동 강도 척도로 이용된다.

표 10-5 / 고혈압 환자를 위한 관리 프로그램

운동형태		목표	운동 강도/빈도/시간	운동기간
유산소운동	• 걷기 • 속보 • 자전거 타기 • 수중운동 아쿠아로빅	• 안정 시 및 운동 중 혈압조절 • 관상심장질환 위험요소 감소 • 최대산소섭취량 증가 • 최대 일량과 지구력 증가 • 칼로리 소모량 증가	• 최대능력의 40~70% • RPE 11~13 • 3~7일/주 • 30~60분/회	4~6개월
근력운동	서킷트레이닝	근력의 증가	높은 반복/낮은 저항	
고려사항	• 안정 시 수축기혈압 > 200mmHg 혹은 이완기혈압 > 115mmHg인 경우에는 운동을 금한다. • 혈압반응이 약물로 잘 조절되고 있을 때 운동에 참여한다. • 초기 목표는 주당 700kcal 소모, 장기 목표는 2,000kcal 소모 • 오후 운동을 권장, 추운 겨울 새벽 운동을 피한다. • 혈관확장제를 복용하는 경우 운동 직후 저혈압 발생 우려가 있으므로 정리운동이 중요하다.			

tip 고혈압 환자가 운동을 중지해야 할 증상

- 가슴이 답답하다.
- 호흡이 곤란하다.
- 가슴에 통증이 있거나 통증이 목, 어깨, 등으로 뻗친다.
- 심박동이 지나치게 빨라지거나 불규칙하다.
- 어지럽거나 속이 좋지 않다.

tip 고혈압 환자의 운동 시 고려할 점

- 충분한 수분을 섭취할 것
- 느슨하고 편안한 복장 갖출 것
- 운동 전후 몸을 풀고 운동 강도의 강약을 조절할 것
- 규칙적으로 운동할 것
- 달리다가 갑자기 서는 운동을 삼갈 것
- 너무 완벽하게 하려 하지 말 것
- 식후 2시간 이내 운동을 피할 것
- 날씨에 유의하여 운동량 조절할 것
- 공기가 좋지 않은 환경에서 운동을 피할 것

02 · 이상지질혈증 관리를 위한 운동과 영양

이상지질혈증은 혈액의 콜레스테롤이나 중성지방의 농도가 높아 동맥경화, 고혈압 및 다른 심혈관계 질환의 원인이 되는 질병이다. 규칙적인 운동과 현명한 식생활은 이상지질혈증을 예방하는 데 효과적일 뿐 아니라 그 합병증의 발병을 지연시킬 수 있다.

1) 이상지질혈증이란

(1) 지단백의 대사

지방은 에너지 저장수단으로 중요할 뿐 아니라 생체막의 주요 구성성분이며, 호르몬, 비타민, 담즙산 등 인체 기능에 필수적인 생분자를 합성하는 데 전구체로 작용한다. 따라서 섭취된 지방이 인체의 각 조직으로 이동되고 조직 사이에 운송되는 과정은 매우 중요하다. 그런데 지방은 물에는 녹지 않는 소수성이므로 혈액을 통해 이동되는 지방, 특히 중성지방과 콜레스테롤의 혈액 내 운송은 지단백이라는 분자를 합성함으로써 이루어진다.

지단백은 표 10-6과 같이 네 종류가 있는데, 킬로미크론과 VLDL은 중성지방을 근육이나 지방조직으로 운송하므로 혈액 내에 이들 수준이 높으면 고중성지방혈증이 된다. LDL과 HDL은 콜레스테롤을 운송한다. LDL은 말초조직으로 콜레스테롤을 운반하는데, 그 농도가 정상 이상으로 높으면 고콜레스테롤혈증이 되어 동맥경화와 관련 합병증을 유발한다. 한편 HDL은 말초조직에서 나온 여분의 콜레스테롤을 간으로 운반하여 담즙으로 배설되게 함으로써 혈액에서 농도가 높으면 동맥경화에 걸릴 위험이 낮기 때문에, HDL을 항동맥경화성 지단백이라고 한다.

표 10-6 / 지단백의 종류와 특징

종류	생성 장소	주요 성분	주요 작용
킬로미크론 (chylomicron)	소장 점막세포에서 합성	중성지방	섭취한 중성지방을 근육이나 지방조직에 수송
초저밀도지단백 VLDL(very low density lipoprotein)	간에서 합성	중성지방	잉여로 섭취한 열량영양소에서 전환된 중성지방을 근육이나 지방조직에 수송
저밀도지단백 LDL(low density lipoprotein)	혈액에서 VLDL로부터 전환	콜레스테롤 에스테르	• 필요한 조직으로 콜레스테롤을 전달 • 과다하거나 산화되면 동맥경화 초래 (나쁜 콜레스테롤)
고밀도지단백 HDL(high density lipoprotein)	간에서 합성	단백질	• 조직의 콜레스테롤을 간으로 운반하여 체외로 배설되게 함 • 항동맥경화성 지단백(좋은 콜레스테롤)

(2) 이상지질혈증의 합병증

이상지질혈증은 동맥경화의 주요 위험인자로 작용하는데, 동맥이 경화되면 동맥 혈관의 탄력성이 감소하여 고혈압을 악화시킨다. 결국 고혈압과 동맥경화는 협심증, 심근경색 등 여러 심혈관질환의 주요 위험인자로서, 삶의 질을 저하시키고 생명을 위협한다.

(3) 이상지질혈증의 진단

혈액에서 콜레스테롤의 농도가 높거나, 중성지방의 농도가 높거나 혹은 둘 다 높은 경우 이상지질혈증으로 진단하며, 그 기준은 표 10-7과 같다. 한편, 항동맥경화성 지단백인 HDL의 농도가 낮은 것은 저HDL혈증이라 하는데, 이것 역시 동맥경화의 위험률을 증가시키므로 이를 포함하여 이상지혈증으로도 부른다.

표 10-7 / 이상지질혈증의 진단 기준(단위 : mg/dL)

	총콜레스테롤	LDL	HDL	중성지방
정상	200 미만	130 미만	60 이상	150 미만
경계	200~239	130~159	40~59	150~199
위험	240 이상	160 이상	40 이하	200 이상

출처 : 대한지질동맥경화학회, 이상지질혈증 치료지침, 2015년 제3판

2) 이상지질혈증의 영양관리

탄수화물 섭취가 많은 우리나라는 고콜레스테롤혈증이 많은 서구에 비해 고중성지방혈증이 많다. 혈액에서 콜레스테롤을 증가시키는 식사요인과 중성지방을 증가시키는 식사요인이 다르므로 그 영양관리도 차이가 있다.

(1) 고콜레스테롤혈증의 식사요법

표 10-8은 고콜레스테롤혈증과 고중성지방혈증의 식사요법을 정리하였다. 혈액의 콜레스테롤 농도를 개선하기 위해서는 콜레스테롤 섭취량뿐만 아니라 체내(주로 간)에서 합성되는 것도 함께 감소시켜야 한다. 총지방섭취량과 포화지방의 섭취량이 증가하면 콜레스테롤의 합성이 증가한다. 포화지방은 어유를 제외한 동물성 지방에 많고, 식물성 지방 중에는 야자유가 포화지방을 다량 함유하는데 이들 지방은 식물성 커피크림의 재료가 된다. 트랜스지방은 불포화지방이지만 분자구조가 포화지방과 비슷하여 동맥경화를 유발하므로 섭취를 제한해야 한다. 트랜스지방은 쇼트닝이나 마가린 혹은 이를 재료로 한 스낵류나 도넛 등 튀김류에 많이 들어 있다. 특히 실온에서 딱딱한 마가린은 실온에서 부드러운 종류에 비해 트랜스지방 함량이 더 많으므로 주의해야 한다.

올리브기름에 다량 함유된 단일불포화지방산은 동맥경화에 해로운 LDL의 산화를 방지하기 때문에 올리브유 섭취가 많은 지중해 지역의 식단은 동맥경화에 걸릴 위험을 감소시

킨다. 가용성 식이섬유는 담즙과 결합하여 대변으로 배설되게 하므로 담즙산의 전구체이고 담즙의 성분인 콜레스테롤의 혈중 농도를 낮추는 역할을 한다.

표 10-8 / 고콜레스테롤혈증의 영양관리

영양소		섭취 기준	식품 선택과 조리방법
섭취 증가	총지방	지방에서 총에너지의 20% 이하	• 튀김류 섭취를 제한 • 쇠고기, 돼지고기는 비계 제거 • 닭고기는 껍질과 기름 제거 • 저지방우유나 무지방우유로 마시기 • 파이, 케이크, 쿠키, 감자칩 등 간식 피하기 • 튀김이나 전보다 찜, 조림, 구이로 조리하기
	포화지방	포화지방 : 단일불포화지방 : 포화지방 = 1:1:1	• 코코넛기름이나 팜유가 함유된 라면 등 각종 가공식품, 제과, 팝콘, 식물성 커피크림 섭취 제한 • 샐러드드레싱이나 조리에 올리브유 사용
	콜레스테롤	300mg/일 이하 혹은 100mg/1,000kcal 이하	포화지방이나 트랜스지방에 비해 LDL 콜레스테롤 수치에 미치는 영향이 적고 개인차가 많음.
	트랜스지방		쇼트닝, 마가린으로 조리 혹은 가공된 식품(각종 스낵, 파이, 튀김) 섭취 제한
섭취 감소	수용성 식이섬유	12g/1,000kcal	채소, 해조류, 두류, 전곡류(잡곡, 현미, 통밀), 과일 섭취 증가

(2) 고중성지방혈증의 영양관리

인체의 중성지방은 간에서 합성되는데, 당질은 물론 단백질이나 알코올 등의 에너지영양소는 모두 과잉으로 섭취했을 때 중성지방 합성의 전구체로 작용한다. 따라서 지나친 에너지 섭취를 하지 않도록 하고, 특히 중성지방의 합성을 촉진하는 단순당과 알코올의 섭취를 절제한다. 단순당은 과일이나 과자류에 함유된 포도당 · 과당과 같은 단당류, 혹은 설탕 등의 이당류와 같이 단맛이 나는 탄수화물이다.

한편 오메가3지방산은 혈중 중성지방 농도를 낮출 뿐 아니라 혈소판 응집과 혈전 생성을 감소시키므로 고중성지방혈증의 개선은 물론 이상지질혈증에 의한 심혈관계 질환의 위험을 줄일 수 있다. 이상지질혈증은 동맥경화의 주요 위험인자 중 하나인데, 동맥경화는 동맥의 벽을 두껍게 하여 동맥 혈관의 안쪽 지름을 좁힌다. 따라서 동맥경화와 함께 혈소판 응집과 혈전 생성이 발생하면 동맥을 통한 산소 공급이 차단되면서 협심증, 심근경색 및 뇌경색을 초래할 수 있다.

3) 이상지질혈증과 운동

(1) 이상지질혈증이 운동반응에 미치는 영향

이상지질혈증이 있다는 자체만으로 운동반응에 변화를 주거나 운동을 제한하지는 않는다. 그러나 이상지질혈증이 관상동맥의 경화를 유발하여 협심증을 초래했거나 다리 동맥경화에 의해 절뚝거리는 경우에는 운동검사나 운동 프로그램을 개시하기 전에 의사 진찰을 받아야 한다.

(2) 이상지질혈증에 대한 운동의 효과

약물요법과 식사요법도 중요하지만, 운동은 이상지질혈증 치료에 필수적이다. 특히 혈장 중성지방 수준을 낮추는 데 더욱 효과적이며, 혈장 콜레스테롤의 감소는 체중감소와 병행되었을 경우에만 효과가 있다. 또한 일주일에 1,200~1,500kcal를 소모하는 정도의 유산소 운동을 12주간 했을 때 HDL이 증가한다.

지속적인 신체활동의 증가는 직간접적으로 이상지질혈증을 개선한다. 직접적으로는 지단백 대사에 관여하는 효소들(지단백지질분해효소 lipoprotein lipase : LPL, 레시틴-콜레스테롤 아실전이효소 lecithin-cholesterol acyltransferase : LCAT, 콜레스테롤에스테르 전이단백질 cholesterolester transter protein : CETP 등)의 활성을 증가시킴으로써 식후 혈중 지질 농도를 감소시키며, 동맥경화에 더 불리한, 입자가 작은 LDL의 농도는 감소시키는 한편, 입자가 큰 LDL의 농도는 증가시킬 뿐 아니라, 혈당 조절도 개선시킨다. 규칙적인 운동은 직접적인 지질 대사 외에도, 당내응력 개선뿐 아니라 체중과 체지방의 감소를 통해 간접적으로도 이상지질혈증을 개선하는 데 효과적이다.

(3) 이상지질혈증의 운동 프로그램

혈청 지질 수치에 긍정적인 효과를 나타내기 위해서는 칼로리 소모가 우선 목표이기 때문에 유산소운동이 주가 되어야 한다. 저항운동과 유연성운동은 실제로 전체 칼로리 소모량에서 큰 비율을 차지하지 않기 때문에 유산소운동에 보조적으로 추가하여 실시하도록 한다. 이상지질혈증 관리를 위한 운동을 할 때 고려사항은 다음과 같다.

- 운동 강도 : 중강도(최대 강도의 40~70%)
- 운동 빈도 : 주 5회 이상
- 한꺼번에 시간을 내기 어려운 경우나 합병증이 있는 경우는 하루에 몇 회로 나누어 실시한다.

표 10-9 / 이상지질혈증 환자를 위한 관리 프로그램

운동형태		목표	운동 강도/빈도/시간	운동기간
유산소운동	• 걷기 • 속보 • 자전거 타기 • 수중운동 아쿠아로빅	• 운동능력의 증가 • 지구력의 증가 • 콜레스테롤의 감소 • 중성지방의 감소 • 칼로리 소모의 증가 • 체지방량의 감소	• 최대운동강도의 40~70% • RPE 11~16 • 1~2회/일, 5~7일/주 • 15~40분/회 • 운동 강도보다 시간 연장	• 4개월(체력 증가) • 9~12개월(혈장 지질 감소)
유연성운동	스트레칭 : 신전형/굴곡형	관절가동범위의 증가	5~7일/주	
기능적 운동	활동 성향 교정	• 일상생활 활동 증가 • 직무형태의 변화	• 매 식후 10분 산책 • 보행으로 출퇴근	
고려사항	이상지질혈증을 동반한 비만 환자는 운동이나 규칙적인 훈련에 대한 제한을 받을 수도 있다.			

한편, 비만인 이상지질혈증 환자는 비만 때문에 일부 운동과 훈련에 제약이 있을 수 있다는 것을 고려해야 한다. 이상지질혈증은 동맥경화의 주요 원인으로서 관상동맥경화는 협심증이나 심근경색과 같은 허혈성 심질환을 합병증으로 동반할 수 있으므로, 이상지질혈증이 있는 경우 합병증의 유무와 정도를 고려해야 한다. 협심증은 심근에 산소와 영양소를 공급하는 관상동맥이 경화됨으로써 심근에 산소공급이 원활하지 못하여 산소 공급량과 요구량 사이에 불균형 때문에 초래된다. 운동 exercise으로 심근의 산소요구량이 증대되면 이러한 불균형이 더욱 악화되기 때문에 과식 eating 및 흥분 emotion과 함께 협심증 발작의 3대 요인(3E) 중 하나가 된다. 따라서 협심증이 있는 경우 운동 강도에 주의해야 한다.

03 · 당뇨병 관리를 위한 운동과 영양

운동은 당뇨병의 예방은 물론 관리에 있어 필수적이다. 그런데 당뇨병 환자는 합병증에 따라 운동에 따르는 위험이 있으므로 주의사항을 잘 알고 실시해야 한다.

1) 당뇨병이란

(1) 정의와 종류

당뇨병 diabetes mellitus은 인슐린의 절대적 혹은 상대적 결핍에 의한 만성 대사질환이다. 인슐린은 식후에 췌장 랑게르한스섬의 β세포에서 분비되어 동화작용을 촉진하는 호르몬으로서 식후 높아진 혈당을 정상으로 돌아가게 한다. 표 10-10 은 당뇨병의 주요 형태인 제1형과 제2형 당뇨병의 특징, 원인, 호발연령 및 관리방법을 비교하였다. 임신기간에 처음으로 당뇨병으로 진단되는 경우 임신당뇨병 gestational diabetes이라 하는데, 인슐린에 반대작용을 하는 호르몬들이 임신기에 분비되기 때문이다. 임신당뇨병을 가졌던 여성의 20~50%에게서 출산 후 5~10년에 제2형 당뇨병으로 발전된다. 그 외에도 영양불량성 당뇨병 혹은 2차성 당뇨병 등이 있다.

표 10-10 / 제1형과 제2형 당뇨병의 비교

구분	제1형 당뇨병	제2형 당뇨병
호발연령	10대 전후	40대 이후
체중	대개 마른 체형	대개 과체중
초기 증상	갑자기 심하게 나타남	무증상이거나 서서히 나타남
인슐린 작용	분비세포 파괴에 의한 인슐린의 절대적인 결핍	길항호르몬 상승이나 인슐린 민감도 감소에 따른 인슐린의 절대적 결핍
관리	인슐린 주사, 식사요법, 약물요법	식사요법, 운동요법, 약물요법

❶ 제1형 당뇨병

제1형 당뇨병 type 1 diabetes mellitus은 인슐린을 분비하는 β세포가 파괴됨에 따라 혈중 인슐린 분비가 거의 없다. 따라서 인슐린 주사에 의한 혈당관리가 필수적이므로 인슐린의존형 당뇨병 insulin dependent diabetes mellitus, IDDM으로 불리기도 한다. 제1형 당뇨병은 주로 10대 초반의 소아기에 발병하므로 소아당뇨병으로 불리기도 하였으나, 현대 사회에서 소아비만이 증가함에 따라 소아에서 제2형 당뇨병의 발병이 증가하고 있기 때문에 현재는 소아당뇨병이라는 용어를 사용하지 않고 있다.

제1형 당뇨병은 유전적으로 취약한 사람에게서 β세포를 파괴하는 자가면역반응이 일어난 결과로 보고 있다. 자가면역반응을 촉발하는 요인은 아직 확실하게 밝혀지지는 않았지만 특정 바이러스나 독소일 것으로 보인다. 제1형의 당뇨병 환자는 인슐린을 주사하지 않으면 고혈당으로 말미암아 다갈, 다뇨, 다식의 3多 증상이 나타나고 케톤산혈증이 발생하기 쉽다.

❷ 제2형 당뇨병

제2형 당뇨병 type 2 diabetes mellitus은 인슐린의 상대적 결핍에 기인한 고혈당과 그에 따른 대사질환으로서 유전, 환경, 혹은 호르몬 분비 이상이 관여하는 것으로 보인다. 제2형 당뇨병은 근육조직이나 지방조직과 같은 말초조직에서 인슐린에 대한 저항성이 나타나는 것이 특징이다. 일단 인슐린 저항성 insulin resistance이 생기면 혈당 조절을 위해 췌장이 더 많은 인슐린을 분비하도록 자극을 받아 혈중 인슐린 농도가 증가하기도 한다. 당뇨병이 발생하면 증가된 인슐린 분비로도 고혈당이 통제되지 못하고 인슐린 저항성은 더욱 악화되며, 이런 상태가 지속되면 β세포가 탈진하여 인슐린 분비가 감소하는 경우도 있다.

인슐린 저항성의 원인은 현재 명확하지는 않지만 인슐린이 해당 수용체와 결합하는 데 결함이 있는 것으로 추정된다. 많은 제2형 당뇨병 환자가 비만이기 때문에 비만이 인슐린 저항성을 초래하는 것이 확실해 보인다. 제1형과 달리, 제2형 당뇨병의 경우는 3多 증상이 뚜렷하지 않고, 외상과 같은 아주 드문 경우가 아니면 고혈당 시에도 케톤산혈증이 발생하지 않는다. 따라서 건강검진이나 합병증이 생기기 전에는 자신이 당뇨병인지 자각하지 못하는 경우가 많다. 한편 인슐린 저항성은 대사증후군의 주요 특징으로, 대사증후군의 진단, 원인 및 치료는 다음과 같다.

tip 대사증후군 metabolic syndrome

고혈당, 복부비만, 고중성지방혈증, 저HDL혈증 및 고혈압과 같은 대사이상 증상(symptom)들이 복합적으로 나타남으로써 심혈관계 발병 위험률을 증가시키는 증후군(syndrome)이다.

진단[미국 NCEP(national cholesterol education program) 기준] : 다음 5가지 중에 3개 항목 이상에 해당될 때

- 고혈당 : 공복 시 100mg/dL 이상
- 복부비만 : 허리둘레 남자 90cm, 여자 80cm 이상
- 고중성지방혈증 : 공복 시 150mg/dL
- 저HDL혈증 : 공복 시 남자 40mg/dL, 여자 50mg/dL 미만
- 고혈압 : 수축기혈압 130mmHg 이상이거나, 이완기혈압 85mmHg 이상

원인

현재 명백히 밝혀진 것은 아니지만 복부비만이 가장 큰 원인인 것으로 보인다. 복부에 축적된 지방, 특히 내장지방이 인슐린 저항성을 유발하고, 인슐린 저항성이 다시 고혈당과 이상지혈증 및 고혈압을 유발한다. 비만은 인슐린 수용체의 예민도를 높이는 아디포넥틴(adiponectin)의 분비를 저하시키고, 인슐린 저항성을 높이는 레시스틴(resistin)의 분비를 증가시키며 특정 사이토카인의 생성을 촉진함으로써 혈관의 염증과 혈액응고를 촉진할 뿐 아니라 혈관의 정상적인 이완과 확장을 방해한다. 인슐린 저항성에 의해 초래된 고인슐린혈증은 신장에서 나트륨의 재흡수를 촉진함으로써 체액과 혈액량의 증가를 유발하여 혈압이 증가하게 된다. 또한 인슐린에 대한 반응성이 저하된 지방세포는 혈액의 킬로미크론이나 VLDL로부터 중성지방은 덜 끌어들이는 반면에 혈액으로 더 많은 지방산을 방출하기 때문에 이러한 지단백의 혈중 농도가 증가한다. 지단백의 증가는 혈관 염증을 초래하여 결과적으로 동맥경화를 촉진함으로써 심장마비나 뇌졸중 등의 심혈관계 질환을 일으키는 원인이 된다.

치료

우선 식사요법과 운동요법을 권장하는데, 효과가 없을 경우 약물요법을 실시한다. 대개는 체중을 감소시킴으로써 인슐린 저항성과 그에 따른 이상지질혈증, 고혈압 및 고혈당을 개선할 수 있다. 현재 인슐린 저항성에 효과적인 약물은 밝혀지지 않았다.

식사요법은 각각의 증상에 따라 달라진다. 고중성지방혈증의 경우 총열량섭취량은 물론 탄수화물과 알코올의 섭취를 줄인다. 탄수화물은 흰밥, 흰빵보다는 도정이 덜 된 곡류로 섭취하고, 설탕이나 설탕이 첨가된 가공식품의 섭취를 줄여야 한다. 식이섬유, 특히 수용성 식이섬유와 오메가3지방산의 섭취를 증가시키는 것이 유리하다. 수용성 식이섬유는 과육, 어린 채소 및 두류가 좋은 급원식품이며 오메가3지방산은 들기름, 콩기름 및 등푸른 생선이 좋은 급원식품이다. 고혈압의 경우는 나트륨의 섭취를 줄여야 하며, 체중 감소도 큰 도움이 된다.

운동요법은 대사증후군의 5개 항목의 개선에 모두 효과적이며, 규칙적인 운동을 통해 대사증후군을 가진 사람의 당뇨병 발병을 예방하거나 발병시기를 지연시킬 수 있다. 대사증후군을 개선하기 위해서 유산소운동과 근력운동을 모두 포함하는 운동이 필요한데, 유산소운동은 중강도로 최소한 30분간 실시하며 체중 감소를 위해서는 그보다 운동시간을 증가시킨다.

(2) 합병증

❶ 급성 합병증

■ 저혈당증

혈당강하제 복용량이나 인슐린 투여량이 과다하거나, 식사를 거르거나 혹은 심한 구토나 운동으로 혈당이 60mg/dL 이하로 내려가면, 중추신경계에 포도당 공급이 정지된다. 그에 따라 식은땀, 발한, 구토, 전신무력감 등이 나타나는데 속히 치료하지 않으면 의식장애, 경련, 혼수, 사망을 초래할 수 있다. 환자가 의식이 있으면 설탕물이나 과즙을 속히 섭취시키고, 의식이 없으면 정맥주사로 포도당을 공급한다.

■ 케톤성 혼수(당뇨병성 혼수)

제1형 당뇨병에서 인슐린 주사를 거른 경우나, 과잉의 당질 섭취 시에 발생한다. 혈장의 포도당 농도는 높으나 인슐린이 부족해서 포도당이 세포 내로 유입되지 못하기 때문에, 포도당 대신 에너지원으로서 지방산이 분해된다. 그 과정에서 중간대사물인 케톤체가 과잉으로 생산되기 때문에, 혈액에 케톤체 농도가 높아지고 케톤뇨증이 초래된다. 케톤체의 생산과다는 혈액의 pH를 낮추므로 산혈증 acidosis을 유발하고 다뇨, 탈수, 구강건조, 무기력, 구토, 메스꺼움, 날숨의 아세톤 냄새, 복통 및 두통 등의 증상이 나타나며, 마침내 혼수상태에까지 이르게 하여 치명적일 수 있다. 응급조치는 속효성 인슐린의 신속한 투여와 정맥주사를 통한 수분과 전해질 공급이다.

❷ 만성 합병증

고혈당이 장기간 지속됨에 따라 혈관과 신경조직이 손상되면서 신장, 신경, 망막 등 여러 조직에 이상을 초래하여 삶의 질을 저하시킨다.

■ 당뇨병성 신부전

신장은 혈액의 노폐물 배설기능을 하는 기관으로서 많은 혈관으로 구성되어 있다. 따라서 장기간의 고혈당으로 말미암은 혈관 변화는 신장기능을 저하시켜 신부전을 유발하는데, 이는 당뇨병 환자의 주요 사망원인이다.

■ 당뇨병성 신경병증

고혈당이 지속되면서 신경조직, 특히 손발의 말초조직에 소르비톨이 축적되어 신경세포의 기능이 손상된다.

■ 당뇨병성 망막증

망막세포에 유입된 포도당이 소르비톨로 전환되어 축적됨으로써 삼투압으로 물을 끌어들여 세포가 팽창됨으로써 기능이 손상되고 실명을 초래한다.

■ **심혈관질환**

혈당이 높아도 인슐린의 부족 때문에 포도당이 세포 내로 유입되지 못한다. 따라서 에너지원을 위해 혈류를 통한 지질의 이동이 증가하면서 이상지질혈증이 초래되고, 이는 동맥경화를 통해 뇌경색과 심근경색 등을 유발한다.

(3) 진단

소변 중에 당이 배설되는 것은 신장의 포도당 재흡수 역치인 180mg/dL 이상으로 혈당이 높아졌을 때이므로 요당은 당뇨병의 판정 기준이 되지 못한다. 12시간 공복 후에 측정하는 공복혈당이나, 공복 시에 75g의 포도당을 섭취한 후 30분, 60분, 90분 및 120분 후의 혈당 변화를 측정하는 당부하검사가 당뇨병의 진단에 이용된다 표 10-11. 현재는 공복혈당이 126mg/dL 이상이거나, 식후 2시간 혹은 임의혈당 random blood glucose이 200mg/dL 이상인 경우를 당뇨병으로 진단한다. 당부하검사에서 2시간 후 혈당이 140~199mg/dL이면 내당능장애로 구분하고, 공복혈당이 100~125mg/dL이면 공복혈당장애로 구분한다. 내당능장애와 공복혈당장애는 위와 같은 당뇨병 진단 기준에 속하지는 않지만 정상 범위를 벗어난 경우로서 손상된 당항상성을 의미한다. 내당능장애로 판정된 후에도 바람직하지 못한 생활습관을 교정하지 못하면, 당뇨병으로 이행되고 심혈관질환의 위험률이 증가한다.

표 10-11 / 당뇨병의 진단 기준

구분		공복혈당(mg/dL)	식후 2시간(mg/dL)
정상		100 미만	140 이하
손상된 당항상성	공복혈당장애	100~125	140 이하
	내당능장애	100 미만	140~199
당뇨병		126 이상	200 이상

2) 당뇨병의 관리

표 10-10에서와 같이 형태에 따라 제1형 당뇨병은 인슐린 주사가 필수적이고 식사조절과 운동요법이 필요한 데 비해, 제2형 당뇨병은 경구혈당강하제, 식사요법 및 운동요법으로 관리하다가 효과가 없으면 인슐린 주사를 사용한다. 공복혈당과 달리 당화혈색소를 측정하

면 그날그날의 식사내용에 좌우되지 않고 최근 3개월간 혈당조절 상태를 알 수 있다. 정상의 경우 6.5% 미만이고, 10%이면 지난 3개월간의 평균 혈당이 240mg/dL(193~292mg/dL)이라고 판단한다.

(1) 인슐린 주사

인슐린 주사는 제1형 당뇨병의 치료에는 필수적인데, 경구혈당강하제로 치료되지 않는 제2형 당뇨병의 치료에도 필요할 수 있다. 제2형 당뇨병 환자가 대수술이나 감염 등으로 인슐린의 요구량이 급증하는 경우에도 일시적으로 필요할 수 있다. 표 10-12는 국내에서 사용되고 있는 인슐린의 종류와 효과지속시간을 요약하였다.

인슐린은 작용시간에 따라 즉효성, 속효성, 중간형, 지속형으로 구분되는데, 사용하는 종류에 따라 혈당변화 정도가 달라지므로 식사와 운동을 조절해야 한다. 혈당을 좀 더 면밀히 조절하기 위해서 인슐린 펌프를 피하에 장착하여 지속적으로 조절하는 방법도 이용되고 있다. 인슐린 주사를 사용하는 경우 식사 거름이나 운동 과다에 의해 저혈당이 나타날 수 있으므로 주의해야 한다.

표 10-12 / 국내에서 사용되는 인슐린의 종류와 효과지속시간(단위 : 시간)

구분	효과발현시간	최대효과시점	효과지속시간
즉효성	< 0.25	0.5~1.5	3~5
속효성	0.5~1	2~5	6~9
중간형	1~4	6~14	16~24
지속형	2~4	정점 없음	19~36

(2) 경구혈당강하제

인슐린 분비와 효과를 증진시키거나(설폰요소계), 간의 포도당 생성을 감소시키거나(비구아나이드계), 혹은 소장에서 포도당의 흡수를 지연시킴으로써(알파글루코시다아제 억제제) 작용한다.

(3) 식사요법

당뇨병의 식사요법의 목표는 혈당과 체중을 정상에 가깝게 유지하고 합병증을 예방하는 것이다. 특히 제1형 당뇨병은 고혈당과 저혈당을 예방하는 것이 더 중요하고, 제2형 당뇨병은 혈중 지질 및 혈압을 정상으로 유지하는 것 또한 유의해야 한다.

❶ 표준체중을 유지하는 에너지 섭취

제1형 당뇨병인 경우 저체중이 많은 반면에, 제2형 당뇨병은 과체중이 많으므로 표준체중을 유지하도록 에너지 섭취량을 조절한다. 제2형 당뇨병인 경우 비만을 치료하면 인슐린에 대한 말초조직의 예민도가 증가하여 혈당조절이 용이해질 뿐 아니라, 이상지혈증과 고혈압도 개선되어 당뇨병의 만성 합병증인 심혈관질환의 위험을 감소시키는 효과도 있다.

신체질량지수는 체중(kg)을 신장(m)의 제곱으로 나눈 값이다. 표준체중에 도달하기 위한 1일 에너지 적정 섭취량은 신체활동 수준에 따라 다른데 가벼운 활동은 25~30kcal/kg, 중간 정도 활동은 30~35kcal/kg, 심한 활동은 35~40kcal/kg을 해당 표준체중에 곱하여 산출한다.

표준체중에 도달하기 위한 1일 에너지 섭취량(kcal)
= 표준체중(kg) × 활동 수준에 따른 체중 kg당 에너지 소요량(kcal/kg)

■ 활동 수준에 따른 에너지 소요량

- 가벼운 활동 : 25~30kcal/kg
- 중간 정도 활동 : 30~35kcal/kg
- 심한 활동 : 35~40kcal/kg

❷ 식사를 규칙적으로 하기

인슐린 주사나 경구혈당강하제를 이용하는 경우 식사를 제때에 하지 않으면 저혈당 증세가 나타날 수 있으므로 규칙적인 식사가 필수적이다. 특히 여행이나 운동 시에 규칙적인 식사가 일시적으로 불가능할 때를 대비하여 항상 당질식품을 휴대해야 한다.

❸ 에너지영양소를 적절히 배분하기

2010년에 개정된 한국인을 위한 영양섭취기준은 정상 성인의 경우 '탄수화물 : 단백질 : 지방' 에서 오는 에너지의 비율로 '55~65% : 7~20% : 15~30%' 를 권장한다. 당뇨병에서 당질의 과다 섭취는 고혈당을 유발하지만 지나친 저혈당식은 고지방식이 될 수 있으므로 피해야 한다. 이상지질혈증과 관련 질환은 당뇨병, 특히 제2형 당뇨병의 흔한 합병증이다. 또 당뇨병 환자는 체단백질의 분해로 근육량이 감소되고 면역력이 저하될 수 있으므로 양질의 단백질을 공급하기 위해 동물성 단백질의 섭취가 필요하다. 이러한 점을 고려하여 당뇨병의 경우 '탄수화물 : 단백질 : 지방' 에서 오는 에너지의 비율을 '50~60% : 15~20% : 20~25%' 로 분배하도록 한다.

❹ 단순당보다 복합당질 섭취하기

1일 총당질 섭취량뿐 아니라 당질의 끼니별 배분과 함께 당질식품의 종류도 당뇨병의 혈당 관리에 중요하다. 복합당질은 소화흡수 속도가 느려서 식후 혈당이 서서히 증가하지만 설탕, 포도당, 과당 등의 단순당은 급격히 혈당을 증가시키므로 총에너지섭취량의 10% 미만으로 섭취하도록 한다.

표 10-13은 주요 식품의 혈당지수를 요약하였다. 혈당지수가 낮을수록 혈당이 서서히 상승하므로 인슐린 요구도가 적어서 당뇨병 환자나 비만 환자에게 유리하다. 그러나 식사 시에는 단일 식품만 섭취하는 것이 아니어서 식후 혈당 상승은 함께 먹는 다른 식품의 식이섬유소 함량이나 지방 함량에 영향을 받으므로 혈당지수만을 유일한 식품선택의 기준으로 삼을 필요는 없다.

표 10-13 / 주요 식품의 평균 혈당지수

고혈당지수 식품(70 이상)	중간 혈당지수 식품(56~69)	저혈당지수 식품(55 이하)
구운 감자 95	잡곡 시리얼 66	오렌지 42
콘플레이크 94	잡곡플레이크 66	복숭아 42
흰빵 93	보리빵 65	고식이섬유 시리얼 42
흰밥 90	바나나 56	사과 36
수박 70	현미밥 55	우유 27

⑤ 식이섬유 섭취 늘리기

특히 수용성 식이섬유는 포도당의 흡수를 지연시키므로 식후 혈당의 급격한 상승을 억제하여 당뇨병 환자에게 섭취가 권장된다. 또한 섭취한 콜레스테롤이나, 담즙으로 배설된 콜레스테롤 및 담즙산의 흡수를 억제하여 분변으로 배설되게 함으로써 혈청 콜레스테롤을 감소시키는 효과가 있다. 뿐만 아니라 혈당의 급상승 억제에 따른 인슐린의 분비 감소는 간에서의 콜레스테롤 합성을 지연시킴으로써 혈청 콜레스테롤 감소와 관련된다. 수용성 식이섬유는 펙틴, 헤미셀룰로오스 및 검 등이며 과일, 채소 및 해조류에 다량 함유되어 있다.

⑥ 대체 감미료 사용

당뇨병의 경우 당질, 특히 단순당의 섭취를 줄여야 하므로 인공감미료를 적절히 사용하는 것이 필요할 수 있다. 대체 감미료는 단맛이 설탕에 비해 수백 배 강하기 때문에 극소량만 넣어도 단맛을 내므로 에너지 섭취량에 영향을 주지 않는다. 비교적 최근에 개발된 아스파탐은 아미노산인 페닐알라닌과 아스파르트산으로 이루어진 다이펩티드dipeptide로서 가열 시 파괴되므로 주의해야 하지만, 아세설팜은 열에 안정하므로 가열식품에 사용 가능하다. 사카린이나 사이클라메이트는 동물실험에서 다량 섭취의 잠재적 부작용이 의심되어 일부 국가에서 사용이 금지되어 있다.

⑦ 싱겁게 먹기

특히 제2형 당뇨병의 경우 만성 합병증으로 동맥경화는 물론 관련 심혈관계질환이 발생하기 쉬우므로 고혈압의 예방을 위해 나트륨 sodium의 섭취를 줄이는 데 힘써야 한다. 저염식 식사와 조리방법은 고혈압 부분에서 설명되었다.

⑧ 알코올 섭취 절제하기

알코올은 다른 영양소가 함유되어 있지 않고 7kcal/g의 열량을 제공하므로 특히 과체중인 사람은 피해야 한다. 알코올은 케톤 합성과 혈중 중성지방을 상승시킬 뿐 아니라 저혈당증을 초래하므로 당뇨병 환자에게 불리하다. 또한 당뇨병 환자는 간이 나쁜 경우가 많으므로 알코올 섭취가 특히 더 해로울 뿐 아니라 알코올이 당뇨병의 합병증을 촉진하므로 가능하면 음주를 삼가는 것이 좋다. 혈당 조절이 잘되는 당뇨병 환자가 주 2회 정도 1~2잔의 알코올음료(1잔 맥주 360ml, 소주나 위스키 45ml, 포도주 150ml, 하루 에너지 필요량의 6% 이내)를 섭취하는 것까지는 허용할 수 있으나, 저혈당 위험에 대비하여 적절한 식사를 함께 하도록 한다.

3) 당뇨병과 운동

당뇨병 환자는 인슐린은 물론 인슐린의 길항작용을 하는 호르몬들이 운동에 대해 정상적으로 반응하지 못하기 때문에, 말초조직에서 포도당을 사용하는 속도와 간에서 포도당을 생성하는 속도 사이에 균형이 잘 이루어지지 않는다. 제2형 당뇨병의 관리에서 운동요법은 식사요법*및 약물요법과 함께 치료의 기본이다. 반면, 제1형 당뇨병에서는 운동이 유익할 수도 있고 해로울 수도 있는데, 당뇨병에 대한 운동의 효과는 사용한 인슐린 혹은 경구혈당강하제의 종류와 주입 시점, 운동 전 혈당치, 운동 직전에 섭취한 식품의 종류와 양 및 섭취 시점, 당뇨합병증의 유무와 정도 및 운동의 강도, 지속시간 및 종류 등에 따라 달라진다.

(1) 당뇨병에 대한 운동의 영향

제1형 당뇨병에서 운동은 인슐린의 요구량을 낮추므로 운동을 하면 인슐린을 덜 맞고도 혈당을 잘 유지할 수 있다.

신체활동으로 제2형 당뇨병을 예방할 수 있고, 적어도 발병시기를 늦출 수 있다는 것은 명백하다. 유산소운동이나 저항운동은 모두 혈당 조절을 용이하게 하고, 당화혈색소를 감소시키며 인슐린에 대한 민감도를 증가시킬 뿐 아니라 당뇨 합병증인 심혈관질환의 위험요소를 감소시킨다. 즉 혈액의 중성지방과 LDL-콜레스테롤 농도를 낮추고, HDL-콜레스테롤을 증가시킨다. 식사요법과 운동을 병행하는 것은 식사요법이나 운동 중 하나만 했을 때보다 혈당 조절에 더 효과적이다.

tip 당뇨병 환자에서 운동의 이점

1. 운동 중과 운동 후에 혈당을 낮춘다.
2. 평상시와 식후 혈중 인슐린 농도를 낮춘다.
3. 인슐린 감수성을 호전시킨다.
4. 제2형 당뇨병에서 당화혈색소를 낮춘다.
5. 혈중 지질 개선 효과가 있다.
6. 혈압을 낮춘다.
7. 에너지 소모를 증가시킨다.
8. 심장과 순환기질환을 예방한다.
9. 심혈관 기능을 개선시킨다.
10. 근력이 좋아진다.
11. 불안과 우울 등 정신 건강에 좋다.
12. 항암 효과가 있다.
13. 근골격계에 좋은 영향을 미친다.

출처 :국가건강정보포털

(2) 당뇨병의 운동 치료

각 당뇨인의 약물 주입 스케줄, 당뇨합병증의 유무와 정도, 운동 프로그램으로 얻고자 하는 혜택의 목표와 기대 수준을 고려하여 맞춤화해야 한다. 심각한 합병증이 없고 제약이 없는 경우의 신체활동은 심폐기능, 신체 조성 및 근력과 근지구력을 증가시키며, 그것을 유지하기 위해 적당한 지구력운동과 저항성 운동을 포함해야 한다.

❶ 제1형 당뇨병의 운동 치료

중강도 이상의 운동을 하려면 제1형 당뇨병 환자는 식사와 간식에 함유된 에너지영양소의 섭취량, 인슐린 주사량과 최고 신체활동의 예상 시각, 저혈당이나 고혈당을 예방하기 위해 식품 섭취와 인슐린 주사량을 결정하기 위한 자가혈당측정 등을 고려해야 한다. 표 10-14에서는 운동 전 혈당 수준에 따라 달라져야 하는 운동 적용 시 권고사항을 정리하였다. 제1형 당뇨병에서는 매일 일정한 시간에 일정한 강도로 꾸준히 운동을 하는 것이 인슐린 주사량을 조정하는 데에 유리하다.

표 10-14 / 운동 전 혈당 수준에 따른 운동처방 권고사항

혈당(mg/dL)	권고사항
300~400	운동 불가능
250~299	• 주의하여 운동 실시 • 운동 10분 후에 재측정하여 혈당 상승 시 운동 중지
150~249	운동 실시
100~149	주의하여 운동 실시
<100	• 운동 불가능 • 간식 섭취 15분 후 재측정하여 100 이상이면 주의하면서 운동 실시

② 제2형 당뇨병의 운동 치료

당뇨병 환자는 중강도의 운동을 하는 것이 안전하지만, 혈당관리가 잘되고 있고 합병증이 없으며 신체 단련이 잘된 경우 조심스럽게 고강도 운동을 할 수 있다.

표 10-15에서는 당뇨병 환자를 위한 운동처방을 정리하였다.

표 10-15 / 당뇨병 환자를 위한 운동관리 프로그램

운동형태		목표	운동 강도/빈도/시간	운동기간
유산소운동	• 걷기 • 속보 • 자전거 타기 • 아쿠아로빅	• 유산소능력 증가 • 피로유발시간의 감소 • 운동능력의 증가 • 운동에 대한 혈압반응 개선 • 심혈관계 위험요소 감소	• 최대강도의 40~70% • RPE 10~16 • 5~7회/주 • 30~60분/일	4~6개월
근기능운동	• 바벨, 덤벨 • 저항 머신 • 저항 밴드	• 근육량 및 제지방량의 증가 • 골밀도 유지 • 반복수의 증가	• 낮은 저항성/높은 반복 • 혈당조절이 잘되는 경우에 저항성 높임	4~6개월
유연성운동	스트레칭, 요가	• 관절가동범위 증가와 유지 • 보행 수준 개선 • 균형감각(balance) 개선 • 협응성(coordination) 개선	2~3회/주	4~6개월
기능적 운동	활동 성향 교정	• 일상생활 활동 증가 • 직업능력의 증가 • 신체적 자신감 증가	• 개인에 맞게 • 매 식후 10분 산책 • 보행으로 출퇴근	
고려사항	• 운동 중에 언제든 먹을 수 있는 탄수화물 간식을 준비해야 한다. • 운동 전, 중, 후에 충분한 수분을 섭취한다. • 적절한 양말과 신발을 신고 운동 전후에 발 검사를 철저히 한다. • 인슐린 투여량을 운동 전 30~60분 이전에 수정할 필요가 있다. • 당뇨인식카드를 휴대한다.			

운동 종목

걷기, 수영, 자전거(실내 혹은 옥외) 등의 유산소운동은 물론 인슐린 민감도를 향상시키기 위해 웨이트트레이닝 프로그램을 이용하여 근육량을 증가시킨다. 당뇨병 환자는 노인, 비만인, 골다공증, 관절염 환자와 같이 달리기, 점핑, 경쟁이 심한 스포츠 등 충격이 큰 운동보다는 걷기, 자전거, 노젓기 등 저충격 운동이 권장된다. 합병증에 따라서도 삼가야 할 종목이 있는데 증식성 망막증이 있는 경우는 신체 접촉 운동을, 비만인의 경우 관절 손상 위험이 있는 운동을 피하는 것이 좋다.

운동 강도

가능하면 운동부하검사로부터 개인의 운동 중 심박수, 혈압, 자각증상, 심전도, 산소섭취량 등을 측정하여 운동 강도를 정한다. 당뇨병 환자에게 권장되는 운동 강도는 젊고 건강하면 최대강도의 50~85%로, 운동 경험이 없거나 만성질환이 있거나 노인이면 40~50%를 권한다. 특히 자각인지도에 의한 처방은 심박수가 불안정한 자율신경병증autonomic neuropathy 환자들에게 매우 바람직한 방법이다. 한편, 근력운동에는 10~15회를 반복할 수 있는 가벼운 무게를 이용하고, 각 근육군에 대해 1~2세트를 실시한다. 근력운동 시에도 유산소운동과 마찬가지로 RPE 16을 초과하지 않도록 한다.

운동 강도가 너무 높으면 오히려 혈당치가 상승하므로 주의한다. 당뇨병 환자 중에는 노인이 많은데, 특히 그동안 육체활동 수준이 낮았던 경우에는 운동 시 장애나 제한이 많으므로 초기 운동 강도를 낮게 시작하고 서서히 증가시키며, 최대 강도도 젊은 당뇨인보다 낮게 잡는다.

tip 당뇨인의 운동 강도 구하기

예 : 안정 심박수가 70회/분이고, 운동 경험이 별로 없던 60세

공식 : 심박수 = %운동강도×(최대심박수−안정심박수) + 안정심박수

최대심박수 = 220 − 60 = 160(mmHg)이므로
40% 강도의 심박수 = 0.4×(160 − 70) + 70 = 106
50% 강도의 심박수 = 0.5×(160 − 70) + 70 = 115

따라서 심박수가 106~115회/분의 운동 강도가 적당하다. 심박수는 경동맥이나 요골동맥의 맥박수를 15초간 측정하여 4를 곱하는 방법으로 측정할 수 있다.

■ 운동 빈도

최소한 주 3회를 실시하고 가능하면 매일 실시하여 혈당 조절에 도움이 되도록 한다. 최소한 150분간의 중강도 운동을 일주일에 3일 이상으로 나누어 하되, 2일 연속으로 운동을 거르는 일이 없도록 한다.

■ 운동 시간

운동 시간이 너무 길면 저혈당이 발생할 수 있고, 너무 짧으면 혈당 조절에 도움이 되지 않는다. 처음 운동을 시작한 경우 10분 정도만 하고, 서서히 증가시켜 30~60분까지 실시한다. 특히 노인의 경우 충분한 준비운동과 정리운동 시간을 갖는다. 1회 운동에 소요되는 에너지가 1일 총에너지소모량의 10%에 해당되도록 한다.

tip 당뇨병 환자에게 운동을 금하는 경우

- 늦은 밤(야간 저혈당증의 위험을 가중시킬 수 있음)
- 협심증이나 잠재성 허혈증이 있는 경우
- 망막출혈이 있거나 최근에 레이저 치료를 받은 경우
- 다른 질병이나 감염이 있는 경우
- 혈당이 250mg/dL 이상이고 케톤혈증이 있는 경우(운동 개시 전에 혈당 강하가 필요함)
- 케톤뇨증 여부에 무관하게 혈당이 290mg/dL인 경우
- 혈당이 70mg/dL 이하인 경우(운동 전후에 혈당이 100mg/dL 미만이면 탄수화물을 섭취하여 운동 개시 전에 혈당이 올라가야 함) 표 10-16

tip 당뇨병 환자의 운동

운동의 종류
- 유산소운동이 좋으나 근력운동도 도움이 됨

운동 시기
- 식사 후 30분에서 1시간 사이에 시작
- 공복이나 식전은 피함
- 인슐린 주사 후 60-90분 이내는 피함

운동 강도
- 약간 힘들다고 느끼거나 숨이 평소보다 조금 더 찬 정도

운동 빈도
- 주5회 이상
- 체중 감량이 필요하면 매일

(3) 당뇨병 환자의 운동 시 주의사항

당뇨병의 만성합병증이 있는 경우 주치의와 상의하여 합병증의 정도에 따라 운동여부와 운동량을 결정하여야 한다.

인슐린이나 경구혈당강하제를 사용하는 경우에는 저혈압증 위험에 대비하여 항상 운동 시에 간식 섭취를 염두에 두어야 한다. 대체로 1시간 운동은 15g의 탄수화물이 필요한데, 운동 전 혹은 후라도 좋다. 운동이 더 격해지거나 1시간 이상 길어지면 추가적으로 15~30g의 탄수화물을 더 섭취해야 한다. 표 10-16에는 당뇨병 환자를 위한 탄수화물 섭취 권고량을 운동의 강도와 혈당 수준에 따라 정리하였다.

반대로 혈당 조절이 잘되지 않는 환자에서는 고혈당이 악화될 수 있는데, 격렬한 운동에 의해 카테콜아민 분비가 증가하여 인슐린 작용을 억제하고, 당신생을 증가시키기 때문이다.

운동으로 인한 저혈당 위험이 있으므로 인슐린을 투여하는 부위는 운동하는 팔다리는 피하고 복부를 택한다. 또한 발에 상처가 나지 않도록 보호하고 말초신경장애가 심한 경우 체중지지 운동을 피한다.

운동 전후 발에 상처가 있는지 확인하고 청결히 씻은 후 발가락 사이를 잘 건조시키며 발가락 부위가 넉넉하도록 볼이 넓은 신발을 신어야 한다.

tip 당뇨합병증에 대한 운동의 위험

안저질환

- 증식성 당뇨망막질환의 경우 강한 운동으로 유리체 출혈 또는 견인성 망막박리가 생길 위험이 있음

당뇨병성 말초신경병증

- 발의 감각이 무디어져 상처가 나도 통증을 느끼지 못해 악화되도록 방치됨

자율신경병증

- 운동 능력이 떨어지고 활발한 운동 후 저혈압이나 고혈압 발생 위험이 있으며 체온조절기능이 낮음

심혈관질환

- 병의 악화로 협심증, 심근경색, 부정맥 등을 초래할 수 있음

표 10-16 / 운동 전 혈당과 운동 강도[1]에 따른 탄수화물 섭취 권고량

운동 강도	운동 종류	지속시간	혈당(mg/dL)	탄수화물 섭취량
고강도 운동	• 웨이트리프팅 • 단거리 경주	< 30분	108~180	불필요
가벼운 운동	• 걷기 • 가벼운 에어로빅	> 30분	< 108	15g
			> 108	불필요
중강도 운동	• 수영 • 조깅 • 테니스 • 농구	< 45분	< 108	30~45g
			108~180	15g
			180~252	불필요
			> 252	운동을 권하지 않음
	• 풋볼 • 사이클링	> 60분	180~252	10~15g
			234~252이고 케톤혈증 있을 때	운동 중지
			306이면서 케톤혈증 없을 때	운동을 권하지 않음
격심한 운동	• 철인3종경기[2] • 마라톤 • 카누 • 카약	< 60분	< 108	45g
			108~180	30~45g
			180~252	15~30g
			> 252	운동을 권하지 않음
		> 60분	< 108	15~30g/시간
			108~180	15~30g/시간
			180~252	15~30g/시간

1) 케톤혈증이 있는 경우 모든 강도의 운동을 모두 중지함

2) 3.9km 수영, 180.2km 사이클, 마라톤(42.195km)의 세 종목을 연속해 치르는 경기

요약 및 연습문제

Sum-up

1. 고혈압의 예방과 치료에서 운동과 식사가 매우 중요한 역할을 하므로, 고혈압 전 단계에서는 혈압강하제를 복용하기 전에 운동을 먼저 시도하도록 한다. 고혈압의 관리에는 규칙적인 유산소운동이 효과적이며, 저항운동은 혈압을 낮추기는 하지만 지구력운동을 통한 신체단련에 비해 그 정도가 미약하다.
2. 고혈압 관리에 효과적인 운동은 일주일에 총 700~2,000kcal를 소모할 수 있도록 강도는 40~70% VO_2max의 중강도 수준, 시간은 하루에 30~60분씩, 빈도는 주 3일 이상으로 하여 운동 강도와 시간 및 빈도를 조절한다.
3. 운동은 이상지질혈증 치료에 필수적인데, 특히 혈장 중성지방 수준 감소에 가장 효과적이며 체중감소와 병행되면 콜레스테롤 수준 감소와 HDL 증가에도 효과가 있다. 직접적으로는 지단백 대사에 관여하는 효소들의 활성을 증가시켜 식후 혈중 지질 농도를 감소시키고, 입자가 작은 LDL 농도는 감소시키는 동시에 입자가 큰 LDL의 농도는 증가시키며, 혈당 조절도 개선시킨다. 또한 당내응력 개선뿐 아니라 체중과 체지방 감소를 통해 간접적으로도 이상지질혈증을 개선하는 데에 효과적이다.
4. 이상지질혈증 관리에 효과적인 운동은 칼로리 소모가 우선 목표이기 때문에 유산소운동이 주가 되도록 하는데 중강도로 주 5일 이상의 빈도로 하되, 한꺼번에 시간을 내기

어렵거나 합병증이 있는 경우는 하루에 몇 회로 나누어 실시하고, 보조적으로 저항운동을 하루 운동에 포함하도록 한다.

5. 운동요법은 제2형 당뇨병의 관리에서는 식사요법 및 약물요법과 함께 치료의 기본이지만, 제1형 당뇨병에서는 유익할 수도 있고 해로울 수도 있다. 즉 사용한 인슐린 혹은 경구혈당강하제의 종류와 주입 시점, 운동 전 혈당치, 운동 직전에 섭취한 식품의 종류와 양 및 섭취 시점, 합병증의 유무와 정도 및 운동의 강도, 지속시간 및 종류 등에 따라 당뇨병에 대한 운동 효과가 달라진다.
6. 당뇨병의 예방과 치료 효과를 위한 대표적인 지침은, 최소한 150분간의 중강도 운동을 주 3일 이상으로 나누어 하되, 2일 연속으로 운동을 거르는 일이 없도록 하는 것이다. 저항운동으로는 주 3회의 빈도로 모든 근육군을 사용하는 운동을 자신이 버틸 수 있을 만한 무게로 10회 반복하여 3세트 실시한다.

Practice

01 고혈압의 예방과 치료에 적합한 운동의 종류, 강도, 빈도 및 시간을 요약하시오.

02 고혈압 환자가 운동할 때 주의할 점을 설명하시오.

03 이상지질혈증의 예방과 치료에 적합한 운동의 종류, 강도, 빈도 및 시간을 요약하시오.

04 이상지질혈증 환자가 운동할 때 주의할 점을 설명하시오.

05 제2형 당뇨병 예방과 치료에 적합한 운동의 종류, 강도, 빈도 및 시간을 요약하시오.

06 제1형 당뇨병 환자의 운동 시 주의할 점을 설명하시오.

11

근육골격계 질환 관리를 위한 운동과 영양

1 근육과 골격 발달
2 골다공증 관리를 위한 운동과 영양
3 골관절염 관리를 위한 운동과 영양
4 근육 좌상 관리를 위한 운동과 영양

들어가기 전에

현대 산업사회는 기술 발달에 따라 단순 반복 형태로 작업이 세분화되고, 생산성 향상과 경영 합리화에 따른 공장설비의 자동화 및 여유시간의 축소에 따라 노동 강도가 강화되고 있다. 이에 따라 육체적 · 정신적 피로도 증가가 근골격계 질환의 발생을 증가시키는 주된 요인이 되고 있다. 근육은 자세 유지, 균형, 이동을 위해 중요하며 주요한 대사조직으로 작용한다. 최근 근골격계 질환은 전 인구의 5~16%이며 질환이 발생하는 부위는 관절(활막, 관절 연골, 골끼리의 연결 부위, 관절낭), 관절 주변(인대, 건, 활낭액), 관절 부위(근육, 근막, 골, 신경, 피부 및 피하조직) 등이다. 근골격계 질환이란 근육, 건, 신경 등에 일어나는 통증을 동반한 질환들을 총칭한다. 근골격계 질환은 특정한 활동이 반복적으로 지속되거나 부자연스러운 자세에서 행해지는 경우에 발생할 확률이 높고, 작업 중 또는 휴식 시에도 통증을 동반하기도 한다.

01 · 근육과 골격 발달

오늘날 많은 사람이 저항성 운동을 통해 강한 근육을 만드는 것이 피로와 상해를 예방하고 근지구력을 증가시키는 데 중요하다는 것을 인식하고 있다. 근력운동의 건강상 이점을 인식하면서 심장병, 뇌졸중 그리고 비만 정도를 감소시키고 싶어하는 사람들을 위하여 특별 운동 프로그램도 개발되고 있다. 이와 같은 저항성 운동은 골밀도를 증가시키고 근력과 파워를 증가시켜 근골격계 질환 예방에도 기여한다.

건강한 성인 남녀의 근골격계는 체중의 1/2 정도이다(여자는 조금 적은 편임). 근육량의 차이가 큰 이유는 유전적인 요인 때문이며, 개인의 근육량은 근섬유의 수와 크기에 따라 다르다. 특히 근섬유의 수는 유전적인 것으로 보인다. 인간의 근섬유 수는 매우 다양하지만, 훈련이나 다른 환경의 자극에 따라 거의 영향을 받지 않는다. 이는 인간의 근섬유 수의 변화가 주로 유전에 기인한다는 것을 의미한다. 제지방량이 유전적인 영향을 크게 받는다는 것은 저항성 운동으로 인간의 근육량을 증가시키는 것이 어렵다는 것을 의미하며, 영양이나 약물적인 방법을 이용해도 마찬가지이다. 저항성 운동을 하면 근육단백질 합성을 자극하여 근섬유의 과비대가 일어난다. 결국 유전적으로 근섬유의 수를 정하여 근육의 잠재적인 크기를 결정짓고 환경적인 자극(음식, 운동 등)은 주로 근섬유의 크기를 조절한다.

1) 근육과 음식

혈당이나 인슐린 이용성의 증가가 없는 환경에서 아미노산만 공급해도 일반적인 식사를 할 때 단백질이 합성되는 것과 같다. 단백질 합성은 아미노산의 세포 간 이용성보다 세포 내 이용성과 관련이 있다. 즉 단백질 합성을 자극하는 데에는 인슐린이 요구되지 않으며, 아미노산에 의한 단백질 합성이 자극을 받는 시간은 제한적인 것으로 보인다. 아미노산 이용성이 두 배로 증가하면 30분 정도 굶는 것보다 3.5배 정도 단백질 합성이 증가하지만, 아미노산 이용성이 지속적으로 증가해도 1시간 이내에 단백질 합성은 감소하기 시작해 아미노산 공급 후 2.5~3시간 후에는 기본적인 선에 도달한다. 아미노산을 지속적으로 공급해도 단백질 합성이 감소되는 이유는 아직 밝혀지지 않았다. 단백질 합성에 필요한 아미노산 양을 초과해서 공급하면 이런 아미노산은 간에서 포도당 신생이나 요소생성물질로 이용된다.

영양적으로는 제지방은 0.5kg 증가시키려면 총 2,000~2,500kcal의 에너지를 추가로 섭취하면 된다. 즉 1일 식사에 700~1,000kcal를 추가로 섭취하면 1주일에 0.5~1kg의 제지방량이 증가한다. 이는 섭취한 에너지가 저항성 운동으로 인해 제지방 조직을 합성하는 데 모두 이용되었다는 가정을 토대로 한다. 특히 중요한 것은 균형 있는 식사로 탄수화물 : 단백질 : 지방의 섭취 비율을 65 : 20 : 15로 유지하고 비타민과 무기질을 1일 식사에서 충분히 섭취하는 것이다. 식사 섭취 횟수는 5~6회로 늘려서 식사 사이에 저혈당 상태가 되지 않도록 한다. 특히 운동을 하기 전에 당질과 단백질이 들어 있는 간식을 먹는 것은 운동으로 인한 이화작용을 막을 수 있어서 제지방량을 증가시키는 데 도움이 된다.

2) 근육과 운동

운동하는 동안과 운동을 하고 난 후에는 근육단백질 교체에 있어 영향을 받는다. 급격하게 근육이 수축하면 단백질 합성이 감소한다. 그러나 운동 후 단백질이나 아미노산이 있는 음식을 먹으면 감소했던 단백질 합성이 증가한다. 음식만 먹었을 때보다 저항성 운동을 하고 단백질을 먹었을 때 단백질 합성이 훨씬 더 오랫동안 증가한다. 예를 들면, 최대 운동수행력의 67%로 다리차기 운동을 1시간 하고 난 후 72시간까지는 단백질 합성이 증가되어 있다. 운동 후에는 단백질 분해도 증가하므로 강한 운동 후에 음식을 섭취하는 것이 단백질 축적을 위해 필요하다.

체력과 건강을 위한 프로그램에 포함된 저항성 운동은 근육의 강도와 지구력을 향상시키고 제지방 조직량과 골밀도 유지에 도움이 된다. 적당한 휴식과 수면, 에너지 섭취량의 증가, 적절한 저항성 운동 프로그램으로 제지방량을 증가시키는 것이 근골격계 질환을 예방하는 데 더 적극적인 방법이다.

02 · 골다공증 관리를 위한 운동과 영양

골질환은 크게 뼈의 구멍이 커지는 골다공증 osteoporosis과, 뼈조직이 물러지는 골연화증 osteomalacia으로 나뉜다. 골다공증은 골기질이 잘 형성되지 않으면서 골질량이 감소하는 질환이며, 골연화증은 골기질은 정상에 가까우나 무기질 침착이 잘 일어나지 않는 질환이다. 성장기에는 골격의 길이와 질량이 지속적으로 증가하지만, 성인기에는 골격조직의 생성과 분해가 동시에 진행되면서 골격의 질량이 변화한다. 사람은 생애주기 중 30대 초반에 골격의 최대 성숙기를 맞게 되는데, 이때의 골질량을 최대 골질량이라 한다. 사람의 골질량은 유전, 성, 나이, 환경 요인인 식사와 운동, 기타 생활습관 등에 의하여 영향을 받는다.

1) 골다공증의 정의 및 관련 요인

뼈의 내부조직의 용해가 일어나기 시작하여 골밀도가 정상인의 뼈보다 낮은 상태를 골감소증이라 하며, 그 정도가 심각해지면 골다공증이 된다.

골다공증은 원인에 따라 1차성(원발성) 골다공증과 2차성(속발성) 골다공증으로 나뉜다. 1차성 골다공증은 퇴행성 골다공증이라 불리기도 하며, 1형(type 1)과 2형(type 2)으로 나뉜다. 1차성 골다공증의 1형은 성호르몬 부족에 의한 골다공증으로 주로 폐경기 이후의 여성에게서 많이 나타나고, 남성호르몬 부족으로도 초래된다. 1차성 골다공증의 2형은 노화와 함께 진행되는 골다공증으로 노인성 골다공증이라 불리기도 하며, 주로 70세 이후의 노인에게서 남녀 구분 없이 발병한다. 2차성 골다공증은 약물이나 다른 질환에 의해 골다공증이 발생하는 경우로 갑상선기능항진증, 당뇨병, 만성 신질환, 부갑상선기능항진증, 만성 설사, 위절제 등의 질환과 이를 치료하기 위해 복용하는 약물인 제산제, 항경련제, 헤파린, 소염제 등이 원인이 되기도 한다. 골다공증과 관련된 요인들은 표 11-1에 정리하였다.

표 11-1 / 골다공증 관련 요인

요인	영향
유전	• 최대 골질량 확보에 유전이 미치는 영향이 80% • 비타민 D와 에스트라디올 수용체, 유사 인슐린 성장인자의 유전자, 1종 콜라겐, aI단백질에 대한 유전자 등
연령과 성	• 골 재흡수를 막아주는 여성호르몬이 폐경기 이후 감소 • 여성 골질량 : 30대 초반부터 서서히 감소하여 폐경기 이후 약 5년간 급격하게 감소 • 외인성 에스트로겐으로 골손실률을 낮출 수 있으나 생식기 암의 발병률이 증가할 수 있음 • 남성의 경우도 70세 이후가 되면 노인성 골다공증이 증가
저체중과 운동	• 뼈에 가해지는 기계적 하중이 증가하면 뼈의 밀도는 증가 • BMI가 20 미만인 경우는 25 이상의 경우에 비하여 골다공증의 상대위험도가 1.4배 증가 • 척추 손상이나 입원한 중환자 등 몸을 자유롭게 움직일 수 없는 사람들, 또는 중력이 없는 우주에 일정 기간 머물게 되는 우주인의 경우 뼈의 질량 감소 • 노인기의 활동량 증가는 가령(연령의 증가)에 따른 골손실률 감소 초래
칼슘	• 최대 골질량에 이르기까지의 성장기에 지속적으로 충분한 칼슘 공급 • 여성의 경우 최대 골질량이 높을수록 30대 이후의 골손실률 감소 • 폐경기 이후에는 에스트로겐의 분비량이 줄어 골손실률이 증가하므로 식사를 통한 칼슘 섭취만으로 골손실률을 늦추기는 어렵지만 폐경 전이나 폐경 시 칼슘의 보충 섭취는 골손실률을 완화
비타민 D	• 중년 이후의 비타민 D 부족의 주원인은 일광 노출량의 부족 • 피부에서 비타민 합성 부족 • 신장에서 $1,25(OH)_2D_3$합성 부족 등으로 중년 이후 골다공증의 원인 • 햇빛 조사량이 부족한 북반구의 고위도 지역에 사는 중년 이상의 연령대에서는 비타민 D의 권장량이 1일 800IU • 적정량의 비타민 D와 칼슘의 동시 보충은 뼈의 건강을 증진시킬 수 있는 경제적이고 효과적인 방법
호르몬	• 폐경 후 에스트로겐의 부족에 의한 골손실은 5~8년간 지속 • 에스트로겐의 투여는 골대사율을 감소시키고 골질량을 유지 • 호르몬 복용을 중지하면 골손실이 가속화되므로 일단 경구 호르몬제 복용을 시작하면 적어도 5년간은 복용해야 골절을 예방 • 에스트로겐의 처치를 시작하는 가장 좋은 시기는 일반적으로 골손실률이 가장 빠른 폐경기 초기
음주와 흡연, 카페인	• 알코올은 골수에 직접 영향을 주어 조골세포의 수를 감소시키고 골밀도를 낮춤 • 흡연은 골재흡수를 증가시키고 성호르몬 분비를 감소시킴 • 카페인은 소변으로 칼슘의 배설을 촉진함으로써 골밀도를 감소시킴 • 골다공증 위험군에서는 음주량과 커피의 섭취량을 1일 1~2잔 정도로 제한하며 흡연을 금지

2) 임상증상

골질량이 감소하기 시작하면 허리나 척추, 발목 등에 미세한 통증을 느끼기도 하지만 자각할 만한 증상들은 골절이 일어난 후에 나타나기 시작한다. 골다공증 환자의 뼈는 정상인의 뼈에 비하면 해면골의 밀도가 저하하여 내부에 구멍이 많이 보이고, 뼈의 강도가 낮아져 쉽게 골절된다 그림 11-1. 나이가 많거나 소화나 섭취 상태의 불량 등 칼슘의 배설을 촉진하는 모든 요인은 골절의 치료를 더디게 하며 뼈의 접합이 완성된 후 통증의 원인이 되기도 한다. 특히 노인에게서 골절 부위가 골반, 척추, 늑골, 다리, 발목 등 신체 활동에 필요한 부위인 경우는 운동량이 적어지면서 정신적인 스트레스도 함께 겪게 되어 치명적인 상태로까지 진행되기도 한다.

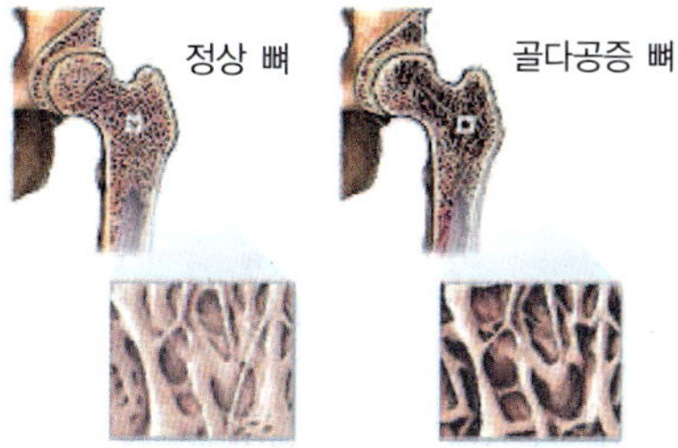

그림 11-1 정상 뼈와 골다공증 뼈 구조

3) 영양관리 및 관련 요인

(1) 영양적인 요인

골다공증은 그 증상이 나타나기까지 오랜 시간을 거쳐 서서히 진행되며 증상이 나타나면 완전한 치료가 어렵기 때문에 뼈의 손실을 예방하는 것이 가장 좋은 방법이다. 따라서 성장기부터 노년기까지 우유, 유제품, 녹황색 채소 등을 충분히 섭취하는 것이 필요하다. 골다공증과 관련된 영양적인 요인들은 표 11-2와 같다.

표 11-2 / 골다공증과 관련된 영양적인 요인

영양소	관련 요인
칼슘	• 권장량 : 남성 700~1,000mg, 여성 700~900mg • 흡수율 : 30% • 급원식품 : 우유 및 유제품, 뼈째 먹는 생선(뱅어, 멸치, 생선 통조림 등), 기타 어류, 대두류, 해조류 • 칼슘의 흡수를 돕는 인자 : 비타민 D와 유당 • 칼슘의 흡수를 방해하는 인자 : 인, 나트륨, 식이섬유, 카페인, 고지방 • 신장에서 칼슘의 배설 촉진 : 나트륨 • 보충제 : 의사의 처방 : 위장장애나 변비, 신장기능 이상으로 고칼슘혈증이나 석회화 증상, 부갑상선호르몬의 증가를 억제하기 위해 취침 전에 보충제 섭취를 권장
비타민 D	• 합성 : 피부 밑에서 합성되기는 하지만 야외 활동량이 적은 청소년이나 여성, 노인의 경우 식품으로도 섭취 • 급원식품 : 등푸른 생선, 달걀, 버섯, 우유 및 유제품, 비타민 D가 강화된 우유나 두유
단백질	과잉 섭취 시 신장에서 칼슘의 배설 촉진
비타민 K	녹색 채소와 과일을 충분히 섭취하는 것, 오스테오칼신의 합성, 골기질의 칼슘화에 필요
비타민 C	칼슘의 흡수를 돕는 인자이기도 하며, 조골세포를 자극하는 인자

인	• 뼈와 치아에서 칼슘과 결합하여 존재하는 구성성분 • 식품 내 인과 칼슘의 비율은 1:1일 때 가장 잘 흡수
불소	• 조골세포를 자극하여 뼈 형성 촉진 • 부족 시 성장장애 • 1일 불소 요구량은 1.5~4mg, 치료제로 쓰이는 용량은 20mg • 뼈의 수산화인회석의 히드록시기를 대체하여 불화인회석으로 존재하며 반감기가 수년

tip

오스테오칼신은 조골세포나 뼈의 무기질화가 일어나는 골기질에서 혈청으로 분비되는 단백질로서, 비타민 K에 의해 카르복실화되어 골기질을 형성한다.

(2) 호르몬

폐경 후에는 여성호르몬의 부족으로 골질량이 감소하여 골절의 원인이 되고 폐경기증후군을 발생시키며 증상이 심각할 때는 여성호르몬 치료요법을 쓰기도 한다. 여성호르몬 치료요법에는 에스트로겐 단독요법과 에스트로겐/프로게스테론 병합요법이 있다. 두 요법 모두 대퇴골과 척추의 골절률을 유의하게 감소시킬 수 있으나 부작용도 보고되었다. 호르몬 치료가 50대 여성에게는 사망률과 관상동맥질환의 발병률을 감소시키나, 그 이후에는 증가시키는 경향을 보여 전반적으로 폐경 후 초기의 여성호르몬 요법은 위험성이 적은 것으로 알려졌다. 그러나 활동성 색전증, 급성 담낭질환, 급성 간질환, 에스트로겐 의존성 암 환자에게는 여성호르몬 사용을 금하고 있다. 여성호르몬 사용에 의한 부작용은 오심, 부종, 담석, 하지경련, 혈중 HDL-콜레스테롤 수치 감소, 불규칙한 질 출혈 등이다.

tip

폐경기증후군은 폐경기에 접어든 여성에게 여성호르몬 부족으로 나타나는 여러 증세이다. 폐경은 난소 내의 난자가 모두 소진되어 나타난다. 난자가 자라면서 여성호르몬을 만들게 되는데 난자가 자라지 못하면 여성호르몬도 감소하게 된다. 폐경기증후군의 대표적 증세인 열성홍조(hot flush)는 얼굴 · 목 · 가슴 등이 갑자기 달아오르며 후끈거리다가 땀이 나는 증상으로 수분간 계속되며 하루에도 몇 번씩 나타난다. 전체 폐경 여성의 3/4이 이러한 증세를 겪게 되며 폐경 후 2~5년 뒤에는 자연스럽게 소멸된다. 그 밖에 피부 및 점막의 위축에 의한 증세로 위축성 질염, 유방의 크기 감소, 방광염, 요실금 등이 나타난다.
심리적 증세로는 무력감 · 불안 · 초조 · 불면증 · 두통 등이 나타나는데 이것은 여성호르몬 부족 외에 가정적 · 사회적 소외감도 그 원인이 되는 것으로 추정된다. 폐경 후 여성호르몬 부족이 계속되면 관상동맥질환과 골다공증도 발생한다. 치료는 여성호르몬을 보충하는 것이 기본이며 증세에 따라 다른 치료법을 병행한다.

(3) 식물성 에스트로겐

식물에서 천연적으로 볼 수 있는 화합물로서 에스트로겐과 기능적으로 유사성을 보이는 물질이다. 가장 대표적인 것은 이소플라본으로 대두의 성분이기도 하며, 골다공증과 심혈관계 질환에 어느 정도의 예방효과가 있다고 보고되었으므로 호르몬 대체요법으로 가능성이 제시되고 있다.

(4) 칼시토닌

칼슘을 충분히 섭취하면서 칼시토닌을 투여받을 경우 파골세포의 활성을 억제하여 골 재흡수를 감소시킨다. 통증완화 효과가 우수하여 골절로 통증이 있을 때 사용하기도 하나, 장기적으로 사용할 경우 내성이 생겨 효과가 감소하게 된다. 임상에서 칼시토닌은 폐경 후 5년 이상 지난 환자에게 사용한다.

4) 운동

골다공증에는 산보, 달리기, 춤과 같은 가벼운 하중을 받는 운동이 좋다고 알려졌으나 최근에는 운동 강도가 크고 격심한 운동을 권하기도 한다. 단거리 달리기 선수나 수영 선수보다는 역도나 마라톤 선수들이 골밀도가 높다. 운동이 뼈의 성분과 기계적 성질에 영향을 주는 것으로 보고되었지만, 지나친 고강도 운동은 골성장을 지연시켜 피로골절을 유발할 수도 있다. 신체활동을 통한 기능적 부하는 인체의 골량에 긍정적인 영향을 미치며 지상에서 수행하는 운동 자극이 수중에서보다 큰 자극을 주는 것으로 보인다. 이때 운동 강도는 비교적 낮은 강도나 중강도에서 실시해야 하며 최대 심박수는 40~70% 정도면 된다 표 11-3 . 운동시간은 20~30분으로 일주일에 3~5일 실시하는 것이 효과적이다. 특히 중량부하운동은 초기에 체중을 이용한 팔굽혀 펴기, 윗몸 일으키기, 앉아 일어서기 등을 실시하고 이후 익숙해지면 본격적인 중량부하운동을 실시하는 것이 효과적이다. 운동 강도는 1RM(한 번 들어 올릴 수 있는 최대 무게)의 50~70% 수준으로 8회 들어 올릴 수 있는 무게를 2~3세트 실시한다. 이러한 운동량을 2~3개월 동안 1주일에 2회(20~40분 소요) 실시하면 긍정적인 효과가 나타난다는 보고가 있으며, 1RM의 70% 수준으로 6개월 동안 1주일에 2회를 실시한 결과 요추와 대퇴골의 골밀도 수준이 유지되었다는 보고도 있다. 한편 중량부하운동은 조심스럽게 수행되어야 하며 근지구력 등의 근력 발달에도 초점을 맞춰야 한다.

운동은 모든 연령대의 남성과 여성에게 중요하지만 특히 운동을 수행해 오지 않던 노인들에게 더욱 강조되어야 한다. 표 11-4 는 노인을 위해 권장되는 운동 프로그램의 예이다.

표 11-3 / 골다공증 환자를 위한 운동 프로그램

운동형태		목표	운동 강도/빈도/시간	운동기간
유산소운동	• 자전거 타기 • 걷기 • 수영	일률의 증가와 유지	• 최대 심박수의 40~70% • METs의 40~70% • 주당 3~5일 • 20~30분/1회 운동	2~3개월
근력운동	• 덤벨 • 웨이트 머신 • 마루 미용체조	• 팔, 어깨, 다리, 둔부의 근력 증가 • 고관절 굴곡/신전근, 요부 신전근의 발달을 강조	• 1RM의 50%, 또는 3RM의 70% • 8회×2~3세트 반복 (점차 10~12회로 증가) • 주당 2일×20~40분	2~3개월
유연성운동	• 스트레칭 • 의자 체조	• ROM의 증가와 유지 • 가슴근육 강조	주당 5~7일	
기능적 운동	일상생활에서 활동형태 응용과 증가	일상생활 활동 증가		
고려사항	• 유산소 파워능력 : 모든 형태의 운동 시 앞으로 굴곡되는 자세를 최소화해야 한다. • 시간계획 : 골질량의 장기적인 보존효과를 위해서는 적어도 9~12개월이 요구된다. • 정형적 문제 : 나이가 50세 이상이면 운동 관리 시 심근의 허혈증세 등의 변화를 면밀히 관찰할 필요가 있다. • 근육의 문제 : 척추 골절을 당한 환자들은 요부 신전근육의 근력이 약해서 일어난 경우가 흔하므로 요부 신전근육을 강화하기 위해서는 낮은 강도로 천천히 수행할 것을 권고한다. • 심리적 문제 : 불안감과 실질적인 낙상을 방지할 수 있도록 지도한다.				

• RM : 최대반복횟수
• METs : 안정 시 산소이용률(3.5mol/kg/분)
• ROM : 관절가동범위

출처 : 김성수 외. 운동과 건강, 2008

표 11-4 / 노인을 위한 운동 프로그램

항목	운동형태	운동기간			비고
		0~8주	9~24주	25주~1년	
준비운동	선 자세의 스트레칭	10분	10분	10분	중량부하운동의 종목 및 순서 : 레그프레스 → 숄더-덤벨 → 레그 익스텐션 → 레그컬 → 암컬 → 백익스텐션 → 어브도미널 플랙션 → 토르소
본운동	고정식 자전거	20분	25분	30분	
	트레드밀 걷기	20분	25분	30분	
	중량부하운동	10회 2세트	12회 2세트	15회 2세트	
정리운동	누운 자세의 스트레칭	20분	20분	20분	

출처 : 김성수 외. 운동과 건강, 2008

03 · 골관절염 관리를 위한 운동과 영양

관절의 손상은 관절 연골을 합성하는 물질이 부족하거나 연결 부위에 부하가 지나치면 발생한다. 골관절염 osteoarthritis은 모든 관절에서 발생되며 체중을 지탱하거나 자주 사용하는 관절인 무릎, 엉덩이, 팔꿈치 등과 작업 중에 자극을 많이 받게 되는 부위인 어깨, 무릎 등에서 많이 발생한다.

상해, 근육 약화, 유전적 요인, 연령, 영양적인 요소 등이 관절 부위를 취약하게 한다. 과다한 체중 부하나 심하게 들어 올리는 동작을 하는 작업이나 반복적으로 높은 충격을 주는 운동을 하는 경우, 관절의 상해와 관련이 높고 골관절염이 발생할 위험이 증가한다. 과거에 관절이 상처를 입었거나 오랜 기간 무리하게 사용했거나 염증이 있는 경우에는 더 잘 생긴다.

골관절의 주요 치료 목표는 통증과 염증을 감소시키고, 역학적인 능력을 회복시키며, 퇴행을 막고 연골의 재생을 돕는 것이다. 영양 치료는 연골 재생을 위한 기질을 제공하여 통증과 염증을 조절하는 데 효과가 있다. 관절 부위를 지지해 주는 특정한 보충제와 영양중재가 골관절염 환자의 관리에 중요한 역할을 한다.

1) 관절염의 종류와 원인

류머티즘성 관절염은 주로 관절 부분의 활액막에 염증이 생겨 붓게 되며, 고열과 관절통을 수반한다. 방치하면 관절의 여러 부분에 침범하여 근위축으로 인한 관절의 변형과 강직을 초래한다. 대부분 류머티즘성 관절염 환자는 염증으로 대사율이 항진되며, 장점막의 변화에 의해 영양소 흡수가 부족할 수도 있어 빈혈과 체중감소 현상을 보인다.

골관절염은 나이가 들어감에 따라 관절을 보호하고 있는 연골이 소실되고 관절이 변형되면서 부분적으로 퇴행성 변화가 나타나기 때문에 퇴행성 관절염이라고도 부른다. 과체중이나 비만한 사람의 경우는 체중 때문에 연골이 손상받기 쉬우므로 체중감량이 필요하다.

2) 연골 보수와 재생을 위한 영양물질

관절의 양쪽 뼈는 관절막으로 서로 연결되고 그 내부에 아주 얇은 활액막이 관절을 싸고 있다. 활액막 안에는 윤활작용을 하는 활액이 들어 있다. 뼈의 상단 부위는 연골로 되어 있는데, 연골은 혈관이 없고 신경과 림프관도 없기 때문에 활액에서 영양소를 흡수한다.

관절 건강에 필수적인 요소인 황은 물분자를 결합하게 하여 관절이 수화되어 있도록 하므로 연골의 생화학적 측면에서 중요하다. 무엇보다 식사에서 황을 충분하게 섭취할 것을 권장하며 브로콜리, 양배추, 달걀, 마늘, 우유, 케일, 겨자잎, 양파, 두유 등이 황이 풍부하게 들어 있는 식품이다. 보충제로는 글루코사민 셀페이트, 콘드로이틴 셀페이트, 알파 리포익산, 메칠 셀포닐 메탄 등이 있다.

(1) 글루코사민

2004년에 처음으로 골관절염을 위하여 글루코사민을 사용한 임상실험에서 글루코사민은 통증을 감소시키고, 움직이는 동작의 범위를 증가시키며, 관절 부위가 좁아지는 것을 지연시킨다고 보고되었다. 작용 기전은 프로테오글리칸 합성을 위한 기질의 이용성이 증가했기 때문이다. 글루코사민이 골관절염에 미치는 영향에 대해 부정적인 연구 결과도 일부 있지만 대부분 긍정적인 경우가 많다. 글루코사민은 모든 관절 치료에 효과가 있으며 복용량은 하루에 1,500~2,000mg을 나누어서 섭취하면 안전한 것으로 알려졌다.

글루코사민 보충제는 단독으로 또는 결합된 형태(글루코사민 glucosamine sulphate, 함황콘드로이틴 chondroitin sulphate, 알파리포산 alpha-lipoic acid, 유기유황 methysulfonyl methane : MSM)로 이용할 수 있다. 구강으로 복용하면 사람은 글루코사민의 흡수율이 약 87%이며, 최근 연구에서 글루코사민과 콘드로이틴을 포함한 크림을 무릎에 바르면 통증이 완화되는 효능을 보였다. 연골 교체율이 높은 환자가 글루코사민 치료에 반응한다고 발표되었다.

tip 글루코사민은 인체조직에서 발견되는 아미노당이다

글루코사민은 당단백, 당지질, 프로테오글리칸 등과 같은 구조적 물질을 만드는 역할을 하며, 관절 윤활유와 뮤신이나 뮤코스를 분비하여 보호제를 만드는 데도 필요하다. 글루코사민은 식사 가운데 새우, 게, 바닷가재 등의 껍질에서 발견된다.

(2) 함황콘드로이틴

골관절 치료에 콘드로이틴을 사용하면 통증을 완화하고, 비스테로이드성 항염증약 사용을 줄이고 관절 이용성을 높이며, 관절 공간의 손실을 안정화한다. 콘드로이틴 사용의 결과는 8~12주가 소요되며, 수개월간의 치료를 끝낸 후에 효과를 보기도 한다. 글루코사민과 함황콘드로이틴을 같이 사용하면 연골을 유지하고 분해를 막는 데 상승작용을 한다고 보고되었다.

함황콘드로이틴은 구강으로 복용했을 때 흡수율이 10~70% 정도이다. 위장의 장애가 있다는 보고가 있지만 그다지 크지는 않다. 콘드로이틴을 소로부터 추출하므로 광우병이 있는 소에서 추출했을 때는 오염될 우려도 있지만, 아직까지 오염에 대한 보고는 없으며 그런 위험성은 매우 낮다.

tip 함황콘드로이틴 chondroitin sulphate

콘드로이틴은 뮤코 다당류로서 연골 탄력성, 근력, 근육량을 유지하는 기능을 하는 프로테오글리칸 proteoglycan의 구성성분이다. 사람에게서 함황콘드로이틴은 함황글루코사민 유도체로부터 만들어진다. 함황콘드로이틴은 글루코사민과 같이 식사에 많은 양이 존재하지는 않으며, 주로 소와 해산물(홍어, 달팽이, 가오리)로부터 추출한다.

(3) 오메가지방산

골관절성 연골은 연골세포의 기능이 잘 조절되지 않는 것과 연골 기질이 점진적으로 분해되는 것에 따른 염증의 표시이다. 인간의 골관절 연골을 체외에 배양하면서 오메가3불포화지방산에 노출시키면 염증을 조절하는 분자가 감소한다.

식사에서 지방산의 농도와 분포가 염증반응에 영향을 미치는 것은 오래전부터 알려졌다. 하지만 오메가3지방산이 골관절에 어떤 영향을 미치는지는 잘 알려져 있지 않으며, 류머티즘성 관절의 염증을 감소시킨다는 연구는 있다. 오메가3지방산의 적절한 섭취를 위해서는 하루에 생선유 2~4g이 적당하다. 고등어 · 연어 · 청어 · 정어리 · 참치와 같은 등푸른 생선과 땅콩, 호두 등에 많은 오메가3지방산은 염증 억제와 면역기능을 정상화한다.

(4) 비타민 C

비타민 C는 연결부위에 필요한 성분 합성에 필수적이며 연골 합성을 도와준다. 역학조사 결과 비타민 C를 보충하면 골관절염의 진행이 지연된다. 생체 외 실험에서 골관절 배양에 비타민 C를 첨가하면 프로테오글리칸의 분해에 반응하여 단백질 분해효소가 감소하고, 프로테오글리칸의 합성이 유의적으로 증가한다. 골관절에 대한 코호트 연구에서 비타민 C를 하루에 120~200mg 복용했더니 골관절염 진행의 위험이 3배 낮아졌다. 이 관계는 매우 강하고 유의적이며 성별이나 증세의 강한 정도에 따라서도 일치한다. 비타민 C 섭취량이 더 많으면 무릎 통증의 발생이 감소한다. 채소와 과일에 풍부한 항산화영양소가 뼈와 관절의 노화를 막고 염증에 의한 통증을 줄여준다.

(5) 기타 영양소

니아신은 두 가지 형태로 니코티닌산과 니코틴아마이드가 있다. 두 가지가 신체 내 여러 가지 기능을 하며 세포 에너지 생산에 중요하다. 12주 동안 하루에 3,000mg의 니코틴아마이드를 복용한 환자들은 대조군과 비교 시 접합 부위의 유연성이 증가하고, 염증이 감소하여 항염증 치료제의 사용이 감소했지만 작용 기전은 완전히 밝혀지지 않았다.

비타민 E, 망간, 보론, 비타민 D 등이 접합 부위의 합성과 기능에 필수적인 영양소이지만 이런 영양소가 골관절염을 예방하고 치료하는 데 어떤 역할을 하는지는 아직 충분히 연구되지 않았다.

3) 운동치료

관절 질환이 있는 경우 관절을 보호하는 운동 프로그램이 필요하다 표 11-5. 권장사항은 다음과 같다.

- 가능하면 근력을 증가시키면서 충격이 적은 활동과 기능적 운동을 선택한다.
- 계단 오르기, 신체 접촉하는 스포츠, 한 다리로 오래 서 있는 동작, 빨리 가고 서는 운동 등은 피한다.
- 운동 강도를 높이기 전에 근육이 잘 발달된 상태를 유지하고 있어야 한다.
- 주요 운동요소는 유연성과 관절가동범위를 포함시킨다.
- 과잉 스트레칭이나 과운동은 피해야 한다.
- 통증이 있거나 부어오르면 관절에 부하나 강도를 줄인다. 수중에서 하는 운동 등이 도움이 된다.
- 신발은 운동 시 충격을 주지 않는 것으로 선택한다.

운동 프로그램은 강도와 기간을 점진적으로 계획한다.

- 처음에는 낮은 강도와 기간으로 시작한다.
- 필요하면 하루에 여러 회에 걸쳐 운동을 한다.
- 질병의 상태에서 벗어나기 위해서는 쉬었다 운동하기를 번갈아 하는 형태나 인터벌 훈련 또는 여러 종류의 스포츠를 병행하는 형태를 권장한다.
- 페이스를 유지하기 위해서는 거리보다 시간으로 목표를 잡는 것이 좋다.
- 적절한 운동의 목표를 정하고 그 지침에서 벗어나는 강도, 시간, 빈도로 운동하는 것은 삼간다.

표 11-5 / 골관절염 환자를 위한 운동 프로그램-1

운동형태		목표	운동 강도/빈도/시간	운동기간
유산소운동	• 자전거 타기 • 걷기 • 수영	최대산소섭취량, 최고 일량, 일률과 지구력 증가	• 최대 심박수의 60~80% 또는 최대산소섭취량의 40~60% • RPE 11~16/20 • 주당 3~5일 • 5~10분/1회 운동부터 30분까지 증가 • 강도 이외의 기간의 점진성 강조	3~6개월
근력운동	• 덤벨 • 웨이트 머신 • 마루 미용체조	• 1-, 8-, 12 RM 증가 • 반복과 저항성 증가	• 1 또는 2~3세트로 시작해서 10세트까지 점차 증가 • 주당 2~3일 훈련	3~6개월
유연성운동	• 스트레칭 • 의자 체조	• ROM의 증가와 유지 • 뻣뻣함 감소		
기능적 운동	일상생활에서 활동형태 응용과 증가	• 균형 증가 • ADLs 증가 • 걸음걸이 증가		
고려사항	• 유산소 파워능력 : 모든 형태의 운동 시 앞으로 굴곡되는 자세를 최소화해야 한다. • 시간계획 : 골질량의 장기적인 보존효과를 위해서는 적어도 9~12개월이 요구된다. • 정형적 문제 : 대부분 골다공증 환자는 나이가 50세 이상이므로 심장질환이 있을 소지가 높다. 따라서 운동 관리 시 심근의 허혈증세 등의 변화를 면밀히 관찰할 필요가 있다. • 근육의 문제 : 척추 골절을 당한 환자들은 요부 신전근육의 근력이 약해서 일어난 경우가 흔하므로 요부 신전근육을 강화시키기 위해서는 낮은 강도로 천천히 수행한다. • 심리적 문제 : 안전한 환경을 제공하여 불안감과 실질적인 낙상을 방지한다.			

표 11-6 / 골관절염 환자를 위한 운동 프로그램-2

항목	빈도	기간	강도	점진성
유산소운동	주당 3~4일	• 통증을 위해 필요하다면 10분씩 3회 • 시작은 웜업	낮은 강도부터 보통 강도까지	• 30분 지속 • 참을 수 있는 정도면 주당 4~5일에 낮은 강도부터 보통 강도까지
신경근육운동	주당 2일	• 3~5일 운동 • 참을 정도면 5~10회	8~12RM, 중간 정도 피로할 때까지	4~6주 후 속도와 저항성 증가, 참을 수 있는 정도면 RM 수 증가
유연성운동	매일, 준비운동과 마무리운동 이용	5~10분간 엉덩이, 무릎, 발목가동범위 운동	긴장되는 지점(통증 없이)까지 한 후 쉬고, 10~30초간 실시	동작과 유연성이 통증 없이 더 많이 움직임

출처 : Durstine 외. ACSM's Exercise management for persons with chronic diseases and disabilities, 2009

• RM(repetition maximum) : 최대반복횟수(1회 반복할 수 있는 최대 중량)
• ROM(range of motion) : 관절가동범위
• RPE(rating of perceived exertion) : 운동자각도
• ADL(activities of daily living) : 일상생활능력

04 • 근육 좌상 관리를 위한 운동과 영양

근육 좌상muscle strain은 근육이 손상될 정도로 사용하여 생기는 증세로서 근섬유가 늘어나거나 찢어지는 것이다. 좌상은 생역학적인 힘이 근육이 견딜 수 있는 정도를 초과할 때 발생한다. 즉 근육이 늘어나는 것은 강하게 또는 반복적인 힘을 가한 결과이다. 근육의 신장 단위가 약화될 때는 작은 힘이 주어져도 복구되지 않는다. 어깨와 같이 회전 부위의 상해는 야구 투수가 최대한의 힘을 쓴 경우나 근육 위축이나 재생이 안 되는 조직이 있는 노인에게서 발생한다. 통증, 팽창, 염증 반응 등을 일으킨다.

근육 좌상에는 수술, 약물, 물리치료, 지압요법, 침술, 영양요법 등이 이용되며, 여러 방법을 결합하여 병행하면 통증 및 염증과 조직 손상을 감소시킬 수 있다.

1) 원인

근육 좌상은 신체활동을 할 때 근육 글리코겐, 단백질, 수분이 부족해도 발생할 수 있다. 운동할 때 주요 에너지원이 근육 글리코겐이며, 운동을 하고 난 직후 탄수화물을 공급하면 이 글리코겐이 신체에 곧바로 재저장된다. 글리코겐이나 단백질 섭취가 부족하면 근육 좌상으로부터 골격근 분해가 더 촉진된다. 수분도 근육이 회복되는 것을 도와주며 이때 소듐은 세포로의 수분 흡수를 도와준다.

2) 영양 요구량

영양공급을 통하여 근육의 장력을 강화하고 생체역학적인 면을 향상시킬 수 있다. 근육에 좌상이 있으면 영양 분배에 교통 혼란이 일어난 것과 비슷하여 젖산, 염증인자, 유출된 세포외액을 제거하는 능력이 감소된다. 염증이 있는 조직으로 산소, 전해질, 포도당, 단백질, 항산화제 등이 전달되는 것도 원활하지 못하다. 따라서 근육이 구조적으로 건강하다는 개념은 좌상이 있는 근육으로 영양소가 유입되고 독성이 배출된다는 것이며, 영양을 효과적으로 공급하여 상해가 있는 부위로 영양소가 우선 배분되도록 해야 한다.

(1) 근육 글리코겐, 수분, 단백질

글리코겐은 근육운동 시 주요 에너지원으로서 근육 손상 후 2시간 이내에 탄수화물을 공급하면 신체에 곧바로 재저장된다. 단백질 섭취가 부족하면 근육 좌상으로부터 골격근 분해가 더 촉진된다. 아미노산과 크레아틴을 공급하면 장거리 운동 후 세포 손상과 염증이 덜 일어나는 것으로 보고되었다.

(2) 항산화제

근육 좌상은 산화 스트레스와도 관련이 있으므로 항산화제의 요구가 증가한다. 신체 내 항산화영양소의 저장이 고갈되면 항산화 영양제를 보충하는 것이 도움이 된다. 유청단백질은 근육단백질 합성과 글루타치온 합성에 필수적인 아미노산을 제공한다. 비타민 C도 근육을 형성하는 데 필요하다. 비타민 C가 많이 부족할 때 비복근이 파열되었으며, 비타민 C를 보충했을 때 근골격계 좌상을 회복하는 임상적 반응을 증가시켰다. 야채와 과일은 비타민 C의 좋은 급원식품이고 알칼리성이다. 근육 좌상은 부분적으로 대사성 산성화 상태에 있고 이론상 알칼리화하기 위한 식이와 영양 보충제는 상처를 회복하는 데 도움이 된다.

(3) 미량영양소

무기질 및 미량영양소도 근육 좌상으로부터 회복하는 데 여러 역할을 한다. 소듐은 충분한 수화상태를 유지하기 위하여 필요하다. 크롬은 운동 후 포도당을 근육세포로 재보충하는 데 필요하다. 아연 농도가 충분하지 않으면 조직 회복을 손상시킨다. 아연은 300개 이상의 효소의 보조효소로 작용한다. 철분 부족 시에는 조직에 산소를 보내는 것이 감소된다. 마그네슘을 보충하는 것은 근육 떨림 감소, 혈장 젖산 감소, 근육 근력 증가 등과 관련이 있다. 비타민 B_{12}를 부족하지 않게 최적으로 유지하면 근육 좌상으로부터 회복이 빨라진다.

요약 및 연습문제

Sum-up

1) 근육과 골격 발달

1. 체력과 건강 향상을 위한 프로그램에 포함되는 저항성 운동은 근육의 강도와 지구력을 향상하고 제지방 조직량과 골밀도 유지에 도움이 된다.
2. 적당한 휴식과 수면, 에너지 섭취량의 증가, 적절한 저항성 운동 프로그램으로 제지방량의 증가를 꾀하는 것이 근골격계 질환을 예방하는 데 더 적극적인 방법으로 권장된다.
3. 근골격계 이상이 발생하기 전에 ❶ 규칙적인 운동(맨손 체조, 스트레칭, 운동 시 호흡에 주의), ❷ 균형 있는 영양 섭취(음식, 영양제 등), ❸ 바른 자세, ❹ 무리 없는 근육 사용(무리해서 일하거나 억지로 힘을 쓰지 않는 등), ❺ 금연, 금주(성인의 경우)와 같은 방법을 통하여 예방하는 노력이 필요하다.
4. 오늘날 많은 사람이 저항성 운동을 통해 강한 근육을 만드는 것이 피로와 상해를 예방하고 근지구력을 증가시키는 데 중요하다는 것을 인식하고 있다.
5. 근력훈련의 건강상 이점을 인식하면서 특별훈련 프로그램이 노인뿐 아니라 심장병, 뇌졸중 그리고 비만 정도를 감소시키고 싶어하는 사람들을 위해서도 개발되고 있다.
6. 저항성 운동은 골밀도를 높이고 근력과 파워를 증가시켜 근골격계 질환 예방에도 기여할 수 있다.

2) 골다공증

1. 골다공증은 다른 퇴행성 질환과 마찬가지로 발병 후에는 비가역적인 변화를 유발하고 완전한 치료책이 없으므로 예방이 우선적이다. 따라서 골질량을 최대화하고 이를 유지하는 데 중점을 두어야 한다.
2. 영양관리로는 칼슘 평형 유지와 골격 손실을 억제하기 위하여 칼슘 섭취량을 늘리고 칼슘의 흡수 및 이용을 증진하는 식사를 우선으로 한다.
3. 운동이 뼈의 성분과 기계적 성질에 영향을 주는 것으로 보고되었다. 뼈의 장력은 모두 발달될 수 있으며 부분적으로 매일 행하는 부하운동을 통해 유지된다.
4. 운동선수는 앉아서 생활하는 사람보다 골량과 근력이 높으며 연령, 호르몬 상태, 영양과 운동량에 따라서 골질량에 미치는 영향도 다양하다.

3) 골관절염

1. 골관절염은 나이가 들면서 관절을 보호하고 있는 연골이 소실되고 관절이 변형되면서 부분적으로 퇴행성 변화에 의해 발생하며, 연골 재생을 위해 여러 영양물질이 이용된다.
2. 글루코사민은 임상실험 결과 통증을 감소시키고, 움직이는 동작의 범위를 증가시키며, 골관절염 환자의 관절 부위가 좁아지는 것을 지연시킨다고 보고되었다. 글루코사민과 함황콘드로이틴을 같이 사용하면 연골을 유지하고 분해를 막는 데 상승작용을 한다.

3. 오메가3지방산은 골관절에 어떤 영향을 미치는지는 잘 알려지지 않았지만, 류머티즘성 관절의 염증을 감소시킨다는 연구는 있으며 하루에 생선유 2~4g이 권장량이다.
4. 그 외 크롬, 아연, 철분, 마그네슘 등의 역할이 연구되고 있다.

4) 근육 좌상

1. 근육 좌상은 수술, 약물, 물리치료, 지압요법, 침술, 영양요법 등 여러 방법을 결합하여 병행하면 통증, 조직 손상, 염증을 감소시키는 데 상승 효과를 볼 수 있다.
2. 영양상태에 따라 근육과 건 단위에 대한 생역학적 힘을 감소시킬 수도 있다. 예를 들면 수화는 생화학적인 힘을 흡수하기 위한 척추 디스크의 능력을 회복시킨다.
3. 체중 감소는 기능을 향상시킬 수 있는 반면, 비만은 통증의 위험을 증가시켜 급성 근육 좌상을 만성으로 발전시킨다.
4. 염증이 있는 조직으로는 산소, 전해질, 포도당, 단백질, 항산화제 등이 원활하게 전달되지 못한다. 따라서 근육이 구조학적으로 건강하다는 개념은 좌상이 있는 근육으로 영양소가 유입되고 독성이 배출된다는 것이며, 영양을 효과적으로 공급하여 상해가 있는 부위로 영양소가 우선 배분되도록 해야 한다.
5. 근육 좌상은 산화 스트레스와도 관련이 있으므로 항산화제의 요구가 증가한다. 신체 내 항산화영양소가 부족하면 항산화 영양제를 보충하는 것도 도움이 된다.

Practice

01 근육의 염좌를 치료하는 데 관여하는 영양소의 종류와 작용 기전을 설명하시오.

02 골다공증을 관리하기 위한 영양적인 요인들에 대하여 설명하시오.

03 근육 증가를 위한 운동을 할 때 영양적인 보충방법을 설명하시오.

04 연골 재생과 보수를 위한 영양적인 관련 요인들에 대하여 설명하시오.

05 근육 좌상을 일으키는 기전에서의 영양적인 요인과 치료적인 영양요인들을 설명하시오.

12

특수 집단을 위한 운동과 영양

1 | 여자 운동선수를 위한 영양

2 | 유소년 운동선수를 위한 영양

3 | 장년층 이상을 위한 운동과 영양

들어가기 전에

적당한 운동이 건강 유지 및 질병의 예방과 치료를 위하여 인체에 유익함이 밝혀짐에 따라, 운동에 참여하는 여자들의 수가 현저히 증가하였다. 각종 운동경기는 그 자체로 여러 가지 좋은 점이 있지만 의학적인 면과 영양학적인 면에 대한 관심 또한 부쩍 높아지고 있다. 또 어린 유소년 시기에 운동을 하면 생리적, 사회적 그리고 심리적으로 도움이 되므로 운동이 적극 권장되는 추세이며, 강도 높은 스포츠에 참여하는 어린이도 늘고 있다. 운동과 훈련 시의 생리적 반응은 어린이, 청소년, 성인이 비슷하지만 어린 선수들에게는 독특한 생리적 특성이 있다.

01 · 여자 운동선수를 위한 영양

나이가 어린 여자선수들은 섭식장애, 무월경, 골다공증이 나타날 수 있는데, 이 3가지 문제는 서로 밀접한 관련이 있다. 여자선수들의 섭식장애에 대하여 관심을 가진 지는 오래되었지만, 1992년 미국 스포츠의학회가 청소년과 나이 어린 여자선수들의 3가지 문제인 섭식장애, 무월경 그리고 골질량의 손실 사이의 관계에 대해 공식적인 관심을 갖게 되었다.

tip 여자 운동선수의 3가지 문제 female athlete triad

여자 운동선수의 3가지 영양문제는 섭식장애(또는 낮은 에너지 이용성), 무월경증(희발월경)과 골밀도의 감소(골다공증과 골연화증)를 초래한다. 이런 증세는 마른 체형이나 저체중을 강조하는 운동종목의 여자선수에게서 나타난다. 이 3가지 영양문제는 일생의 건강에 심각하고 잠재적으로 치명적일 수도 있다.

1) 섭식장애

성장과 함께 자연적인 성숙의 한 과정으로 신체 조성이 변화하게 되는데, 여자는 체지방의 비율이 증가하고 남자는 근육량이 증가한다. 나이가 어린 선수들은 이런 신체적인 변화에 대한 적응에 어려움을 느끼며 자아정체감의 확립을 위한 심리적인 고민에 빠진다. 특히 여자선수들의 경우 인기와 성공의 전제 조건으로 마른 체격을 요구하는 압력 때문에 고민하게 되며, 마른 체격에 대한 집념이 강할수록 체중감량의 실패에서 오는 좌절, 죄의식, 실망, 당혹감 등을 느끼게 된다. 이런 감정들이 불건전한 식습관을 유도하고 체중감량의 실패가 주기적으로 반복될 때 식품섭취장애가 나타난다.

(1) 섭식장애가 되기 쉬운 종목

섭식장애는 여자선수의 1/3 정도와 일부 남자선수들에게도 나타나는 경향이 있다. 어린

소녀와 여자선수 그리고 체급종목 선수뿐 아니라 장거리 달리기 선수, 피겨 스케이팅, 발레리나, 체조선수가 체중에 대해 고민하고 있다면 많은 위험을 안고 있다는 것을 의미한다. 그들은 식욕부진(거식증)이나 폭식증, 위험한 식행동에 의해 자신의 생명을 위협하고 있다. 많은 종목의 운동선수가 잘못된 식습관, 무월경, 합병증을 겪을 수 있지만 다음의 세 집단 종목이 가장 많은 영향을 받을 수 있다 표 12-1 그림 12-1.

표 12-1 / 여자 운동선수의 3가지 문제가 나타나는 종목

특징	종목
외모를 중요시하는 종목	체조, 피겨 스케이팅, 다이빙, 발레, 싱크로나이즈드 스위밍
저체중을 유지하는 것이 신체적, 역학적으로 유리하다고 생각되는 종목	장거리 달리기, 도로 사이클링, 철인3종경기
체급 종목	유도, 태권도, 레슬링, 역도, 조정(경량급)

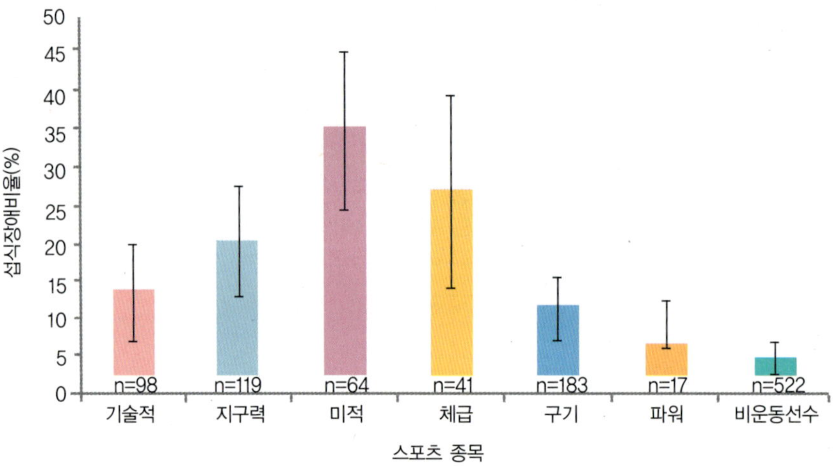

그림 12-1 여자 엘리트 운동선수의 스포츠 종목별 섭식장애 발생률

tip 거식증과 폭식증

흔히 거식증 anorexia nervosa이라고 하는 신경성 식욕부진증은 대표적인 섭식장애의 하나로, 살을 빼려는 지속적인 행동, 체중감량, 음식 및 체중과 연관된 부적절한 집착, 음식을 다루는 기이한 행동, 살 찌는 것에 대한 강한 두려움 그리고 무월경 등을 주요 특징으로 하는 질환이다. 폭식증 bulimia nervosa은 음식을 조절할 수 없는 식이장애 중 하나로, 반복적인 폭식행동과 체중 증가를 막으려는 구토 행동 증세를 말한다. 신경성 대식증, 신경성 폭식증이라고도 한다. 남녀 비율이 '1 : 15'로 여성에게 많이 나타나고, 그중 젊은 여성(12~35세)에게 많이 발병하며, 신경성 식욕부진증보다 흔하게 나타나는 편이다.

많은 운동선수들이 저체중임에도 불구하고 목표로 하는 체중에 도달하기 위하여 점진적인 식사방법 이외에 다른 방법들을 병행한다. 이들이 저체중을 유지하기 위하여 사용하고 있는 방법은 단식, 극도의 에너지 섭취량 제한, 다이어트 제제와 이뇨제의 복용 등이다. 이런 비정상적인 체중감량 방법이 식품섭취장애를 일으키게 된다.

(2) 섭식장애의 원인

섭식장애의 원인은 아직 불분명하다. 사회문화적 · 심리적 · 생물학적으로 매우 다양한 원인에 의하여 운동선수가 극도의 마른 체형을 선호하는 사회적인 요구에 부응하기 위하여 노력하는 것에 기인하며, 그 내용은 표 12-2와 같다.

표 12-2 / 섭식장애의 원인

요인	내용
사회문화적 요소	영화, TV, 잡지 등에서의 이미지를 현실적으로 강요
심리적 요소	가족 불화, 부모의 무관심 또는 과잉보호, 우울증의 가족력, 약물 남용
생물학적 요소	• 친척관계 • 이란성보다 일란성 쌍둥이의 더 큰 위험성 • 성별, 빠른 초경, 비만
행동적 요소	개인적인 성향 : 목표 지향적, 강한 성취욕, 독립적이며 고통을 잘 참는 성향
운동에 따른 특수한 요소	• 심리적 압박 • 어린 시기에 운동과 다이어트 시작 • 다이어트를 한 기간 • 빈번한 체중 변화 • 갑작스런 훈련량 증가 • 상해 • 코치 교체

(3) 섭식장애가 건강과 운동수행력에 미치는 영향

체중감량을 위하여 굶거나, 구토를 유도하거나, 설사제와 이뇨제를 사용하면 건강뿐 아니라 근력, 지구력, 그리고 반응시간 등이 저하될 수 있다.

표 12-3 / 섭식장애가 건강과 운동에 미치는 영향

요인	결과
만성적인 에너지섭취 제한	• 다량영양소와 미량영양소 부족, 빈혈, 만성피로, 감염의 위험성 증가, 상해와 질병 • 체중에 따른 기초대사율 감소, 우울증, 월경기능장애, 골밀도의 감소
이뇨제와 하제 이용, 구토 유도	• 탈수 위험도 증가 • 무기질 불균형(저칼륨혈증) • 배변에 의한 중탄산염의 손실로 대사적 산성 유발
식품섭취 제한으로 수분 감소	• 심장 박동수 증가, 1회 심박출량 감소 • 체온조절기능의 손상과 체온 상승으로 생명 위협 • 전해질 농도 이상과 신장기능의 변화
거식증이나 폭식증으로 근육 글리코겐 감소	• 신체의 피로와 밀접한 관련 • 파워와 근력을 발휘할 수 있는 능력 저하 • 부상 위험 • 부상 회복 지연(체내 저장된 영양소 부족 때문)
체중감량에 의한 근육량 감소 또는 체지방 증가	• 음의 에너지 균형으로 근육량 감소 : 소량의 칼로리를 섭취하게 되면(1,000kcal 이하) 신체는 인체조직을 분해하여 에너지로 사용 → 이때 인체조직으로부터 공급되는 에너지의 50% 이하만이 신체 지방 저장량으로 공급되며 나머지는 근육의 분해로 에너지를 충당 → 근육 무게의 감소 • 체중 원상 회복 시 체지방 증가 : 체중이 단기간 내에 원상 회복되면 폭식증인 선수에게서 볼 수 있듯이 증가되는 체중은 대부분 지방이 차지 • 제지방량 감소와 지방 무게 증가 • 건강 유지나 최대 기량 발휘 곤란

(4) 섭식장애의 예방과 치료

섭식장애가 건강과 운동수행력에 미치는 부정적인 영향을 고려하면 선수들의 섭식장애는 반드시 방지해야 한다. 운동선수들은 코치가 무심결에 던진 말에 크게 영향을 받는다. 예를 들면 실행방법은 알려주지 않은 채 무조건 체중감량을 지시하면 체중조절에 관한 지식이 없는 선수들은 단식이나 이뇨제 복용 등 비정상적인 방법을 이용하게 되고 건강에 해로운 결과를 초래할 수 있다. 표 12-4는 섭식장애의 예방과 치료의 목표 및 내용을 나타내고 있다.

표 12-4 / 섭식장애의 예방과 치료

목표	세부내용
현실적인 체중감량 목표 설정	• 충분한 칼로리 섭취 • 시즌 시작 전 체중조절 프로그램 시행 • 1주일에 0.5~1kg 이내의 체중감량 • 주기적인 신체 구성성분 변화 관찰
영양 지식 제공	• 영양사나 전문가의 도움을 받아 개인별로 식단을 계획하여 저지방의 균형 있는 식단을 작성하여 활용 • 좋은 식습관이 경기력과 건강에 미치는 중요성을 강조 • 체중감량의 중요성을 과장하여 강조하는 것은 금지
체중 변화 관찰	• 목표 체중 도달 후에도 체중과 신체 구성분을 계속 관찰 : 지방 감소 계획표 이용 • 체중이 너무 많이 감소된 경우 연습이나 시합 참가 금지
끊임없는 관심	• 섭식장애가 의심되는 선수는 정보를 수집하여 면담 • 선수의 부모와 상의하여 전문가의 진단을 받음
전문가의 도움	• 섭식장애 전문 진료소 또는 치료센터
진료팀의 일원	• 의사, 심리학자, 사회사업가, 영양사, 코치의 노력 • 선수의 연령과 가정환경(물질적인 것이 아닌 가족 분위기)에 따라 부모의 개입 정도 결정 • 경우에 따라 병원에 입원

2) 운동성 월경기능장애

무월경은 일반인이 2~5%, 운동선수가 3.4~66%로서 운동선수의 발생률이 더 높은 것으로 보고되어 있다. 따라서 운동성 무월경이라는 말이 생겨났고, 처음에는 이것이 실제 존재하는 것인가에 대해 상당한 논란이 있었다. 월경기능장애에 의한 호르몬 부족과 영양 부족이 지속된다면 건강상 위험을 초래할 수 있다. 특히 잘 훈련된 지구력운동 선수 중에는 월경 횟수가 1년에 3번 이하인 경우가 25~40%인 것으로 보고되었다. 강도 높은 운동과 훈련을 하는 선수들이 일반인보다 월경기능장애의 위험이 더 높다.

(1) 월경기능장애의 원인

최근 격렬한 운동이 여성의 생식생리에 어떤 영향을 미치는지에 대해서 많은 관심이 쏠리고 있다. 하지만 각 운동 종목의 종류와 강도 그리고 그에 따른 개인의 육체적 · 정서적 반응의 차이에 대한 표준화된 연구를 하기에는 어려움이 따르며, 원인과 결과의 명확한 관련성을 유추하기도 어렵다. 무월경에 의한 증세가 단독으로 작용하는 것인지 아니면 대사적인 면과 호르몬적인 면의 비정상적인 것이 복합된 것인지도 잘 알려지지 않았으나, 현재까지 밝혀진 월경기능장애를 일으킬 수 있는 원인에 대하여 알아보면 표 12-5 그림 12-2와 같다.

표 12-5 / 월경기능장애 발생요인

요인	세부내용
신체 구성성분	• 한계 체중설 • 최저 체지방설 : 신체 구성성분의 변화에 의존
불충분한 영양상태	• 부정적인 식사 태도 : 식욕부진증 • 에너지 소비 과다, 에너지 섭취 부족(열량 섭취량이 소비량보다 1,000kcal 이상 부족) • 단백질, 당질, 미량영양소 섭취 부족
과도한 운동	• 신체적 · 정신적인 스트레스 • 운동량 및 운동 강도와 무월경 발생률의 비례적 증가 • 초경 시작 전에 운동을 시작한 선수

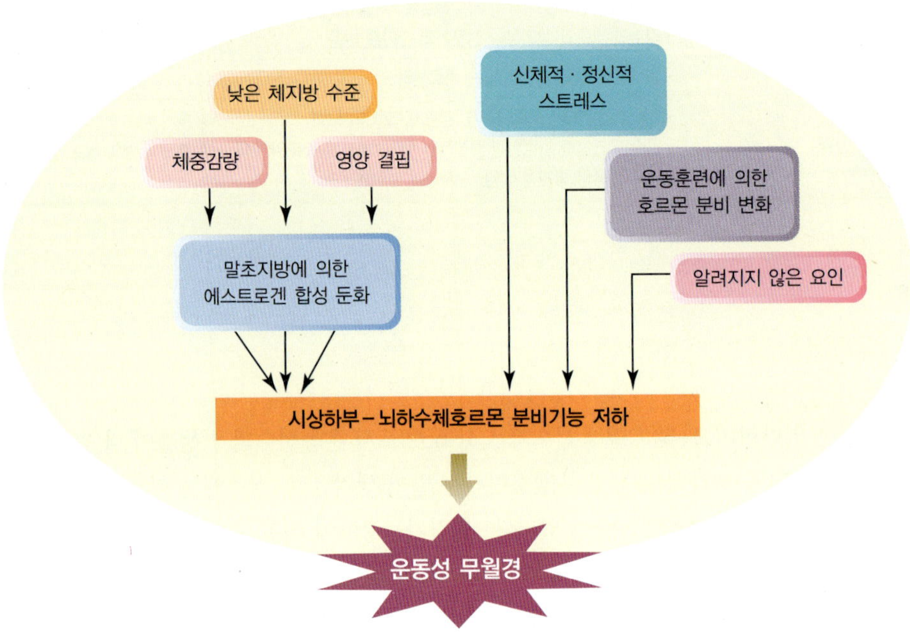

그림 12-2 운동성 무월경 발생기전

(2) 월경기능장애의 예방과 치료

월경을 다시 시작하려면 운동량을 5~15% 줄이고 음식 섭취량을 늘려야 한다. 어떤 선수는 운동량을 줄이면서 체중 증가 없이도 월경을 다시 시작한다. 체중이 조금 증가하면 경기력을 변화시키지 않고도 건강을 유지할 수 있다. 나쁜 식습관이 월경기능장애의 원인이 될 수 있다. 정상적인 월경을 위해 최소한 영양과 관련하여 도움이 되는 방법은 표 12-6과 같다.

표 12-6 / 월경기능장애의 예방과 치료

방법	내용
체중계 없애기	• 타고난 체중을 중요시 • 주변 사람보다 자신이 마른 것 확인 • 신장에 대한 체중 확인(기준의 적정성 확인) • 저울에 수치를 맞추려고 노력하는 것보다는 편안하게 유지할 수 있는 체중이 요구됨
에너지에서 약 20% 감소	• 심한 다이어트로 무월경이 초래되었다는 것은 신체가 에너지 부족에 적응했음을 의미함 • 점차적으로 에너지 섭취량을 줄이면 체중이 바로 감소되지 않고 운동 가능한 에너지 유지
단순한 규칙을 정하고 실천	• 배가 고플 때 먹고, 만족할 때 멈춤 • 무월경인 선수는 규칙적으로 월경을 하는 선수보다 에너지 필요량이 25% 더 적은 것으로 보고됨 • 낮에 적게 먹고 밤에 많이 먹는 식행동이나 주말의 불규칙한 식습관 때문에 문제가 생겨서 규칙적인 월경을 방해 • 체지방 증가에 대한 두려움으로 불규칙한 식사패턴을 갖고 있다면 규칙적이고 균형 잡힌 식습관이 건강을 위해 적당한 체중을 유지하는 최선의 방법임을 이해할 필요가 있음
충분한 단백질 섭취	무월경인 운동선수는 규칙적인 월경을 하는 선수보다 단백질 섭취량 감소 경향(체중 1kg당 1.2~1.5g의 단백질이 안전한 양이며, 50kg인 여자선수의 단백질 필요량은 60~90g임) – 저지방 우유 200ml – 요구르트 3~4개 – 육류(콩, 두부 등) 100~150g
1주일에 2~3회 소고기 섭취	• 무월경인 달리기 선수들은 정상적으로 월경을 하는 선수보다 소고기를 적게 먹고 채식을 하는 경향이 있음 • 소고기를 먹을 때 섭취하는 지방은 규칙적인 월경에 효과적 • 채식주의자들 중에 규칙적인 월경을 하지 않는 사람은 27%로, 소고기를 먹는 여자들의 5%보다 높음
에너지 섭취량의 20%를 지방으로 섭취	• 지방을 섭취하면 비만이 된다는 두려움 • 최소 40g 정도의 지방 필요(살코기, 땅콩버터, 연어 등)
칼슘이 풍부한 식사	• 최대 골밀도 도달을 위해 고칼슘 식사 • 하루에 1,000~1,500mg의 칼슘이 필요하며 우유, 요구르트, 치즈 등과 두부, 녹색 야채 등을 먹어야 충족(저지방 유제품 권장) • 식이섬유가 많은 식사(통밀빵, 과일, 야채 등)를 할 경우 칼슘 필요량 증가
기타 요소	• 유전적 요인 • 체중(과체중의 경우 골밀도 증가) • 운동 프로그램(체중부하운동과 골격운동) • 에스트로겐 분비(칼슘 분해 방지)

3) 골밀도

골다공증을 예방하려면 규칙적인 운동을 해야 한다. 지속적으로 높은 강도의 운동을 하면 골밀도가 증가하는 이유는 혈액 순환(골격근의 반복적인 수축으로 골 내의 혈류량 증가), 골의 전기적 성질 piezoelectricity(골에 기계적인 자극으로 변형성 전위가 생기고 이로 인한 전기 에너지가 기계적 자극에 따라 골생성을 유발), 칼슘 및 프롤린 농도 증가 때문이다. 그러나 운동을 해도 만성적으로 에스트로겐 농도가 감소하면 골손실을 초래할 수도 있다. 무월경 운동선수의 척추 골밀도는 정상인의 3~35% 이하이고, 저에스트로겐 상태인 무월경 달리기 선수가 정상적으로 월경을 하는 달리기 선수보다 골질량이 감소한 것으로 보고되었다 그림 12-3. 무월경인 운동선수의 골손실이 4~5년 이상 진행되면 에스트로겐이나 칼슘 보충으로도 큰 변화가 없으며 또한 식사력(칼슘, 단백질, 탄수화물, 채식주의자), 운동형태 또는 흡연과 골밀도와의 유의적인 상관관계는 발견하지 못했다. 그러므로 유전, 운동, 호르몬 상태, 영양 등이 골질량에 상호작용을 하는 것이며, 칼슘은 정해진 섭취량 이상에서 역치 영양소로 작용하는 것이지, 섭취량을 증가시켰다고 해서 골질량이 증가하는 것은 아니다.

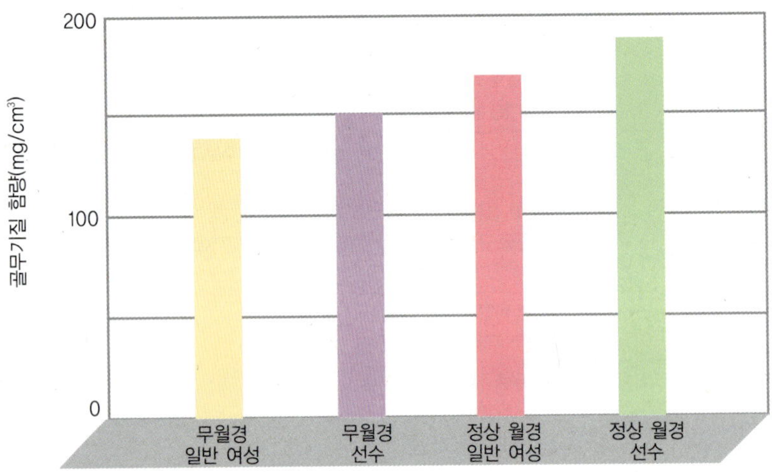

그림 12-3 무월경인 운동선수의 골무기질 함량

폐경기 이후 호르몬 치료를 하는 여자의 하루 칼슘 권장량은 1,000mg이고 에스트로겐이 부족한 여자(무월경 운동선수)는 하루에 1,500mg을 권장하고 있으며, 이런 정도로 많은 양의 칼슘을 섭취하기 위해서는 식품 선택에 유의해야 한다.

무월경인 운동선수의 골밀도는 에스트로겐과 프로게스테론 농도가 낮은 것에 영향을 받을 뿐 아니라, 혈중 코르티솔이 증가하여 골밀도가 낮아질 수도 있다. 코르티솔은 골흡수를 자극하는 반면, 골형성을 방해하여 골질량에 영향을 미치는 것으로 알려졌다. 코르티솔은 소화관에서 칼슘 흡수를 방해하고 소변으로 칼슘 분비를 증가시키므로 골밀도를 간접적으로 낮추게 된다. 그러므로 운동성 월경기능장애를 가진 여자에게 나타나는 호르몬 분비기

tip 칼슘 섭취량을 증대시키기 위한 방법

- 끼니 때마다 유제품을 먹는 습관을 기른다.
- 아이스크림과 요구르트 같은 칼슘이 풍부한 후식을 선택한다.
- 수프, 소스류, 코코아 같은 음료는 분유를 첨가하여 마신다.
- 국, 찌개류에는 멸치를 분말로 만들어 이용한다.

능의 이상은 골의 재흡수율을 증가시키는 반면 골형성을 방해한다.

무월경인 운동선수의 골밀도를 정상적인 운동을 하는 여자와 비교했을 때 골밀도가 더 낮았다는 결과가 모든 연구에서 동일하게 나타나는 것은 아니다. 골질량은 골형성과 골흡수의 관계로서 연령, 활동량, 유전적인 요인, 호르몬, 영양 요인 등이 관여하는 것이다. 최대 골질량의 발달은 사춘기 때의 에스트로겐과 프로게스테론 농도에 의해서만 결정되는 것도 아니고, 15~16세에 근골격계의 성장과 발달이 완성되는 것도 아니다. 골질량은 유전적인 요인과 칼슘 섭취 및 에너지 문제 등 식이 요인에 의해서도 크게 영향을 받는다. 게다가 개개인의 운동 종목이 관계되며 운동을 한 기간도 골질량의 증대에 중요한 역할을 한다.

4) 여자 운동선수의 3가지 문제에 대한 치료방법

강도 높은 운동을 하면 초경이 지연될 수 있지만 후에 자연적으로 시작되거나 운동량을 감소시킴으로써 발현될 수 있다. 그러나 16세까지 초경이 없으면 무월경의 증세에 대한 원인 규명과 적극적인 치료가 필요하다.

여자 운동선수가 집중적이고 강도 높은 훈련을 하면 운동기록에 도움이 될 수 있다. 그러나 이로 인하여 무월경이 빈번하게 유발되며, 오히려 무월경이 시합 시 더욱 좋은 성과를 거두고 있는 것으로 알려져 있어 대부분의 운동선수, 특히 수영선수는 월경기간에 시합에 참가하는 것을 꺼리는 경향이 있을 정도로 규칙적인 월경은 오히려 운동선수에게 불리한 조건이 될 수도 있다. 그러나 의학적 측면으로 볼 때 장기간의 무월경은 만성적으로 황체형성호르몬의 부족에 노출되어 골다공증과 위축성 질염의 위험이 높으므로 이에 대해 적절한 치료가 필요하다. 하지만 운동선수들은 운동 이외의 다른 치료를 받으면 체구성과 운동수행력에 역효과를 미칠 것이라는 잘못된 인식을 갖고 있는 경우가 많아, 이에 대한 치료가 어려울 수도 있다. 특히 오랫동안 전문적으로 운동경력을 쌓은 엘리트 선수는 취미로 운동을 하는 선수보다 훈련에 관련된 여러 가지 요소를 바꾸기가 더 어렵다. 월경기능장애의 원인과 이것이 운동과 건강에 미치는 복합적인 증세에 대해 교육해야 하며, 운동선수 개인의 생활방식과 훈련방법을 고려해서 치료방법을 결정하는 것이 좋다.

표 12-7 / 여자 운동선수의 3가지 문제에 대한 치료방법

치료방법	내용
호르몬요법	• 가장 일반적인 방법으로 외인성으로 에스트로겐과 또는 프로게스테론을 투여 • 대상자 : 생활방식을 변화시킬 것 같지 않거나, 그런 변화가 정상적인 월경 유지에 효과적이지 못하거나, 6개월 이상 무월경이 지속되었거나, 에스트로겐 농도가 매우 낮거나, 스트레스 골절 경력이 있는 운동선수 • 어린 운동선수에게 에스트로겐 치료를 할 것인가는 논란 중(호르몬 치료 시 장기적으로 나타날 수 있는 위험성에 대한 의문) • 식습관과 월경기능 등에 대한 지속적인 평가 필요
생활방식 조정	• 식습관과 훈련 습관 등 생활방식의 변화 • 운동선수의 개인별 식사와 훈련에 대해 조사 – 에너지 상태를 체지방과 연결시켜 결정 : 만성적으로 에너지 섭취 부족 – 과도한 훈련량 : 매일 2회 이상 훈련을 하는 여자 운동선수는 운동에만 매일 1,000kcal 이상의 열량 소모 • 운동량을 10~20% 줄여서 에너지 소비 감소 • 체중의 2~3% 증가
비약물적 치료방법	• 1주일에 1회 훈련 감소 • 스포츠 영양음료를 하루에 360kcal씩 주는 프로그램을 15주 동안 실시한 결과 – 음에서 양으로의 에너지 균형 – 체지방이 8.2%에서 14.4%로 증가 – 공복 시 황체형성호르몬 증가 – 공복 시 코르티솔은 감소하고 월경이 다시 시작되는 변화

5) 월경전증후군

여자 운동선수들의 월경전증후군은 운동경기에 영향을 미치는 증세이므로 운동선수와 코치들이 관심이 많다.

여성의 20~50%가 월경 전에 여러 증세에 시달린다. 월경전증후군에 의해 생기는 증세는 150가지 이상으로 7~10일 전에 나타나며 심리적 · 신체적 · 행동적인 3가지 증세로 구분할 수 있다. 가장 일반적인 증세는 복부 팽창과 통증, 등 통증, 두통, 변비, 가슴이 단단해짐, 음식 욕구(당질, 초콜릿 등 단것, 소금), 피로, 민감, 우울증, 수분 보유, 여드름, 폭식 등이다. 또는 여러 증세가 복합적으로 나타나기도 한다.

tip 월경전증후군

월경전증후군은 대인관계에 지장을 초래하고 정상적인 활동에 간섭을 받을 만큼 신체적 · 심리적 · 행동적 변화를 초래하는 월경주기 중에 황체기 후반에 일어나는 주기적인 순환이다. 증세로는 우울, 분노, 수면욕, 두통, 정신적 혼란, 관심 부족 등이 있다.

(1) 월경전증후군의 원인

월경전증후군의 원인은 아직 알려지지 않았지만, 여성에게 생기는 장애는 호르몬이 원인이 될 수 있다. 에스트로겐과 프로게스테론 농도는 생리 전 주일에 극적으로 변화하므로 심리적이고 생리적인 기능에 많은 영향을 미친다. 트립토판으로부터 생성된 신경전달물질인 세로토닌이 월경전증후군에서 중요한 작용을 할 수 있다. 월경전증후군의 심리적 증세가 나타나는 황체기 중반과 후반 그리고 월경 전 단계에서 세로토닌 농도가 감소한다. 세로토닌 농도가 감소하면 에스트로겐과 프로게스테론 패턴으로 변화되어 초기 배란으로 이어지는 경향이 있다.

월경전증후군과 관련된 위험 요인으로는 다량의 카페인 섭취, 스트레스, 나이 증가, 우울증에 대한 이력, 가족력, 식이 요인(비타민과 무기질 중 특히 망간, 마그네슘, 비타민 E, 비타민 D, 비타민 B_6) 등이 있다.

(2) 운동수행력에 미치는 영향

여자 운동선수들은 월경전증후군이 운동에 미치는 영향에 대한 관심이 많다. 적극적인 신체활동을 하는 여자들은 월경전증후군으로부터 고통이 적은 편이고, 1주일에 3번 이상 60분간 유산소운동을 하는 여자들은 그 증세가 개선된다.

월경전증후군과 운동에 대해 가장 확신할 수 있는 관련 요인은 감정과 행동에 관여하는 뇌의 화학물질인 베타엔돌핀이다. 혈장 베타엔돌핀 농도는 월경주기 중 황체기에 더 낮게 나타난다. 결국 운동이 엔돌핀 분비를 자극하여 활성화하면 월경전증후군 증세로부터 안정되는데, 이 결과에 대해서는 추가 연구가 더 필요하다.

(3) 월경전증후군 치료방법

월경전증후군 증세는 신체적이고 심리적이고 행동적이므로, 이 3가지 측면을 모두 치료해야 한다. 증세가 심하지 않은 경우 식사와 생활방식의 변화에 따라 잘 반응하지만 심한 선수들은 약물치료와 심리 상담이 필요하다.

월경전증후군을 치료하기 위한 방법은 개인과 증세에 따라 다르므로 여러 방법이 제안되고 있다. 영양적인 요소로 연구된 것은 비타민 B_1, 마그네슘, 비타민 E, 카페인, 트립토판에 대한 것이며, 식사로 제한하도록 한 것은 카페인, 소금, 설탕이다. 복합당질이 풍부한 식사도 권장되는데, 이런 식품에는 비타민과 무기질뿐 아니라 변비를 예방할 수 있는 식이섬유가 많이 들어 있기 때문이다. 당질 섭취는 뇌의 세로토닌 농도를 높여서 월경전증후군 증세를 완화할 수 있다. 운동하는 동안의 주요 에너지원이 당질이며 이 당질을 충분히 섭취해야 경기에도 도움이 될 수 있다는 사실을 인지해야 한다.

02 유소년 운동선수를 위한 영양

높은 강도의 훈련과 운동이 유소년 운동선수의 건강과 운동수행력에 영향을 미치는 요인들은 어린 선수들의 영양과 생리적 특성에 대한 연구방법상의 어려움 때문에 성인 운동선수에 비해 많이 알려져 있지 않다. 운동과 훈련 시의 생리적 반응은 어린이, 청소년, 성인이 비슷하지만 어린 운동선수들에게는 독특한 생리적 특성이 있으며, 건강을 유지하고 운동수행력을 최대로 발휘하기 위하여 나름대로 필요한 영양이 있다. 강도 높은 훈련을 할 때 증가된 영양 요구량에 대처하지 못하면 성장과 발달 과정에 손상을 받게 된다. 따라서 어린 운동선수들에게는 신체적 성장과 발달에 필요한 영양이 부족하지 않도록 충분히 공급되어야 한다.

1) 어린 운동선수의 골격 성장과 성숙

성장과 성숙은 생물학적으로 구분되는 과정이다. 성장은 체격의 크기가 증가하는 것이며 이는 몸의 특정 부분이 자라는 것만을 의미하는 데 반해서, 성숙은 생물학적으로 성숙하는 과정의 속도와 시기를 나타낸다. 즉 성장은 크기에 의한 것이며, 성숙은 커나가는 과정에 의한 것이다.

(1) 뼈의 성장과 성숙의 시기에 따른 형태에 영향을 미치는 요소들

건강하고 충분한 영양을 공급받고 있는 아이들에게 정기적인 신체활동은 정상적인 뼈와 근육의 성장과 심혈관계의 성장, 신경근육의 조화와 인지능력의 발달에 중요하다. 청소년기에 성호르몬과 성장인자들의 급격한 증가는 생리적인 변화들을 가속화함으로써 운동능력과 잠재력을 향상시킨다. 반면에 아동기와 청소년기에 강도 높은 훈련 시 영양이 불충분할 경우 뼈 성장과 성숙에 부정적인 영향을 받게 된다.

신체의 활동이 성장과 성숙에 어떤 영향을 미치는지 측정하는 것은 다소 복잡한데, 이는 가족과 연관(유전적 요소)된 것인지 환경과 연관(훈련, 영양 등)된 것인지를 알아내기가 어렵기 때문이다. 뼈 성장의 감소와 성숙의 지연은 마른 체격(적정 체중의 10~20% 이하)이 강조되는 운동종목 선수들에게 나타난다. 예를 들면, 체조 훈련이 선수의 성장 및 성숙에 영향을 미치지 않는다고 주장하는 사람들은 엘리트 체조선수들이 운동을 시작하기 전부터 상대적으로 작은 몸집을 가진 경우가 많다고 설명한다. 반면에, 체조 훈련이 영향을 미친다고 주장하는 사람들은 체조를 그만둔 선수보다 운동을 하고 있는 선수들이 더 작고 가볍다고 설명한다. 체조선수들의 체격이 작고 성숙이 지연된다는 것은 의심의 여지가 없다.

고강도 운동과 음(-)의 에너지 균형 이외에 성장에 관여하는 환경적인 요인들은 다음과 같다.

- 적절한 체질량을 유지하는 데 느끼는 감정적 · 정신적 스트레스
- 1년간 계속되는 훈련(휴식이 짧은 훈련 프로그램 포함)
- 빈번한 시합
- 친구와의 관계 변화
- 부모나 코치의 요구

(2) 따라잡기 성장

강도 높은 훈련이 성장과 성숙에 미치는 부정적인 영향을 보여주는 확실한 증거는 부상 때문에 쉬고 있거나 은퇴한 선수들을 통해서 알 수 있다. 만약 운동을 하는 것이 성장과 성숙에 영향을 미치지 않는다면, 운동을 중단하는 것 역시 성장의 속도와 시기에 영향이 없어야 한다. 그러나 영양결핍 이후, 코르티코이드 치료, 성장호르몬 결핍, 갑상선기능저하증 등으로 일시적인 성장이 지연된 경우라도 그 후 다시 정상적인 성장상태로 돌아간다. 지연

되었던 성장이 정상적으로 돌어오는 데는 오랜 시간이 걸려 성인기 초반까지 이어지기도 하며, 어떤 경우는 성장 속도가 일반적인 속도에 비해서 4배까지 높아지기도 한다.

2) 어린 운동선수의 영양소 요구량

(1) 운동하는 동안 에너지 요구량

어린이는 성인보다 활동의 수행에서 대사적 효율이 더 낮은 경향이 있다. 예를 들면, 6~8세의 어린이는 성인보다 같은 동작을 수행하는 데 체중당 산소가 20~30% 더 필요하다. 이는 같은 동작을 수행하는 데 성인보다 어린이와 사춘기 운동선수가 에너지 필요량이 더 많으며, 성인의 에너지 소비량을 어린이에게 적용하면 어린 선수들의 에너지 필요량이 과소평가될 수 있다는 것을 뜻한다.

에너지 필요량을 산정할 때는 성장 속도, 연령, 활동 정도 등을 고려해야 한다. 에너지 공급량이 적정할 때 정상적으로 성장할 수 있고 체단백질이 에너지로 산화되는 것을 방지할 수 있다. 어린 운동선수는 개인에 따라 차이가 많지만, 특히 청소년기(여자 10~12세, 남자 12~14세)에 접어들면서 영양소 필요량이 급격히 증가한다.

청소년은 성인보다 움직이는 동작이 비효율적이므로 체중당 에너지 요구량이 더 많다. 어린 선수들에게는 훈련과 시합을 하는 데 하루에 500~1,500kcal의 에너지가 더 필요하다. 7~10세 어린이의 에너지 권장량이 2,000kcal이므로, 어린 선수는 2,500~3,500kcal를 섭취해야 한다. 강도 높은 훈련을 할 때 성장 패턴을 그려 놓고 신장과 체중의 성장표준치와 비교하는 것이 성장과 발달에 필요한 에너지를 충분히 섭취하고 있는지를 판단하는 가장 좋은 방법이다.

어린 선수들의 성별 · 연령별 · 종목별 에너지 섭취량은 다양하며, 운동에 따른 에너지 필요량은 수식을 이용하여 일반적인 범위는 구할 수 있으나 표 12-8, 특정 선수의 에너지 충족도를 결정하기는 어렵다.

(2) 운동의 에너지원

지속적으로 운동을 하는 동안 호흡에 대한 분석, 혈중 지방과 당질 농도, 근육효소 활성도를 보면 어린이는 청소년과 성인보다 지방을 더 사용하고 당질은 덜 사용한다. 짧고 강도 높은 운동을 하는 동안에는 무산소성(근육 글리코겐이 주요 에너지원인) 에너지 대사보다는 유산소성(지방이 주요 에너지원인) 에너지 대사에 더 의존한다. 이것이 어린이들이 스프린팅과 점프 같은 강한 파워가 요구되는 무산소성 동작을 잘하지 못하는 이유이다. 어린이들이 운동 시

표 12-8 / 청소년을 위한 운동 종목별 에너지 필요량

에너지(kcal)	운동 종목
3,000~4,000	원반, 해머, 투포환, 투창, 다이빙, 스키점프, 허들, 400m 달리기, 멀리뛰기, 장대높이뛰기, 수영(500m, 900m), 야구, 골프
3,000~5,000	800m 달리기, 1.6~3.2km 달리기, 수영(900m 이상), 레슬링, 체조, 스키(활강)
3,000~6,000	미식축구, 농구, 아이스하키, 테니스, 펜싱, 4.8km 달리기
4,000~6,000	크로스컨트리 달리기, 9.7km 달리기, 마라톤, 축구, 크로스컨트리스키

출처 : McKeag. Adolesc Health Care, 1986

청소년이나 성인과 달리 지방을 에너지원으로 우선적으로 사용하는 원인은 확실하지 않다.

운동수행력 향상을 위한 고당질의 중요성은 많이 알려져 있지만 어린 선수들에 대한 구체적인 자료는 부족한 실정이다. 따라서 어린 선수의 당질 권장량은 성인 운동선수의 권장량(총에너지섭취량의 55~70%)을 근거로 할 때 총에너지섭취량의 55%이다.

(3) 성장하는 운동선수의 단백질 필요량

운동선수는 비운동선수보다 양(+)의 질소균형을 위해 단백질 필요량이 증가한다. 단백질 요구량이 증가하는 것은 아미노산 대사가 변화하거나 에너지 섭취가 충분하지 못할 때 단백질이 합성되기보다는 에너지로 사용되기 때문이다. 운동을 처음 시작할 때는 혈액단백질 손실을 최소화하는데, 오랫동안 운동을 해온 선수들은 에너지원으로서 단백질이 이용되거나 또는 운동에 의해 손상된 근육 때문에 단백질 요구량이 증가된다. 만일 에너지를 요구량만큼 섭취하지 못하면 단백질 요구량은 더욱 증가하게 된다.

근력 선수와 지구력 선수의 단백질 권장량은 체중 1kg당 각각 1.6~1.7g, 1.2~1.4g이다. 어린 선수와 청소년 선수들이 근력과 지구력운동을 할 때 필요한 단백질량은 같은 종목의 성인 운동선수들의 단백질 요구량보다 높을 것으로 생각된다. 즉, 어린 운동선수에 대한 단백질 권장량은 체중 1kg당 1.2~2.0g 정도이다. 에너지 섭취량이 낮은 체조선수와 발레리나도 체중 1kg당 1.5~2.0g의 단백질을 섭취하면 권장량을 충족할 수 있다. 단백질 섭취량이 부족할 위험이 있는 어린 선수들은 엄격하게 채식을 하거나 지나치게 고당질 식사를 하는 경우이다. 즉, 청소년 운동선수의 단백질 권장량은 체중당 1.2~2.0g으로서 일반 청소년의 0.8~1.0g보다 더 많다.

(4) 수분과 전해질 요구량

생리적으로 완전히 성숙하지 못한 어린 선수들은 성인에 비해 체온조절기능이 떨어지는데, 특히 환경온도가 피부온도보다 높을 때 주의가 필요하다. 어린 선수들은 성인에 비하여

tip 어린 운동선수의 체온조절기능에 영향을 미치는 요인

- 체중당 체표면적이 36% 더 크다.
- 땀 생성 능력이 낮다.
  어린이 : 1시간당 체표면적 1m² 400~500ml
  성 인 : 1시간당 체표면적 1m² 700~800ml
- 대사율이 일정한 상태에서 심박출량은 적다.
- 운동을 할 때 보다 많은 열이 생성된다.
- 환경온도에 대한 적응 시간이 길다.

tip 어린 운동선수의 수분 보충방법

청소년 운동선수의 수분 보충방법은 다른 연령대 선수와 다르다.

- 운동하기 2시간 전에 500ml의 물을 마신다.
- 운동하기 1시간 전에 250~500ml의 물을 마신다.
- 시합하는 동안 15~20분마다 150~250ml의 물을 마신다.
- 시합 후에 시합하는 동안 손실된 수분을 섭취한다.
- 체중이 0.5kg 감소하면 수분 500ml를 섭취한다.
- 카페인이나 알코올이 들어 있는 음료는 이뇨작용을 하므로 피해야 한다.

체표면적이 넓기 때문에 환경온도가 높을 때에는 체온상승이 성인에 비해 크다. 또한 땀을 발산하는 능력도 성인에 비해 떨어진다. 땀을 발산하는 능력이 낮다는 것은 체내에서 발생한 열이 효과적으로 외부로 전달되지 못한다는 의미이다.

어린 선수들은 심박출량이 적으므로 신체 중심부의 열을 신체 외부로 전달하는 효율도 떨어진다. 따라서 환경온도가 매우 높을 때에는 체내에서 발생된 열을 체외로 발산시키는 것이 어렵다. 반대로, 기온이 낮을 때는 신체 말단 부위가 동상에 걸리기 쉽다. 한편, 운동하는 동안 발생하는 열량이 성인에 비해 많으며, 낮은 강도로 운동을 해도 많은 양의 열이 체내에서 생성되기 때문에 체온이 올라갈 수 있다. 또한 환경온도에 적응하는 시간도 성인에 비해 오래 걸린다.

어린 운동선수들은 코치의 세심한 관찰하에 체온조절에 필요한 수분이 공급되어야 한다. 수분 섭취량을 확인할 수 있는 가장 적당한 방법은 체중을 측정하는 것이다. 운동할 때 손실된 만큼의 수분을 보충할 수 있도록 충분한 양의 수분을 섭취해야 한다.

(5) 비타민과 무기질

비타민과 무기질 섭취량은 에너지 섭취량과 관계가 있으므로 선수에게 에너지 섭취량을 제한한다면 미량영양소의 섭취가 불충분할 위험이 있다. 어린이와 청소년 선수들이 주로 권장량 이하를 섭취하는 영양소는 칼슘과 철분이다. 어린 선수들은 에너지 생성과정뿐 아니라 성장, 발달, 면역기능 때문에도 충분한 아연 섭취가 중요하다. 우유와 육류를 먹지 않으면 칼슘이나 아연 같은 미량영양소가 부족할 위험이 있다.

유제품은 운동을 하지 않는 어린이와 청소년들에게도 좋은 칼슘 급원이고, 이런 식품들을 제한하는 것이 칼슘 부족을 야기할 수 있다.

철분 요구량은 저장된 정도, 매일의 철분 손실량과 식사에서의 철분 이용성에 따라 다르다. 청소년기의 철분 요구량은 빠른 성장(적혈구 세포 증가, 증가하는 근육에 미오글로빈 축적), 운동 시 땀과 대변으로의 철분 손실 증가, 여자선수의 경우 월경에 의한 철분 손실 증가 등으로 성인 남자보다 2mg 정도 더 많다.

청소년은 단단한 표면과 접촉하는 종목(달리기와 체조)과 심한 탈수를 동반하는 종목(레슬링)에서 철분 손실이 많다. 이런 종목의 선수들이 체중감량을 위한 식사를 하면 철분 부족의 위험이 더욱 커진다. 철결핍성 빈혈은 골격근으로의 산소운반을 막아 경기력에 지장을 초래한다.

아연은 성장과 발달 측면에서 어린이와 청소년에게 특히 중요하다. 아연이 부족하면 정상적인 성장 속도가 감소되고 2차 성징의 발현이 지연된다. 아연의 가장 좋은 급원은 동물성 식품이다.

에너지가 충분한 균형식을 하지 못하면 이의 보완을 위해 비타민과 무기질 보충제(권장량 정도 함량이 들어 있는)를 복용하는 것이 좋다. 저열량 식사를 하는 운동선수에게는 영양 권장량의 50~100% 함량의 비타민과 무기질 보충제를 권장한다.

3) 식사 관련 요인

어린 운동선수에게는 영양지식, 식품선택, 시간관리, 좋아하는 음식 이용 등이 식사와 관련된 중요한 요인이다. 운동을 하게 되면 식사시간이 훈련, 시합, 정규 수업시간 등과 중복될 수 있으며 간식도 운동시간 때문에 못할 수도 있다. 코치나 영양사는 어린 운동선수가 제시간에 먹을 수 있는 건강한 음식을 선택하도록 도움을 주어야 한다. 또한 패스트푸드를 이용하는 것보다는 학교에 갈 때 간식을 준비하여 수업 사이나 수업시간 후에 빵, 과일, 말린 과일, 주스 등을 먹도록 지도한다.

유소년과 청소년은 사회적 경험을 하게 되면서 매스컴과 친구들의 영향을 받아 식품을 선택하는 특성을 보이므로, 가급적 이런 영향을 받지 않고 계획된 식사를 하도록 한다. 식사에서는 에너지 및 영양소 함량에 유의해야 한다. 특히 유소년과 청소년은 에너지만 많고 영양소가 결핍된 식품(패스트푸드, 탄산음료 등)의 과다 섭취, 특이한 식품의 섭취, 그리고 특정 식품(채소, 과일 등)을 지속적으로 섭취하지 않으려는 경향이 있는데, 이에 대처할 수 있는 교육과 관심이 필요하다.

아침식사는 밤사이에 고갈된 글리코겐을 저장시키고 오후 훈련에 대비하여 에너지를 축적시키는 역할을 하므로 특히 중요하다. 새벽 훈련이 있다면 운동 전에 토스트와 과일주스 등을 먹고 운동을 한 후 당질 위주의 아침식사를 한다. 아침식사에는 우유, 과일과 야채류, 빵(밥, 시리얼 등)을 포함시키고 1일 영양소 필요량의 1/4~1/3 정도를 공급한다.

영양소 섭취량 및 식사패턴에는 간식도 중요한 영향을 미친다. 섭취하는 간식의 질에 따라 영양소 섭취량이 필요량을 충족시킬 수도 있고 그렇지 못할 수도 있다. 따라서 간식의 섭취횟수 및 종류에 대해 신중하게 고려해야 한다. 간식을 오전에 먹는지, 밤에 먹는지, 좋아하는 간식이 무엇인지 등을 파악해야 한다. 보통은 오후 수업이 끝난 후에 훈련을 많이 하게 되므로 이때 먹을 수 있는 영양밀도가 높은 간식을 미리 준비하도록 한다. 특히 물과 과일주스 등을 권하여 체내 수분을 보충하도록 한다. 빵류(카스텔라, 머핀), 과일, 건포도, 시리얼, 바나나, 유제품 등은 휴대하기가 편하고 고당질 식품이므로 유용하다.

모든 식품을 골고루 섭취하는 방법으로 에너지 필요량 증가분을 충족시키는 것이 좋다. 매일 적어도 우유군 3회, 육류군 2회, 과일 및 채소군 4회, 빵 및 곡류군 4회를 섭취하도록 한다. 특히 식품 섭취가 한 끼에 집중되지 않도록 하고 식사시간을 지켜 끼니별로 잘 배분되도록 한다. 흔히 부족하기 쉬운 영양소는 철분, 칼슘 등의 무기질과 비타민 A, 비타민 C, 피리독신 등이므로 유의한다. 또한 육류, 해산물, 우유, 과일, 채소 섭취를 증가시키기 위한 방법에도 관심을 기울여야 한다.

운동선수는 식품군을 분류하는 기본 원리와 각 식품군의 차이점을 이해하고 운동수행에 미치는 식품 섭취의 영향에 대해 이해하도록 한다. 코치나 영양사는 발달단계에 맞게 영양 관련 개념과 새로운 정보를 가르치고 이를 바탕으로 스스로 식품을 선택하도록 유도해야 한다.

03 · 장년층 이상을 위한 운동과 영양

나이가 든 사람들은 취미, 동료애, 사회화, 피트니스, 그리고 순수한 즐거움을 위해 스포츠 활동에 참여하고 있다. 일부는 시합을 중요하게 여겨 운동수행력을 향상시키기 위한 스포츠 영양에 많은 관심을 가지고 있다. 대부분 장년층은 젊었을 때보다 몸이 조금 더 느리고 덜 유연하지만, 젊은 운동선수와 마찬가지로 건강하며 건강과 영양에 대한 관심도 많다.

1) 생리적 변화

나이가 들면서 음식 기호도, 영양소와 에너지 요구량에 영향을 미치는 여러 요인에 의해 생리적인 변화가 일어나게 된다. 근육 · 골격의 손실, 면역력 감소, 위의 위축, 맛 · 냄새 · 갈증에 대한 민감성이 감소한다. 일반인은 50~60세경에 지방량이 증가하다가 70세 이후에 감소하며, 나이 든 지구력 달리기 선수인 경우도 지방량이 일반인보다는 적지만 연령이 높아지면서 점차 증가한다. 근육량을 증가시키기 위하여 저항성 운동을 해도 제지방량은 일부 손실된다.

표 12-9 / 장년층 이상 운동선수의 영양소 요구량을 변화시키는 주요 요인

노년기의 신체 변화	영양 요구량 변화
근육조직 감소	에너지 필요량 감소
유산소성 능력 저하	에너지 필요량 감소
근육 내 글리코겐 저장량 감소	에너지 필요량 감소
골밀도 저하	칼슘과 비타민 D 요구량 증가
면역체계 저하	비타민 B_6, 비타민 E, 아연 요구량 증가
위산분비 저하	비타민 B_{12}, 엽산, 칼슘, 철, 아연 요구량 증가
피부 노화	비타민 D 콜레칼시페롤 요구량 증가
칼슘의 생체 이용률 저하	칼슘과 비타민 D의 요구량 증가

간의 레티놀 흡수 저하	비타민 A의 요구량 증가
피리독신의 대사 효율성 감소	비타민 B_6의 요구량 증가
산화 스트레스 증가	카로티노이드, 비타민 C, E의 요구량 증가
호모시스테인 농도 증가	엽산, 비타민 B_6, B_{12}의 요구량 증가
갈증인지 저하	수분 섭취 요구량 증가
신장기능 저하	수분 섭취 요구량 증가

2) 갈증과 수분 섭취

나이가 들면 갈증에 대한 감각이 떨어져 더운 환경에서도 운동 중 또는 운동 후 수분 섭취량이 적어진다. 오랜 기간 훈련과 시합을 하는 나이 든 운동선수들은 과거의 습관에 따라 탈수가 신체를 강하게 한다거나 물을 많이 마시면 경련의 원인이 된다는 개인적 믿음 때문에 수분을 섭취하지 않는다. 또 어떤 선수는 밤에 소변보는 것을 피하기 위하여 수분 섭취를 줄이지만 이는 실제로는 농축된 소변이 방광을 자극하여 더 자주 소변을 보게 만든다. 이러한 수분 섭취를 제한하는 습관들은 결국 만성적인 수분 부족상태의 위험에 처하게 한다. 옅은 색의 소변은 충분한 수분상태를 뜻하고 진한 색은 충분하지 않은 상태를 나타낸다. 나이 든 운동선수가 1시간 이상 운동을 하는 경우 당-전해질이 포함된 음료를 마실 것을 권하며, 일반 운동선수들의 수분 섭취 지침을 따르도록 권장한다.

3) 영양소와 에너지 필요량

나이가 들수록 영양소 요구량은 젊은 성인과 같거나 비타민 B_6, B_{12}, D, 칼슘 등이 약간 증가하는 반면, 에너지 요구량은 근육량이 줄어들기 때문에 약간 감소하게 된다. 나이 든 운동선수는 운동을 하지 않는 사람보다 음식을 많이 섭취하고 에너지 섭취량도 더 많은 편이므로 에너지 함량은 낮지만 영양 밀도가 높은 음식을 선택하는 것이 좋다.

훈련과 회복에 필요한 당질 권장량은 나이가 들어도 당질 흡수나 이용에는 영향을 미치지 않기 때문에 젊은 운동선수와 같다. 단백질 권장량은 저항성 운동을 한다면 체중 1kg당 1.0~1.2g이다. 젊은 운동선수와 마찬가지로 저항성 운동 후 즉시 당질이 풍부한 음식과 단백질을 함께 섭취하면 근육과 근력 발달을 증가시킬 수 있다.

4) 건강에 따르는 문제

(1) 골격

노령에 따른 골격 손실을 최소화하기 위하여 골격에 부하를 주는 운동과 충분한 칼슘 및 비타민 D 섭취가 중요하다. 비타민 D는 젊고 건강한 성인의 경우 1주일에 2~3회 팔과 다리 또는 손, 팔, 얼굴에 5~10분간 햇빛을 쐬면 충분한 양이 생성된다. 65세 이상인 성인은 20~30세와 비교하여 피부에서 1/4 정도만 생성되므로 건물이나 가옥 등 실내에만 있거나 겨울 동안 햇빛에 노출되지 않는 사람들은 비타민 D가 부족할 수 있다. 진한 피부색을 갖고 있고 실내에서만 운동하는 경우 비타민 D 생성을 위하여 햇빛을 쐬는 것이 필요하다. 혈중 비타민 D 농도를 측정하여 부족하면 보충제가 필요할 수도 있다. 비타민 D의 급원식품은 생선 기름과 대구간유, 달걀, 치즈, 마가린 등이고 비타민 D를 강화한 우유도 있다.

(2) 만성질환

나이 든 사람들은 당뇨, 이상지질혈증, 고혈압, 관절 등에 문제가 있는 경우가 많은데, 그럼에도 불구하고 과거의 잘못된 식습관을 따르는 경향이 있다. 특히 나이와 관련된 증세인 암, 심장병, 관절염, 단기 기억력 손실 등과 같은 상태에서 증세를 완화하기 위한 식품이나 보충제를 섭취하려는 경향이 있다. 그러므로 장년층 이상인 경우 영양 제품에 대한 정확한 정보를 파악하여 올바른 선택을 해야 한다. 나이 든 사람들이 사용하는 보충제 중에서 크레아틴과 항산화제는 운동수행력을 향상시키는 것으로 알려졌으며, 비타민 제품이나 허브 제품은 스포츠와 관련 없이 많이 사용되고 있다.

5) 식사 관련 요인

장년층은 나이가 들면서 점차 혼자 살게 되고 사회적 지원도 부족한 실정이다. 만약 혼자 산다면 1인용 음식 준비는 쉽지 않은 일이다. 이때 음식 조리 시 한 끼 식사보다 좀 더 많은 양을 준비하여 냉동실을 이용하는 것도 좋은 방법이다. 혼자 사는 사람들은 식품 구매에 어려움이 있고, 영양을 최우선으로 하기도 쉽지 않으며, 관절 관련 질환으로 음식 준비도 힘들기 때문에 음식 섭취 상태가 좋지 않은 편이다. 선호하지 않는 음식에 대하여 그 이유와 그런 식품 속의 영양적인 가치 그리고 건강에 미치는 영향을 이해할 수 있도록 한다.

나이가 들면서 맛과 냄새에 대한 반응도 감소하며 식욕과 먹는 즐거움도 줄어든다. 강도 높은 운동은 식욕을 감퇴시킬 수 있으므로 영양 밀도가 높은 말린 과일, 견과류, 아보카도, 밀크셰이크, 식사 대용 제품 등이 권장된다.

요약 및 연습문제

Sum-up

1) 여자 운동선수

1. 여자 운동선수들은 체형과 체중에 대한 관심 때문에 식품 섭취를 적게 하는 경향이 있다. 총식품섭취를 무분별하게 감소시키거나, 특정 음식을 먹지 않거나, 섭식장애가 있는 경우 건강과 운동수행에 악영향을 미친다.
2. 여자 운동선수가 힘들게 훈련하고 저에너지 식사를 하면 무월경증의 위험에 처하게 된다. 무월경증은 미적인 면이 강조되는 종목의 운동선수에게 많이 일어나며, 이는 골밀도의 감소를 초래하여 골다공증의 위험이 높아진다.
3. 운동선수의 섭식장애 원인은 여러 가지가 있지만, 코치나 부모로부터 체중감량에 대한 압력을 받는 것이 가장 큰 이유이다.
4. 무월경증은 조기에 발견하고 치료하는 것이 건강과 운동을 위하여 중요하다. 골격 손실은 특히 월경이 정지된 젊은 여자선수의 경우 급격히 진행될 수 있으므로 빠른 치료가 필수적이다.
5. 무월경을 치료하는 목적은 골손실을 막고, 정상적인 월경기능을 회복하는 것이다. 그러나 적당한 치료방법에 대해서는 아직도 논란이 많으며, 생활방식의 변화를 통하여 정상적인 월경을 유도하는 데는 오랜 시간이 걸릴 수 있다.
6. 무월경 운동선수의 생활방식을 변화시키려면 ❶ 훈련강도를 10~20% 정도 낮추고,

❷ 열량 섭취를 증가시키고, ❸ 체중을 2~3% 늘리고, ❹ 연습 시에는 저항성 운동을 하고, ❺ 칼슘을 하루에 1,500mg 정도 보충한다.

7. 미국 스포츠의학회의 권장 내용

- 스포츠를 하는 것은 신체적 · 정신적으로 건강하다는 메시지이며, '어떠한 대가를 치르더라도 이겨야 한다' 는 생각은 바꾸도록 한다.
- 높은 운동수행력을 위해서는 건전한 식습관을 가져야 하며, 나쁜 식습관은 장기간을 두고 볼 때 운동수행력을 손상한다는 사실을 어린 운동선수에게 가르친다.
- 건전한 식습관의 형성과 함께 열량, 단백질, 지방, 칼슘, 철분 등을 충분히 섭취할 것을 운동선수, 부모, 코치에게 교육한다.
- 운동수행력을 판단하는 기준으로 체구성성분 측정과 체중감량에 대해 지나치게 강조하기보다는 스스로 강인함과 에너지, 활력, 즐거움 등을 느끼는지를 중요시한다.
- 체중, 식사, 운동수행력에 대해 올바른 정보를 준다. 마른 신체가 운동수행을 증가시킨다는 증거는 거의 없으며 열량 제한은 피로, 빈혈, 전해질 불균형의 원인이 되어 궁극적으로 운동수행력을 약화시킨다.
- 운동선수, 부모, 코치 등에게도 운동이 사춘기에 미치는 영향에 대해 교육한다. 정상적인 월경, 2차 성징, 체지방 증가 등의 변화는 정상적이고 바람직한 것임을 인식시킨다.

• 월경주기의 변화가 일어나면 부모, 코치 또는 팀닥터에게 보고하도록 한다. 즉, 선수가 의학적인 문제를 상의할 수 있는 사람을 정해준다.

2) 어린 운동선수

1. 성장과 성숙은 복잡한 과정이며, 강도 높은 운동과 식사가 이러한 과정 속에 영향을 미치므로 쉽게 알아내기가 어렵다. 강도 높은 훈련을 받으면서 에너지 섭취가 적은 어린 선수들은 키가 작은 편이며 성장이 지연된다.
2. 극심한 훈련은 성장과 성숙의 시기에 변화를 주지만, 훈련 강도가 줄어들고 에너지 섭취량이 증가하면 따라잡기 성장은 일어날 수 있다. 성숙이 심각하게 지연되었다면 따라잡기 성장은 약화된다.
3. 성장패턴이 지연되고 있다면 어린 선수들의 성장과 성숙을 잘 관찰해야 한다. 주로 인체계측, 뼈 나이, 영양상태, 식이장애의 증상, 신체상 등을 측정할 수 있다. 이러한 항목들은 장기간 훈련 프로그램에 참여하는 어린 선수들에게서 정기적으로 측정하고 관찰되어야 한다.
4. 선수, 부모, 코치, 그리고 영양사는 선수들이 강도 높은 운동을 하고 에너지 섭취는 적게 하는 경우에 어떤 이익이 있고 어떤 위험성이 있는지를 인식하고 있어야 한다.
5. 어린 운동선수들의 에너지와 수분 이외에 다른 영양소 요구량은 운동을 하지 않는 다른

집단과 크게 다르지 않다. 에너지가 충분한 균형된 식사라면 영양소 요구량이 충족되는 것으로 볼 수 있다.

6. 강도 높은 훈련을 하는 선수들에게는 스케줄에 따라 다음과 같은 사항을 권장한다.
   ❶ 에너지 요구량을 충족하고 있는지를 알아보기 위하여 체중을 점검한다. 신장과 체중 측정은 성장 차트에 그려 넣는다. 에너지 요구량을 평가하기 위하여 성장률, 연령, 활동패턴을 고려한다.
   ❷ 어린 선수들은 운동 전 · 중 · 후에 물을 충분히 마셔야 하며, 갈증을 느끼기 전에 수분을 보충해야 한다.
   ❸ 아침식사를 반드시 하도록 한다. 아침식사는 밤에 고갈된 글리코겐을 보충시켜 주고 오후 훈련에 필요한 에너지를 저장시킨다.
   ❹ 간식은 신중하게 선택한다. 청소년기 운동선수는 고에너지, 고밀도의 영양 간식을 낮에 자주 먹어야 에너지와 영양소 요구량을 충족할 수 있다. 식사시간은 규칙적이어야 훈련을 할 때 쉽게 이용할 수 있는 에너지를 저장시킬 수 있다.
   ❺ 지방이 많은 음식을 무조건 제한해서는 안 된다. 지방은 가볍게 중강도 운동을 할 때와 지속적으로 운동을 하는 데 중요한 에너지원이다. 더구나 지방을 함유한 육류나 튀김류 등에는 단백질, 철분, 칼슘 등 필수영양소가 들어 있다.
   ❻ 시합하기 2시간 전에 고당질 간식을 먹는다. 영양가 있는 간식과 수분(물이나 희석한 주

스)을 250ml 정도 먹도록 한다.

⑦ 음식에 의존하여 필요한 영양소를 제공받는다. 균형 잡힌 식사를 한다면 비타민, 무기질, 단백질 등의 보충제를 먹지 않아도 된다.

⑧ 90분 이상 소요되는 운동을 하는 어린 선수들은 경기력을 증가시키기 위하여 운동하는 동안 당질을 섭취한다. 고당질 간식이나 희석된 과일주스 등을 먹는 것이 좋다.

7. 부모, 코치, 팀닥터, 트레이너, 청소년과 어린이 모두가 스포츠와 영양에 대해 이해하고 운동을 시작하기 전에 신체검사를 실시할 때 어린 운동선수들의 영양평가를 하는 것이 바람직하다. 신체조성(골밀도, 체지방, 제지방량 등)에 대한 측정과 식이섭취에 대한 평가도 포함시키고 그 결과에 따른 관리를 받아야 한다. 어린 선수들의 음식 선택에 영향을 미치는 요소들을 이해하고, 코치와 선수에게 건강, 영양, 식이 실제에 대한 교육을 실시해야 한다.

3) 장년층 이상의 운동선수

1. 나이가 들면 음식 기호도, 영양소와 에너지 요구량에 영향을 미치는 여러 요인에 의해 생리적인 변화가 일어나게 된다.
2. 갈증 감각이 떨어져 더운 환경에서도 운동 중과 운동 후에 수분 섭취량이 적어진다. 나이 든 운동선수를 위한 특별한 지침이 있지는 않지만 1시간 이상 운동을 하는 경우 당-

전해질이 포함된 음료를 마실 것을 권하며, 일반 운동선수의 수분 섭취 지침을 따르도록 권장한다.

3. 나이가 들수록 영양소 요구량은 젊은 성인과 같거나 비타민 B_6, B_{12}, D, 칼슘 등이 약간 증가하는 반면, 에너지 요구량은 근육량이 줄어들기 때문에 약간 감소한다. 따라서 에너지 함량은 낮지만 영양 밀도가 높은 음식이 좋다.

Practice

01 여자 운동선수에게 나타나는 3가지 증세와 치료방법에 대하여 설명하시오.

02 여자 운동선수들의 섭식장애의 원인들에 대하여 설명하시오.

03 운동선수에게 나타나는 월경기능장애는 어떤 종목에서 일어나며 그 관리방법에 대하여 설명하시오.

04 나이 어린 운동선수들의 성인 운동선수와 다른 생리적인 특징 및 수분 섭취방법에 대하여 설명하시오.

05 장년층 이상 운동선수들의 생리적인 변화와 건강에 관련된 문제점에 대하여 설명하시오.

13

운동수행능력 향상제

들어가기 전에

인간은 능력의 한계를 뛰어넘기 위해 수많은 노력을 하고 있다. 특히 스포츠 현장에서는 0.01초의 벽을 허물기 위해 선수와 코치들이 밤낮으로 땀을 흘릴 뿐만 아니라 과학적 접근을 통해 조금이라도 운동수행능력을 향상시키려 하고 있다. 운동영양학에서는 운동수행능력에 영향을 미치는 식품을 찾아내고 식품 중에 어떤 성분이 어떤 작용을 하는지 그 과학적 근거를 밝히려는 노력을 계속하고 있다.

01 · 운동수행능력 향상제의 과학적 근거

일반적으로 식이 보충제 dietary supplements는 "식품성분 중 한 가지 이상을 함유하면서 식사를 보충하는 식품을 말하며, 여기서 식품성분이란 비타민, 미네랄, 허브 또는 그 외의 식물성분, 아미노산, 식사의 섭취량을 증가시키기 위해 사용되는 음식물 또는 이들 성분의 농축산물, 대사산물, 추출물 혹은 혼합물 중 한 가지 이상을 함유하면서 식사를 보충하는 식품"으로 정의되어 있다. 즉, 식이 보충제란 식사 이외의 정제, 캡슐, 분말, 과립, 액상, 환 등의 제형으로 영양소를 보충하기 위한 목적으로 사용되는 영양 보충제, 건강기능식품을 포함하고 있으므로 수행능력 향상제 또한 식이 보충제의 하나로 볼 수 있으며, 그중 운동수행능력에 효과가 있다고 알려진 물질을 의미한다. 인류는 운동과 스포츠 현장에서 수행능력의 향상을 위해 기원전 6세기경부터 수행능력 향상제 ergogenic aids를 사용해 왔다. 어원을 살펴보면, ergo는 일 work을 의미하고 genic은 생산 generate을 의미하므로 사람의 일을 생산하기 위해, 즉 일을 하기 위한 능력을 향상시키기 위해 섭취하는 물질을 뜻하지만, 최근에는 운동 훈련을 포함하여 운동수행능력을 향상시키기 위해 섭취하여 보충하는 물질을 뜻한다. 미국에서는 일반적으로 음식 보조제로 분류되는 물질과 달리, 운동수행능력 향상제의 일부는 식품의약청 Food and Drug Administration, FDA의 기준을 통과해야만 인정받을 수 있다. 금지약물일 경우 짧은 기간에 경기력을 향상시킬 가능성이 있지만, 경우에 따라서는 그 부작용에 의하여 선수 생명에 치명적인 영향을 줄 수 있기 때문이다. 따라서 운동선수는 물론 부모를 포함하여 코치, 감독은 운동수행능력 향상제의 섭취에 따른 효능과 부작용 등에 대한 정확한 지식을 가져야 한다. 표 13-1에는 운동 및 스포츠 현장에서 볼 수 있는 운동수행능력 향상제의 일반적인 효능에 대한 주장과 입증된 과학적인 근거를 정리하였다.

표 13-1 / 운동 및 스포츠 현장에서 볼 수 있는 운동수행능력 향상제의 과학적인 근거

향상제	성상	주장	과학적 근거
동화작용 스테로이드 anabolic steroid	테스토스테론 전구물질(안드로스텐디온)	• 테스토스테론 증가 • 근육량 증가 • 회복력 향상	• 근거 불충분 • 근력에 무효 • 심한 부작용
아미노산 amino acid	필수아미노산 또는 혼합 아미노산 등	• 근육량 증가 • 성장호르몬 분비 증가 • 체지방 감소	• 근거 불충분
글루타민 glutamine	아미노산의 한 종류	• 면역기능 및 근육 글리코겐 합성 • 회복력, 지구력 향상	• 근육 글리코겐 합성에 긍정적인 효과 • 면역기능 비효과
곁가지아미노산 branched chain amino acid, BCAA	루신, 이소루신, 발린 등	• 근육 내 단백질 합성에 기여 • 근육 내 혈당 흡수 촉진	• 근거 불충분
벌화분 bee pollen	꿀벌의 침 효소와 화분, 꿀이 혼합된 화분경단	• 에너지 레벨과 체력 증가 • 지구력 향상 • 면역기능 개선	• 근거 불충분
카페인 caffeine	커피, 초콜릿 성분	운동수행력 및 기민성, 집중력 향상	• 단거리의 고강도 운동을 제외한 대부분의 운동에서 수행력 향상 • 운동 중의 인지능력 향상
크레아틴 creatine	고에너지 인산 운반체	• 근력 및 운동수행력 향상 • 피로 감소 • 단백질 합성 증가	• 단독 또는 반복적인 단거리 수행력 향상 • 일회성 운동 시의 회복력 향상 • 무산소성 특징은 불명확
코엔자임 Q10 coenzyme Q10	미토콘드리아 내 전자 운반 사슬의 조효소	• 최대산소섭취량 향상 • 운동수행력 향상 • 항산화 작용 • 피로 경감	• 근거 불충분
인삼 ginseng	두릅나뭇과 여러해살이풀의 일종	• 근력 및 운동수행력, 스태미나, 인지능력의 향상 • 피로 경감	• 근거 불충분 • 연구 진행 중
DHEA dehydroepiandrosterone	테스토스테론과 에스트라디올의 전구체	• 지방연소 촉진 • 제지방 증가 • 생명 연장 • 심혈관질환 예방 • 면역 강화 • 에너지 증대	• 인간 대상 일부 근거 입증
글리세롤 glycerol	중성지방 분자의 근간	• 과수화 작용 • 열 스트레스 경감 • 수행력 향상	• 운동 중의 과수화 작용 • 열 스트레스 경감 인정 • 수행력 근거 불충분
피루빈산 pyruvate	탄수화물 대사의 매개물질	• 지구성능력 및 인슐린 민감성, 회복력 향상 • 글리코겐 저장 증가	• 일부 제한적인 근거 입증

02 · 동화작용 스테로이드

동화작용 스테로이드 anabolic steroid는 남성호르몬이 부족한 선수나 근육 증가를 통한 근력 향상을 목적으로 1950년경부터 제한적으로 사용되고 있으나, 심각한 부작용으로 2005년 국제올림픽위원회에서 사용이 금지된 약품이다. 대부분의 동화작용 스테로이드의 기능은 남성호르몬인 테스토스테론의 작용과 유사하다. 테스토스테론은 대부분 남성의 고환에서 생성되며 특이적인 수용체와 결합하여 근육량 증가와 같은 신체구성의 변화를 불러일으킨다. 또한 중추신경계의 기능을 강화시켜 공격적인 심리 성향을 조성할 뿐 아니라 피로에 대한 저항력도 더 높아진 것처럼 느끼게 하여 고강도의 훈련도 장시간 버티게 만든다. 실제로 최근의 연구에 의하면, 건강한 남성을 대상으로 매주 600mg의 테스토스테론을 10주간 투여한 결과 제지방량, 근 횡단면적, 최대 근력이 위약 투여집단과 비교하여 유의하게 증가한다는 사실이 밝혀졌다 그림 13-1.

이처럼 근력 및 근파워, 근 수축력의 증가 효과가 알려지면서 보디빌더를 비롯하여 역도, 도로 사이클, 테니스, 미식축구 선수들 사이에서 동화작용 스테로이드가 무분별하게 남용되고 있다. 그러나 스테로이드에 체지방 감소와 근육량 증가 효과가 있다고 보고한 연구들도 있는 반면, 일부 연구에서는 동화작용 효과를 보충하기 위하여 단백질과 에너지원을 별도로 보충했음에도 신체구성이나 근력에 아무런 변화를 얻지 못했다는 보고도 있다. 또한 장기간의 스테로이드 투여로 생식기와 관련한 많은 부작용이 드러나면서 그 위험성이 부각되고 있다.

남자선수가 복용할 경우 신체 내 테스토스테론 생성기전에 이상이 발생하여 정자수의 감소, 고환 크기의 감소, 불임 등과 같은 부작용이 나타나며 결과적으로 남성호르몬 부족 현상에 의하여 여성화가 초래된다. 특히, 여성호르몬인 에스트라디올이 많게는 약 7배까지 증가하여 여성형 유방이 형성되며, 결합조직을 손상시켜 근육의 장력과 탄성을 저하한다. 여성의 경우에는 급격한 남성호르몬의 증가로 체모가 증가하고, 음핵 비대, 생리불순, 성대 변화 등을 일으키는 한편 유방 축소와 같은 남성화 현상을 일으킨다. 이 외에도 LDL-콜레스테롤의 증가 및 HDL-콜레스테롤의 감소 등 지질 대사의 변화를 일으키며, 공격성과 흥분성을 촉진하고, 우울증 같은 정신적 손상을 불러일으킨다. 심혈관계의 손상과 함께 고혈압, 혈소판 응집 증가에 따른 심근경색 및 뇌졸중의 위험도 높아지는 것으로 알려졌다.

이러한 스테로이드제제의 유해성 때문에 도핑 약제로 엄격한 규제를 받기 시작하면서 몇몇 스테로이드 대체물질들을 이용하는 사례가 늘고 있다. 그중 하나가 베타 촉진제의 일종인 클렌부테롤 clenbuterol로 기관지를 확장시켜 호흡을 편하게 해주는 한편, 동화작용을 통하여 근육을 발달시키는 작용을 한다. 특히, 클렌부테롤은 스테로이드의 부작용 중 하나인 남성화 현상이 미비하고 지방 연소를 촉진하는 효과가 있어 여성들이 많이 이용하고 있다. 그러나 두통과 함께 근육통, 급격한 심박수 증가, 근육경련 등의 부작용과 함께 심한 경우 심근경색, 뇌졸중을 일으킬 수 있다.

안드로스텐디온 androstendione은 부신피질에서 분비되는 남성호르몬 중 하나로 안드로이젠이라고 불리며, 체내에서 동화작용 스테로이드와 유사한 작용을 하는 것으로 알려졌다. 미국 메이저리그 홈런 타자인 마크 맥과이어가 사용했던 것으로 밝혀지면서 일부 선수들 사이에서 사용되고 있으나, 그 유해성 때문에 국제 스포츠 기구들은 금지 약물에 포함하고 있다. 이 외에도 옥시메톨론 oxymetholone, 스타나졸롤 stanazolol, 옥산드롤론 oxandrolone, 메탄드로스테놀론 methandrostenolone 등의 스테로이드제제가 있다.

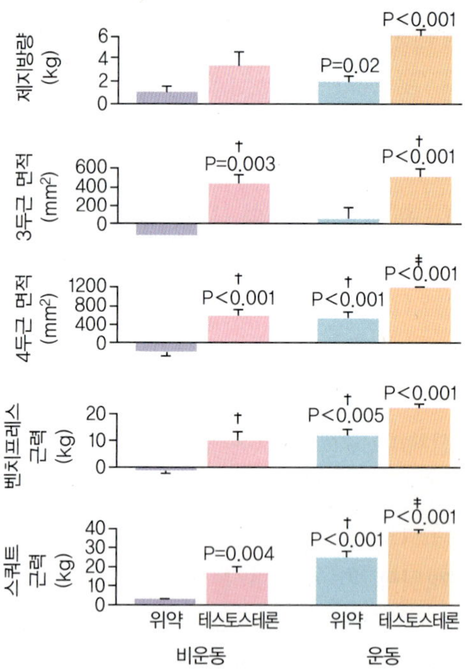

그림 13-1 10주간의 테스토스테론 투여가 제지방량, 근 횡단면적, 최대 근력에 미치는 영향

출처 : Bhasin S 외. N Engl J Med, 1996

03 · 아미노산 보충제

아미노산amino acid은 인체를 구성하는 단백질의 기본 구성단위로 아미노기와 칼복시기가 하나의 탄소에 붙어 있는 구조로 되어 있으며, 화학식은 NH_2CHR_nCOOH이다. 아미노산은 근육을 발달시켜야 하는 종목, 특히 보디빌더에게 많이 이용되는 물질로서 인체에서 에너지 공급과 단백질이나 포도당 합성에 중요한 역할을 한다. 또한 단백질의 최소 단위인 아미노산은 소화시간이 짧고 흡수가 빨라 운동 후 근육 회복을 촉진하고 타 영양분의 흡수를 향상시킨다. 일반적으로 단백질 보충제의 보조수단으로 섭취되고 있다. 시판되는 제품으로는 생체 내에서 합성되지 않는 필수아미노산의 혼합 제품과 곁가지아미노산branched chain amino acid, BCAA 제품이 있다. BCAA는 간의 부담을 경감시키는 아미노산으로 근육합성 촉진작용과 지구력운동 시 발생되는 중추피로의 원인물질을 감소시키는 작용을 한다. BCAA는 아미노산의 곁사슬 부분의 탄소골격이 돌연변이 구조를 가진 아미노산을 지칭하는 것으로, 루신 · 발린 · 이소루신으로 구성된 제품이 많으며, 1회 5g 정도의 섭취를 권장하고 있다.

그러나 아미노산 보충과 관련된 연구에 의하면 효과가 명확하지 않고 상반된 연구 결과도 보고되고 있다. 예를 들어 11개의 아미노산 보충제 표 13-2 를 투여하여 4주간 저항성 트레이닝 시의 근력 및 호르몬의 반응을 검토한 최근 연구에 의하면, 고강도 저항성 운동 시 발생하는 초기 근력 감소를 억제하면서 동화작용의 향상에 의해 근 손상을 예방하는 효과가 있었다. 다른 연구에서도 염기성 알파 아미노산의 하나로 운동 시 피로를 저하시키고 에너지 생산과 지방산 대사 촉진작용이 있는 것으로 알려진 오르니틴L-Ornithine을 섭취한 결과 성장호르몬 분비가 증가한 것으로 나타났으나, 또 다른 연구에서는 성장호르몬과 인슐린 분비에서 통계적인 효과를 발견할 수 없었다는 보고도 있다. 또한 알르기닌, 리신, 오르니틴을 혼합 복용했을 때에도 체지방 감소 및 제지방량의 증가가 보고되었으나, 알르기닌, 오르니틴을 복용시킨 다른 연구에서는 유의한 효과를 확인하지 못하였다. 한편 역도선수를 대상으로 아르기닌과 오르니틴을 보충해도 최대 근력에 영향을 미치지 못했으며, 아르기닌과 리신을 보충해도 체구성이나 근력에 역시 영향이 크지 않음이 밝혀졌다. 1주일간의 고강도 저항성 운동 시 아미노산의 혼합 복용의 효과를 확인하기 위해 혈중 테스토스테론 및 코르티솔, 성장호르몬, 젖산 등을 검토한 연구에서는 아미노산의 섭취가 휴식 시 및 운동 후의 호르몬 반응에 큰 영향을 미치지 못했음을 밝히고 있다.

이처럼 아미노산의 섭취는 일부 근력 및 제지방 증가에서는 그 효과가 인정되지만, 그 외 기타 체지방 및 호르몬 등에서는 긍정적인 연구 결과가 부족한데도 특히 보디빌더와 역도 선수들이 단시간 내에 근육량을 증가시킬 목적으로 많이 사용하고 있다. 또한 아미노산 보충제의 섭취는 단백질 분해과정을 거치지 않고 바로 소화 흡수되어 혈액 속에서 근단백질 동화작용을 촉진하고 근육성장에 효과가 있다는 상업적 과대광고에 의하여 그 사용량이 무분별하게 증가하고 있는 실정이다.

그러나 과다한 아미노산 섭취는 신장에 무리를 주어, 결국 신장기능부전을 초래해 운동 능력에 부정적으로 작용하게 된다. 또한 일부 아미노산의 과다 섭취는 몸에 필수적인 다른 아미노산의 흡수를 저해하고 결과적으로 아미노산 결핍 증상이 나타날 수 있다. 이로 인한 인체 내 아미노산 불균형 상태는 심각한 혈액장애 및 지질 대사 이상을 초래하고 심장장애, 지방간, 신경독성증 등 심각한 질병으로 이어져 심한 경우에는 사망에 이를 수 있다. 즉 현재까지의 연구로는 아미노산 보충제 섭취의 효과 및 안전성이 입증되지 않았으며, 경기수행력 향상을 위하여 보충제가 꼭 필요하다면 화학적으로 만들어진 보충제보다는 영양소가 골고루 포함된 자연식품의 섭취가 바람직하다.

표 13-2 / 고강도 저항훈련 시 제공한 아미노산 보충제의 조성

아미노산	함량(mg)	함유율(%)
루신	250	27.2
라이신	130	14.1
이소루신	125	13.6
발린	125	13.6
트레오닌	70	7.6
시스테인	30	3.3
히스티딘	30	3.3
페닐알라닌	20	2.2
메티오닌	10	1.1
타이로신	6	0.7
트립토판	4	0.4

출처 : William J. 외. Metabolism, 2006

04 · 단백질 보충제

단백질 protein은 운동선수에게 중요한 영양소 중 하나이다. 단백질은 다른 영양소와 달리 에너지 생성보다는 신체를 구성하는 역할을 하며, 운동을 수행하는 근육조직은 대부분 단백질로 구성되어 있어 인체 내 전체 단백질 중 60~70%를 차지하고 있다. 한편, 근육조직을 구성하는 단백질은 운동 트레이닝 시 분해되고 회복기에 다시 합성되기를 반복하며, 특히 고강도 운동 시에는 분해되는 비율이 높아 회복기에 효율적인 단백질의 보충이 필요하다. 고강도 훈련을 할 때에는 빈혈과 저단백혈증이 나타나기 때문에 근비대 또는 증가된 근육을 유지하려는 선수들의 경우에는 단백질 요구량을 증대시켜야 한다. 특히, 운동 트레이닝 초반에는 새로 합성되는 근육조직을 위해 단백질의 섭취를 증가시킬 필요가 있으며, 고강도의 운동을 반복하는 선수의 경우에는 일반인보다 훨씬 높은 단백질 섭취량이 요구된다. 충분한 단백질 섭취는 세포 및 조직의 성장과 신체회복에 도움을 줄 뿐 아니라 지구력, 근력 및 순발력에 의존하는 운동을 할 때에도 일부 에너지원으로 작용한다. 또한 단백질은 근육의 부피 증대, 손상된 조직의 회복, 신체활동의 에너지원, 신체의 성장 촉진, 체지방 감소를 위한 지방 대사 촉진 등의 효과가 있다. 최근에 저항성 운동 후 40g의 아미노산을 섭취하고 대퇴부 근육조직을 적출하여 근단백질의 합성을 검토한 연구 결과, 저항성 운동 후의 아미노산 섭취는 근육의 동화작용을 촉진하여 근육 합성을 증가시킨다는 사실이 입증되었다. 또한 운동 후의 단백질 섭취는 근단백질량의 증가뿐 아니라 근육통을 포함한 전신 건강에 긍정적인 효과를 미치는 것으로 보고되었다. 단백질의 권장섭취량은 일반인의 경우 하루 체중 1kg당 0.8~1.0g, 지구성 종목의 선수는 1.0~1.2g, 근력 종목의 선수는 1.3~1.6g이다.

이처럼 운동의 특성에 따라 체내의 단백질 요구량이 달라지며, 단백질의 종류에 따라 체내 이용률이 다르기 때문에 추가 단백질 섭취를 위하여 상업용 제품을 이용하는 사례가 많다. 상업용으로는 닭가슴살을 비롯하여 파우더 형태의 단백질 보충제가 시판되고 있으며, 우유에서 추출한 유청단백질 whey protein이 대부분을 차지한다. 유청단백질은 탈지유를 pH 4.6과 20℃로 조정했을 때 침전되는 카제인 casein을 제거한 유청에 포함된 성분 중 하나로서 β-lactoglobulin(β-Lg), α-lactglobulin(α-Lg)으로 구성되어 있으며, 이들이 유청단백질의 70~80%를 차지하고 있다. 단백질 함량에 따라 농축유청단백질(WPC : 20~80% 이하의 단백질)과 분리유청단백질(WPI : 80% 이상의 단백질)로 구분된다. 유청단백질은 생명유지와 성장에 기여하는 영양원으로서의 기능과 함께 면역계 · 내분비계 · 신경계의 생체조절에 관한 생리조절인자로서의 기능을 한다. 또한 소화력과 대사 효율성이 높을 뿐 아니라 천연단백질 식품 가운데 곁가지아미노산BCAA의 함량이 가장 높다. 아미노산 가운데 BCAA는 장시간 계속되는 운동 중에 에너지원으로 쓰일 뿐만 아니라 중추피로물질을 감소시키는 역할을 수행하므로 매우 유용하다.

그러나 적당량의 단백질 섭취는 근육량 및 근력 증가에 일부 그 효과가 인정되지만, 과다할 경우에는 오히려 건강을 해칠 수도 있다. 과도한 단백질 대사에 의한 신장질환, 케톤증, 간질환, 만성피로 등을 유발할 수 있으며, 적절한 운동을 수행하지 않고 섭취하는 것은 영양과잉에 의한 비만을 초래할 수 있다. 특히, 유당분해효소가 충분하게 만들어지지 않는 유당불내증 환자가 유청단백질을 복용하면 대장의 연동운동이 자극되어 설사 및 가스에 의한 복통 등을 유발할 수 있다. 현재까지 단백질 보충제의 과다 섭취 시의 안전성에 대해서는 입증되지 않았으므로 불가피하게 섭취할 때에는 전문가의 조언에 따라 정량, 정시를 반드시 준수해야 하며, 화학적으로 생산된 제품보다는 필수영양소가 골고루 포함된 자연식품을 섭취하는 것이 바람직하다.

05 · 카페인

피로는 주어진 강도에서 운동을 지속하지 못하는 상태로, 효율적인 에너지 이용이 불가능한 상태를 말한다. 운동 시 인체 내의 에너지 이용률은 운동 강도와 지속시간뿐만 아니라 영양상태에 의해 영향을 받으며, 운동수행력은 신체 내에 저장된 에너지를 보다 효율적으로 사용하는 능력과 에너지를 저장하는 능력에 의존한다. 즉, 피로에 저항하는 능력도 운동수행력이라 할 수 있다. 이러한 항피로와 관련된 많은 물질이 소개되고 있으며, 그중 대표적인 것이 커피나 차에 함유되어 있는 카페인caffeine이다. 카페인은 19세기 초 커피에서 발견되었지만, 찻잎에서 발견된 테인theine과 동일물질인 것이 확인되어 현재는 카페인이 물질명으로 쓰이고 있다.

카페인은 식물의 열매, 잎 등에 함유된 알칼로이드alkaloid의 일종으로 인체에 미치는 영향은 개인의 신체 크기와 카페인에 대한 내성 정도에 따라 다르지만 적당량을 섭취했을 경우 중추신경계에 작용하여 정신을 각성시키고 피로를 줄이는 효과가 있다. 그 외에도 에피네프린의 분비를 촉진하여 심혈관계에 긍정적인 영향을 미치며, 이뇨제 · 각성제 · 추위억제제 · 체중감소제 등에 이용되고 있다. 카페인의 강력한 생리작용 때문에 국제올림픽위원회IOC에서는 2003년까지 도핑약품 목록에 포함시켰으나, 2004년부터는 세계반도핑기구World Anti-Doping Agency, WADA 목록에서 제외되었다. 그 이유는 카페인 효과가 탄수화물 로딩 효과와 유사하며, 소변 검출량으로 12μg/ml일 때는 경기력 약화를 초래할 수 있지만 그보다 낮은 농도에서는 경기력 강화작용이 인정되기 때문이다. 그러나 미국대학스포츠연맹NCAA에서는 현재도 소변 검출량으로 15μg/ml일 때는 금지물질로 규정하고 있다.

카페인이 운동수행에 미치는 영향에 대한 실험 결과, 30분 이상의 장시간의 지구력운동 종목에서는 수행력 향상 효과가 있으며, 최대산소섭취량의 75~85%의 최대하운동 수행에서는 운동지속시간의 증가 효과가 있는 것으로 알려졌다. 인체의 근육 및 간에 저장되어 있는 글리코겐 양은 한정되어 있기 때문에 장시간의 운동 시에는 지방 대사의 촉진으로 중성지방을 분해하여 에너지원으로 사용함으로써 글리코겐을 절약한다. 카페인은 지방세포 내의 cAMP의 농도를 높임으로써 체지방 분해를 촉진하거나, 에피네프린 분비를 통한 저장지방 분해를 촉진하는 작용을 하며, 이러한 글리코겐 절약 효과에 의해 운동피로를 지연시키고 운동지속시간을 연장시킨다.

카페인에 의한 지구력운동수행력 증가에 관한 연구 결과도 많이 보고되어 있다. 최근 연구에 의하면 운동 전의 카페인 섭취는 초기 15분 동안의 글리코겐 분해율을 약 55% 감소시키고 총운동지속시간을 증가시킨다고 한다. 또 운동 1시간 전 330mg의 카페인 섭취가 최대산소섭취량의 80%의 지구력운동수행력을 증가시켰다는 연구와, 25mg의 카페인 섭취가 20%의 운동수행력 증가를 가져왔다는 또 다른 연구가 이를 뒷받침하고 있다. 즉, 에너지원으로서 지방 대사 의존성이 높은 최대산소섭취량의 60~80% 강도의 지구력운동에서 카페인의 효과가 가장 높다. 또한 20분 이내의 일부 스피드 파워 종목에서도 기록 단축 및 지속시간의 증가와 같은 긍정적인 효과도 보고되었다. 그러나 1분 이하의 최대 근력 및 순발력을 요구하는 종목에 대한 효과는 불분명하며, 카페인 섭취에 따른 운동수행력에 미치는 부작용에 대한 연구 또한 미흡한 실정이다.

실제 카페인 섭취에서 상한량은 체중 1kg당 9mg(예 : 70kg의 경우 약 630mg), 하한량은 체중 1kg당 1.5mg으로(예 : 70kg의 경우 약 105mg), 적정량은 체중 1kg당 3~6mg이다(예 : 70kg의 경우 210~420mg). 그리고 체중 1kg당 1.5~9mg에서는 용량반응에 차이가 없는 것으로 알려졌다. 카페인을 다량으로 장시간 복용할 경우 카페인중독caffeinism을 초래할 수 있으며 이는 불안, 신경과민, 불면증, 두통, 심장 떨림 등의 생리적 부작용으로 이어질 수 있다. 또한 카페인은 위산분비를 촉진하므로 위궤양 및 위식도역류질환 등을 일으킬 수 있기 때문에 조심해야 한다. 일반적으로 에스프레소 커피 1잔에 약 100mg, 자판기 커피 1잔에 약 60~80mg, 콜라 1캔 또는 녹차 티백 1개에 약 25mg의 카페인이 함유되어 있다. 표 13-3 은 운동 전의 카페인 복용방법을 나타내고 있다.

표 13-3 / 운동 전의 카페인 복용방법

카페인 섭취량	적정량 : 체중 1kg당 3~6mg (70kg의 경우 210~420mg) (9mg/kg BW 이상 → 효과 미약)
카페인 섭취시기	• 단시간 운동(1~60분) : 1시간 전 • 장시간 운동(60분 이상) : 1시간 전 및 운동 중 수시로 보충
카페인 섭취 부작용	적정량 섭취 시 탈수나 전해질 불균형 없음

06 · 크레아틴

운동수행에 필요한 에너지를 생산하는 기전은 크게 무산소성 에너지 생산시스템과 유산소성 에너지 생산시스템의 두 가지로 나뉘고, 그중 무산소성 에너지 생산시스템은 다시

ATP-PC 시스템과 젖산 시스템으로 나누어진다. 여기서 ATP-PC 시스템의 에너지원으로 사용되는 것이 바로 포스포크레아틴 phosphocreatine, PC이다. 크레아틴 creatine의 섭취는 근육 내의 포스포크레아틴 양을 증가시키며, 단시간에 폭발적인 힘을 발휘하는 운동 시에 유효하다. 즉, 포스포크레아틴은 에너지 저장 역할을 하며 약 10초 정도의 탈진적 운동 수행 시 ATP 재합성에 필요한 에너지를 제공한다. 총크레아틴의 60% 정도가 인산염과 결합된 포스포크레아틴 형태로 존재하며, 나머지 40%는 유리상태로 근육 내에 존재한다. 크레아틴은 생체 내에서 아르기닌 arginine, 글리신 glycine, 메티오닌 methionine의 3가지 아미노산의 합성에 의하여 생성되며, 일반적으로 육류, 닭고기, 생선 등의 식품을 통하여 섭취가 가능하지만, 인체 내에서 합성되는 양은 하루 1~2g 정도이며, 이러한 식품에도 1kg당 약 5g 미만이 포함되어 있어 소량에 불과하다. 생체 내 크레아틴의 약 95%가 골격근에 저장되며, 체중 1kg당 1.5~2.0g 정도로 체중 70kg의 경우 약 120g의 크레아틴을 가지고 있다. 근육 내 포스포크레아틴의 저장량은 한정되어 있는데, 포스포크레아틴 양을 증가시키면 그 이용률이 증가되어 단시간의 폭발적인 운동 수행 시 ATP 재합성의 비율이 촉진되고, 젖산 시스템에 의한 에너지생성 의존도가 감소되어 피로에 대한 내성이 높아진다. 크레아틴 보충제는 가루, 환, 액상 등의 형태로 시판되고 있으며, 1일 약 20~30g을 5~10일 정도 섭취할 때 포스포크레아틴이 약 35% 증가하는 것으로 알려져 있어 보디빌더를 비롯한 파워-근력형 운동선수들이 많이 이용하고 있다.

크레아틴의 섭취는 근육 내 크레아틴과 포스포크레아틴을 증가시켜 근육운동수행력이 증가하고 피로가 지연된다 그림 13-2. 그 과정을 살펴보면, 우선 근육 내 크레아틴을 증가시키고, 운동 전 크레아틴 이용 가능량을 증가시키며, 크레아틴키나아제의 반응을 통한 유입량을 증가시킨다. 이는 포스포크레아틴의 재합성을 촉진하고 다음 운동에서의 포스포크레아틴의 이용률을 증가시켜 단시간의 근육운동수행력을 향상시킨다. 또한 운동 전 크레아틴 이용 가능량의 증가는 젖산 시스템에 의한 해당작용의 의존도를 감소시키고 젖산 및 수소이온을 감소시켜 근육 산성화를 예방하여 피로를 지연시킨다. 한편으로 근육 내 크레아틴 증가는 세포의 수화상태를 호전시켜 단백질 합성을 촉진하며, 이에 따라 근비대가 일어나고 근육량 증가에 따라 훈련 강도에 대한 내성이 증가하여 운동수행력이 증강된다.

크레아틴 섭취와 운동수행력에 관련된 연구들에 의하면 달리기 시간 및 속도, 최대 근력, 근지구력, 근비대, 파워 등을 향상시킨다고 보고되고 있다. 최근 연구에 의하면, 5일간 매일 20g의 크레아틴을 섭취시킨 집단과 위약을 섭취시킨 집단으로 구분하여 스프린트 사이클 운동을 실시한 결과, 근육 내 크레아틴과 포스포크레아틴이 유의하게 증가하고 운동수행력도 유의하게 증가하는 것을 알 수 있다. 다른 연구에서는 5일간 매일 6g의 크레아틴을 섭취시키고 6일째에 무산소운동 테스트를 실시한 결과, 심혈관기능 및 산소 섭취량에서는

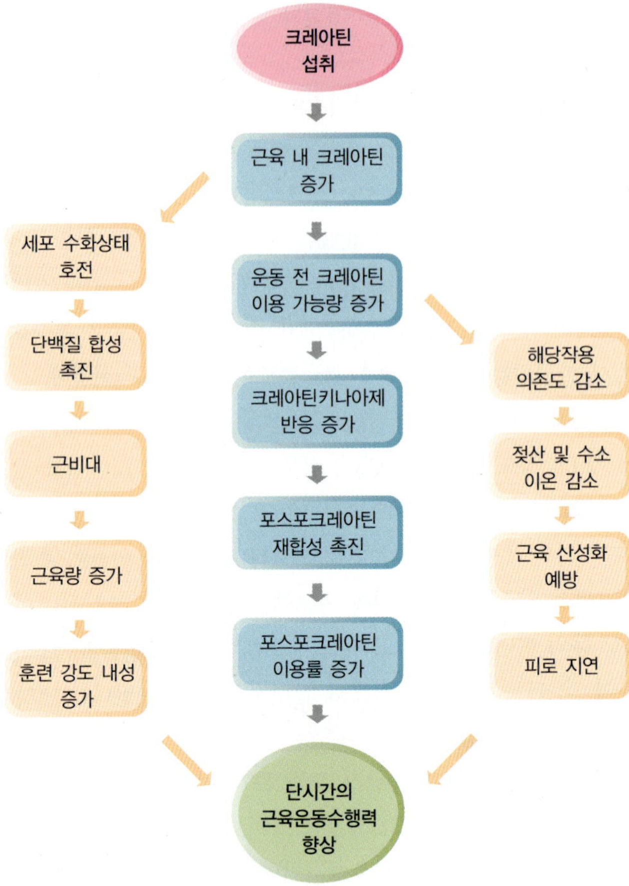

그림 13-2 크레아틴 섭취에 따른 근육 운동수행력 증가 흐름도

참고 : Kraemer와 Volek. Clin. Sports Med, 1999

유의한 효과를 발견할 수 없었지만, 혈중 글루코스를 유의하게 감소시키고 반복 파워 수행력을 향상시킨다고 보고하였다. 또한 최근 연구에서는 18명의 피검자를 9명씩 나누어 5일간 매일 18.75g씩 크레아틴을 섭취시킨 집단과 위약을 섭취시킨 집단으로 구분하고 사이클 에르고미터를 이용하여 탈진 시까지 운동시킨 결과 운동수행시간이 유의하게 증가했다고 보고하였다. 그러나 다른 연구에서는 비운동자를 대상으로 이중맹검법 double blind test에 따라 5일간 매일 크레아틴을 섭취시킨 집단과 위약을 섭취시킨 집단으로 구분하고 사이클 에르고미터에 의한 파워 발현과 피로를 검토한 결과, 어느 항목에서도 유의한 변화를 발견하지 못했으며 비훈련자의 고강도 운동에는 효과가 미비함을 시사하였다. 이처럼 일부 연구에서는 그 효과가 기대에 미치지 않는 경우도 있지만 대부분의 연구 결과에서는 긍정적

으로 보고하였으며, 국제올림픽위원회를 포함한 약물관리협회에서 합법적인 보조물질로 인정하고 있기 때문에 각 운동 종목에 따른 적정량, 기간 등 방법을 고려하여 섭취한다면 경기수행력 향상에 도움이 될 것으로 판단된다. 대부분의 연구는 축적기간인 시합 전 5~7일간 매일 20~30g을, 유지기간인 시합기에는 매일 2~5g의 크레아틴을 섭취하는 것이 효과가 있다고 밝히고 있다.

07 · 인삼

인삼 ginseng은 두릅나뭇과의 여러해살이풀의 일종으로 가는 잔뿌리와 코르크 층을 제거한 몸통 부분을 인삼이라 하며, 수삼(水蔘, 말리지 않은 상태), 홍삼(紅蔘, 수삼을 쪄서 말린 붉은 인삼), 산삼(山蔘, 야산에 자생하는 삼), 장뇌삼(長腦蔘, 씨를 산에 뿌려 야생상태로 재배한 산삼), 미삼(尾蔘, 인삼의 가는 잔뿌리)으로 구분된다. 인삼의 구성성분은 글리코사이드 glycoside와 탄수화물로 그 외에도 비타민, 효소, 아미노산, 파나센 panacen, 폴리아세틸렌계 화합물, 플라보노이드 flavonoid 등을 함유하고 있으며 망간, 철, 아연 등의 미량원소를 포함한다. 인삼의 약리작용으로는 항피로, 항노화, 면역 증강, 심장기능 강화, 혈당 강하, 생식선 촉진, 항상성 유지, 해독작용 등이 있다. 기운 유지, 피로회복 및 식욕 촉진, 장기능 보호, 폐기능 및 신장기능 향상에도 효과가 있어 한방에서는 약재로 쓰이고 있다.

한편 미국에서는 일부 화장품의 원료로는 인정하지만, 의학적으로는 인삼 사용을 허가하지 않고 있는데, 이는 분말 · 원액 · 정제 형태로 만들어진 상업용 인삼은 각 제품에 따라 주효성분의 농도가 일정하지 않으며, 약품으로서의 효능과 순도에 차이가 있기 때문이다. 인삼 섭취와 관련된 연구에 따르면, 4주간 고지방 식이 쥐를 대상으로 백삼과 홍삼을 투여한 결과 총콜레스테롤과 중성지방이 감소했고, 비만 당뇨 쥐를 대상으로 인삼뿌리 추출물을 복강 내에 주사한 결과 혈당 수준이 유의하게 감소했으며, 노인을 대상으로 한 경우 고강도 운동 시 발생하는 활성산소가 홍삼에 의해 저하되었다.

또한 이상지질혈증 환자에게 16주간 홍삼 분말을 투여한 결과 총콜레스테롤과 중성지방의 저하 및 HDL-콜레스테롤의 증가가 확인됐으며, 체지방률 30% 이상인 20대 여성을 대상으로 12주간 홍삼을 복용시킨 결과에서도 총콜레스테롤과 중성지방 등 혈중지질을 유의하게 감소시키는 것이 보고되었다.

인삼 섭취 및 운동수행력과 관련해서는 인삼이 장시간의 최대하운동 중 쥐의 글리코겐 이용을 억제하고 지방질의 산화를 촉진하여 피로지연과 운동수행능력 향상에 효과적이며, 고강도의 운동 후 탈진상태에서도 인삼 투여가 피로회복 과정을 촉진한다는 연구가 있다. 또한 다량의 인삼 섭취는 간의 해독작용을 촉진할 뿐만 아니라 지구력 및 운동량을 증가시키고, 젖산의 수화작용과 관련된 대사성 완충작용을 통해 항피로 및 피로회복 촉진에 효과적이라는 보고, 홍삼과 백작약의 혼합물을 4주간 섭취시킨 결과 탈진까지의 운동시간을 증가시킨다는 보고 등이 있다.

최근 연구에서는 8주간의 홍삼 투여와 지구성 트레이닝을 병행했을 경우, 무산소성 운동수행능력에는 큰 영향을 주지 못하지만 유산소성 운동수행능력과 말초피로에는 긍정적으로 작용하는 것이 밝혀졌다. 하지만 이를 일반화하기에는 아직 제한적이라 할 수 있다. 즉, 현재까지의 연구들은 사용된 인삼 성분의 양이 명확하지 않고, 단독 투여에 대한 근거 또한 미약한 실정이다.

한편 인삼은 우리나라 사람에게는 오랜 건강식품으로, 때로는 귀한 약재로 사용되어 왔으며, 운동선수뿐만 아니라 일반인에게도 가장 기본적인 보약으로 이용되고 있다. 이렇듯 적절한 인삼 섭취는 건강 개선 및 운동수행력 증가에 일부 그 효과가 인정되지만, 경우에 따라서 과다 섭취는 오히려 건강을 해칠 수도 있다. 체질적으로 몸에 열이 많은 경우 인삼은 열성이 강하므로 열이 더 심해질 우려가 있으며, 항이뇨 작용이 있으므로 신기능 부전으로 소변량이 감소할 때에도 복용하지 않는 것이 좋다.

인삼은 한의학에서는 중요한 약재이나 아직까지 그 효과에 대한 근거는 불충분하며, 추후 연구가 많이 이루어져야 할 것이다.

08 · 글리세롤

글리세롤glycerol은 수분의 효과적인 체내 저장을 목적으로 이용되고 있다. 고온 환경에서의 장시간 운동은 체온을 상승시키며 체온을 일정하게 유지하기 위한 발한작용으로 체내 수분이 손실되면서 탈수현상을 일으켜 더 이상의 운동 진행이 불가능해진다. 안정 시에 비해 10~15배에 달하는 고강도 운동 시에는 5분에 약 1℃씩 체온이 증가한다고 한다. 체온이 증가하면 시상하부의 체온조절중추에서 피부로의 혈류량을 증가시켜 피부 표면으로 열을 이동시키고 땀의 증발에 의하여 그 열을 발산하게 된다. 이러한 발한작용의 지속은 체내 수분을 고갈시키고 결국에는 운동수행을 불가능하게 하며, 그 정도가 심하면 열사병 등의 열장애를 일으킨다. 최근 연구에 의하면 최대하운동submaximal exercise 시의 발한에 의한 탈수는 운동수행력을 저하시키며, 심박수와 체내 심부온을 상승시켜 열에 대한 내성을 떨어뜨린다. 따라서 마라톤과 같이 장시간의 운동을 수행할 때에는 지속적인 수분 섭취가 요구되지만, 실제 경기에서는 필요량을 충족시키기에 많은 제한점이 있다. 이에 일부 선수는 경기 전에 많은 양의 수분을 섭취하는 경우도 있지만(운동 전 과수화, pre-hyperhydration) 대부분은 위의 팽만감이나 거북감, 구토 등의 이유로 경기 전 과다한 수분 섭취를 피하고 있다. 또한 수분을 지나치게 많이 섭취한 경우에는 혈액 희석에 의한 삼투압의 저하로 다뇨현상이 나타나 최적의 체내 수분 저장이 어려워지기도 한다. 따라서 체육계에서는 장시간의 운동 시 효과적인 수분 유지 방법에 대해 많은 연구가 진행되고 있으며, 그중 하나가 글리세롤 보충법이다.

글리세롤은 $C_3H_5(OH)_3$의 분자식을 가진 지방족 3가 알코올의 하나로서 무색무취에 단맛과 끈기가 있는 액체로 흡습성이 강하여 일반적으로 건조 방지제나 감미료, 음식물 보존용으로 사용되고 있다. 체내에서는 간에서 글루코오스로 전환되어 세포 대사의 에너지로 이용되며, 1g당 약 4kcal의 열량을 갖는다. 글리세롤의 높은 삼투력과 친수성, 경구 투여 시의 안전성 등을 근거로 의학계에서는 안압이나 뇌척수액압을 감소시키는 목적으로 사용되고 있으며, 운동 분야에서도 수분의 효과적인 체내 저장을 위하여 활용되고 있다. 일부 연구에서는 글리세롤의 효과에 대해 부정적인 보고도 있지만, 대부분의 연구에서 적어도 체온 감소 및 발한량 증가를 통한 경기수행력 증가 효과를 인정하고 있다. 최근 연구에 의하면 운동 약 2시간 전 체중 1kg당 1g의 글리세롤을 섭취할 경우 고강도 운동 시의 발한량은 높아지지만 배뇨율 및 심부온도를 유의하게 낮추는 것이 밝혀졌다. 또한 글리세롤 섭취가 운동 시의 발한작용을 유지 또는 증가시키면서도 수분 축적을 유지할 수 있도록 작용하는 과수화 hyperhydration의 효과도 있음이 입증되었다. 다른 연구에서도 고온건조한 환경에서 자발적인 운동 강도(약 60% VO_2max)로 운동시킨 후, 2시간 30분 경과 후 체중 1kg당 글리세롤 1g과 물 21.4ml를 섞어 먹인 실험 결과 헤마토크릿 및 헤모글로빈, 혈중 전해질 등에는 영향을 미치지 않았지만 발한비율의 상승과 직장온의 감소에 유효하게 작용한 것을 밝히고 있다. 또 다른 연구에서도 운동 시 레닌 분비량 및 직장온도, 혈중 전해질 농도를 검토한 결과, 탈수 예방과 전해질 농도 유지에 효과가 있다고 확인되었다. 이처럼 운동 전의 적절한 글리세롤과 충분한 양의 수분 섭취는 특히 고온다습한 여름철에 장시간 운동을 지속할 경우 발한량 증가와 체온 저하를 가져와 운동 시의 체내 수분 유지 및 과도한 탈수 방지에 효과적이다. 글리세롤 복용에 대한 부작용은 많지 않지만 글리세롤 사용에 대한 최근 가이드라인에 따르면 구토, 위장장애, 가벼운 현기증 등의 증상이 나타날 수 있다. 표 13-4에는 최근 연구가 제시하는 글리세롤 복용방법을 수정하여 제시하였다.

표 13-4 / 운동 전의 글리세롤* 복용방법(70kg의 선수 대상)

시간	20% 글리세롤 용액	물
2시간 30분 전	350ml(5ml/kg BW)	–
2시간 전	–	350ml(5ml/kg BW)
1시간 45분 전	–	350ml(5ml/kg BW)
1시간 30분 전	70ml(1ml/kg BW)	350ml(5ml/kg BW)
1시간 전	–	350ml(5ml/kg BW)
합계	420ml	1,400ml

*20% 글리세롤 용액
총섭취량 : 글리세롤 84g(1.2g/kg BW), 1,820ml(5ml/kg BW)

요약 및 연습문제

Sum-up

1. 운동수행능력 향상제는 훈련을 포함하여 실제 스포츠 현장에서 운동의 수행능력을 향상시키기 위하여 섭취·보충하는 물질을 뜻한다.
2. 동화작용 스테로이드는 남성호르몬이 부족한 선수나 근육 증가를 통한 근력 향상을 목적으로 제한적으로 사용되고 있으나, 심각한 부작용으로 2005년 국제올림픽위원회에서 사용이 금지된 약품이다.
3. 아미노산 보충제는 소화 시간이 짧고 흡수가 빨라 운동 후 근육 회복을 촉진하고 타 영양분의 흡수를 향상시키는 것으로 알려져 있어 근육을 발달시켜야 하는 종목, 특히 보디빌더에게 많이 이용되지만 일부 부작용이 보고되고 있으며, 안전성에 대해서도 증명되지 않았다.
4. 운동선수의 충분한 단백질 섭취는 세포 및 조직의 성장과 신체회복에 도움을 줄 뿐만 아니라 지구력, 근력 및 순발력에 의존하는 운동 시에도 일부 에너지원으로 작용한다. 그 외에도 근육의 부피 증대, 손상된 조직의 회복, 신체활동의 에너지원, 신체의 성장 촉진, 체지방 감소를 위한 지방 대사 촉진 등의 효과가 있다. 단백질의 권장섭취량은 일반인의 경우 하루 체중 1kg당 0.8~1.0g, 지구성 종목의 선수는 1.0~1.2g, 근력 종목의 선수는 1.3~1.6g이다.

5. 카페인은 각성작용과 항피로 효과 이외에도 에피네프린의 분비를 촉진하여 심혈관계 작용에 긍정적인 영향을 미치며, 이뇨제 · 추위억제제 · 체중감소제 등으로 이용되고 있다. 2004년부터는 세계반도핑기구 목록에서 제외되었다. 카페인 섭취의 상한량은 체중 1kg당 9mg, 하한량은 체중 1kg당 1.5mg으로, 적정량은 체중 1kg당 3~6mg이다.
6. 크레아틴의 섭취는 근육 내 크레아틴과 포스포크레아틴을 향상시켜 근육운동수행력을 증가시키고 피로를 지연시킨다. 또한 달리기 속도, 최대 근력, 근지구력, 근비대, 파워 등을 향상시킨다. 시합 전 5~7일간은 매일 20~30g을, 유지기간인 시합기에는 매일 2~5g의 크레아틴을 섭취하는 것이 효과적이다.
7. 인삼은 항피로, 항노화, 면역 증강, 심장기능 강화, 혈당 강하, 생식선 촉진, 항상성 유지, 해독작용 등이 있으며, 기운 유지, 피로회복 및 식욕 촉진, 장기능 보호, 폐기능 및 신장기능 향상에도 효과가 있어 한방에서는 약재로 쓰이고 있으나, 아직까지 미국에서는 의학적인 인삼 사용을 허가하지 않고 있다.
8. 운동 전의 적절한 글리세롤과 충분한 양의 수분 섭취는 특히 고온다습한 여름철에 장시간 운동을 지속할 경우 발한량 증가와 체온 저하를 가져와 운동 시의 체내 수분 유지 및 과도한 탈수 방지에 효과적이다. 운동수행 약 2시간 전 체중 1kg당 1g의 글리세롤 섭취가 권장되고 있다.

Practice

01 식이 보충제와 운동수행능력 향상제의 차이점을 설명하시오.

02 동화작용 스테로이드의 특징과 섭취 부작용에 대하여 설명하시오.

03 아미노산 보충제의 섭취 효과와 부작용에 대하여 설명하시오.

04 단백질 보충제의 섭취 효과와 권장 단백질 섭취량에 대하여 설명하시오.

05 카페인의 섭취 효과와 권장섭취량에 대하여 설명하시오.

06 크레아틴의 섭취 효과와 시합 전 섭취방법에 대하여 설명하시오.

07 인삼이 갖는 운동수행능력 향상제로서의 의미와 부작용에 대하여 설명하시오.

08 글리세롤의 섭취 효과와 시합 전 섭취방법에 대하여 설명하시오.

부록 2015 한국인 영양소 섭취기준

1. 에너지와 다량영양소

보건복지부, 2015

성별	연령	에너지(kcal/일)				탄수화물(g/일)				지방(g/일)				n-6계 지방산(g/일)			
		필요추정량	권장섭취량	충분섭취량	상한섭취량	평균필요량	권장섭취량	충분섭취량	상한섭취량	평균필요량	권장섭취량	충분섭취량	상한섭취량	평균필요량	권장섭취량	충분섭취량	상한섭취량
영아	0~5(개월)	550						60				25				2.0	
	6~11	700						90				25				4.0	
유아	1~2(세)	1,000															
	3~5	1,400															
남자	6~8(세)	1,700															
	9~11	2,100															
	12~14	2,500															
	15~18	2,700															
	19~29	2,600															
	30~49	2,400															
	50~64	2,200															
	65~74	2,000															
	75 이상	2,000															
여자	6~8(세)	1,500															
	9~11	1,800															
	12~14	2,000															
	15~18	2,000															
	19~29	2,100															
	30~49	1,900															
	50~64	1,800															
	65~74	1,600															
	75 이상	1,600															
임신부[1]		+0 +340 +450															
수유부		+320															

성별	연령	n-3계 지방산(g/일)				단백질(g/일)				식이섬유(g/일)				수분(ml/일)				
		평균필요량	권장섭취량	충분섭취량	상한섭취량	평균필요량	권장섭취량	충분섭취량	상한섭취량	평균필요량	권장섭취량	충분섭취량	상한섭취량	평균필요량	권장섭취량	충분섭취량 액체	충분섭취량 총수분	상한섭취량
영아	0~5(개월)			0.3				10								700	700	
	6~11			0.8		10	15									500	800	
유아	1~2(세)					12	15					10				800	1,100	
	3~5					15	20					15				1,100	1,400	
남자	6~8(세)					20	25					20				900	1,800	
	9~11					30	35					20				1,000	2,000	
	12~14					40	50					25				1,000	2,300	
	15~18					45	55					25				1,200	2,600	
	19~29					45	55					25				1,200	2,600	
	30~49					45	55					25				1,200	2,500	
	50~64					40	50					25				1,000	2,200	
	65~74					40	50					25				1,000	2,100	
	75 이상					40	50					25				1,000	2,100	
여자	6~8(세)					20	25					20				900	1,700	
	9~11					30	35					20				900	1,900	
	12~14					40	45					20				900	2,000	
	15~18					40	45					20				900	2,000	
	19~29					40	50					20				1,000	2,100	
	30~49					35	45					20				1,000	2,000	
	50~64					35	45					20				900	1,900	
	65~74					35	45					20				900	1,800	
	75 이상					35	45					20				900	1,800	
임신부[1]						+12 +25	+15 +30					+5				+200	+200	
수유부						+20	+25					+5				+500	+700	

[1] 에너지, 단백질 : 임신 1, 2, 3분기별 부가량

보건복지부, 2015

성별	연령	메티오닌+시스테인(g/일)				류신(g/일)				이소류신(g/일)				발린(g/일)				라이신(g/일)			
		필요 추정량	권장 섭취량	충분 섭취량	상한 섭취량	평균 필요량	권장 섭취량	충분 섭취량	상한 섭취량	평균 필요량	권장 섭취량	충분 섭취량	상한 섭취량	평균 필요량	권장 섭취량	충분 섭취량	상한 섭취량	평균 필요량	권장 섭취량	충분 섭취량	상한 섭취량
영아	0~5(개월)			0.4				1.0				0.6				0.6				0.7	
	6~11	0.3	0.4			0.6	0.8			0.3	0.4			0.3	0.5			0.6	0.8		
유아	1~2(세)	0.3	0.4			0.6	0.8			0.3	0.4			0.4	0.5			0.6	0.7		
	3~5	0.3	0.4			0.7	0.9			0.3	0.4			0.4	0.5			0.6	0.8		
남자	6~8(세)	0.5	0.6			1.1	1.3			0.5	0.6			0.6	0.7			1.0	1.2		
	9~11	0.7	0.8			1.5	1.9			0.7	0.8			0.9	1.1			1.4	1.8		
	12~14	1.0	1.2			2.1	2.6			1.0	1.2			1.2	1.5			2.0	2.4		
	15~18	1.1	1.3			2.4	3.0			1.1	1.3			1.4	1.7			2.2	2.7		
	19~29	1.0	1.3			2.3	3.0			1.0	1.3			1.3	1.6			2.4	3.0		
	30~49	1.0	1.3			2.3	2.9			1.0	1.3			1.3	1.6			2.3	2.9		
	50~64	1.0	1.2			2.2	2.7			1.0	1.2			1.2	1.5			2.2	2.8		
	65~74	0.9	1.2			2.1	2.6			0.9	1.2			1.2	1.5			2.1	2.7		
	75 이상	0.9	1.1			2.0	2.6			0.9	1.1			1.1	1.4			2.1	2.6		
여자	6~8(세)	0.5	0.6			1.0	1.2			0.5	0.6			0.6	0.7			0.9	1.2		
	9~11	0.6	0.7			1.4	1.7			0.6	0.7			0.8	1.0			1.2	1.5		
	12~14	0.8	1.0			1.8	2.3			0.8	1.0			1.1	1.3			1.7	2.1		
	15~18	0.8	1.0			1.9	2.3			0.8	1.0			1.1	1.3			1.7	2.1		
	19~29	0.8	1.1			1.9	2.4			0.8	1.1			1.1	1.3			2.0	2.5		
	30~49	0.8	1.0			1.8	2.3			0.8	1.0			1.0	1.3			1.9	2.4		
	50~64	0.8	1.0			1.8	2.2			0.8	1.0			1.0	1.2			1.8	2.3		
	65~74	0.7	0.9			1.7	2.1			0.7	0.9			0.9	1.2			1.7	2.2		
	75 이상	0.7	0.9			1.6	2.0			0.7	0.9			0.9	1.1			1.6	2.0		
임신부		0.3	0.3			0.6	0.7			0.3	0.3			0.3	0.4			0.3	0.4		
수유부		0.3	0.4			0.6	1.1			0.5	0.6			0.5	0.6			0.4	0.4		

성별	연령	페닐알라닌+티로신(g/일)				트레오닌(g/일)				트립토판(g/일)				히스티딘(g/일)			
		필요 추정량	권장 섭취량	충분 섭취량	상한 섭취량	평균 필요량	권장 섭취량	충분 섭취량	상한 섭취량	평균 필요량	권장 섭취량	충분 섭취량	상한 섭취량	평균 필요량	권장 섭취량	충분 섭취량	상한 섭취량
영아	0~5(개월)			0.9				0.5				0.2				0.1	
	6~11	0.5	0.7			0.3	0.4			0.1	0.1			0.2	0.3		
유아	1~2(세)	0.5	0.7			0.3	0.4			0.1	0.1			0.2	0.3		
	3~5	0.6	0.7			0.3	0.4			0.1	0.1			0.2	0.3		
남자	6~8(세)	0.9	1.1			0.5	0.6			0.1	0.2			0.3	0.4		
	9~11	1.3	1.6			0.7	0.9			0.2	0.2			0.5	0.6		
	12~14	1.7	2.2			1.0	1.3			0.3	0.3			0.7	0.9		
	15~18	2.0	2.4			1.1	1.4			0.3	0.4			0.8	0.9		
	19~29	2.7	3.4			1.1	1.4			0.3	0.3			0.8	1.0		
	30~49	2.7	3.3			1.1	1.3			0.3	0.3			0.7	0.9		
	50~64	2.6	3.2			1.0	1.3			0.3	0.3			0.7	0.9		
	65~74	2.4	3.1			1.0	1.2			0.2	0.3			0.7	0.9		
	75 이상	2.4	3.0			1.0	1.2			0.2	0.3			0.7	0.8		
여자	6~8(세)	0.8	1.0			0.5	0.6			0.1	0.2			0.3	0.4		
	9~11	1.1	1.4			0.6	0.8			0.2	0.2			0.4	0.5		
	12~14	1.5	1.8			0.9	1.1			0.2	0.3			0.6	0.7		
	15~18	1.5	1.9			0.9	1.1			0.2	0.3			0.6	0.7		
	19~29	2.2	2.8			0.9	1.1			0.2	0.3			0.6	0.8		
	30~49	2.2	2.7			0.9	1.1			0.2	0.3			0.6	0.8		
	50~64	2.1	2.6			0.8	1.0			0.2	0.3			0.6	0.7		
	65~74	2.0	2.5			0.8	1.0			0.2	0.2			0.5	0.7		
	75 이상	1.9	2.3			0.7	0.9			0.2	0.2			0.5	0.7		
임신부		0.8	1.0			0.3	0.4			0.1	0.1			0.2	0.2		
수유부		1.5	1.9			0.4	0.6			0.2	0.2			0.2	0.3		

2. 지용성 비타민

보건복지부, 2015

성별	연령	비타민 A(μg RE/일)				비타민 D(μg/일)				비타민 E(mg α-TE/일)				비타민 K(μg/일)			
		평균 필요량	권장 섭취량	충분 섭취량	상한 섭취량	평균 필요량	권장 섭취량	충분 섭취량	상한 섭취량	평균 필요량	권장 섭취량	충분 섭취량	상한 섭취량*	평균 필요량	권장 섭취량	충분 섭취량	상한 섭취량
영아	0~5(개월)			350	600			5	25			3				4	
	6~11			450	600			5	25			4				7	
유아	1~2(세)	200	300		600			5	30			5	200			25	
	3~5	230	350		700			5	35			6	250			30	
남자	6~8(세)	320	450		1,000			5	40			7	300			45	
	9~11	420	600		1,500			5	60			9	400			55	
	12~14	540	750		2,100			10	100			10	400			70	
	15~18	620	850		2,300			10	100			11	500			80	
	19~29	570	800		3,000			10	100			12	540			75	
	30~49	550	750		3,000			10	100			12	540			75	
	50~64	530	750		3,000			10	100			12	540			75	
	65~74	500	700		3,000			15	100			12	540			75	
	75 이상	500	700		3,000			15	100			12	540			75	
여자	6~8(세)	290	400		1,000			5	40			7	300			45	
	9~11	380	550		1,500			5	60			9	400			55	
	12~14	470	650		2,100			10	100			10	400			65	
	15~18	440	600		2,300			10	100			11	500			65	
	19~29	460	650		3,000			10	100			12	540			65	
	30~49	450	650		3,000			10	100			12	540			65	
	50~64	430	600		3,000			10	100			12	540			65	
	65~74	410	550		3,000			15	100			12	540			65	
	75 이상	410	550		3,000			15	100			12	540			65	
임신부		+50	+70		3,000			+10	100			+0	540			+0	
수유부		+350	+490		3,000			+0	100			+3	540			+0	

* RRR-α-tocopherol

3. 수용성 비타민

보건복지부, 2015

성별	연령	비타민 C(mg/일)				티아민(mg/일)				리보플라빈(mg/일)				니아신(mg NE/일)[1]				
		평균 필요량	권장 섭취량	충분 섭취량	상한 섭취량	평균 필요량	권장 섭취량	충분 섭취량	상한 섭취량	평균 필요량	권장 섭취량	충분 섭취량	상한 섭취량	평균 필요량	권장 섭취량	충분 섭취량	상한 섭취량[2]	상한 섭취량[2]
영아	0~5(개월)			35				0.2				0.3				2		
	6~11			45				0.3				0.4				3		
유아	1~2(세)	30	35		350	0.4	0.5			0.5	0.5			4	6		10	180
	3~5	30	40		500	0.4	0.5			0.5	0.6			5	7		10	250
남자	6~8(세)	40	55		700	0.6	0.7			0.7	0.9			7	9		15	350
	9~11	55	70		1,000	0.7	0.9			1.0	1.2			9	12		20	500
	12~14	70	90		1,400	1.0	1.1			1.2	1.5			11	15		25	700
	15~18	80	105		1,500	1.1	1.3			1.4	1.7			13	17		30	800
	19~29	75	100		2,000	1.0	1.2			1.3	1.5			12	16		35	1,000
	30~49	75	100		2,000	1.0	1.2			1.3	1.5			12	16		35	1,000
	50~64	75	100		2,000	1.0	1.2			1.3	1.5			12	16		35	1,000
	65~74	75	100		2,000	1.0	1.2			1.3	1.5			12	16		35	1,000
	75 이상	75	100		2,000	1.0	1.2			1.3	1.5			12	16		35	1,000
여자	6~8(세)	45	60		700	0.6	0.7			0.6	0.8			7	9		15	350
	9~11	60	80		1,000	0.7	0.9			0.8	1.0			9	12		20	500
	12~14	75	100		1,400	0.9	1.1			1.0	1.2			11	15		25	700
	15~18	70	95		1,500	1.0	1.2			1.0	1.2			11	14		30	800
	19~29	75	100		2,000	0.9	1.1			1.0	1.2			11	14		35	1,000
	30~49	75	100		2,000	0.9	1.1			1.0	1.2			11	14		35	1,000
	50~64	75	100		2,000	0.9	1.1			1.0	1.2			11	14		35	1,000
	65~74	75	100		2,000	0.9	1.1			1.0	1.2			11	14		35	1,000
	75 이상	75	100		2,000	0.9	1.1			1.0	1.2			11	14		35	1,000
임신부		+10	+10		2,000	+0.4	+0.4			+0.3	+0.4			+3	+4		35	1,000
수유부		+35	+40		2,000	+0.3	+0.4			+0.4	+0.5			+2	+3		35	1,000

성별	연령	비타민 B_6(mg/일)				엽산(μgDFE/일)[3]				비타민 B12(μg/일)				판토텐산(mg/일)				비오틴(μg/일)			
		평균 필요량	권장 섭취량	충분 섭취량	상한 섭취량	평균 필요량	권장 섭취량	충분 섭취량	상한 섭취량	평균 필요량	권장 섭취량	충분 섭취량	상한 섭취량	평균 필요량	권장 섭취량	충분 섭취량	상한 섭취량	평균 필요량	권장 섭취량	충분 섭취량	상한 섭취량
영아	0~5(개월)			0.1				65				0.3				1.7				5	
	6~11			0.3				80				0.5				1.9				7	
유아	1~2(세)	0.5	0.6		25	120	150		300	0.8	0.9					2				9	
	3~5	0.6	0.7		35	150	180		400	0.9	1.1					2				11	
남자	6~8(세)	0.7	0.9		45	180	220		500	1.1	1.3					3				15	
	9~11	0.9	1.1		55	250	300		600	1.5	1.7					4				20	
	12~14	1.3	1.5		60	300	360		800	1.9	2.3					5				25	
	15~18	1.3	1.5		65	320	400		900	2.2	2.7					5				30	
	19~29	1.3	1.5		100	320	400		1,000	2.0	2.4					5				30	
	30~49	1.3	1.5		100	320	400		1,000	2.0	2.4					5				30	
	50~64	1.3	1.5		100	320	400		1,000	2.0	2.4					5				30	
	65~74	1.3	1.5		100	320	400		1,000	2.0	2.4					5				30	
	75 이상	1.3	1.5		100	320	400		1,000	2.0	2.4					5				30	
여자	6~8(세)	0.7	0.9		45	180	220		500	1.1	1.3					3				15	
	9~11	0.9	1.1		55	250	300		600	1.5	1.7					4				20	
	12~14	1.2	1.4		60	300	360		800	1.9	2.3					5				25	
	15~18	1.2	1.4		65	320	400		900	2.0	2.4					5				30	
	19~29	1.2	1.4		100	320	400		1,000	2.0	2.4					5				30	
	30~49	1.2	1.4		100	320	400		1,000	2.0	2.4					5				30	
	50~64	1.2	1.4		100	320	400		1,000	2.0	2.4					5				30	
	65~74	1.2	1.4		100	320	400		1,000	2.0	2.4					5				30	
	75 이상	1.2	1.4		100	320	400		1,000	2.0	2.4					5				30	
임신부		+0.7	+0.8		100	+200	+220		1,000	+0.2	+0.2					+1				+0	
수유부		+0.7	+0.8		100	+130	+150		1,000	+0.3	+0.4					+2				+5	

1) 1mgNE(니아신 당량)=1mg 니아신=60mg 트립토판

2) 니코틴산/니코틴 아미드

3) Dietary Folate Equivalents, 가임기 여성의 경우 400μg/일의 엽산보충제 섭취를 권장함, 엽산의 상한섭취량은 보충제 또는 강화식품의 형태로 섭취한 μg/일에 해당됨

4. 다량무기질

보건복지부, 2015

성별	연령	칼슘(mg/일)				인(mg/일)				나트륨(g/일)				
		평균 필요량	권장 섭취량	충분 섭취량	상한 섭취량	평균 필요량	권장 섭취량	충분 섭취량	상한 섭취량	평균 필요량	권장 섭취량	충분 섭취량	상한 섭취량	목표 섭취량
영아	0~5(개월)			210	1,000			100				120		
	6~11			300	1,500			300				370		
유아	1~2(세)	390	500		2,500	380	450		3,000			900		
	3~5	470	600		2,500	460	550		3,000			1,000		
남자	6~8(세)	580	700		2,500	490	600		3,000			1,200		
	9~11	650	800		3,000	1,000	1,200		3,500			1,400		2,000
	12~14	800	1,000		3,000	1,000	1,200		3,500			1,500		2,000
	15~18	720	900		3,000	1,000	1,200		3,500			1,500		2,000
	19~29	650	800		2,500	580	700		3,500			1,500		2,000
	30~49	630	800		2,500	580	700		3,500			1,500		2,000
	50~64	600	750		2,000	580	700		3,500			1,500		2,000
	65~74	570	700		2,000	580	700		3,500			1,300		2,000
	75 이상	570	700		2,000	580	700		3,000			1,100		2,000
여자	6~8(세)	580	700		2,500	450	550		3,000			1,200		
	9~11	650	800		3,000	1,000	1,200		3,500			1,400		2,000
	12~14	740	900		3,000	1,000	1,200		3,500			1,500		2,000
	15~18	660	800		3,000	1,000	1,200		3,500			1,500		2,000
	19~29	530	700		2,500	580	700		3,500			1,500		2,000
	30~49	510	700		2,500	580	700		3,500			1,500		2,000
	50~64	580	800		2,000	580	700		3,500			1,500		2,000
	65~74	560	800		2,000	580	700		3,500			1,300		2,000
	75 이상	560	800		2,000	580	700		3,000			1,100		2,000
임신부		+0	+0		2,500	+0	+0		3,000			1,500		2,000
수유부		+0	+0		2,500	+0	+0		3,500			1,500		2,000

성별	연령	염소(g/일)				칼륨(g/일)				마그네슘(mg/일)			
		평균 필요량	권장 섭취량	충분 섭취량	상한 섭취량	평균 필요량	권장 섭취량	충분 섭취량	상한 섭취량	평균 필요량	권장 섭취량	충분 섭취량	상한 섭취량[1)]
영아	0~5(개월)			180				400				30	
	6~11			560				700				55	
유아	1~2(세)			1,300				2,000		65	80		65
	3~5			1,500				2,300		85	100		90
남자	6~8(세)			1,900				2,600		135	160		130
	9~11			2,100				3,000		190	230		180
	12~14			2,300				3,500		265	320		250
	15~18			2,300				3,500		335	400		350
	19~29			2,300				3,500		295	350		350
	30~49			2,300				3,500		305	370		350
	50~64			2,300				3,500		305	370		350
	65~74			2,000				3,500		305	370		350
	75~이상			1,700				3,500		305	370		350
여자	6~8(세)			1,900				2,600		125	150		130
	9~11			2,100				3,000		175	210		180
	12~14			2,300				3,500		240	290		250
	15~18			2,300				3,500		285	340		350
	19~29			2,300				3,500		235	280		350
	30~49			2,300				3,500		235	280		350
	50~64			2,300				3,500		235	280		350
	65~74			2,000				3,500		235	280		350
	75 이상			1,700				3,500		235	280		350
임신부				2,300				+0		+32	+40		350
수유부				2,300				+400		+0	+0		350

1) 식품 외 급원의 마그네슘에만 해당

5. 미량무기질

보건복지부, 2015

성별	연령	철(mg/일)				아연(mg/일)				구리(μg/일)				불소(mg/일)			
		평균 필요량	권장 섭취량	충분 섭취량	상한 섭취량	평균 필요량	권장 섭취량	충분 섭취량	상한 섭취량	평균 필요량	권장 섭취량	충분 섭취량	상한 섭취량	평균 필요량	권장 섭취량	충분 섭취량	상한 섭취량
영아	0~5(개월)			0.3	40			2				240				0.01	0.6
	6~11	5	6		40	2	3					310				0.5	0.9
유아	1~2(세)	4	6		40	2	3		6	220	280		1,500			0.6	1.2
	3~5	5	6		40	3	4		9	250	320		2,000			0.8	1.7
남자	6~8(세)	7	9		40	5	6		13	340	440		3,000			1.0	2.5
	9~11	8	10		40	7	8		20	440	580		5,000			2.0	10.0
	12~14	11	14		40	7	8		30	570	740		7,000			2.5	10.0
	15~18	11	14		45	8	10		35	650	840		7,000			3.0	10.0
	19~29	8	10		45	8	10		35	600	800		10,000			3.5	10.0
	30~49	8	10		45	8	10		35	600	800		10,000			3.0	10.0
	50~64	7	10		45	8	9		35	600	800		10,000			3.0	10.0
	65~74	7	9		45	7	9		35	600	800		10,000			3.0	10.0
	75 이상	7	9		45	7	9		35	600	800		10,000			3.0	10.0
여자	6~8(세)	6	8		40	4	5		13	340	440		3,000			1.0	2.5
	9~11	7	10		40	6	8		20	440	580		5,000			2.0	10.0
	12~14	13	16		40	6	8		25	570	740		7,000			2.5	10.0
	15~18	11	14		45	7	9		30	650	840		7,000			2.5	10.0
	19~29	11	14		45	7	8		35	600	800		10,000			3.0	10.0
	30~49	11	14		45	7	8		35	600	800		10,000			2.5	10.0
	50~64	6	8		45	6	7		35	600	800		10,000			2.5	10.0
	65~74	6	8		45	6	7		35	600	800		10,000			2.5	10.0
	75 이상	5	7		45	6	7		35	600	800		10,000			2.5	10.0
임신부		+8	+10		45	+2.0	+2.5		35	+100	+130		10,000			+0	10.0
수유부		+0	+0		45	+4.0	+5.0		35	+350	+480		10,000			+0	10.0

성별	연령	망간(mg/일)				요오드(μg/일)				셀레늄(μg/일)				몰리브덴(μg/일)				크롬(μg/일)			
		평균 추정량	권장 섭취량	충분 섭취량	상한 섭취량	평균 필요량	권장 섭취량	충분 섭취량	상한 섭취량	평균 필요량	권장 섭취량	충분 섭취량	상한 섭취량	평균 필요량	권장 섭취량	충분 섭취량	상한 섭취량	평균 필요량	권장 섭취량	충분 섭취량	상한 섭취량
영아	0~5(개월)			0.01				130	250			9	45							0.2	
	6~11			0.8				170	250			11	65							5.0	
유아	1~2(세)			1.5	2.0	55	80		300	19	23		75				100			12	
	3~5			2.0	3.0	65	90		300	22	25		100				100			12	
남자	6~8(세)			2.5	4.0	75	100		500	30	35		150				200			20	
	9~11			3.0	5.0	85	110		500	39	45		200				300			25	
	12~14			4.0	7.0	90	130		1,800	49	60		300				400			35	
	15~18			4.0	9.0	95	130		2,200	55	65		300				500			40	
	19~29			4.0	11.0	95	150		2,400	50	60		400				550			35	
	30~49			4.0	11.0	95	150		2,400	50	60		400				550			35	
	50~64			4.0	11.0	95	150		2,400	50	60		400				550			35	
	65~74			4.0	11.0	95	150		2,400	50	60		400				550			35	
	75 이상			4.0	11.0	95	150		2,400	50	60		400				550			35	
여자	6~8(세)			2.5	4.0	75	100		500	30	35		150				200			15	
	9~11			3.0	5.0	85	110		500	39	45		200				300			20	
	12~14			3.5	7.0	90	130		2,000	49	60		300				400			25	
	15~18			3.5	9.0	95	130		2,200	55	65		300				400			25	
	19~29			3.5	11.0	95	150		2,400	50	60		400				450			25	
	30~49			3.5	11.0	95	150		2,400	50	60		400				450			25	
	50~64			3.5	11.0	95	150		2,400	50	60		400				450			25	
	65~74			3.5	11.0	95	150		2,400	50	60		400				450			25	
	75 이상			3.5	11.0	95	150		2,400	50	60		400				450			25	
임신부				+0	11.0	+65	+90			+3	+4		400				450			+5	
수유부				+0	11.0	+130	+190			+9	+10		400				450			+20	

참고문헌

Reference

고영규, 김명준, 김재호, 민계식, 민도식, 박세포, 박헌용, 백자현, 설원기, 윤계순, 장종수, 전창진, 조쌍구, 하일호 역. 2006. 생리학 제3판, Dee Unglaub Silverthorn Human physiology-an integrated approach

곽이섭. 운동과 면역. 대한미디어, 2002

구재옥, 김정희, 변기원, 손정민, 이정원, 이종현, 최영선. 생애주기영양학. 파워북, 2016

김남익. 포커스건강과 운동처방 제2 개정판. 이담북스, 2009

김성수, 이삼준, 김영표, 지용석, 이재현, 유재현, 이철원, 강선영, 박준기. 운동과 건강. 21세기 교육사, 2008

김현숙, 박태선, 백일영, 성미경, 신정희, 이명숙, 조성숙, 진명수, 차연수. 21세기 스포츠영양학. 교문사, 2002

김호봉, 박래준, 박승규, 양재근, 이문환, 이윤미, 이조삼, 이창렬, 조용호, 채윤원. 운동생리와 처방. 정담미디어, 2007

농촌진흥청 농촌생활연구소. 식품성분표 제 7 개정판, 2006

손숙미, 이종호, 임경숙, 조윤옥. 다이어트와 건강. 교문사, 2011

이명천 외 7인 공역. 스포츠영양학 제6판. 라이프사이언스, 2003

이미숙, 이선영, 김현아, 정상진, 김원경, 김현주. 임상영양학. 파워북, 2012

이연숙, 구재옥, 임현숙, 강영희, 권종숙. 이해하기 쉬운 인체생리학. 파워북, 2011

이정숙, 장경태. 스포츠영양학 제8판. 대한미디어, 2004

장봉우. 신체활동과 스트레스. 충북대학교 출판부, 2010

정일규. 운동영양학. 대경북스, 2009

최혜미, 김정희, 이주희, 김초일, 송경희, 장경자, 민혜선, 임경숙, 변기원, 여의주, 이홍미, 김경원, 김희선, 김창임, 윤은영, 김현아, 곽충실, 한영신, 21세기 영양학, 교문사, 2016

조성숙. 스포츠영양학 제2판. 효일, 2006

한국영양학회. 한국인 영양소 섭취기준, 2015

보건복지부질병관리본부. 2014 국민건강통계. 국민건강영양조사. 제6기 2차년도(2015).

국민고혈압사업단, 고혈압 관리

http://www.hypertension.or.kr/viewC.php?vCode=304006&main_num=3&sub_num=4&sub_num2=6

국가건강정보포털, 의학정보: 당뇨병의 운동요법. http://terms.naver.com/entry.nhn?docId=2119658&cid=51004&categoryId=51004#TABLE_OF_CONTENT3

대한지질동맥경화학회 이상지질혈증 치료지침 제정위원회, 2015. 이상지질혈증 치료지침서. 2015년 제3판.

http://www.lipid.or.kr/bbs/index.html?code=care&category=&gubun=&page=1&number=655&mode=view&keyfield=&key=

Achten J & Jeukendrup AE. Maximal fat oxidation during exercise in trained men. International J Sports Med 24(8):603–608, 2003

Adams A, Best T. The role of antioxidants in exercise and disease prevention. Physic Sports med 30(5):37–44, 2002

Althuis MD, Jordan NE, Ludington EA, Wittes JT. Glucose and insulin responses to dietary chromium supplements: a meta-analysis. Am J Clin Nutr 76:148, 2002

American Dietetic Association. Position of the American Dietetic Association, Dietitians of Canada, and the American College of Sports Medicine: Nutrition and athletic performance. J Am Diet Assoc 100:709–731, 2009

Antonio J, Kalman D, Stout JR, Greenwood M, Willoughby D, Gregory G. Essentials of sports nutrition and supplements. Humana Press, 2008

Bar–Or O. Barr S, Bergeron M, et al. Youth in sport: nutritional needs. Sports Science Exchange Roundtable; 8:4, 1997

Bar–Or O. Wilk B. Water and electrolyte replenishment in the exercising child. Int J Sport Nutr 6:93–9, 1996

Bar–Or, O. The young athlete: some physiological considerations. J sports Sci 13: s31–s33, 1995

Bass S, Bradney M, Pearce G, et al. Short stature and delayed puberty in gymnasts: influence of selection bias on leg length and the duration of training on truck length. J Paediatrics, 2000

Bass, S. C Inge, K. Nutrition for special populations: children and young athletes, In: Clinical Sports Nutrition (Eds Burke & Deakin), pp 554–601. McGraw–Hill, 2000

Benardot D, Schwarz M, Weitzenfeld=Heller D. Nutrient intake in young, highly compertitive gymnasts. J Am Diet Assoc 89:401–3, 1989

Benardot D. Can vitamin supplements improve sports performance? Sports Sci Exer Roundtable 12(3):1–4, 2001

Bergstrom J & Hultman E. Muscle glycogen synthesis after exercise: An enhancing factor localized in muscle cells in man. Nature 210; 309–310

Boisseau N, Delamarche P. Metabolic and hormonal responses to exercise in children and adolescents. Sports Med 30(6):405–422, 2000

Burke L, Deaken V. Clinical sports nutrition. The McGraw–Hill Companies Inc 4th ed, 2010

Clancy SP, Clarkson PM, DeCheke ME, Nosaka K, Freedson PS, Cunningham JJ, Valentine B. Effects of chroium picolinate supplementation on body composition, strength, and urinary chromium loss in football players. Int J Sports Nutr 4(2):142–153, 1994

Cohen N, Halberstam M, Shlimovich P, Chang CJ, Shamoon H, Rossetti L. Oral vanadyl sulfate improves hepatic and peripheral insulin sensitivity in patients with non–insulin–dependent diabetes mellitus. J Clin Invest 95(6):2501–2509, 1995

Daniels J. Differences and changes in VO_2 among runners 10–18 years of age. Med Sci Sports Exer, 10, 200, 1978

Delamarche P, Monnier M, Gratas-Delamarche A, et al. Glucose and free fatty acid utilisation during prolonged exercise in prepuhertal boys in relation to catecholamine responses. Eur J Appl Physiol 65:66-72, 1992

Durstine JL, Moore GE, Painter PL, Roberts SO ACSM's Exercise management for persons with chronic diseases and disabilities 3rd ed. Human Kinetics, 2009

Eleanor Noss Whitney, CorinneBalog Catalde, Sharon Rady Rolfes. Understanding Mormal and Clinical Nutrition 6th ed. Wadsworth Thomson Learning, 2002

Epstein S, Inzerillo AM, Caminis J, Zaidi M. Disorders associated with acute rapid and severe bone loss, J Bone and Miner Resea, 18, 2083-2094, 2003

Felson DT, Schurman DJ. Risk factors for osteoarthritis: understanding joint vulnerability, Clin Orthop, 427(Suppl), S16-S21, 2004

Frank GR. Role of estrogen and androgens in pubertal skeletal physiology, Med Pedia Oncol, 4, 217-221, 2003

Girandola R, Wuiswell R, Frisch F, Wood K. Metabolic difference during exercise in pre and post pubescent girls. Med Sci Sports Exerc 13:110-112, 1981

Gomez-Cabrera MC, Martínez A, Santangelo G, Pallardó FV, Sastre J, Viña J. Oxidative stress in marathon runners: interest of antioxidant supplementation. Br J Nutr 96(Suppl 1):S31-3, 2006

Halberstam M, Cohen N, Shlimovich P, Rossetti L, Shamoon H. Oral vanadyl sulfate improves insulin sensitivity in NIDDM but not in obese nondiabetic subjects. Diabetes 45(5):659-666, 1996

Hallmark MA, Reynolds TH, DeSouza CA, Dotson CO, Anderson RA, Rogers MA. Effects of chromiun and resistive training on muscle strength and body composition. Med Sci Sports Exerc 28(1):139-144, 1996

Havmes E, Buskirk E, Hodgson J, Lundergren H, Nicholas W. Heat tolerance of exercising lean and heavy prepubertal girls. J App Phys 36:566-71, 1974

Heather Hedrick Fink Lisa Burgoon, Alan Mikesky Practical Applications in Sports Nutrition. Jones & Bartlett Publishers, 2006

Hebestreit, H, F. Meyer, Htay-Htay, G.J.F. Heigenhauser, and O. Bar-Or. Plasma metabolites, volume and electrolytes following 30-s high-intensity exercise in boys and men. Eur J Appl Physiol 72:563-569, 1996

Heidi Skolnik, Andrea Chernus Nutrient Timing for Peak Performance. Human Kinetics, 2010

Jeukendrup A, Gleeson M. Sport Nutrition-An introduction to energy production and performance 2nd ed. Human Kinetics, 2010

Kearns SR, Daly AF, Sheehan K, Murray P, Kelly C, Bouchier-Hayes D. Oral vitamin C reduces the injury to skeletal muscle caused by compartment syndrome. J Bone Joint Surg, Br, 86, 906-911, 2004

Kelly MA, Kurzweil PR, Moskowitz RW. Intra articular hyaluronans in knee osteoarthritis: rationale and practical considerations. Am J Orthop, 33(2Suppl), 15-22, 2004

Klok MD, Jakobsdottir S, Drent ML. The role of leptin and ghrelin in the regulation of food intake and body weight in humans: a review. Obes Rev. 8(1):21-34, 2007

Knez WL, Jenkins DG, Coombes JS. Oxidative stress in half and full ironman triathletes. Med Sci Sports Exerc 39(2): 283-288, 2007

Kohlstadt I. Scientific evidence for musculoskeletal, bariatric and sports nutrition, CRC press, 2006

Kopp-Woodroffe S, Manore M, Dueck C, Skinner J, Matt K. Energy and nutrient status of amenorrheic athletes participating in a diet and exercise training intervention program. Int J Sport Nutr 9: 70-88, 1999

Kurdak SS, Shirreffs SM, Maughan RJ, Ozgünen1 KT, Zeren1 C, Korkmaz1 S, Yazici1 Z, Ersöz G, Binnet MS, Dvorak J. Hydration and sweating responses to hot-weather football competition. Scand J Med Sci Sports, 20(Suppl 3):133~139, 2010

Lemon PW. Effect of exercise on dietary protein requirements. Int J Sport Nutr 8:426-447, 1998

Litt A. Fuel for young athletes. Human Kinetics, 2004

Louise Burke and Vicki Deankin Clinical Sports Nutrition, 2ed. McGraw-Hill Book Company, 2009

Lukaski HC, Bolonchuk WW, Siders WA, Milne DB. Chromium supplementation and resistance training effects on whole body and resional composition, strength, and trace element status of men. Am J Clin Nutr 63(6);954-965, 1996

Mac Doug hall J, Roche P, Bar-Or O, and Moroz J. Oxygen cost of running in children of different ages: maximal aerobic power of Canadian School children. Can J Appl Sports Sci 4(Abs):237, 1979

Macleod H, Sunderland C. Fluid balance and hydration habits of elite female field hocket players during consecutive international mathes. J Strength Cond Res 23(4):1245-1251, 2009

Marie Dunford and J. Andrew Doyle. Nutrition for Sport and Exercise. Wadsworth Publishing, 2008

Martarelli D, Uguccioni F, Stauffacher S, Spataro A, Cocchioni M, Pompei P. Assessment of body fluid balance and voluntary drinking in ultimate players during a match. J Sports Med Phys Fitness; 49, 3; Pro Quest Medica Library pg. 265, 2009

Matheson AJ, Perry CM. Glucosamine: a review of its use in management of osteoarthritis. Drugs Aging, 20, 1041-1060, 2003

Maughan RJ, Shirreffs SM. Dehydration and rehydration in competative sport. Scand J Med Sci Sports 20(Suppl 3):40-47, 2010

Maughan RJ, Shirreffs SM. Development of hydration strategies to optimize performance for athletes in high-intensity sports and in sports with repeated intense efforts. Scand J Med Sci Sports; 20(Suppl. 2):59-69, 2010

McArdle WD, Katch FI, Katch VL. Sports and exercise nutrition. 2nd ed. Lippincott Williams

& Wilkins, 2005

Melvin Williams. Nutririon for Health, Fitness, Sport. 8ed. McGraw-Hill Science, 2009

Miller SL. Independent and combined effects of amino acids and glucose after resistance exercise. Medicine & Science in Sport & Exercise 35(3):449-445, 2003

Murray R. Fluid, electrolytes, and exercise. In, Sports Nutrition: A Guide for the Professional Working with Active People, 4th edition. M. Dunford, editor. Chicago: American Dietetic Association, 94-115, 2005 (Revised chapter in the 5th edition)

Murray R. Hydration and physical performance. J Amer College Nutr 26:542S-548S, 2007

Nielsen F. Controversial chromium: does the superstar mineral of the mountebanks receive appropriate attention from clinicians and nutritionists? Nutr Today 31:266, 1996

Nielsen JJ, Mohr M, Klarskov C, Kristensen M, Krustrup P, Juel C, Bangsbo J. Effects of high-intensity intermittent training on potassium kinetics and performance in human skeletal muscle. J Physiol 554(Pt 3):857-870, 2004

Niielsen F. Facts and fallacies about boron. Nutr Today 27:6, 1992

Pitkanen HT, Nykanen T, Knuutinen J Lahti K, Keinanen O, Alen M, Komi PV, Mero AA. Free amino acid pool and muscle protein balance after resistance exercise, Med Sci Sports Exerc, 35, 784-792, 2003

Powers SK, DeRuisseau KC, Quindry J, Hamilton KL. Dietary antioxidants and exercise. J Sports Sci 22(1):81-94, 2004

Rivera-Brown, A.M., R. Gutierrez, J.C. Gutierrez, W.R. Frontera, and O. Bar-Or. Drink composition, voluntary drinking, and fluid balance in exercising, trained, heat-acclimatized boys. J Appl Physiol 86:78-84, 1999

Rokitzki L, Sagredos AN, Reuss F, Büchner M, Keul J. Acute changes in vitamin B6 status in endurance athletes before and after a marathon. Int J Sport Nutr 4(2):154-165, 1994

Romijin JA, Coyle EF, Sidossis LS, Gastaldelli JF Horowitz E Endent and Wolfe RR. Regulation of endogenous fat and Carbohydrate metabolism in relation to exercise intensity. Am J Physiol 265:E380-E391, 1993

Ronald J. Maughan. The Olympic Textbook of Science in Sport (The Encyclopaedia of Sports Medicine). Wiley-Blackwell, 2008

Rothenberg S. Increasing the dietary intake of folate: Pros and cons. Semin Hematol 36(1):65-74, 1999

Rothman KJ, Moore LL, Singer MR, Nguyen US, Mannino S, Milunsky A. Teratogenicity of high vitamin A intake. N Engl J Med 333(21):1369-1373, 1995

Rowland T. Iron deficiency in the young athlete. Sports Med 37:1153-1163, 1990

Sawka MN, LM Burke, ER Eichner, RJ Maughan, SJ Montain, and NS Stachenfeld. American College of Sports Medicine Position Statement: Exercise and fluid replacement. Med Sci Sports Exerc 39:377-390, 2007

Shirreffs SM. Hydration: Special issues for playing football in warm and hot environments. Scand J Med Sci Sports 20(Suppl 3):90-94, 2010

Takanami Y, Iwane H, Kawai Y, Shimomitsu T. Vitamin E supplementation and endurance exercise: are there benefits? Sports Med 29(2):73–83, 2000

Taylor DC, Dalto JD, Seaber A, Garrett W. Experimental muscle strain injury: early functional and structural deficits and the increased risk of reinjury, Am J Sports Med 21, 11:190–194, 1993

Thompson JL. Energy balance in young athletes. lnt J Sport Nutr 8:160–74, 1998

White KM, Lyle RM, Flynn MG, Teegarden D, Donkin SS. The acute effects of dairy calcium intake on fat metabolism during exercise and endurance exercise performance. Int J Sport Nutr Exerc Metab 16(6):565–579, 2006

William D. McArdle, Frank I. Katch, Victor L. Katch. Sports and Exercise Nutrition. Lippincott Williams & Wilkins, 2008

William D. McArdle, Frank I. Katch, Victor L. Katch. Exercise Physiology: Nutrition, Energy and Human Performance. Lippincott Williams & Wilkins, 2009

Williams MH. Nutrition for Health, Fitness & Sport. 9th ed. McGraw Hill, 2010

Willis KS, Peterson NJ, Larson–Meyer DE. Should we be concerned about the vitamin D status of athletes? Int J Sport Nutr Exerc Metab 18(2):204–224, 2008

Wyatt KM, Dimmock PW, Jones PW, Shaughn O'Brien PM. Efficacy of vitamin B–6 in the treatment of premenstrual syndrome: systematic review. BMJ 318(7195):1375–1381, 1999

Yarasheski KE. Exercise, aging, and muscle protein metabolism, J Gerontol. A Biol Sci Med Sci, 58, M918–M922, 2003

Zachman RD, Grummer MA. The interaction of ethanol and vitamin A as a potential mechanism for the pathogenesis of Fetal Alcohol syndrome. Alcohol Clin Exp Res 22(7):1544–1556, 1998

Zoppi CC, Hohl R, Silva FC, Lazarim FL, Neto JM, Stancanneli M, Macedo DV. Vitamin C and E supplementation effects in professional soccer players under regular training. J Int Soc Sports Nutr 3(1):37–44, 2004

저자소개

김정희
미국 Wisconsin 주립대학교 영양학 박사
현재 서울여자대학교 식품영양학과 교수

임경숙
서울대학교 대학원 영양학 박사
현재 수원대학교 식품영양학과 교수

이홍미
미국 North Carolina 주립대학교 영양학 박사
현재 대진대학교 식품영양학과 교수

조성숙
서울여자대학교 대학원 영양학 박사
현재 대한체육회 태릉선수촌 영양사

김창선
일본 와세다대학 대학원 인간과학 박사
현재 동덕여자대학교 체육학과 교수

운동과 영양

2011년 6월 30일 초판 발행
2017년 3월 20일 3쇄 발행

지은이 | 김정희 · 임경숙 · 이홍미
조성숙 · 김창선
발행인 | 유제구
발행처 | 파워북
주 소 | 경기도 고양시 일산동구 호수로 358-25
동문굿모닝타워2차 529호
전 화 | (02) 730-1412
팩 스 | (031) 908-1410
등 록 | 1997. 1. 1 제 300-1997-13

정 가 22,000원
ISBN 978-89-8160-175-1 93590